한문 공부와 번역 이야기

한문 공부와 번역 이야기

성백효

고반

성백효(成百曉)

1945년 5월 22일 충남(忠南) 예산(禮山) 출생.
아명(兒名)이자 자는 동영(東英), 호는 한송(寒松), 본관은 창녕(昌寧).
가정에서 부친 월산공(月山公)으로부터 한문 수학.
월곡(月谷) 황경연(黃璟淵)·서암(瑞巖) 김희진(金熙鎭) 선생 사사.
민족문화추진회(현 한국고전번역원) 부설 국역연수원 연수부 수료, 고려대학교 교육대학원 한문교육과 수료, 민족문화추진회 국역실 전문위원, 단국대학교 동양학연구소 사전편찬원, 국방부 전사편찬위원회(군사연구소) 책임편찬원.
국방부 공로상 수상, 민족문화추진회 고전번역상 수상.
민족문화추진회 부설 국역연수원 교수, 한국국학진흥원 고전국역자 양성과정 강사, 성균관대학교 겸임교수, 경희대학교 겸임교수.
서울대학교 인문대학 사학과 및 사범대학 국사교육과 한문 지도(약 15년).
문화재청(현 국가유산청) 문화재 전문위원, 서울시청 쓴소리단 위원. 전통문화연구회 부회장.
현) 사단법인 해동경사연구소 소장, 한국고전번역원 명예교수, 유원대학교 호서문화연구소 고문, 김해 월봉서원 원장.

한문 공부와 번역 이야기

제1판 제1쇄 발행 2025년 6월 17일

지은이	성백효
펴낸이	허재식
펴낸곳	고반
주소	(28042) 충청북도 괴산군 소수면 민들레마을길 58.
전화	043-832-1866
전송	0504-241-1866
전자우편	gb@gobanbooks.com
홈페이지	www.gobanbooks.com
블로그	blog.naver.com/gobanbooks
출판신고	제446-251002009000053호(2009년 7월 27일)
ISBN	978-89-97169-67-2 (93700)

ⓒ 성백효, 2025

값은 뒤표지에 있습니다.
지은이와 협의하여 인지는 생략합니다.

머리말

이 책은 본인이 그동안 경험했던 고전 번역의 어려움과 일부 인사들의 오역(誤譯), 한문(漢文) 학습의 과정, 생활 예절 등을 두서없이 모아 적은 잡록(雜錄)이다. 그 내용은 1998년에 전통문화연구회에서 사서삼경(四書三經)을 완역(完譯)하고 《전통문화》 창간호에 발표했던 것과 《민족문화》 등의 회지(會誌)에 게재했던 글들을 뽑았고, 다른 분의 한문 강의나 논문에 대한 평도 실었다. 생각나는 대로 기록한 것이어서 조리가 없지만 독자들은 이 글들을 통해 우리 선조들이 한문을 전수한 방법과 과정들을 다소나마 알 수 있을 것이다.

옛날 한문 교습 방법은 일정한 기준이 있지 않고 훈장님의 특성에 따라 약간씩 달랐다. 그렇다 하더라도 오늘날에 어려서부터 가정이나 서당에서 배우지 않고 자기 멋대로 한문을 습득하여 일정한 기준 없이 가르치는 것과는 완전히 다르다. 《천자문(千字文)》·《사자소학(四字小學)》부터 《동몽선습(童蒙先習)》·《명심보감(明心寶鑑)》·《격몽요결(擊蒙要訣)》 등을 배우면서 한문을 소리 내어 읽고 뜻풀이를 하며 훈장님에게 회초리를 맞고 나이 많은 동접(同接) 선배들과 생활하던 모습은 우리나라에서 몇 천 년의 전통이 있는 무형문화인데 이제는 그 맥이 완전히 끊겨 다시는 이어가지 못하게 되었다.

우리의 전통문화와 윤리 도덕에 남다른 관심을 가지셨던 선친께서는 44세 때 낳은 본인을 포함하여 우리 5남매를 모두 학교에 보내지 않고 가정에서 한문을 가르치셨다. 우리 집안은 갱정유도[更定儒道; 일심교(一心敎)]라 하는 종교 단체와는 아무런 연관이 없다.

본인은 해방둥이인 1945년생인데, 이 시기에 출생한 연배들이 한문의 마지막 세대라고 생각한다. 극소수이긴 하지만 1950년 이후에도 머리를 땋고 한문을 배우는 종교인들이 있었다. 그러나 시골 서당에서 한문을 배우는 분들도 한문으로 글을 짓고 시를 짓거나 한문 필첩(筆帖)을 교본 삼아 붓글씨를 쓰는 경우는 거의 없었다. 옛날 서당은, 학생이 처음 들어가게 되면 '하늘 천(天), 따 지(地)'를 소리 내어 읽고 다시 '천지현황(天地玄黃)'을 음으로 읽었는데, 학생들은 선생님을 따라 글을 읽었으나 그 소리가 각양각색이어서 기괴(奇怪)한 절창(絕唱)이었다. 집에서 기르는 병아리가 커서 수탉이 되어 처음 울게 되면 목을 빼고 우는 모습과 흡사하였다.

이제는 이러한 과정이 모두 없어졌다. 한문 학습의 맥이 끊겨서 시골에서 한문을 가르치고 배우는 모습을 보지 못한 지가 거의 40년이 되었다. 본인이 시골에서 주경야독(晝耕夜讀)하다가 1977년 봄 서울에 올라와 민족문화추진회(한국고전번역원의 전신) 부설 국역연수원에서 공부한 지가 내년이면 50년이 된다. 반세기가 지난 요즘 유튜브를 통해 한문을 각양각색으로 강의하고 성독하는 것을 보면 서당문화가 다 끊어졌다는 것을 크게 느낀다. 조금이나마 전통식 교육을 받은 한학자로서 서글픈 마음 금할 길 없다.

독자분들은 이 책의 목차를 보시면 내용을 어느 정도 아실 것인데, 신상후(申相厚) 박사의 논어특강 강의 영상을 보고 느낀 소감에서는 강의 내용에 평을 하는 데에서 그치지 않고 《논어》와 《맹자》에 대해서도 많이 소개하였다. 특히 《논어》에 보이지 않는 공자에 관한 내용을 《맹자》에서 뽑았다.

옛날에 한문 고전을 배우신 분들은 대부분 자신이 《논어》와 《맹자》를 거의 다 기억하고 있는 것으로 착각하지만 실제는 그렇지 못하다. 본인이 현재 해동경사연구소에서 박문호(朴文鎬) 선생의 《논어집주상설(論語集註詳說)》을 강독(講讀)하는데, 《논어》나 《맹자》에 나오는 내용을 물어보면 대부분 배웠던 것임에도 제대로 답변을 하지 못한다. 본인이 7~8세 때 읽은 《심청전》의 내용 중에 심봉사가 부인이 죽고 갓 낳은 딸 심청을 기르기 위해 동네 부인들에게 젖동냥을 하고 부처님에 대한 공양미 300석을 마련하기 위해 심청을 중국 상인들에게 팔아넘겨 인당수에 수장(水葬)하였으나 천지신명의 도움으로 심청이 다시 살아나 황후가 되어 부녀가 상봉하는 내용을 어렴풋이 기억하고 있는 것과 같을 것이다.

또한 《논어》〈위정(爲政)〉에 보이는 공자의 '지천명(知天命)'에 대한 주자의 해석은 모 인사의 '이순(耳順)'에 대한 논문을 보고 쓴 것인데, 본인은 주자의 《집주》를 위주로 해석해 보았다. 또 논자는 《중용장구》 20장의 '그 앎에 이르러서는 똑같다.[及其知之一也]'와 '그 행하여 성공함에 미쳐서는 똑같다.[及其成功一也]'라는 글을 보고 성인(聖人)과 현인(賢人)의 인격이 똑같다고 주장하였는바, 이와 다른 본인의 의견을 제시하였다. 사실 이글은 최근에 작성된 것으로 원래 이 책에 게재하려고 한 것이 아니나 연구소의 연구원들에게 '지우학(志于學)'부터 이 내용까지를 물어보면 내용 파악이 논자의 견해와 대동소이하므로 이를 밝히기 위해 실은 것이다.

작년(2024년) 5월에 본인이 팔순을 기념으로 중국의 곡부(曲阜) 등지를 다녀와서 쓴 여행기와 본인이 상경하여 가르침을 받았던 선생님들에 대한 소감과 논평 등은 다른 분들에게 쓸데없는 내용으로 여겨질 수 있다. 그래서 뭐 이러한 것을 책으로 내느냐고 질책하시는 분들도 계실 것이다. 하지만 이를 통해 노 한학자가 성현(聖賢)의 유적지를 바라보는 시각과 50년 전의 한문 학습 방법을 알 수 있을 것이다. 독자들은 이러한 글들이 모두 80이 넘은 한학자가 우리 전통문화를 조금이나마 후세에 남겨보려는 고심(苦心) 끝에 나온 것임을 살펴주시기 바란다.

2025년 6월 일
해동경사연구소장 성백효 씀

목차

머리말 _ 5

| 제1부 |
한문 고전 번역 그리고 한문 공부와 교육

1. 한문 고전 번역의 어려움 15
      한문 고전 번역이 안고 있는 문제들 15
      원의(原義)의 정확한 파악 16
      허자(虛字)의 처리 16
      한자(漢字)의 분명한 자훈(字訓) 17
      주석 처리의 어려움 20
      어느 주석을 따를 것인가 22
      방언(方言)에 대한 논란 25

2. 잘못된 한문 해석과 작문(作文) 28
      잘못된 토씨 활용 31
      《어수신화(禦睡新話)》에 나오는 17자 시(詩)의 특징 32
      기발한 '쉬운 한문 문장 만들기' 34
      초서(草書) 해독의 오류 35

3. 한문 고전을 번역하려면 출전(出典)을 알아야 한다 39

4. 경서(經書) 번역의 실제와 문제점
      : 사서(四書)를 중심으로 54
      경서(經書)를 번역하게 된 동기 57

한문(漢文) 번역의 특수성(特殊性) 61
　　사서집주(四書集註)의 오류(誤謬)와 이설(異說) 70
　　언해(諺解)의 보급과 파생된 문제점 74
　　선배(先輩) 동학(同學)들의 비평에 대하여 76

5. 기초 한문 교재 90
　　지능개발 위주의 기초 교재 92
　　수신(修身) 위주의 기초 교재 98

6. 한문 공부에 필요한 언해(諺解)와 현토(懸吐) 106
　　사서삼경의 언해(諺解)와 현토(懸吐) 106
　　언해가 한문 공부에 미친 영향과 이에 따른 부작용 109
　　우리 선유(先儒)들의 한문과 국어에 대한 인식 114
　　관본 언해의 권위 116

7. 한문 공부를 어떻게 했는가 하는 물음에 대한 대답 123
　　본인이 한문을 공부한 과정 124
　　한문은 외워야 한다 132

8. 우리 선현(先賢)이 주장한 독서법 136
　　〈독서의 순서[讀書次第]〉 137

| 제2부 |

예를 알아야 한다

1. 예(禮)란 무엇인가 151
2. 예의 근본을 알아야 한다 156
　　예는 시의(時宜)에 맞게 변통하여야 한다 156

예는 마음속에서 우러나야 한다 ... 158
　　예는 전통과 풍습을 중시한다 ... 159

3. 제례(祭禮) ... 162
　　제례(祭禮)의 기본 ... 162
　　가가례(家家禮)의 잘못된 인식 ... 163
　　기제(忌祭)를 모시는 날짜 ... 164
　　기제를 모시는 대수(代數) ... 166
　　단설(單設)과 합설(合設) ... 167

4. 기제(忌祭) ... 169
　　제수(祭需)의 준비 ... 169
　　제청(祭廳)의 설치 ... 171
　　모사(茅沙) 만들기 ... 171
　　지방(紙榜)과 축문(祝文) 쓰기 ... 172

5. 제수의 진설(陳設)과 제사의 절차 ... 176
　　제수(祭需)의 진설(陳設) ... 176
　　제사(祭祀)의 절차 ... 178
　　신주(神主) 모셔오기 ... 178
　　제례(祭禮)의 원리 ... 183

6. 묘제(墓祭)와 차례(茶禮) ... 184
　　묘제(墓祭)의 절차 ... 184
　　차례(茶禮)의 절차 ... 189

7. 조문(弔問) ... 190
　　조문의 올바른 예절 ... 190
　　장례(葬禮) 후 조객(弔客)에 대한 인사 ... 194

8. 호칭(呼稱) 198
    친족의 호칭 문제 198
    호칭은 관계의 표현 201

|제3부|

한문 고전 번역의 주변 이야기

1. 〈서명(西銘)〉의 리일분수(理一分殊)에 대하여 207
2. 신상후(申相厚) 박사의 〈논어특강(論語特講)〉
   강의 영상을 보고 215
3. 공자(孔子)의 지천명(知天命)에 대한 주자(朱子)의 해석
   : 성인(聖人)과 현인(賢人)의 인격은 과연 같은가 275
4. 신역(新譯) 《서경집전(書經集傳)》 번역을 마치고
   : 해동경사연구소의 번역 역정을 회고함 302
5. 민족문화추진회 시절의 여러 선생에 대한 소감 316
6. 순수한 유학자(儒學者) 서암(瑞巖) 김희진(金煕鎭) 선생
   : 일단화기(一團和氣) 춘풍(春風)의 강석(講席) 330
7. 갑진년(2024) 팔순(八旬) 기념 중국 곡부 여행기 339

제1부

한문 고전 번역 그리고 한문 공부와 교육

1. 한문 고전 번역의 어려움

한문 고전 번역이 안고 있는 문제들

우리는 조상으로부터 수많은 정신문화의 유산을 물려받았는바, 이것을 연구하고 발굴하여 현실에 맞게 응용하지 않으면 안 된다. 그러나 이 문화유산들은 대부분 난해한 한문(漢文)으로 기록되어 있다.

우리는 그동안 서구식의 신교육에만 열을 올리고 한글을 전용해 온 결과 국민 대부분이 우리의 고전을 읽고서도 그 뜻을 제대로 파악하지 못한다. 따라서 고전에 흥미를 느끼지 못해 고작 몇 페이지를 넘기다가 책장을 덮어버리는 경우가 흔하다. 또한 고려조나 조선조의 관직 제도에 어두워 삼공(三公)과 육경(六卿), 방백(方伯)과 대간(臺諫), 삼사(三司)와 문형(文衡)이 무슨 뜻인지 알지 못하며, 고전을 읽을 때 국어사전이나 국사사전이 없으면 제대로 이해할 수가 없다. 하루빨리 우리의 전통 사상과 얼이 담긴 한문 고전을 배워서 뿌리 깊은 문화 민족으로서의 자리를 되찾아야 할 것이다.

현재 우리 전통문화의 중요성을 인식하고 이를 되찾으려는 움직임이 어느 정도 활성화되고 있는 것도 사실이다. 한편으로 이에 따라 오류투성이의 번역문이 쏟아져 나오는 것도 숨길 수 없는 현실이다. 또한 한문 원전은 아예 보지도 않고 중국의 백화문(白話文) 번역을 그대로 베끼거나 일본의 해석서들을 무분별하게 수용하는 경우도 없지 않은데, 이마저도 중국어와 일본어를 제대로 이해하지 못한 상태에서 잘못 번역된 경우가 적지 않은 실정이다.

원의(原義)의 정확한 파악

번역에 있어서는 두 가지의 필수 조건이 있다. 첫째는 원의의 정확한 파악이요, 둘째는 번역문의 표현 능력이다.

한문으로 표기된 동양고전의 특징은 사상이나 문학, 역사 등 모든 분야가 함께 어울려 있다는 점이다. 특히 선진시대(先秦時代)의 경사자집(經史子集)은 해독이 난해하기로 유명하다. 그만큼 원전의 의미 파악이 어렵다.

경전의 원의 파악을 위하여 예부터 중국에서는 구두(句讀), 우리나라에서는 구결(口訣)이 전해 내려왔다. 구결은 구두에 의하여 만들어진 것으로 보이지만, 구두를 그대로 따르지 않고 우리나라의 해석 방식에 따라 토씨를 더 많이 단 것이 특징이라 하겠다.

허자(虛字)의 처리

한문 고전 번역에 있어 허자의 처리는 매우 중요하다. 본인이 민족문화추진회(현 한국고전번역원) 국역연수원(國譯研修院)에 재학할 당시만 해도 신석호(申奭鎬) 박사를 위시하여 우인(于人) 조규철(曺圭哲) 선생, 우전(雨田) 신호열(辛鎬烈) 선생, 동초(東樵) 이진영(李鎭泳) 선생 등 쟁쟁한 석학과 원로 한학자들의 명강의를 들을 수 있었다. 그중에도 청명(靑溟) 임창순(任昌淳) 선생의 국역연습(國譯演習) 강의는 매우 유익하였다. 청명 선생은 그동안 우리들이 즐겨 쓰던 '가히', '능히', '시러곰' 등을 전혀 사용하지 않았으며, '개(蓋)'를 '대개', '부(夫)'를 '무릇'으로 표현하는 것이 잘못임을 지적하시고 이런 용어를 일절 쓰지 않으셨다. 본인은 그때까지도 허자를 모두 번역했었기 때문에 당시 국역연습 시간에 번역 연습을 할 때마다 이러한 허자를 번역에서 빼는 것이 왠지 서운하였다.

한자(漢字)의 분명한 자훈(字訓)

자훈과 조사(助詞)의 용례는 《경전석사(經傳釋詞)》와 자전(字典) 등을 보면 너무 많아 적용하기 어렵다. 앞에서도 '蓋'와 '夫'의 잘못된 해석을 든바 있지만, 여기서는 좀 더 확대하여 '乃'와 '其'의 변례와 '苟或'까지 예로 들어볼까 한다.

'덮다'는 뜻의 '蓋' 자는 허자로 쓰였을 경우 그동안의 서당 교육에서 흔히 '대개'라고 훈(訓)을 하였다. 문장의 앞에 운을 떼는 발어사(發語辭)로 쓴 글자에 대해 이러한 훈을 하였는데, 〈대학장구서(大學章句序)〉 앞부분의 '蓋自天降生民'의 '蓋' 자가 여기에 해당한다. 이것을 만일 '대개'로 해석할 경우 '天降生民'의 뜻이 분명하지 못하게 된다.

두 번째로, 확신할 수 없는 내용이나 추측성의 내용을 말할 때 그 문장 앞에 사용하는 경우가 있다. 《대학장구(大學章句)》 경문(經文) 1장의 장하주(章下註)에 "右經一章, 蓋孔子之言, 而曾子述之; 其傳十章, 則曾子之意, 而門人記之也.[경문 1장은 아마도 공자의 말씀인데 증자가 기술하였고, 전문(傳文) 10장은 증자의 뜻을 문인이 기록하였다.]"라고 보

이는데, 대전본(大全本)의 세주(細註)에 "蓋字疑辭, 則字決辭.['개(蓋)'
자는 의심하는 말이고 '즉(則)' 자는 결단하는 말이다.]"라고 설명하였
다. 또한 《논어》〈이인(里仁)〉의 4장에 "蓋有之矣, 我未之見也.[아마도
그러한 사람이 있을 터인데 내가 아직 보지 못하였나보다.]"라고 하신
공자의 말씀이 보이는데, 《집주》에 "蓋疑辭['개(蓋)' 자는 의심하는 말이
다.]"라고 설명하였다. 여기에서 '대개'라는 뜻이 파생된 것으로 보인다.

세 번째는 윗문장을 잇고 아래 문장을 접속해주는 승상접하(承上
接下)의 경우로 '~~하였으니, 이는'의 뜻이다. 《논어》〈학이(學而)〉 5장
장하주의 "易曰: 節以制度, 不傷財, 不害民, 蓋侈用則傷財.[《주역》에 이
르기를 '절제하여 법도를 따라서 재물을 손상하지 않고 백성을 해치지
않는다.' 하였으니, 이는 사치하게 쓰면 재물을 손상한다.]"라는 경우라
하겠다.

허자로 쓰인 '夫' 자는 습관적으로 '무릇'이라고 번역하는데, '무릇[凡]'
이라는 뜻은 없다. 첫 번째는, 〈대학장구서〉의 "夫以學校之設, 其廣如
此"[1]라는 문장의 '夫' 자가 발어사로 쓴 경우이다. 두 번째는 '其' 자나
'此' 자와 같은 경우이다. 《논어》〈선진(先進)〉 13장의 "魯人爲長府, 閔
子騫曰: 仍舊貫如之何, 何必改作. 子曰: 夫人不言, 言必有中.[노나라 사

---

1) 夫以學校之設 其廣如此: 호산(壺山) 박문호(朴文鎬)는 발어사나 '그로 쓴 '부
(夫)'에 대해 거의 모두 '音扶'로 표시하였다. 본인이 호산의 《사서집주상설(四
書集註詳說)》을 번역하면서 교정해주시는 분들께 '夫'를 발어사로 국한하지
말고 위·아래의 문장을 보아 '저'나 '그'로 표현해도 된다 하였는데, 본인의 이
말이 잘못 전달되어 거의 모두 '저'나 '그'로 바꾸었다. '夫以學校之設' 역시 '夫'
를 '저'로 표시하였다. 본인이 미처 확인하지 못한 책임이 크다. 독자들의 양해
를 바란다.

람이 장부라는 창고를 다시 지었는데, 민자건이 말하기를 '예전에 있던 것을 수리하여 사용하는 것이 어떻겠는가. 하필 다시 고쳐 지을 것이 있겠는가.'라고 하자, 공자께서 말씀하셨다. '이 사람은 말을 하지 않을지언정 말을 하면 반드시 도리에 맞는다.]"의 '夫人'이 여기에 해당한다. 그리고 부모나 남편의 별세한 날[忌日]을 '夫日(그날, 또는 이날)'이라고 하는 것도 여기에 속한다.

'乃' 자 역시 예전에는 아무 뜻이 없는 어조사로 쓰일 때에도 모두 '이에'라고 훈을 하였는데, '乃'에는 '이러하여서 곧' 또는 '마침내'라는 뜻의 '이에'로 훈을 하는 경우가 많다. 여기에서 파생되어 '비로소' 또는 '도리어'라는 뜻도 있다. 각각 하나씩 예로 들어보면, 아무 뜻이 없는 어조사로 쓰인 경우는 《서경(書經)》〈우서(虞書) 대우모(大禹謨)〉에 "都! 帝德廣運, 乃聖乃神, 乃武乃文, 皇天眷命, 奄有四海, 爲天下君.[아, 훌륭하다. 임금의 덕이 광대하게 운행되어 거룩하고 신묘하며 문무의 덕을 모두 구비하자, 황천이 돌아보고 명하여 사해를 다 소유하고 천하의 군주가 되게 하였다.]"라고 보인다. '마침내'라는 뜻으로 쓰인 경우는 《서경》〈우서(虞書) 요전(堯典)〉에 "乃命羲和, 欽若昊天, 曆象日月星辰, 敬授人時.[이에 희씨와 화씨에게 명하여 하늘을 공경히 따라서 일월성신을 역서(曆書)로 만들고 관상(觀象)하여 삼가 사람들에게 때를 알려 주게 하였다.]"라고 보인다. '비로소'라는 뜻으로 쓰인 경우는 《예기(禮記)》〈월령(月令)〉에 "仲春之月……日夜分, 雷乃發聲始電.[중춘(仲春)의 달에는……낮과 밤의 길이가 똑같이 나누어지고, 천둥이 비로소 울리고 번개가 친다.]"라고 보인다. '도리어'라는 뜻으로 쓰인 경우는 《서경》〈주서(周書) 대고(大誥)〉에 "厥父菑, 厥子乃不肯播, 矧肯穫?[아버지가 땅을 일구어 놓았어도 그 자식이 도리어 파종하려 하지 않는데, 하물며 곡식을 수확하려 하겠는가?"라고 보인다.

'其'는 모두 '그'라고 읽는데 간혹 '이'로 바꾸어 표현하는 것이 원의에 더 부합하는 경우가 있다. 《논어》〈학이〉 제2절의 '其爲人也孝弟'와 정이천의 〈역전서(易傳序)〉에 '其爲書也, 廣大悉備.' 등을 예로 들어보면, '其爲人也'와 '其爲書也'를 대체로 '그 사람됨이' 또는 '그 책 됨이'라고 해석한다. 그러나 이것은 '이 사람의 인품이' 또는 '이 책의 특징이'로 표현하는 것이 좋을 것이다. 《중용장구》 제1장의 본문이 시작되기 전에 있는 《중용》 책에 대한 설명에 "程子曰……其書始言一理."라고 보이는데, 여기에서 '其書'를 '그 책'이라고 읽으면 어색하다. 여기서도 '이 책'으로 바꾸어 읽는 것이 좋을 것이다.

'苟或'을 '진실로 혹'이라고 읽는데, 이 역시 '진실로'와 '혹'이 서로 걸맞지 않다. '苟'는 '만일'의 뜻이므로 '혹시'라고 표현하면 될 것이다. 예컨대 《춘추좌씨전(春秋左氏傳)》〈노 소공(魯昭公) 원년(元年)〉에 "衛齊子曰: 苟或知之, 雖憂, 何害?[위나라 제자는 '혹시 사전에 알고서 대비한다면 비록 우환이 있다 하더라도 어찌 해가 되겠습니까?' 하였다.]"라고 보인다.

주석 처리의 어려움

번역에 있어 주석 처리 문제는 참으로 중요하다. 주석은 그 수나 양이 너무 많으면 독자가 번역문을 읽는 데 방해를 줄 수 있고, 너무 줄이면 불성실한 번역이 될 수 있다. 따라서 주석은 너무 장황하지 않으면서도 간단명료하게 처리하여 독자가 번역문을 읽거나 이해하는 데

도움이 될 수 있도록 하는 것이 중요하다. 주석 처리에 대한 문제는 한문 번역에 종사하는 학자들 사이에도 의견이 일치하지 않는바, 일례로 박소동(朴小東) 교수의 논문2) 중 주석에 관한 내용을 소개하겠다.

"사실 번역과정에서 가장 피해야 할 주석 형태는 독자의 이해를 돕기보다는 자신의 지식을 자랑하고자 하는 현학형(衒學型)의 주석이다. 의역의 형식 등으로 의미 전달을 할 수 있음에도 불구하고 직역을 하거나 한문 용어를 그대로 사용하고 주석을 장황하게 달고 있는 경우를 말한다.

* 사례 '…… 愧負之餘 粗遣烏兎(괴부지여 조(추)견오토) ……'
① '부끄러운 나머지 그럭저럭 오토(烏兎)주)만 보내고 있다.'
주)오토(烏兎): 오는 해를 말하고 토는 달을 말하여 세월을 의미하는 말이다. 즉 여기서는 세월만 보내고 있다는 뜻으로 사용하였다.
② '부끄러운 나머지 그럭저럭 세월만 보내고 있다.'

위의 두 예에서 ①은 독자에게 간편하고 정확한 내용 전달보다는 자신의 박식함을 자랑하고자 하는 마음이 담긴 과잉 친절형이다. 독자의 입장에서 보면 오토(烏兎)가 해와 달을 의미하는 것이며 세월이라고 번역된다는 것을 알 필요가 없는 것이다. 이런 유(類)의 주석을 달고자 한다면 번역문마다 주석을 달지 않으면 안 될 것이다. 사실 독자

---

2) 박소동(1999), 〈古典國譯의 實際〉, 《민족문화》 제22집, 민족문화추진회.

에게 그 단어가 왜 그렇게 해석되는지, 어디에서 나온 말인지 굳이 알릴 필요는 없다. 한문 학습을 하는 참고서나 사전을 만드는 것이 아니기 때문이다."

본인은 박 교수의 주장에 공감하지 않는다. 본인은 주석이 자상해야 된다고 생각하는 편인데, 이는 본인이 결코 박식함을 자랑하려 해서가 아니다. 그리고 일찍이 들어보지 못한 '현학형(衒學型)의 주석'이라는 한자 신조어(新造語)는 학자들을 현혹시킬 수 있는 말이라고 본다. 본인은 오히려 이 번역문에서는 주석의 오토에 대한 설명이 불충분하다고 생각한다. 주석에서 '오는 해를 말하고 토는 달을 말한다.'라는 설명을 하는 것보다는 왜 오가 해를 말하고 토가 달을 말하는지의 이유를 밝혀야 한다. 곧 '오토는 해 속에 까마귀가 있고 달 속에 토끼가 있다는 신화에서 유래한 말로, 해와 달을 비유하기도 하고 세월이라는 의미로 쓰이기도 한다.'라고 해야 할 것이다. 일본이나 중국의 번역서들을 보면 우리와 큰 차이가 있음을 알게 될 것이다. 예컨대 대만의 삼민서국(三民書局)에서 간행한 《고문관지(古文觀止)》 번역서나 중국에서 간행한 《고문관지》 번역서를 한번 보라. 주석이 얼마나 많은가. 이것이 역자들의 지식을 자랑하기 위해서라고 말할 수 있겠는가? 이런 문제는 번역자의 개성에 맡기는 수밖에 없다고 본다.

어느 주석을 따를 것인가

사서삼경(四書三經)의 현토역주(懸吐譯註)를 마치고 나니, 독자들로부터 왜 굳이 주자(朱子)의 해석만을 따랐느냐는 비난성 질문을 자주 받았다. 즉 명대(明代) 이후 《주자집주(朱子集註)》의 오류를 지적한 학자(學者)들이 많은데 왜 그러한 것들을 밝히지 않았느냐는 것이다. 특히 다산(茶山) 정약용(丁若鏞)의 설(說)을 많이 소개하지 않은 것에 대해 아쉬워하였다. 본인은 대본이 《주자집주》이고 시간상 어쩔 수 없었다는 변명으로 사과를 대신한다.

물론 이러한 문제는 번역서의 경우에만 해당하는 것이 아니다. 본인이 재직하였던 국역연수원에서도 《논어》, 《맹자》를 강의하다 보면 학생들로부터 고주(古註)를 들고 나와 주자의 주석이 틀리지 않았느냐는 질문을 종종 받았다.

사실 2천5백 년 전에 만들어진 경전(經傳)의 원의(原義)를 오늘날을 사는 사람이 정확히 파악하여 제대로 해석한다는 것은 거의 불가능하다 해도 과언이 아니다. 수없이 많은 전사(轉寫) 과정에서 오탈자(誤脫字)도 있었을 것이요, 지역의 특성에 따라 언어나 문법의 차이도 없지 않았을 것이다. 따라서 주석서(註釋書)가 없이는 원문(原文)의 뜻을 제대로 알기가 어려운 만큼 주석서의 필요성이 크다 하겠다.

하지만 경전에 대한 주석서도 한두 가지가 아닌 데다가 이설(異說)이 존재하는 내용도 많기 때문에 여러 가지 주석 중에 누구의 설(說)을 따를 것인가 하는 것이 큰 문제가 된다. 우선 《논어》〈학이편(學而篇)〉에 나오는 문구(文句)에 대한 다른 해석이 어떠한 것들이 있는지 몇 가지만 소개하겠다.

"孝弟也者 其爲仁之本與"

이 문장에 대해 북송(北宋)의 정이천[程伊川; 정이(程頤)] 이전에 "孝弟

是仁之本[효제는 인의 근본이다.]"라는 해석이 전해지고 있었다. 그러나 정이천과 주자는 모두 이렇게 해석할 경우 본말(本末)이 맞지 않음을 강조하였다. 그 이유는 효제보다 상위에 있는 인이 효제의 근본이 되어야지, 효제가 인의 근본이 될 수는 없다는 것이다. 한편, 청대(淸代) 학자들은 '仁'은 '人'과 통용하므로 효제는 사람이 되는 근본으로 해석하여야 함을 주장하기도 하였다. 그런데 근세의 중국 학자 양백준(楊伯峻)은 《관자(管子)》〈계편(戒篇)〉의 "孝悌者, 仁之祖也.[효제는 인의 근본이다.]"를 예로 들면서 다시금 효제는 인의 근본(기초)이 되는 것으로 해석하였다. 양백준은 정이천과 주자가 반대하였던 주석을 따른 것이다.

"賢賢易色"

이 문구는 참으로 해석이 다양하다. 정이천은 후한(後漢)의 정현(鄭玄)의 고주(古註)를 따라 역색(易色)을 '얼굴빛을 바꾼다.'로 풀이하였다. 즉 "현자(賢者)를 존경하되 얼굴빛을 고쳐 예우한다."로 풀이한 것이다. 그러나 또다른 해석은 "현자를 높이면 여색을 가볍게(하찮게) 여기게 된다."로 풀이하였다. 청대(淸代)의 모기령(毛奇齡)은 이 두 가지 설을 모두 소개하였다.

그러나 한대(漢代)의 공안국(孔安國)은 '여색을 좋아하는 마음으로 현자를 좋아하면 선(善)하다.'로 풀이하였는바, 주자는 이 설을 따라 '현자를 어질게 여기되 여색을 좋아하는 마음과 바꾸면 선(善)을 좋아함이 진실함이 있다.'고 부연 설명하였다. 하지만 근세의 중국 학자 전목(錢穆)과 양백준은 이상의 모든 해석을 따르지 않고 '어진 덕성(德性)을 존경하고 용색(容色; 미모)을 하찮게 여긴다.'로 해석하여, '처자식을 대할 때에 인품(人品)과 덕성(德性)을 중시하고 용색을 하찮게 여기는 것'으로 풀이하였다. 다만 이 해석을 따르면 '賢賢[현자를 존경하되]'와 같은 처한 상황을 드러내는 말이 없다는 문제점이 있다.

'賢賢易色'의 뒤에 이어지는 원문을 아울러서 살펴보겠다.

"賢賢易色; 事父母, 能竭其力; 事君, 能致其身; 與朋友交, 言而有信, 雖曰未學, 吾必謂之學矣."

위에서 보는 바와 같이 '賢賢易色' 뒤의 글이 모두 '부모를 섬기되 능히 그 힘을 다하며, 군주를 섬기되 능히 그 몸을 바치며, 붕우와 사귀되 말함에 성실함이 있으면'으로 이어져서 '부모를 섬기되[事父母]', '군주를 섬기되[事君]', '붕우와 사귀되[與朋友交]'라는 상황이 전제되어 있다. 따라서 전목과 양백준의 설로 볼 경우 '賢賢易色'의 앞에 '아내를 대하되' 하는 등의 처한 상황을 드러내는 글이 더 있어야 하는 것이다.

방언(方言)에 대한 논란

이것 외에도 방언을 제대로 파악하지 못하여 잘못 해석한 부분도 없지 않을 것이다. 광활한 중국에서 북부지방과 남부지방 간에는 언어나 문자가 다르게 마련이다. 《논어》의 '文莫吾猶人也(문막오유인야)'의 '文莫'을 '勉'으로 해석하여 '열심히 힘씀은 내 남과 같이 할 수 있다.'로 해석한다든가, 《맹자》의 '折枝'를 '안마(按摩)'로 해석하는 것이 그 좋은 예라 할 것이다.

이해를 돕기 위하여 조금 더 자세히 설명하겠다. 《논어》 〈술이(述

而)》의 "文莫吾猶人也, 躬行君子, 則吾未之有得."의 '文莫吾猶人也'를 주자는 '문장은 내가 남과 같게 할 수 없겠는가.[文莫吾猶人也?]'라는 뜻으로 보아 "문장은 내 남과 똑같이 할 수 있으나 군자의 도를 몸소 행함은 내 얻음이 있지 못하다."로 해석하였다. 그런데 명(明)나라 양신(楊愼)은 그가 지은《승암경설(升菴經說)》에 "연(燕)·제(齊) 지방에서 '勉強[억지로 힘씀]'을 文莫이라고 쓴다."라는 설을 실어놓았는바, 이는 《논어》의 "聽訟吾猶人也.[송사를 다스리는 것은 나도 남들과 같다.]"와 같은 문투임을 강조한 것이다. 이것이 거의 통설로 정착되는 듯하였으나 양백준은 양신의 설을 따르지 않고 주자와 같이 해석하면서 다만 '文'에 대한 번역을 '학문'으로 바꿨을 뿐이다.

또《맹자》〈양혜왕 상(梁惠王上)〉의 "爲長者折枝"를 원래 후한(後漢)의 조기(趙岐)는 '장자를 위하여 안마하는 것'으로 해석하였는데, 주자는 이를 따르지 않고 '장자를 위하여 나뭇가지를 꺾는 것'으로 해석하였다. 그러나 절지는 북부지방의 방언으로 안마를 가리키는 바, 남부지방 출신인 주자가 이를 잘 모르고 잘못 고쳤다는 것이다. 참으로 어느 것을 따라야 할지 갈피를 잡을 수 없다.

하지만 본인은 지금도 수강하는 학생이나 독자들에게 우선 주자의 집주를 기초로 하여 공부할 것을 권한다. 그 까닭은 크게 세 가지로 요약할 수 있다.

첫째, 주자의 주석은 이해하기 쉽게 쓰였기 때문이다. 사서(四書)를 예로 든다면《논어》에 대한 하안(何晏)의 해석,《맹자》에 대한 조기(趙岐)의 주석,《대학》과《중용》에 대한 정현(鄭玄)의 주석은 너무 소략해서 이해하기가 어렵고, 한편《십삼경주소(十三經注疏)》에 실린 공영달(孔穎達)의 사서(四書)에 대한 해석은 너무 장황하여 내용 파악이 잘 되지 않는다. 이에 반하여 주자의 해석은 훈(訓)·석(釋)·논(論)의 세 가지로 되어 있는바, 훈은 글자에 대한 풀이이고, 석은 '此言'이라는 말로 시작하여 해당 구절에 대해 해석한 것이고, 논은 해당 장의 본문 전체에 대한 평론으로 주로 장하주(章下註)가 이에 해당한다. 물론 세 가지를 다 갖추어 해석한 장도 있지만 필요에 따라 두 가지로 해석한 경우도 있고 한 가지로만 해석한 경우도 있다. 주자의 집주는 훈고의 정확성을 떠나 내용이 간단명료하여 뜻을 알기가 용이하다.

둘째, 우리 선조들이 주자의 집주에 입각하여 경전을 해석하였기 때문이다. 선조들은 거의 모두가 주자의 학설을 따랐으므로 일단 주자의 설을 알지 못하면 선조들의 문집을 정확히 독해하지 못한다.

셋째, 초학자들에게는 여러 가지 해석을 설명해 주더라도 제대로 이해시킬 수 없기 때문이다. 본인의 경험상 경전의 기초 지식이 부족한 학생들에게 각종 이설을 열거하면 도움을 주기보다는 혼란을 주는 경우가 많았다.

물론 여러 학설을 널리 검토하여 합리적인 해석을 따르는 것이 가장 좋음은 두말할 필요가 없겠다. 공자도 '博文約禮(박문약례; 문을 널리 배우고 예로써 요약한다)'라 하시지 않았던가. 하지만 학문에도 순서가 있어야 한다. 초학자들은 우선 주자의 설을 따라 원문을 정확히 이해하고, 그다음에 이설(異說)을 널리 탐독하여 제일 타당한 설을 선택하기를 바란다. 그리고 본인 역시 경서(經書) 번역서의 수정판(修正版)을 낼 때에는 타당성이 있다고 생각되는 학설들을 보다 폭넓게 수용하여 독자들의 요구에 부응하고 있음을 밝혀둔다.

2. 잘못된 한문 해석과 작문(作文)

한문 문장 속에는 수많은 고사와 심오한 뜻들이 담겨져 있어 초학자들은 말할 것도 없고 전문가들조차도 그 해독에 있어서 왕왕 실수를 저지르곤 한다. 그것도 어려운 내용이 아니고 흔히 쓰는 단어나 고사를 해독하는 경우에도 그렇다. 그러므로 한문을 읽는 데에는 다양한 용례와 출전의 원의(原義) 파악이 필요한 것이다.

몇 년 전, 모 일간지 기고문 가운데 "나는 옥편 하나만 있으면 어떠한 한문도 해석할 수 있다."는 용감무쌍하고 기고만장한 글을 보고 고소(苦笑)를 금치 못한 적이 있다. 한문 문장을 어떻게 해석하든, 그것은 번역하는 사람의 자유의사에 달린 것이지만, 과연 그것이 원문의 본의에 합치되는 것인가가 문제이기 때문이다.

예전에 한문으로 기록된 문헌을 공부한 분들은 평생토록 한문을 배워 각종 기록과 의사 표시를 거의 모두 한문으로 하였다. 이러한 생활을 하였기 때문에 옛 분들은 자연히 한문에 대한 조예가 깊어지게 마련이었는바, 보통 어려서부터 토씨[口訣]를 붙여 글을 외웠으며, 차츰 자라면서 스승에게 문장을 짓는 방법을 배우고 초서(草書) 등의 글씨도 익혔다.

그러나 지금은 한문을 가르치는 선생님들 자체가 문제이다. 글을 리듬에 맞게 소리 내어 읽어 본 적이 없으며, 아예 올바른 토씨를 달아서 읽지를 못한다. 한문 문장은 명문장일수록 글의 리듬이 잘 맞도록 구성되어 있다. 그런데 읽는 이가 이것을 모르니, 그 뜻이 제대로 해석될 수가 없을 뿐더러 글도 외워질 리가 없다. 따라서 문장을 지을 능력이 배양될 수 없음은 물론이다.

옛날에 학식이 부족하면서도 시골에서 생계수단으로 학동(學童)들을 가르치며 살아가는 선생들이 있었는데, 이들을 '촌학구(村學究)'라 하였다. '학구(學究)'는 '스승'이란 뜻이다. 다산(茶山) 정약용(丁若鏞)도 일찍이 이러한 촌학구들을 '三家村裏村夫子(삼가촌리촌부자)'라고 비판한 적이 있다. '세 가호만 사는 작은 마을의 촌학구'라는 뜻이다. 이와 관련해서 몇몇 이야기가 전한다. 《통감절요(通鑑節要)》 25권 '후제선(後帝禪) 갑인(甲寅) 12년 조에 "死諸葛走生仲達[사제갈주생중달;죽은 제갈량이 살아있는 중달을 패주(敗走)시켰다]"이라는 내용이 있다. 당시 제갈량(諸葛亮)은 위(魏)나라를 정벌하던 도중에 별세(別世)하면서 자신이 죽은 것을 비밀에 부치고 위군(魏軍)의 공격에 철저하게 대비하도록 지시하였다. 제갈량이 죽었다는 풍문(風聞)이 떠돌았다. 위나라의 대장(大將)인 사마의(司馬懿)는 군(軍)을 출동시켜 촉한군(蜀漢軍)을 공격하였으나, 촉한군이 강력히 저항하자 제갈량이 생존해 있는 줄 알고 그대로 후퇴하였다. 이에 백성들은 "죽은 제갈량이 산 중달을 패주시켰다."고 놀려 대었다. 중달은 사마의의 자(字)이다. 그런데 어떤 촌학구가 이것을 설명하면서 죽은 제갈(諸葛)이 도망하면서 중달(仲達)을 낳았다고 하더란다. 한 학생이 "선생님! 어떻게 죽은 제갈이 도망하면서 중달을 낳았습니까?"라고 물으니, 선생이 말하기를 "야! 이 놈아. 그러니까 신출귀몰(神出鬼沒)하는 제갈량이지. 제갈량이 보통 사람처럼 살아서 아들을 낳았다면 무슨 훌륭할 것이 있겠느냐." 하더란다. '白馬寒水石(백마한수석; 백마강의 물과 돌이 깨끗하다)'을 '흰말이 성질이 사나워 (발로) 차고[寒] (입으로) 물고[水] (빙빙) 돌다[石]'로 풀이한 어떤 촌학구의 이야기도 전한다.

또 《사기(史記)》에 손숙오(孫叔敖)의 고사(故事)로 "三年不飛, 飛將衝天; 三年不鳴, 鳴將驚人.[3년 동안 날지 않았으니 날면 장차 하늘을 찌를 것이요, 3년 동안 울지 않았으니 울면 장차 사람을 놀라게 할 것이다.]"이란 내용이 있는데, 이것을 축약하여 '飛將衝天, 鳴將驚人.'이라 하였다. 어떤 촌학구가 이것을 "나는 장수는 하늘을 찌르고 우는 장수는 사람을 놀라게 한다."라고 해석하였다 한다.

본인도 고사를 몰라 실수한 적이 한두 번이 아니었다. 두보(杜甫)의 〈음중팔선가(飮中八僊歌)〉를 번역할 때 "銜盃樂聖稱避賢[함배락성칭피현; 술을 마실 적에 청주(淸酒)를 즐기고 탁주(濁酒)를 피한다.]"라는 구절을 "술을 마시며 성인(聖人)을 좋아하니 세상을 도피하는 현자(賢者)라고 칭하네."라고 번역하였다. 술에 있어서 성(聖)은 청주, 현(賢)은 탁주를 지칭하는 고사를 알지 못했기 때문에 이런 웃지 못할 번역이 나온 것이었다.

본인이 근래에 접한 문장 중에서 문제가 되는 몇 가지 사례들을 더 들어보겠다.

잘못된 토씨 활용

토씨는 꼭 옛날 방식을 따라야 할 필요는 없다. 그러나 여기에도 일정한 규칙이 있음을 알아야 한다.

우리말 토씨가 잘못 붙여진 경우

다음은 한문 교사들이 만든 《한문교육》 52호와 중·고등학교 교사용지도서 《한문》에 실린 내용들이다.

'欲報深恩한대 昊天罔極이로다'

이것은 《사자소학(四字小學)》의 한 부분이다. 여기의 '한대'는 '이면'이라는 뜻의 '인댄'이 되어야 할 것이다. 사실 이 내용은 《시경》〈소아(小雅) 육아(蓼莪)〉의 '欲報之德, 昊天罔極.[그 은혜를 갚으려면 하늘과 같아 한량이 없도다]'을 약간 변형한 것인데 《시경》 언해에도 '欲報之德인댄'으로 현토되어 있다. '한대'는 '하였는데', 또는 '하였으므로'의 뜻이다.

또, 《논어(論語)》의 문장을 소개한 부분은 이렇게 되어 있었다.

'我非生而知之者이고 好古敏而求之者也라'
'德不孤이고 必有隣이니라'

'이고'라는 토는 옛날의 어떤 언해(諺解)에도 보이지 않는다. 언해에 따르면 위의 토씨는 앞뒤 구절이 병렬로 연결됨을 표시하는 '요'가 맞고, 아래의 토씨는 앞 구절이 뒤 구절의 원인이나 근거임을 표시하는 '라' 또는 '하야'가 맞다.

한자 '이(而)'와 우리말 토씨 '이'를 혼동하여 쓴 경우

'靑出於藍이 靑於藍'이라고 표기한 경우, 이것은 '청색은 쪽빛에서 나왔지만 쪽보다 푸르다'는 뜻으로, '이'는 한글 토씨가 아니고 '而(이)'가 되어야 한다.

이와 반대로 옛날 신문 광고 등에서 '百聞而不如一見(백문이불여일견)'이라고 쓰는 경우가 종종 있었는데, 이것은 '백 번 듣는 것이 한 번 보는 것만 못하다'는 뜻으로, 여기에서는 '百聞'의 다음에 '而'가 들어가서는 안 되고 우리말 토씨인 '이'가 들어가야 한다.

《어수신화(禦睡新話)》에 나오는 17자 시(詩)의 특징

본인은 얼마전 《어수신화(禦睡新話)》의 십칠자시(十七字詩)를 소개하면서 "太守親祈雨(태수친기우)하니 精誠貫人骨(정성관인골)이라 夜半推窓看(야반퇴창간)하니 明月(명월)이라 作詩十七字(작시십칠자)하여 受笞二十八(수태이십팔)하니 若作萬言疏(약작만언소)면 必殺(필살)이라 斜日楓岸路(사일풍안로)에 舅氏送我情(구씨송아정)이라 相垂離別淚(상수이별루)하니 三行(삼행)이라" 한 것에 대하여 뒤의 두 구(7자)는 모두 토씨를 붙이지 않고 칠언시(七言詩)로 읽는 것이 옳다고 주장한 바 있다. 그러나 이것은 본인이 십칠자시의 유래를 제대로 알지 못하고 경솔하게 거론한 것이었다.

십칠자시는 원래 풍자의 시체(詩體)로 송대(宋代)에 유행하였던 것인바, 전편(全篇)이 연(聯)마다 삼구 십칠자(三句十七字)로 이루어져 있고, 오언(五言) 2구에 칠언(七言) 1구로 읽는 것이 원칙이다. 그러나 끝의 두 글자를 따로 떼어 풍자의 뜻을 강조하는 데 묘리가 있다 한다.

《사고전서(四庫全書)》에 수록된 《전민시화(全閩詩話)》 권10에 이와 비슷한 내용의 십칠자시가 있어 소개하겠다. 민월(閩越) 지방에 십칠자시를 짓기 좋아하는 골계자(滑稽子)가 있었다. 골계자란 익살스러운 해학이나 풍자를 잘하는 사람을 이른다. 이때 가뭄이 계속되어 고을의 태수가 온갖 정성을 쏟아 여러 곳에 기우제를 지냈으나 비는 오지 않고 햇볕만 계속 내리쬘 뿐이었다. 이에 그는 "太守祈雨澤, 萬民皆喜悅. 夜半登高樓, 好月.[태수가 비 내리기를 기원하니 모든 백성들 다 기뻐하네. 한밤중 높은 누대에 올라가 보니 달만 밝게 떠 있네.]" 하였는데, 이는 태수가 정성을 다해 이렇게 기우제를 지냈음에도 불구하고 하늘에는 구름 한 점 없어 달빛만 밝음을 비아냥거린 것이다. 태수는 이 시를 보고 크게 노하여 골계자를 잡아다가 볼기 열여덟 대를 때리고 감옥에 가두었다.

이에 그는 또다시 시를 짓기를 "作詩字十七, 捉來打十八, 若上萬言書, 打殺.[십칠자시를 짓고 붙잡혀 와서 볼기를 열여덟 대 맞았노라. 만일 만자(萬字)의 상소문을 지어 올렸으면 매를 때려 죽였으리라.]"라고 하였다. 매를 때려 자신을 죽였으리라는 끝의 두 글자는 군수의 사나운 심술을 십분 풍자한 것이다. 그리고 한쪽 눈이 먼 아내가 밥을 지어 감옥으로 찾아오자, 그는 또다시 시를 짓기를 "夫壻禁東廂, 山妻送飯忙, 兩人齊下淚, 三行.[남편이 동쪽 감옥에 구금되니 산중의 아내가 바삐 밥을 지어 보내왔네. 두 사람이 만나 함께 우니 세 줄기 눈물이라오.]"라고 하였다. 아내가 애꾸눈이니 두 사람이 울어도 눈물은 세 줄기밖에 될 수가 없다는 것이다. 역시 삼행에 큰 풍자의 뜻이 있다 하겠다. 다시 한 번 강조하거니와 이는 워낙 고사가 많고 용례가 다양하여 쉽게 해석하고 단정할 수 없는 한문 번역의 어려움을 실증할 수 있는 좋은 예라 하겠다.

기발한 '쉬운 한문 문장 만들기'
    ① 티끌 모아 태산 → 集塵成泰山
    ② 가는 날이 장날 → 去日卽葬日
    ③ 소 잃고 외양간 고친다 → 失牛後改外養間
    ④ 아니 땐 굴뚝에 연기 나랴 → 不燃於筒生燃(煙)乎
    ⑤ 하늘이 무너져도 솟아날 구멍이 있다 → 雖天崩可上有穴

  ①은 '塵合泰山(진합태산)' 또는 '積塵成山(적진성산)'이 더 좋을 것으로 보인다.
  ②의 장날은 장례하는 날이 아니고 시골의 오일장(五日場)을 지칭한 것으로 '市日(시일)'이 맞을 것이니, '適値其市(적치기시)' 또는 '適値其日(적치기일)'이 어떨지 모르겠다.
  ③의 '改(개)'는 '修(수)'로, '外養(외양)'은 '사육한다'는 뜻의 '喂養(위양)'으로 쓰는 것이 옳다. 전체적으로 '失牛修牢(실우수뢰)' 또는 '失牛修閑(실우수한)'으로 쓰면 될 것이다. '牢(뢰)'와 '閑(한)'은 모두 가축을 거두어 기르는 '우리'라는 뜻이 들어 있다.
  ④는 '不燃突不生煙(불연돌불생연)'으로 작문한 것을 본 적이 있다.
  ⑤의 '雖天崩(수천붕)'은 '天雖崩(천수붕)'이 되어야 할 것이며, '可上有穴(가상유혈)'은 '有可上之穴(유가상지혈)'을 표시한 듯하나, 너무도 생경하다. '天雖崩有可脫之道(천수붕유가탈지도)'가 어떨지 모르겠다.

이러한 속담들은 정약용(丁若鏞)의 《이담속찬(耳談續纂)》[3], 홍만종(洪萬宗)의 《순오지(旬五志)》[4] 등을 참고하면 좋을 것이다. 한문의 뜻을 제대로 이해하려면 직접 글을 엮어보는 것도 한 방법이다. 그러나 초학자들이 한문으로 작문하는 것은 결코 쉬운 일이 아니다. 반드시 한문 작문법을 아는 분에게 지도를 받아야 할 것이다.

초서(草書) 해독의 오류

얼마 전 모교수가 윤봉길(尹奉吉) 의사의 최후 유언시를 발견하였다고 신문지상에 공개한 바 있다. 초서로 쓴 원문의 정자(正字)를 표기하지 않고 번역문만 실었는데, 그 내용에 잘못된 부분이 많았다.

발표된 글의 내용은 다음과 같다.

① 산 높고 웅장한 청산이여 만물을 실어 기르노니
② 검고 이끼 낀 곳(상해 황포강)이여 사계절은 다시 오지 않도다.
③ 큰바람 하늘로 나르는가 높은 산이나 바다가 소용돌이치며 날도다.

---

3) 《이담속찬(耳談續纂)》: 명나라 왕동궤(王同軌)가 지은 《이담(耳談)》에 한국 고유의 속담(俗談)을 증보한 책으로, 조선 정조 때의 실학자 다산 정약용이 엮었다. 표지의 이름은 '야언(埜言)'으로 되어 있다. 내용은 처음에 170여 조의 중국 속담을 기록하고, 다음에 '이하동언(已下東諺)'이라 하여 241수의 한국 속담을 수록하였다.
4) 《순오지(旬五志)》: 조선 인조 때의 학자이며 시평가(詩評家)인 현묵자(玄默子) 홍만종(洪萬宗)의 문학평론집이다. 《15지(十五志)》라고도 한다. 병석에 있을 때 15일간 걸려 탈고하였으므로 《순오지》라 이름 붙였다고 한다. 정철(鄭澈)·송순(宋純) 등의 시가(詩歌)와 중국의 소설 《서유기(西遊記)》에 대한 평론이 있고, 부록에는 130여 종의 속담을 실었다.

④ 온 세상이 다 혼탁해도 선생(백범 김구)만이 홀로 (나라) 걱정하도다.

⑤ 큰 뜻과 떳떳함이 감추어져 있어도 선생의 정의와 기개는 더 높다.

⑥ 고생을 참고 견디면서 노력해도 선생의 마음은 거짓 없고 참되도다.

본인이 원문을 판독해 본 결과, 원문과 번역문은 아래와 같이 되어야 할 것이었다.

① 巍巍靑山兮 載育萬物
_{외외청산혜 재육만물}

높고 높은 푸른 산 만물을 실어 기르는 듯(넓은 도량을 가리킴)

② 盎盎蒼松兮 不變四時
_{울울창송혜 불변사시}

울창한 푸른 소나무 사시에 변하지 않는 듯(굳센 지조를 칭송함)

③ 濯濯鳳翔兮 高飛千仞
_{탁탁봉상혜 고비천인}

깨끗한 봉황새가 활개쳐 높이 천 길을 날아오르는 듯(높은 기개를 의미함)

④ 擧世皆濁兮 先生獨淸
_{거세개탁혜 선생독청}

온 세상이 다 혼탁하여도 선생만은 홀로 깨끗하고

⑤ 老當益壯兮 先生義氣
_{노당익장혜 선생의기}

늙어도 더욱 건장하니 선생의 의로운 기개이며

⑥ 臥薪嘗膽兮 先生赤誠
_{와신상담혜 선생적성}

와신상담함은 선생의 적성(赤誠; 변함없는 충성심)이네.

②의 '盎盎蒼松'을 어떻게 해서 '검고 이끼 낀 곳'이라고 번역하고서 '상해의 황포강'을 뜻한다고 했는지 알 수 없는 일이다. 아마도 창(蒼)

을 태(苔)로 잘못 읽은 듯하다. 신문은 또 이 내용이 윤의사가 농촌 계몽을 공부했던 인물임을 재입증하는 자료라고 부연하였다. 그러나 이 시는 유언시가 아니며, 농촌 계몽을 입증하는 자료는 더더욱 아니었다. 또한 '유언시'란 무슨 뜻으로 쓴 단어인가?

한문 문장을 잘못 해석하는 것은 누구나 흔히 범할 수 있는 일이다. 문제는 이것을 바로잡아 줄 실력자가 없다는 점이다. 유명한 학자나 교수가 신문지상이나 저서에 한 번 잘못 발표하고 나면, 몇 년이 지나도 고쳐지지 않고 그대로 재탕 삼탕하여 하나의 표준이 되어버리는 것이 문제이다.

추사(秋史) 김정희(金正喜) 선생의 '大烹豆腐瓜薑菜(대팽두부과강채), 高會夫妻兒女孫(고회부처아녀손).'이 대표적인 예라 하겠다. 이 글은 '두부와 오이, 생강 등의 채소를 크게(많이) 요리해 놓고 부부와 자녀 그리고 손자가 다 모여 먹는다'는 뜻으로, 살림이 가난하여 비록 고량진미를 진설하여 명사들을 초빙해서 큰 잔치를 베풀지는 못하지만, 가족들을 모아놓고 두부와 채소 따위로 오붓하게 즐긴다는 내용이다. 여기에는 이러한 낙관 글씨가 병서(竝書)되어 있다.

"此爲村夫子第一樂上樂, 雖腰間斗大黃金印, 食前方丈, 侍妾數百, 能享有此味者, 幾人?"
[이것은 촌부자(시골선비)의 즐거운 일 중에 제일 즐거운 일이 된다. 비록 허리에 한 말 정도의 큰 황금 인(印)을 차고 밥상 앞에 진수성찬을 한 길이나 쌓아놓으며 시중드는 첩이 수백 명인 사람이라도 이러한 재미를 누리는 자가 몇 명이나 되겠는가.]

이 낙관의 글을 읽어 보면 '大烹豆腐瓜薑菜, 高會夫妻兒女孫.'이라는 글의 뜻을 더욱 확연히 알 수 있는 것이다. 그럼에도 이것을 "좋은 반찬은 두부 오이 생강나물, 훌륭한 모임은 부부와 아들 딸 손자"로 해석하고 "이것은 촌 늙은이의 제일가는 즐거움이 된다. 인생을 돌아보니 벼슬도 부귀영화도 소용없다."는 내용이라고 해석하였다.

이 작품은 '추사(秋史)' 하면, 언제나 따라 다니는 단골 메뉴이다. 물론 위의 잘못된 해석과 함께 말이다. 《추사평전(秋史評傳)》등 추사와 관련된 책에도 똑같이 이 해석을 인용하고 있다. 이 잘못된 해석이 언제 바로잡힐지 두고 볼 일이다.

3. 한문 고전을 번역하려면 출전(出典)을 알아야 한다

지난 2000년 10월, 본인은 국역연수원 상임연구원 졸업반과 함께 고적답사를 위해 안동 지방을 다녀왔다. 안동은 어느 지역보다도 우리의 문화유산이 잘 보존되어 있는 고장이다. 본인은 도산서원(陶山書院)이란 말만 들어도 퇴계(退溪) 선생의 드높은 학덕(學德)이 떠올라 가슴이 뭉클해지곤 한다. 전에도 몇 번 안동에 다녀왔지만, 갈 때마다 새로운 느낌을 받는다.

특히 그 이듬해에는 안동대학교 주승택(朱昇澤) 교수의 안내로 그동안 가보지 못했던 유적지를 방문하고, 한국학연구원의 많은 판본(板本)과 자료들을 볼 수 있어서 더욱 유익한 답사가 되었다. 돌아오는 길에 잠시 문경에 있는 이강년(李康秊)[5] 장군의 기념관에 들렀다. 장군은 한일합방 당시 의병장으로서 혁혁한 공적을 세웠는데, 전시된 내용물

---

[5] 이강년(李康秊, 1858~1908): 한말의 의병장으로, 호는 운강(雲崗), 자는 낙인(樂仁/樂寅)이다. 1880년 무과에 급제하고 선전관(宣傳官)이 되었으나, 1884년 갑신정변 때 낙향하였다. 동학농민운동이 일어나자 문경의 동학군을 지휘했고 을미사변 때는 문경에서 의병을 일으켜 유인석(柳麟錫) 의병부대의 유격장으로 문경·조령 등지에서 활약하였다. 충주를 공격했고 가평·인제·강릉·양양 등지에서 큰 전과를 올렸다.

이 너무 빈약하였다. 그나마도 장군에 대한 만시(輓詩) 몇 편에는 오자(誤字)가 상당수였으며, 해석도 대부분 오역(誤譯)투성이였다.

우선 생각나는 두 편만 소개한다. 기호 '¶' 뒤의 문장은 원래의 번역문이고, 기호 '☞' 뒤의 문장은 본인의 번역문이다. 원문의 오자는 { } 괄호 안에 바로잡았다.

海東義士李雲崗
　¶ 海東義士이신 李雲崗선생님
　☞ 海東의 義士이신 李雲崗

事業全歸死後功
　¶ 하신 일 모두 죽은 뒤의 功으로 돌아왔습니다.
　☞ 사업이 모두 死後의 功으로 돌아갔네.

隻手擎{擎}天那有補
　¶ 한 손으로 하늘을 붙들었으니 어찌 도움이 없어
　☞ 한 손으로 하늘을 떠받드니 어찌 도움이 있으며

一身蹈火判無功
　¶ 한 몸 불속에 타며 功이 없음을 판단하겠습니까.
　☞ 한 몸으로 불속에 뛰어드니 분명 공을 세우지 못하리.

肝腦塗盡星霜界
　¶ 뇌와 간이 흙탕속에 빠졌으니 밤 서리 오는 세계였고
　☞ 뇌와 간은 수많은 성상(星霜)에 모두 뿌려졌고

齒髮消磨艸木風
　¶ 치아와 머리털은 草木의 바람에 깎였습니다.

☞ 치아와 머리털은 초목의 바람에 사라졌네.

公歸不夏[負]泉臺友

¶ 公께서 돌아가셔도 천대(泉臺; 저승)의 친구를 저버리지 아니하고

☞ 공은 지하에 돌아가서도 구천(九泉)의 벗을 저버리지 아니하여

巡遠天祥惠好同

¶ 멀리 하늘의 상서로움 돌면서 은혜롭고 좋게함이 같았지요.

☞ 장순(張巡)·허원(許遠)[6]·문천상(文天祥)[7]과 다정하게 함께 하리

憑生家[宗]人世夏痛哭

¶ 빙생가인 세하가 통곡하면서

☞ 빙생종인 세하가 통곡하면서 짓다

'事業全歸死後功(사업전귀사후공)'은 '평생동안 한 사업이 모두 허사가 되어 사후의 공적만 남게 되었음'을 뜻한다. 그리고 '那有補(나유보)'는 '어찌 도움이 있으랴'는 뜻이다. '星霜(성상)'은 '세월'을 의미할 뿐, '서리 오는 밤'은 아니다. '巡遠天祥惠好同(순원천상혜호동)'은 '죽어 지하에 돌아가서 옛날 중국의 충신인 장순과 허원, 문천상과 함께 만나 정답게 지내리'라고 말한 것이다. '巡遠(순원)'은 장순과 허원으로 당나라

---

6) 장순(張巡)·허원(許遠): 당(唐)나라 천보(天寶) 말년에 안록산(安祿山)의 반란이 일어났을 때 수양성(睢陽城; 河南)에서 겨우 3천여 명에 불과한 병력으로 10만 명이 넘는 반란군을 대적(對敵)하여 끝까지 싸우다가 순절한 충신이다.

7) 문천상(文天祥, 1236~1282): 자는 송서(宋瑞) 또는 이선(履善), 호는 문산(文山)이다. 13세기 중국 남송(南宋)의 정치가이자 시인이다. 남송이 원(元)나라에 항복하자 저항하다가 체포되었는데, 쿠빌라이칸이 그의 재능을 아껴 원나라에 전향할 것을 권유했지만 거절하고 죽음을 택하였다.

현종(玄宗) 때의 충신이다. 안록산(安祿山)[8]이 반란을 일으켜 천하가 안록산의 수중에 들어갔으나, 장순과 허원은 수양성(睢陽城)을 끝까지 지키며 항전하다가 성이 함락되자 절개를 굽히지 않고 전사하였다. 문천상(文天祥)은 남송(南宋)을 부흥하기 위해 온 힘을 기울이다가 원나라 군대에게 패하여 장렬하게 죽음을 당한 인물이다. '惠好同(혜호동)'은 《시경(詩經)》 〈패풍 북풍(邶風北風)〉의 '惠而好我(혜이호아), 携手同歸(휴수동귀).'를 축약한 것으로, '다정하여 나를 좋아하는 이와 손잡고 함께 돌아감'을 이른다. '憑生宗人(빙생종인)'은 '아직 세상에 붙어 살고 있는 종인(宗人)'이란 뜻으로 이 글을 지은 이가 이강년 장군과 같은 집안임을 의미한다.

한문(漢文)은 이와 같이 출전(出典)을 정확히 알지 못하면 제대로 된 이해가 불가능하다. 출전을 일명 출처(出處)라고도 하는바, 곧 '유래한 문장'을 의미한다. 출전을 알지 못하면 오역(誤譯)을 피할 수가 없는 바, 여기서도 장순과 허원, 문천상 등의 역사적 인물을 몰라서 일반 문장으로 오역하였음을 확인할 수 있다.

雲崗李公 諱康秊 字樂寅
以諸葛武侯六出祈[祁]山之忠義
¶ 운강(雲崗) 이공(李公)의 이름은 강년(康秊)이고 자는 낙인(樂寅)이니

---

8) 안록산(安祿山, 703~757): 중국 당(唐)나라 때 반란을 일으킨 무장(武將)으로, 변경의 방비에 번장(蕃將)이 중용되는 시류를 타고 현종(玄宗)의 신임을 얻어 당나라의 국경방비군 전체의 3분의 1 정도의 병력을 장악하였다. 황태자와 양국충(楊國忠)이 현종과의 이간을 꾀하자 양국충을 제거한다는 명목으로 반기를 들었으나 실패하였다.

¶ 제갈무후(諸葛武侯)의 여섯 번 기산(祁山)에 출병한 충의(忠義)로

竟成文文山死於燕獄之名節

¶ 마침내 문천상(文天祥)이 연옥(燕獄)에서 죽은 명예로 절개를 이루었고

☞ 문천상이 연경(燕京)의 옥(獄)에서 죽은 명예와 절개를 이루시니,

揆以時宜 其於春秋之懼亂賊

¶ 때는 춘추(春秋)시대의 난적(亂賊)을 두려워하고

☞ 시의(時宜)로 헤아려 보건대 《춘추》가 난신적자(亂臣賊子)를 두렵게 한 것과

孟子之膺戎狄 尤有功焉

¶ 맹자(孟子)의 오랑캐 응징함을 범하는데 더욱 공이 있었다.

☞ 맹자가 오랑캐를 응징한 것에 비하여 더욱 공이 있었네.

其宗人培仁 爲之作輓 其輓曰

¶ 종인(宗人)인 배인(培仁)이 위하여 만사를 지었습니다.

☞ 그 일가 사람인 배인이 만사를 지어 말합니다.

上天下地此人中

¶ 위는 하늘이고 아래는 땅이며 사람은 중간이라서

☞ 위는 하늘, 아래는 땅이요, 사람은 중간에 있어

成象成形義亦隆

¶ 형상을 이루고 형체를 이루어 뿌리도 역시 융성했지요.

☞ 형상(形象)을 이루었으니 의리(義理) 또한 높다네.

五嶽有名塵宇闊

¶ 오악(五嶽)이 유명하고 티끌 세상 활짝 열리고

☞ 오악이 이름이 있으니 우주(宇宙)가 넓고

三光垂照古今同

¶ 삼광(三光)이 빛을 드리움은 옛날이나 오늘이나 같네요.

☞ 삼광이 빛을 드리우니 고금(古今)이 같다오.

尊攘二字春秋大

¶ 존양(尊攘)이란 두 글자 춘추의 대의(大義)이고

☞ 존양 두 글자는 《춘추》의 대의이고

閑放斯言子興雄

¶ 한가로이 편 이 말씀 아들도 씩씩하게 실었네요.

☞ 한방(閑放)이라는 말씀은 자여(子輿)의 웅변이셨네.

夷秋[狄]運降禽獸際

¶ 오랑캐 짐승같이 운수가 나리는 때에

☞ 운수가 쇠하여 이적(夷狄)에서 금수(禽獸)로 내려오는데

公之一死卓爲功

¶ 공(公)의 한 죽음 공이 되어 높습니다.

☞ 공의 한 번 죽음, 드높은 공이 되었네.

'武侯(무후)'는 촉한(蜀漢)의 명재상 제갈량(諸葛亮)[9]의 시호이다. '文

---

9) 제갈량(諸葛亮): 181~234. 중국 삼국시대 촉한(蜀漢)의 정치가 겸 전략가로, 오(吳)나라의 손권(孫權)과 연합해 조조(曹操)의 대군을 적벽의 싸움에서 대파하고, 형주·익주를 점령하였다. 221년 한(漢)의 멸망을 계기로 유비(劉備)가 제위에 오르자 재상이 되었다. 유비가 죽은 후는 후주[後主; 유선(劉禪)]를 보필하여 오나라와 연합, 위(魏)나라와 항쟁하였으며, 생산을 장려하여 민치(民治)를 꾀하고, 운남(雲南)으로 진출하여 개발을 도모하는 등 촉한의 융

山(문산)'은 남송(南宋) 말기의 충신 문천상(文天祥)의 호이며, '燕獄(연옥)'은 원(元)나라 수도 연경(燕京; 北京)의 감옥을 말한다. 제갈량은 여섯 번 기산(祁山)으로 출병하여 위(魏)나라를 공격하다가 뜻을 이루지 못하고 군중(軍中)에서 죽었으며, 문천상은 결국 연경의 감옥에 갇혀 죽었다. 이 구절은 곧 이강년 장군이 제갈량과 문천상에 비하여 더욱 충신임을 나타내려 한 것이다. 이 대목의 '文文山(문문산)'은 '문천상(文天祥)'이라고 제대로 번역을 했는데, 왜 윗글에서는 '하늘의 상서'라고 했는지 이해가 가지 않는다.

'時宜(시의)'는 '時義(시의)'로도 쓰는데, '당시에 마땅한 의리'를 이른다. '春秋(춘추)'는 '춘추시대(春秋時代)'가 아니고 공자가 지은 《춘추》를 이른다. 이 책에는 춘추시대 240년 동안 있었던 군주를 시해한 역적과 부모에게 불효한 자식들의 죄악을 비판한 내용이 실려 있다. '懼亂賊(구란적)'은 '난신적자(亂臣賊子)를 두렵게 한다'는 말이다. '尊攘(존양)'은 '尊華攘夷(존화양이)'의 줄임말이며, '閑放(한방)'은 《맹자》의 '閑先聖之道……放淫辭[선성의 도를 보호하여……음탕한 말을 추방하다]'라는 말을 줄인 것이다. 그리고 '子輿(자여)'는 맹자의 자(字)이다.

이 만사에서 오역이 많이 나온 부분의 경우 한문 공부가 높아야 함은 물론이고 《맹자》〈등문공 하(滕文公下)〉의 해당 내용을 알고 있어야 그 본래 뜻을 제대로 살려서 번역할 수 있는바, 《맹자》의 해당 원문과 번역을 보이면 다음과 같다.

성에 힘썼으나, 위나라의 장군 사마의(司馬懿)와 오장원[五丈原; 섬서성(陝西省)]에서 대진(對陣) 중에 병사하였다.

"世衰道微, 邪說暴行有作, 臣弒其君者有之, 子弒其父者有之. 孔子懼, 作春秋……吾爲此懼, 閑先聖之道, 距楊墨, 放淫辭, 邪說者不得作…… 孔子成春秋, 而亂臣賊子懼, 詩云: 戎狄是膺.[세상이 나빠지고 도(道)가 미미해져서 부정한 학설과 포악한 행실이 다시 일어나 신하가 군주를 시해하는 자가 있었고 자식이 부모를 시해하는 자가 있었다. 공자께서 이것을 염려하여 《춘추》를 지어 비판하셨다.……나(맹자) 역시 이것을 염려하여 선성(先聖)의 도(道)를 보호하여 양주(楊朱)와 묵적(墨翟)을 막고 음탕한 말을 추방하여 부정한 학설이 나오지 못하게 하였다.……공자께서 《춘추》를 완성하심에 난신적자(亂臣賊子)가 두려워하였다. 《시경》에 '융적(戎狄)을 응징한다.' 하였다.]"

다음으로, 2002년에 발간된 《은평문화(恩平文化)》 제4호에 실린 구암(久菴) 한백겸(韓百謙)[10]의 신도비명(神道碑銘)에 대한 번역을 소개하겠다.

溫恭德基
¶ 따뜻한 덕의 바탕은
☞ 온화함과 공손함은 덕의 기본이니
大雅有訓
¶ 밝은 선비의 교훈이었네.

---

10) 한백겸(韓百謙, 1552~1615): 조선 중기의 학자로, 자는 명길(鳴吉). 호는 구암(久菴)이다. 1585년 교정청 교정낭청(校正郞廳)이 되어 《경서훈해(經書訓解)》를 교정하였다. 저서에 《기전고(箕田考)》, 《동국지리지(東國地理志)》 등이 있다.

☞ 이는 《시경》 〈대아〉의 훌륭한 가르침이었네.

昔公擧此

¶ 옛날 공이 이를 일러

☞ 옛날의 공이 이 내용을 들어

曰學之本

¶ 배움의 근본이라 하였네.

☞ 학문의 근본이라 하였네.

我繹思之

¶ 내가 풀어서 생각해 보니

☞ 내가 곰곰이 생각해 보니

亶其旨哉

¶ 그 뜻을 알겠네.

☞ 진실로 뜻깊은 말씀이었네.

與說言合

¶ 선현(先賢)께서 말한 바를

☞ 부열(傅說)이 말한 것과 합하고

志遜修來

¶ 후학(後學)들은 닦아왔네.

☞ 마음이 공손하면 닦아짐이 온다 하였는데

旣而覿公

¶ 일찍이 공을 보았더니

☞ 이윽고 공을 살펴보니

允蹈斯語

¶ 진실로 이 말과 같네.

☞ 진실로 이 말씀 실천하였네.

思學兩進

¶ 사상과 학문이 함께 나아갔으니

☞ 생각함과 배움 모두 진전되었으나

謙謙作所

¶ 겸양과 겸양으로 이루어졌네.

☞ 겸손함과 겸손함으로 굳게 지켰네.

幽明鉅細

¶ 유명(幽明)과 장단(長短)은

☞ 유(幽)와 명(明), 큰 것과 작은 것,

索丘典墳

¶ 무덤의 명에서 찾을 수 있네.

☞ 팔색과 구구, 오전과 삼분의

靡蹟不探

¶ 수양이 아니면 찾지 않으니

☞ 깊은 진리 탐구하지 않음이 없어

會之一源

¶ 한 근원으로 모았네.

☞ 한 근원(진리)에 귀결시켰네.

旣有而實

¶ 이미 실상이 있으면서도

☞ 이미 소유하고 꽉 찼으나

若無若虛

¶ 없는 것 같고 빈 것 같았네.

☞ 없는 듯이 여기고 빈 듯이 여겼네.

神明內腴

¶ 신명(神明)은 안으로 살찌고

☞ 신명함을 안에 가득히 간직하고

和煦外噓

¶ 화락하고 따뜻한 것은 밖으로 퍼졌네.

☞ 온화함을 밖에 나타내니

人悅其光

¶ 사람들은 공의 위대함에 심복하지만

☞ 사람들은 그 광채 좋아할 뿐

莫窺其蘊

¶ 그 큰 학문을 엿볼 수가 없네.

☞ 속에 깊이 간직한 것 엿보지 못하였네.

其蘊伊何

¶ 그 큰 학분이 무잇이던가.

☞ 깊이 간직한 것 그 무엇인가

可施而運

¶ 이를 베풀어 쓸 수 있다네.

☞ 정사에 시행하여 운용할 수 있었네.

小施于邑

¶ 조금은 고을에 사용했으나

☞ 고을에 조금 시행하였을 뿐

兆而未究

¶ 크게는 사용하지 못하였네.

☞ 조짐을 보였으나 끝까지 시행하지 못했네.

卷懷長逝

¶ 학문을 가지고 세상을 뜨니

☞ 높은 경륜 품고서 길이 세상을 떠나니

在公奚疚

¶ 공에게는 큰 병이 되었네.

☞ 공에게 있어서는 흠될 것 없네.

莫久匪言

¶ 오래지 않아 말이 없어도

☞ 가장 오래 전해지는 것은 말이 아니니

不朽者存

¶ 영원히 그 공적 남으리.

☞ 불후하는 것은 따로 있다오.

後欲有攷

¶ 명(銘)을 지어 이 사실을 썼으니

☞ 그러나 뒤에 공의 행적 상고하려면

徵此刻文

¶ 신도(神道)의 비석이었네.

☞ 여기에 새긴 비문을 증거해야 하리.

원문의 '溫恭德基(온공덕기)'는 '溫溫恭人 惟德之基[온화하게 공손한 사람은 덕의 기본이다.]'의 줄임말로 《시경》〈대아(大雅) 탕(蕩)〉에 보인다.

'亶其旨哉(단기지재)'의 '旨哉'는 '말한 내용이 의미가 심장(深長)하여 새겨볼수록 재미가 있다'는 뜻으로, 《서경》〈열명(說命)〉에 "王曰: 旨哉. 說! 乃言惟服.[왕이 말씀하였다. '너의 말이 뜻이 깊다. 부열아! 네 말이 행할 만하구나.']"라고 보인다. 〈열명〉은 은왕(殷王) 고종[高宗; 이름은 무정(武丁)]이 부열(傅說)이란 명재상을 얻은 다음, 서로 주고받은 말과 훈계한 내용을 적은 책이다.

'志遜修來(지손수래)'는 '惟學遜志(유학손지), 務時敏(무시민), 厥修乃來(궐수내래).'의 줄임말로 이 내용은 '배움은 겸손한 마음을 가져야 하니, 때로 힘써서 노력하면 학문의 닦여짐이 절로 온다.'는 뜻인 바, 〈열명〉에 보인다.

'思學兩進(사학양진)'은 진리를 혼자서 탐구함과 모르는 것을 남에게 배우는 것이 모두 지극한 것으로, 《논어》〈위정(爲政)〉에 '學而不思則罔; 思而不學則殆.[배우기만 하고 생각(연구)하지 않으면 소득이 없고, 생각하기만 하고 배우지 않으면 위태롭다.]'라고 한 내용을 역으로 인용한 것이다.

'謙謙作所(겸겸작소)'의 '謙謙'은 '겸손하고 또 겸손한 것'으로, 《주역》〈겸괘(謙卦)〉에 보이고, '作所(작소)'는 '그것을 자신의 처소로 삼아 잠시도 떠나지 않는 것'으로 《서경》〈소고(召誥)〉의 '王敬作所, 不可不敬德.[왕은 공경을 처소로 삼아야 하니, 덕을 공경하지 않을 수 없다.]'에서 따온 것이다. '幽明鉅細(유명거세)'는 '귀신과 인간, 크고 작은 모든 진리'를 말한 것인바, '幽'는 '귀신의 세계'이고 '明'은 '인간의 세계'이다.

'索丘典墳(색구전분)'은 '八索(팔색), 九丘(구구), 五典(오전), 三墳(삼분)'으로 '모든 서적'을 이르는바, '팔색'은 《주역》 팔괘(八卦)의 이치를 밝힌 글이고, '구구'는 중국 구주(九州)의 지리(地理)에 관한 책이며, '오전'은 오제(五帝)의 글이고 '삼분'은 삼황(三皇)의 글이다. 일반적으로 '三墳五典'이라 쓰는데, 여기서는 운(韻)을 맞추기 위해서 순서를 바꾸어 쓴 것이다.

'旣有而實(기유이실)'과 '若無若虛(약무약허)'는 《논어》 〈태백(泰伯)〉의 '有若無 實若虛[소유하고서도 없는 듯이 여기고 가득차면서도 빈 것처럼 여겨 겸손하다]'를 변형하여 쓴 것이다. '神明內腴(신명내유)'는 '밝은 지혜와 아름다운 덕을 안에 가득히 쌓았음'을 의미한다.

'兆而未究(조이미구)'의 '兆'는 '경륜(經綸)을 행할 수 있는 조짐을 약간 보인 것'으로, 《맹자》 〈만장 하(萬章下)〉의 "爲之兆也, 兆足以行矣, 而不行而後去.[조짐을 보인 것이니, 조짐이 충분히 행할 수 있는데도 도(道)가 행해지지 않은 뒤에야 떠나갔다.]"라는 말에서 인용한 것이다.

'卷懷長逝(권회장서)'의 '卷懷'는 《논어》 〈위령공(衛靈公)〉의 "邦無道, 則可卷而懷之.[나라에 도가 없으면 거두어 감출 수 있다.]"라는 말에서 인용한 것이다.

그리고 '在公奚疚(재공해구)'의 '疚'는 병이라는 뜻으로, 하자나 허물을 의미하는바, 《중용》의 "內省不疚, 無惡於志.[안으로 살펴보아 하자가 없으니, 마음에 부끄러움이 없다.]"라는 구절의 의미가 들어 있다. 곧 '경륜을 세상에 펴지 못하고 그대로 간직한 채 별세한 것이 공에게 있어 하등 문제될 것이 없음'을 말한 것이다. 이것을 '공에게 큰 병이 되었다'고 풀이한 것은 정반대의 해석이라 하지 않을 수 없다.

이 명문(銘文) 중 가장 어려운 부분은 끝부분의 '莫久匪言(막구비언), 不朽者存(불후자존).'이라고 생각된다. '不朽'는 세상에 없어지지 않고 영원히 전하는 것으로 덕망(德望)과 공업(功業), 말(글)을 이른다. 《춘추좌전》 '양공(襄公) 24년' 조에 "太上有立德, 其次有立功, 其次有立言, 雖久不廢, 此之謂不朽.[제일 훌륭한 것은 덕(德)을 세우는 것이요, 그 다음은 공(功)을 세우는 것이요, 그 다음은 훌륭한 말을 후세에 남기는 것이니, 이는 세월이 아무리 흘러가도 없어지지 않는다. 그러므로 이것을 불후(不朽)라 한다.]"라고 보인다.

'莫久'는 '莫甚(막심)', '莫大(막대)'와 같은 어법으로 가장 오래갈 수 있음을 뜻하며, '不朽者存'은 훌륭한 말(글)보다 더 훌륭한 덕(德)과 공(功)이 있음을 나타낸 것이다. 이는 결론에 해당하는 것으로, 오래 전할 수 있는 것은 공(公)을 찬양하는 글이 아니니, 세상에 길이 전할 수 있는 것은 공의 덕과 공적이다. 그러나 후세에 문헌을 상고하려면 이 비문(碑文)이 있어야 비로소 징험할 수 있음을 나타낸 것이라 하겠다.

이렇듯 글의 소재가 되는 출처와 역사적 사실을 정확히 알지 못하면 아무리 뛰어난 한문 독해 능력을 가지고 있다 할지라도 제대로 번역하는 것은 불가능하다. 따라서 한문으로 된 글을 번역함에 있어서는 역자들이 단순히 한문 해독만을 염두에 둘 것이 아니라, 인접 분야의 책을 다양하게 읽고서 고전이나 역사에 대한 지식을 많이 갖추어야 할 것이다.

4. 경서(經書) 번역의 실제와 문제점[11]
: 사서(四書)를 중심으로

　전통문화연구회(傳統文化硏究會)가 설립된 지 어언 10주년이 되었다. 따라서 본인이 경서(經書)의 역간(譯刊)을 시작한 지도 10년이 되었다. 《논어집주(論語集註)》가 처음 역간된 것은 1990년이었지만 거의 2년여에 가까운 산고(産苦) 끝에 나왔기 때문이다. 사실 《논어집주》를 번역하기 시작한 것은 그보다도 훨씬 전이었으나 본격적으로 착수한 것은, 1988년 4월 이계황(李啓晃) 회장(당시 부회장)이 전통문화연구회를 창립하고 첫 번째 사업으로 동양고전국역총서(東洋古典國譯叢書)의 역간을 추진하면서부터였다.

　옛말에 10년이면 강산도 변한다 하였다. 처음 멋모르고 경서 번역을 시작한 이후 끝을 마쳐야 한다는 일념(一念)으로 역간을 계속한 결과, 《주역전의(周易傳義)》를 마지막으로 사서삼경(四書三經)의 역간이 마무리된 것이다. 회상해 보면 참으로 감개무량하다.

　《논어집주》를 역간한 이후 사랑의 질책과 따가운 눈총도 수없이 받았다. 《논어집주》가 나온 직후의 일이다. 이제 고인(故人)이 되신 우전

---

11)　이 글은 전통문화연구회의 회지(會誌)인 《전통문화(傳統文化)》 창간호(1998)에 실었던 글을 수정 보완한 것이다.

(雨田) 신호열(辛鎬烈) 선생이 부르셨다. 댁으로 찾아가 뵈었더니, 대뜸 "자네 《논어》 번역했다면서." 하시고 화두를 꺼내신 다음 "자네 살기가 어려워서 그런 짓을 하는가. 함부로 경서에 손대는 것이 아니네. 돈이 필요하거든 나에게 말하게. 내가 번역할 원고를 마련해 주겠네." 하시면서 준절히 꾸짖으셨다. 본인은 선생의 질책이 두려워 《논어집주》가 출간된 지 얼마 후에도 선생께 역간본(譯刊本)을 가져다드리지 못했었다.

지금도 우전 선생의 그 질책이 그렇게 고마울 수가 없다. 본인은 우전 선생께 특별한 사랑을 받았다고 자부한다. 면전에서 호되게 질책하신 것은 그만큼 본인을 사랑하셨기 때문이다. 하지만 선생의 가르침을 그대로 따르지 못하고 작업을 계속한 것에 대해 한편으로는 송구스러운 마음 금할 길이 없다.

이외에도 끊임없는 비난의 소리가 들려왔다. 해석에 이의(異議)를 제기하는 분도 있었으며, 특히 경서의 토(吐)에 언해를 따르지 않고 제멋대로 바꿨느냐는 지적이 많았다. 대체로 일리(一理) 있는 주장이었으나 그 가운데에는 본인을 격려해 주는 분들도 많았다. 사실 그 분들의 격려가 없었다면 경서 역간은 벌써 중단되고 말았을 것이다.

경서 번역은 그 어느 번역보다도 어려운 것이 사실이다. 사서삼경은 유교경전(儒敎經典)이지만 유교에만 국한되지 않고 중국은 물론 중국문화(中國文化)를 받아들인 나라의 모든 사상(思想)과 학문(學問)이 여기에서 파생되었기 때문이다. 중국문화 더 나아가 동양문화(東洋文化)의 특징은 사상이나 문학(文學), 역사 등 모든 분야가 함께 어울려 있다는 점이다. 따라서 문학이나 역사 심지어는 노장사상(老莊思想)이나 한의학(漢醫學) 서적 등을 연구하는 데에도 경전(經典)의 올바른 이해가 뒷받침되지 않으면 안 된다.

우리나라에서는 주자학(朱子學)을 수용한 관계로 모든 경전의 해석에 주자의 학설을 따르고 있음은 주지(周知)의 사실이다. 그러나 주자도 분명히 설명하지 않은 부분이 많으며, 주자의 주석도 불합리한 부분이 있음을 후학(後學)들이 왕왕 지적하곤 하였다. 주자학을 절대 신봉한 조선조(朝鮮朝) 유학자(儒學者)들까지도 주자 《집주》의 오류를 지적한 것은 매우 흥미있는 일이라 할 것이다.

이처럼 의미가 심장(深長)하고 난해(難解)한 경서(經書)를 역간하는 것은 그만큼 위험 부담이 따르게 마련이다. 특히 경서의 원문은 언해가 있어 그래도 참고할 수 있었지만 사서(四書)의 《집주》와 삼경(三經)의 《집전(集傳)》은 현토(懸吐)가 되어 있지 않아 현토를 어떻게 할 것인가부터 고민하여야 했다. 물론 《맹자》와 《중용》, 《대학》의 《집주》에는 간재(艮齋) 전우(田愚) 선생의 현토가 있어 많이 참고하였다. 또한 직역(直譯)을 할 것인가 의역(意譯)을 할 것인가, 직역을 한다면 얼마만큼 풀어야 독자(讀者)들이 쉽게 이해할 수 있을까 하는 문제가 떠오른다.

사실 본인은 국역(國譯)에 깊은 조예가 있는 것도 아니요 어떠한 이론(理論)이 정립(定立)되어 있는 것도 아니었다. 특히 이번 경서 역간은 초학자(初學者)들이 경전을 강습(講習)하는 데 다소나마 도움이 되도록 역해(譯解)한다는 기본 방향만 세웠을 뿐, 일정한 기준을 설정하여 통일성(統一性)을 가하려고 하지 않았다. 이러한 관계로 지금에 보면 앞뒤가 서로 맞지 않는 부분이 비일비재(非一非再)하다. 주먹구구식으로 번역했다고 해도 과언이 아니다.

이 글 역시 번역의 이론(理論)과 실제(實際)에 대하여 기본 지식이 부족한 본인이 감히 이렇다 저렇다 말할 입장이 아니다. 다만 경서 번역의 기본이라 할 수 있는 구두(句讀)와 구결(口訣)의 문제점을 살펴보고, 작업하면서 직접 체험한 문제들을 생각나는 대로 두서없이 열거하고, 아울러 동학(同學)들의 비평에 대해서 평소 느낀 점을 몇 가지 간추려 소개하면서 이에 대한 해결책을 동학들에게 구하려 하는 바이다.

경서(經書)를 번역하게 된 동기

본인이 국역에 본격적으로 관심을 가진 것은 지난 1977년 봄 민족문화추진회(民族文化推進會) 부설(附設) 국역연수원(國譯研修院)에 입학하고부터이다. 본인은 원래 완고하신 선친(先親)의 훈도(訓導) 아래 어려서부터 한학(漢學)을 익혔기 때문에 신식(新式) 학문을 접할 수 있는 학교교육(學校敎育)을 일찍이 받아본 적이 없었으나 선친을 통하여 우리 국어에도 관심을 어느 정도 가지게 되었다. 물론 선친 역시 신식 교육을 받지 않으신 까닭에 국어를 체계적으로 습득하신 것은 아니었지만 한문(漢文)을 국어로 꽤 조리 있게 설명하신 관계로 우리말을 자연스럽게 익히게 되었으며, 또한 신문(新聞)과 월간지(月刊誌) 《사상계(思想界)》 등을 종종 구독하여 어느 정도 국어를 습득할 수 있었다.

본인이 국역연수원에 입학할 당시만 해도 치암(癡菴) 신석호(申奭鎬) 박사를 위시하여 우인(于人) 조규철(曺圭喆) 선생, 우전(雨田) 신호열(辛鎬烈) 선생, 연청(研靑) 오호영(吳虎泳) 선생, 삼려(三廬) 이식(李植) 선생 등 쟁쟁하신 석학(碩學)과 원로(元老) 한학자(漢學者)분들이 생존해 계시어 명강의를 얻어 들을 수 있었다. 그 중에도 신호열 선생은 신학문(新學問)을 하시지 않으신 분임에도 불구하고 시문(詩文)에 밝으시며 우리말 표현을 매우 잘하시어 큰 감명을 받았다.

하지만 지금 생각해보면 가장 유익했던 강의는 청명(靑溟) 임창순(任昌淳) 선생의 국역연습(國譯演習)이었다고 느껴진다. 신학문을 접하지 못하여 한글 표현이 부족한 점을 청명 선생의 강의를 통하여 어느 정도 보완할 수 있었기 때문이었다. 뒤에도 다시 설명하겠지만 청명 선생은 그동안 우리들이 즐겨 쓰던 '가히', '능히', '시러곰' 등을 전혀 사용하지 않았으며, '개(蓋)'를 '대개', '부(夫)'를 '무릇'으로 표현하는 전래(傳來)의 관습을 지적하시고 일절 쓰지 못하게 하였다. 본인은 당시 국역연습 시간에 시역(試譯)을 할 때마다 이러한 글자들을 빼버리고 그냥 번역하는 것이 왠지 서운한 감이 없지 않았다.

이러한 경험이 있는 관계로 지금도 국역연수원에서 신학기(新學期)가 되면 학생들에게 '개(蓋)'나 '부(夫)'를 '대개'나 '무릇'으로 표현하지 말라고 특별히 강조하며, 심지어는 답안지에 그대로 표현할 경우 점수를 낮추어 주겠다고 엄포를 놓는다. 그런데도 여전히 사용하는 학생들이 많은 것을 보면 습관은 참으로 고치기 어려운가 보다. 정상적으로 대학교육(大學敎育)을 받은 학생들이 15세기 언해에도 보이지 않는 글자들[12]을 억지로 풀이하고 있으니 말이다.[12]

본인이 국역연수원에 재학하던 당시만 해도 고전 번역이 초보 단계에 머물러 있었으며 《장자(莊子)》나 《노자(老子)》 등은 말할 것도 없

---

[12] 《論語》〈里仁篇〉의 "蓋有之矣 我未之見也"를 언해에 "잇거늘 내 보디 몯ᄒᆞ얏도다"라고 풀이하여 '蓋' 자를 해석하지 않았고, 〈子罕篇〉의 "未之思也 夫何遠之有"를 언해에 "ᄯᅳᆮ치 아니ᄒᆞ건뎡 엇디 머롬이 이시리오"라고 풀이하여 '夫' 자 역시 해석하지 않았다.

고 사서삼경의 역해(譯解) 역시 형편없는 수준이었다. 《집주(集註)》는 아예 번역하지 않고 원문만 번역하였다. 번역자는 당시 명성 있는 한학자였지만 내용을 읽어 보면 조소(嘲笑)를 금치 못할 부분이 상당수 있었다. 한번은 한 학생이 번역된 《논어》를 몇 권을 사 가지고 와서 보여 주었는데, 다음과 같은 내용이 있었다.

《논어》〈학이편(學而篇)〉 3장의 "巧言令色 鮮矣仁"이 "말을 교묘히 하고 얼굴빛을 좋게 함은 인(仁)이 드물다."라고 해석되어 있었다. 巧言令色은 巧言令色之人이며 仁 역시 仁人 또는 仁者의 축약으로 보아 "巧言令色하는 사람은 仁한 사람이 드물다."라고 보충 설명을 해야 할 것이었다. 언해에도 "言을 巧히 하고 色을 令히 할 이 仁할 이 鮮하니라."라고 풀이하였는바, 여기의 '이'는 바로 사람을 가리킨 것이다.

그리고 《논어》를 《집주》까지 역해한 본(本)이 있었는데 물론 현토가 되어 있지 않았으며, 특히 《집주》를 번역한 내용 중에 오역(誤譯)이라고 추측되는 부분이 많았다. 그 중에 한두 가지 기억나는 것을 소개하겠다.

《논어》〈술이편(述而篇)〉 14장, "夫子爲衛君乎"의 《집주》에 "衛君出公輒也"를 "위(衛)나라 군주는 공첩(公輒)에게서 나왔다."고 풀이하였다. 이해를 돕기 위하여 《집주》를 더 소개하겠다.

"衛君, 出公輒也. 靈公逐其世子蒯聵, 公薨, 而國人立蒯聵之子輒, 於是晉納蒯聵而輒拒之."

이 내용은 "위군(衛君)은 출공(出公)인 첩(輒)이다. 영공(靈公)이 세자(世子)인 괴외(蒯聵)를 축출하였는데, 영공이 별세하자 위(衛)나라 사람들은 괴외의 아들 첩(輒)을 세웠다. 그런데 이 때 진(晉)나라에서 괴외를 본국(本國)인 위나라로 들여보내니, 첩(輒)이 그를 막았다."는 뜻으로, 출공(出公)은 첩(輒)의 시호(諡號)이다. 그런데 '공첩(公輒)에게서 나왔다.'라고 해석한 것이었다.

그리고 〈태백편(泰伯篇)〉 6장, "曾子曰: 可以託六尺之孤, 可以寄百里之命, 臨大節而不可奪也, 君子人與? 君子人也."의 《집주》에 "與, 疑辭; 也, 決辭, 設爲問答."을 "與, 疑辭也, 決辭設爲問答."으로 구두를 달아 "與는 疑辭이다."로 끊고 결사(決辭)를 아래 구(句)와 연결시켜 놓았다. 이 내용은 "與는 의심하는 말이고 也는 결단하는 말이니, 가설하여 문답한 것으로 만들어"의 뜻이다. 즉 원문의 '君子人與'의 與는 의심하는 말이고 '君子人也'의 也는 결단사란 뜻으로, "군자다운 사람인가? 군자다운 사람이다."를 풀이한 것이다. 이러한 오역이 상당수 발견되었다.

그리하여 당시 동학(同學)들과 결성한 이이회(二以會)란 모임에서 《논어집주》를 역간(譯刊)하기로 하고 회원들과 강독(講讀)을 하며 《논어》 20편을 열 분이 분담해서 번역하고 세 분이 이 번역 원고를 수정할 계획이었다. 그러나 원고(原稿)를 수집해 보니, 표현 방식이 각기 다르고 번역 수준도 각양각색이어서 도저히 통일시킬 수가 없었다. 몇 년을 끌어오던 차에 전통문화연구회의 이계황 회장과의 출판 약속이 이루어졌다. 그러므로 부득이 몇 년에 걸쳐 본인이 일부는 수정하고 일부는 원고를 다시 작성하여 비로소 출간되었던 것이다.

한문(漢文) 번역의 특수성(特殊性)

원의(原義)의 정확한 파악

원의를 정확히 파악하는 것은 번역에서 가장 중요한 부분이다. 원의의 파악을 위하여 예로부터 중국에는 구두(句讀), 우리나라에서는 구결(口訣)이 전해져 왔다. 구결은 구두에 의하여 만들어졌다고 보이지만 구두를 그대로 따르지 않고 우리나라의 해석 방식에 따라 토씨를 더 많이 단 것이 특징이라 하겠다.

《맹자》〈양혜왕 상(梁惠王上)〉 2장, "孟子見梁惠王, 王立於沼上, 顧鴻鴈麋鹿."의 《집주》에 "鴻雁之大者 麋鹿之大者"라는 내용이 있다. 어떤 선비가 남의 집 앞을 지나가는데 학생이 《맹자》를 읽는 소리가 낭랑하게 들려왔다. 들어보니 '鴻雁之大者요 麋鹿之大者'라고 읽고 있었다. 이것은 원래 鴻은 기러기 중에 큰 놈이요 麋는 사슴 중에 큰 놈이라는 뜻인데, '鴻雁의 큰 것이요 麋鹿의 큰 것'이라고 잘못 읽는 것이었다. 그 선비는 당장 찾아가서 그 잘못을 지적해 주고 싶었으나 갈 길이 바빠 그대로 지나가고 말았다. 선비가 일을 끝내고 다시 그 집 앞을 지나오는데, 그 학생은 여전히 낭랑하게 글을 읽고 있었다. 그런데 이번에는 '鴻은 雁之大者요 麋는 鹿之大者라'라고 토(吐)를 붙여 읽었다. 자기 스스로 오류를 바로잡은 것이었다. 그 선비는 매우 흐뭇한 마음으로 지나왔다고 한다.

이 일화는 구두도 잘못 끊고 토씨도 잘못 달아 읽던 학생이 스스로 많이 반복해서 읽다가 마침내 구두를 바르게 끊고 토씨도 바르게 달았다는 예로 많이 인용되는 것이다. 상대적으로 큰 고을의 학생보다 시골의 학생이 촌학구에게 배울 경우 이런 경험을 많이 하였다. 촌학구와 관련해서는 '2. 잘못된 한문 해석과 작문(作文)'에서 몇 가지 일화를 소개한 바 있는데, 촌학구들의 오류는 단지 옛날의 문제만은 아니다. 오늘날 우리들이 강의(講義)하는 내용을 옛날의 훌륭한 대선생(大先生)들이 보신다면 참으로 봉복절도(捧腹絕倒)할 부분이 많을 것이다.

그러나 촌학구라고 해서 모두 무시할 수만은 없다. 다음은 우전 신호열 선생께 들은 내용이다. 연암(燕巖) 박지원(朴趾源)이 길을 가다가 급한 볼일이 있어서 시골 서당(書堂)의 화장실에서 겪은 일이라 한다.

연암은 《통감절요》 초권(初卷)의 현왕(顯王) 무자(戊子) 36년 조에 소진(蘇秦)이 육국(六國)의 왕들을 설득할 때 제왕(齊王)에게 제(齊)나라 수도인 임치(臨淄)의 번화함을 말하면서 "臨淄之塗, 車轂擊, 人肩摩."라고 한 내용 중 '車轂擊 人肩摩'를 '車轂이 擊人肩摩'로 토를 달아 '수레바퀴가 사람의 어깨를 쳐서 갈리다'라고 풀이했는데 늘 이 부분이 좀 석연치 않았다 한다. 그런데 어느 시골 훈장(訓長)이 이것을 가르치면서 '車轂이 擊하고 人肩이 摩하고'라고 구결을 달았다. 즉 '수레바퀴가 서로 부딪히고 사람의 어깨가 서로 갈리다.'라고 해석한 것이다. 볼일을 보다가 이 설명을 들은 연암은 무릎을 치며 참으로 옳은 구결이라고 감탄했다 한다. 이것은 구전(口傳)하는 말이어서 과연 연암이었는지는 확신할 수가 없다. 그러나 한문의 해석은 아무리 대학자(大學者)라 하더라도 실수가 있음을 증명하는 좋은 예라 하겠다. 지금도 《통감언해(通鑑諺解)》의 구결은 '車轂이 擊하고 人肩이 摩하고'로 되어 있다.

그러나 신호열 선생은 여기에 다시 새로운 의견을 제시하셨다. 이 구결도 미진하다는 것이다. '車轂이 擊하고 人肩이 摩하고'로 하면 여기의 주어(主語)는 車轂과 人肩이 된다. 그러나 본래의 뜻은 수레가 많고 사람이 많음을 나타낸 것이지, 수레의 바퀴가 많고 사람의 어깨가 많음을 나타낸 것이 아니다. 그러므로 '車는 轂擊하고 人은 肩摩하고'로 구결을 달아 '수레는 바퀴가 서로 부딪히고 사람은 어깨가 서로 갈린다'로 해석하여야 한다는 것이다. 즉 '수레가 하도 많아서 바퀴가 서로 부딪힐 정도이고, 사람이 하도 많아서 어깨가 서로 갈릴 정도이다'라는 것이다. 참으로 고견(高見)이라 하지 않을 수 없다. 《사기》나 《통감》의 표점(標點)은 '車轂擊, 人肩摩.'로 되어 있기 때문에 이러한 것은 우리 구결만이 정확한 뜻을 나타낼 수 있다 하겠다.

이처럼 정확한 구결은 의미 파악의 첩경(捷徑)이 아닐 수 없다. 그러나 구결이 해결되었다고 하여 문제가 없는 것은 아니다. 다음은 우계(牛溪) 성혼(成渾)과 율곡(栗谷) 이이(李珥) 두 학자가 각기 다른 해석을 한 경우를 소개하겠다.

《대학장구》 성의장(誠意章)에 "小人閒居, 爲不善, 無所不至, 見君子而后, 厭然揜其不善, 而著其善. 人之視己, 如見其肺肝然, 則何益矣?소인이 한가로이 거처할 적에 나쁜 짓을 하되 못하는 짓이 없다가 군자를 본 뒤에는 겸연쩍어하며 자신의 나쁜 짓을 엄폐하고 선행을 나타낸다. 그러나 사람들이 자신을 봄이 그 폐(肺)와 간(肝)을 보듯 하니, 무슨 유익함이 있겠는가.]"라 하였다.

위의 '人之視己 如見其肺肝然[사람들이 자신을 봄이 그 폐와 간을 보듯 한다.]'을 우계(牛溪)는 '사람들이 소인을 볼 적에 소인의 외면의 거짓을 볼 뿐만 아니라, 내면에 있는 폐와 간(뱃속)까지도 환히 들여다본다'고 해석한 반면, 율곡은 '사람(남)들이 자신의 나쁜짓을 보기를 실로 사람들이 자신의 폐와 간을 들여다 보듯 한다'고 풀이하였다. '其' 자를 놓고 우계는 소인의 것으로 본 반면, 율곡은 보는 사람 자신의 것으로 인식하여, 오랫동안 논쟁을 벌였으나 결국 합치되지 못하였다. 지금까지도 학자들 간에 의견이 분분하다.

또한 동일한 문구(文句)를 다르게 해석하는 경우를 하나 들겠다.

《맹자》〈양혜왕 하(梁惠王下)〉 9장 "今有璞玉於此, 雖萬鎰, 必使玉人彫琢之. 至於治國家, 則曰: 姑舍女所學, 而從我, 何以異於敎玉人彫琢玉哉?"의 '何以異於敎玉人彫琢玉哉'를 관본(官本) 언해(諺解)나 율곡(栗谷) 언해에는 모두 '敎'를 '가르치다'로 보아 "옥공(玉工)에게 옥을 조탁(彫琢)하는 방법을 가르치는 것과 무엇이 다르겠느냐."라는 뜻으로 풀이하여 옥을 다룰 줄 모르는 왕이 옥공에게 이래라저래라 하고 훈수하는 것과 다를 것이 없다는 내용으로 해석하였다. 이는 〈양혜왕 상(梁惠王上)〉의 "是何異於刺人而殺之曰: 非我也, 兵也."의 문법과 동일하나 《사서비지(四書備旨)》에서는 '敎' 자를 사역형으로 보아 "옥공(玉工)으로 하여금 옥을 조탁(彫琢)하게 하는 것과는 왜 다르게 하십니까?"로 해석하였다.[13]

본인이 수학한 서암(瑞巖) 김희진(金熙鎭) 선생과 우전 신호열 선생이 모두 후자를 옳은 것으로 보았으므로 역본(譯本)에 그대로 따랐음을 밝혀둔다.

---

13) 《사서비지(四書備旨)》의 해당 원문은 다음과 같다.
 "王則曰: 姑舍女所學之仁義, 而從我所謀之功利, 則何王之治國家乃異於敎玉人彫琢玉哉?"

축약문(縮約文)의 보충 해설

위에서도 《논어》 학이편(學而篇)의 "巧言令色 鮮矣仁"을 들어 설명한 바 있지만 한문에는 축약된 부분이 상당히 많다. 이것을 제대로 파악하여 보충 설명을 하지 않으면 내용을 정확히 이해할 수가 없다. 《소학》의 한 예를 들어보겠다.

《소학》 맨 끝부분의 "汪信民嘗言, 人常咬得菜根, 則百事可做. 胡康侯聞之, 擊節歎賞."을 《번역소학(飜譯小學)》에서는 다음과 같이 해석하였다.

"汪信民이 닐오디 사ᄅᆞ미 ᄆᆡ양 ᄂᆞ물 ᄲᅳᆯ휘만 머그며도 편안히 너기면 잡 마음이 업서 온가짓 이를 다 일오리라 ᄒᆞ야늘 胡康侯ㅣ 이 말ᄉᆞ믈 듣고 손등 ᄯᅳ고 차탄ᄒᆞ야 기리더라"

"왕신민(汪信民)이 이르기를 '사람이 항상 나물 뿌리만 먹으면〈서도 편안히 여기면 잡마음이 없어서〉 온갖 일을 다 이루리라' 하거늘 호강후(胡康侯)가 이 말씀을 듣고 손뼉을 치며 차탄(嗟歎)하여 칭찬하였다." 하여, '〈서도 편안히 여기면 잡마음이 없어서〉'를 보충한 것이다.

물론 후세에는 《번역소학》이 지나친 의역(意譯)이라 하여 별로 활용되지 못하였지만 보충역(補充譯) 부분을 〈 〉 등으로 표시하여 계속 연구 발전시켰더라면 오늘날 번역 문화에 진일보한 면모를 볼 수 있었을 것이다. 보충을 하지 않으면 이해가 안 되는 부분은 《맹자》 서설(序說)에 한유(韓愈)의 〈여맹상서서(與孟尙書書)〉를 인용한 글에도 보인다.

"揚子雲曰: 古者楊墨塞路, 孟子辭而闢之, 廓如也. 夫楊墨行, 正道廢, 孟子雖賢聖, 不得位, 空言無施, 雖切何補? 然賴其言, 而今之學者, 尙知宗孔氏崇仁義貴王賤霸而已. 其大經大法, 皆亡滅而不救, 壞爛而不收, 所謂存十一於千百, 安在其能廓如也? 然向無孟氏, 則皆服左袵而言侏離矣."

이 글은 세 번 전환(轉換)하여 억양반복(抑揚反覆)을 거듭함으로써 맹자의 큰 공로를 나타내는바, 첫 번째는 '孟子雖賢聖, 不得位, 空言無施, 雖切何補? 然賴其言……'이며, 세 번째는 끝부분의 '安在其能廓如也? 然向無孟氏,'가 그것이다. 여기에는 모두 '然' 자를 놓아 '그러나'라는 표현으로 글을 전환하고 있다. 하지만 중간에는 '然' 자를 하나 빼놓아 글이 연결되지 않는다. 위의 문장대로 해석하면 다음과 같다.

"……맹자가 비록 어질고 성(聖)스러웠으나 지위를 얻지 못하여 빈말로 시행되지 못하였으니, 비록 간절하나 무슨 보탬이 있었겠는가. 그러나 그의 말씀을 힘입어 지금에 배우는 자들이 아직도 공씨(孔氏 공자)를 높이고 인의(仁義)를 숭상하며 정도(正道)를 귀하게 여기고 패도(霸道)를 천하게 여길 줄을 알 뿐이요, 그 대경대법(大經大法)이 모두 없어져 구원되지 못하고 파괴되어 수습되지 못하였으니, 이른바……"

글을 읽어 보면 어딘지 맥락이 잘 이어지지 않는다. '그러나'라고 하였으면 맹자의 공로를 인정하는 내용이 뚜렷이 나타나야 하는데, '그의 말씀을 힘입어……알 뿐이요'라고 하여, 공로를 인정한 것인지 아니면 격하한 것인지 분명하지 않다. 이것은 '貴王賤霸'의 아래에 '然' 자를 생략했기 때문이다. 즉 '然止於此而已'라는 약 3~4글자가 생략된 것으로 보인다. 따라서 '그 말씀을 힘입어 지금에 배우는 자들이 아직도 공씨(孔氏)를 높이고 인의(仁義)를 숭상하며 왕도(王道)를 귀하게 여기고 패도(霸道)를 천하게 여기고 있다.'라는 말씀 뒤에 '그러나 여기에 그칠 뿐이요'라는 말을 넣어서 다시 맹자의 공을 격하시키는 의미를 드러내야 할 것이다. 대문호(大文豪)인 한유(韓愈)가 '然' 자를 너무 많이 사용하는 것을 꺼려 이와 같이 생략한 것으로 추측된다.

인용문(引用文) 단락의 불분명

부호(符號) 등을 사용하지 않는 한문 문장에 있어 인용문이 어디에서 끝나는지를 정확히 판단하기는 참으로 어렵다. 《집주》의 인용문은 더더욱 그러하다. 원전(原典)을 일일이 찾아보지 않는 한, 누구의 말이 어디에서 끝나는지 도저히 알 수가 없다. 그 당시 인용한 원전이 현재 거의 남아 있지 않으며, 남아 있다 하더라도 그것을 하나하나 찾아서 대조하기는 거의 불가능한 실정이다. 이충구(李忠九) 교수도 《맹자》〈등문공 상(滕文公上)〉 3장의 "龍子曰: 治地莫善於助, 莫不善於貢. 貢者, 校數歲之中, 以爲常. 樂歲, 粒米狼戾, 多取之而不爲虐, 則寡取之. 凶年, 糞其田而不足, 則必取盈焉. 爲民父母, 使民盻盻然將終歲勤動, 不得以養其父母, 又稱貸而益之, 使老稚轉乎溝壑, 惡在其爲民父母也?"에서 어디까지를 인용문으로 볼 것인가 하는 문제를 제기하고 호산(壺山) 박문호(朴文鎬)의 견해를 따라 '莫不善於貢'에서 끊어야 함을 주장하였다.[14] 본인도 이(李) 교수의 의견에 전적으로 찬성한다.

이외에도 《孟子》〈양혜왕 하(梁惠王下)〉 4장에 안자[晏子 안영(晏

嬰)]가 제 경공(齊景公)에게 아뢰는 가운데 하언(夏諺)을 인용하였는데, 이 글의 단락이 어디냐가 문제가 된다. 원문과 《집주》를 소개하면 다음과 같다.

(原文) 夏諺曰: 吾王不遊, 吾何以休; 吾王不豫, 吾何以助, 一遊一豫, 爲諸侯度.

(集註) 夏諺, 夏時之俗語也. 豫, 樂也……故夏諺以爲王者一遊一豫, 皆有恩惠以及民, 而諸侯皆取法焉, 不敢無事慢遊以病其民也.

즉 주자(朱子)는 끝까지를 하언(夏諺)으로 본 것이다. 그러나 후세의 학자들은 '吾王不遊, 吾何以休; 吾王不豫, 吾何以助.'까지만 하언으로 보고, '一遊一豫, 爲諸侯度.'는 안영(晏嬰)의 말로 본다. 그 이유로 운(韻)을 들고 있다. 유(遊)와 휴(休), 예(豫)와 조(助)가 운이라는 것이다. 실제로 운서(韻書)를 살펴보면 유(遊)와 휴(休)는 모두 평성(平聲)으로 '우(尤)' 자의 운이고, 예(豫)와 조(助)는 모두 거성(去聲)으로 '어(御)' 자의 운이며, 도(度)는 거성의 '우(遇)' 자 운으로 서로 맞지 않는다. 그러므로 "하언(夏諺)에 이르기를 '우리 임금님이 유람하지 않으면 우리들이 어떻게 휴식하며, 우리 임금님이 즐기고 노시지 않으면 우리들이 어떻게 보조(補助)를 받겠는가.' 하였으니, 천자가 한 번 유람하고 한 번 즐기는 것이 제후들의 법도가 되었습니다."로 해석하여야 한다는 것이다.

---

14) 맹자(孟子)가 인용한 '龍子曰'의 범위를 관본(官本) 언해는 '爲民父母'까지로 하고 율곡 언해는 '以爲常'까지로 하였으나 호산(壺山)은 모두 옳지 않다 하고 '……於貢'까지로 한정하였다. 그리고 '貢者' 이하는 맹자의 말씀이라 하였다.

번역 유형(類型)의 선택

번역의 유형에 대한 문제는 먼저 그 번역서가 어떤 계층을 대상으로 하느냐에 따라 달라지게 마련이다. 이에 따라 축자역(逐字譯), 직역(直譯), 의역(意譯)을 결정하겠으나 사실상 어느 한 유형만으로 독자들의 요구에 부응(副應)하는 것은 불가능하다. 그리하여 직역(直譯) 위주가 옳은가 의역 위주가 옳은가의 논쟁이 끊이지 않고 있다. 이것은 다른 외국어 번역에서도 마찬가지이다.

첫째, 축자역 방식은 말 그대로 글자를 하나하나 따라가면서 글자의 순서까지도 변화없이 그대로 번역하는 것으로, 원문의 원형을 그대로 전달한다는 의미가 내포되어 있다. 이는 한문을 배우는 사람을 대상 독자로 상정한 번역 유형으로서 우리 나라의 경서(經書) 언해(諺解) 류가 이에 해당한다.

둘째, 직역 방식은 축자역에서 조금 발전된 방법이지만 원문의 자구(字句)를 하나하나 번역한다는 점에서 의사 전달에 한계가 있다. 이러한 번역은 원문에 충실하고자 하는 것으로, 우선 원문의 자구가 되도록 번역문 속에 모두 들어 있기를 요구하는 점에서 축자역과 비슷하다. 이번의 경서 역간(譯刊) 역시 위의 두 가지 부류에 해당한다 하겠다.

셋째, 의역 방식은 원문의 뜻을 전달하는 것을 최대 목표로 하는 번역 방식이다. 다만 원문의 자구를 무시하고 마음대로 말을 증감(增減)하거나 전체의 흐름을 무시하고 어순(語順)을 변동해서는 안 된다.

이 의역이 고전(古典) 국역에 있어 일반 대중을 위한 것으로는 제일 좋은 방식이라 할 것이다. 왜냐하면 직역으로 옮길 때에는 아무래도 말이 어색하고 뜻이 제대로 전달되지 않기 때문이다. 그러므로 번역자가 보충 설명을 넣어 의역을 하고 말을 부드럽게 고쳐서 그 뜻을 잘 통하게 하지 않으면 안 된다. 번역을 '제2의 창작'이라 하는 이유도 여기에 있다. 그러나 의역은 원의(原義)를 손상하는 경우가 많기 때문에 번역에 있어서 주의할 점으로 지적된다. 원의가 손상된 번역은 고전을 파괴하는 행위라 하여도 과언이 아니다.

결론적으로 독자들이 요구하는 평이하고 분명한 의미의 전달을 위해서는 직역과 의역을 적절히 조화시키는 수밖에 없다.

본인이 국역연수원에서 국역연습(國譯演習)을 하면서 청명(靑溟) 선생께 직접 들은 말씀이다. 《한비자(韓非子)》의 오두(五蠹)에 '수주대토(守株待兔)'란 말이 보인다. 어떤 미련한 사람이 길을 가다가 토끼가 나무 그루터기에 부딪쳐 죽는 것을 보고는 매일 나무 그루터기를 지키며 토끼가 와서 죽기를 기다렸으나 허사였다는 고사이다. 후세에는 변통할 줄 모르는 어리석은 행동을 비유하는 말로 자주 인용하곤 한다. 그런데 청명 선생은 "이것을 '장마다 꼴뚜기'로 번역했다."고 하셨다.

물론 본인은 지금도 조금 지나친 의역이 아닌가 하여 그대로 따르지 않고 주석으로 처리하고 있으나 번역에 있어 너무 원의(原義)에 연연하다 보면 부연 설명이 지나쳐 지루한 감을 주는 경우가 없지 않다. 과감한 시도가 절대로 필요하다고 느껴진다.

사서집주(四書集註)의 오류(誤謬)와 이설(異說)

위에서도 언급하였지만 주자(朱子)의 《집주》에도 오류가 있음을 선학(先學)들이 종종 지적하였다. 《맹자》〈공손추 상(公孫丑上)〉제2장인 호연장(浩然章)에 "自反而不縮, 雖褐寬博, 吾不惴焉."의 《집주》에

"惴, 恐懼之也."라고 해석한 부분이다. 이충구 교수도 이를 자세히 설명하였는바, "췌(惴)는 두렵게 하는 것이다."라고 풀이한 《집주》 때문에 관본(官本)인 교정본(校正本) 언해(諺解)나 율곡(栗谷) 언해까지도 모두 '吾不惴焉이어니와'로 토를 달고 '내가 그를 두렵게 할 수 없거니와'로 풀이하였다. 그러나 이것은 '吾不惴焉이리오'[15] 또는 '吾不惴焉가'로 토를 달아 '내가 스스로 돌이켜보아 자신이 한 행위가 정직하지 못하다면 비록 헐렁한 모포(毛布)를 입은 사람이라도 내 두려워하지 않을 수 있겠는가'로 해석해야 한다는 것이다.

그리고 〈공손추 상〉 제1장의 증서(曾西)[16]는 증자[曾子: 증삼(曾參)]의 아들인 증신(曾申)인데 '증자의 손자[曾子之孫]'로 설명한 것과 《논어》〈공야장편(公冶長篇)〉 제3장의 호련(瑚璉)을 '夏曰瑚, 商曰璉.'으로 풀이한 것이 대표적인 예라 할 것이다. 이것은 '夏曰璉, 商曰瑚.'라 해야 옳다 한다. 또한 《맹자》〈등문공 상(滕文公上)〉의 '神農之言'을 설명하면서 "史遷所謂農家者流"라고 하였다. 그러나 이 내용은 사마천(司馬遷)이 말한 것이 아니요, 반고(班固)가 지은 《한서》〈예문지(藝文志)〉에 보이는 내용이다.

---

15) 吾不惴焉이리오: 이에 대한 것은 간재(艮齋) 전우(田愚)도 일찍이 위와 같이 현토하고 "자신이 한 행위가 정직하지 못하다면 비록 헐렁한 모포를 입은 사람이라도 내 두려워하지 않겠는가."로 해석하였다. 본인도 《맹자집주》를 번역하면서 이것을 그대로 따르고 각주까지 달았었다. 그러나 시간이 많이 지난 뒤 최근에 다시 생각해보니, 오히려 예전의 '이어니와' 토가 더 타당한 것으로 사료되었다. 뒤에 이를 다시 부연 설명한 것이 있으니, 참고하기 바란다.
16) 《중문대사전(中文大辭典)》의 설명은 다음과 같다.
曾西: 魯人, 曾參子, 卽曾申. (孟子 公孫丑上) 或問乎曾西曰: 吾子與子路孰賢? 曾西蹵然曰: 吾先子之所畏也. (翁注困學紀聞 卷八 孟子) 曾西爲曾申.

주자의 이러한 실수는 대부분 하안(何晏)이나 조기(趙岐) 등의 고주(古註)의 오류를 그대로 따른 데서 연유한 것으로 밝혀지고 있다.

그러나 고주(古註)의 풀이가 각기 다른 경우도 많다. 《맹자》〈양혜왕 상(梁惠王上)〉의 "爲長者折枝[17]"의 '折枝'를 조기(趙岐)는 '折肢'와 같은 것으로 보아 '사지(四肢)'를 폈다 굽혔다 하여 안마(按摩)하는 것'이라 하였고, 초순(焦循)은 허리를 굽히는 것으로 보아 '어른에게 배읍(拜揖)하는 것'이라 하였으나, 주자는 '초목(草木)의 가지를 꺾는 것'으로 풀이하였다.

또한 방언(方言)이 문제되기도 한다. 특히 남방(南方) 출신인 주자가 북방(北方)의 방언을 잘 알았을 리가 만무하다. 양웅(揚雄)의 《방언(方言)》을 간혹 인용하고 있지만 《방언》 역시 미흡한 데가 없지 않을 것이다.

《논어》〈술이편(述而篇)〉 제32장 "文莫吾猶人也 躬行君子·則吾未之有得"의 '문막(文莫)[18]'은 '모막(侔莫)'의 음을 따른 것인데, '민면(黽勉)'과 같은 말로 연(燕)·제(齊) 지방의 방언이라 한다. 이것은 〈안연편(顏

---

17) 《중문대사전(中文大辭典)》의 설명은 다음과 같다.
   折枝: ○謂按摩也.《孟子 梁惠王上》"爲長者折枝."(趙岐注) 折枝, 按摩, 折手節, 解罷枝也. (四書逸箋) 折枝, 陸氏善經謂折草樹枝, 集註從之, 與爲長者, 意殊不屬. 趙氏注: 按摩, 折手節, 解罷枝也, 亦費力. 陸筠云: 枝肢古通用, 謂磬折腰肢, 揖也. ○折腰也. (焦循正義) 趙氏佑溫故錄云: 文獻通考載陸筠解爲磬折腰肢, 蓋猶今拜揖也.

18) 문막(文莫)에 대한 《한어대사전(漢語大詞典)》의 설명은 다음과 같다.
   文莫: 黽勉. 努力.《論語 述而》"子曰: 文莫吾猶人也, 躬行君子, 則吾未之有得." 明楊慎《升庵經說 文莫解》"《晉書》欒肇《論語駁》曰: 燕齊謂勉強爲文莫. 陳騤《雜識》云:《方言》侔莫, 強也. 凡勞而勉, 若云努力者, 謂之侔莫.'

淵篇)》의 '聽訟吾猶人也'와 같은 문법으로 '노력은 내 남과 같이 할 수 있다'는 뜻이라 한다. 그런데 주자는 이것을 '문(文)은 내 남과 같지 않겠는가'로 풀이하였다. 지금까지는 '문막(文莫)'을 '민면(暋勉)'의 뜻으로 해석한 명나라 양신(楊愼)의 설이 거의 정론으로 알려져 있었다. 그러나 최근에 중국 학자 양백준(楊伯峻)은 이 해석을 따르지 않고 주자의 해석을 따르되 '문(文)'을 '학문(學文)'으로 바꿨다.

이 외에도 주자의 《집주》와 다르게 구두(句讀)를 떼는 경우를 《논어》에서 몇 가지 들겠다.

〈爲政篇〉 9章 "吾與回言, 終日不違如愚."
《集註》 "故終日言, 但見其不違如愚人而已."

〈憲問篇〉 10章 "人也, 奪伯氏騈邑三百, 飯疏食, 沒齒無怨言."
《集註》 "故窮約以終身, 而無怨言."

〈憲問篇〉 31章 "賜也, 賢乎哉夫. 我則不暇."
《集註》 "乎哉, 疑辭."
〈憲問篇〉 38章 "子服景伯以告曰: 夫子固有惑志, 於公伯寮, 吾力猶能肆諸市朝."
《集註》 "夫子, 指季孫, 言其有疑於寮之言也."

언해에는 《집주》를 따라 '吾與回言終日에 不違如愚러니'라 하였고, '人也奪伯氏騈邑三百하야늘 飯疏食沒齒호되 無怨言하니라' 하였으며,

'賜也는 賢乎哉아 夫我則不暇로라' 하였다. 그러나 이것을 '吾與回言에 終日不違하야 如愚러니'로, '人也奪伯氏騈邑三百하야 飯疏食호되 沒齒無怨言하니라'로, '賜也는 賢乎哉夫아 我則不暇로라'로 하여야 한다고 주장하기도 한다. 또 주자는 '夫子固有惑志於公伯寮'를 한 구(句)로 해석하였으나, '子服景伯以告曰 夫子固有惑志하나니 於公伯寮에 吾力이 猶能肆諸市朝니이다'로 하여야 한다고 주장한다.

언해(諺解)의 보급과 파생된 문제점

경서(經書)의 언해는 구결(口訣), 석의(釋義) 등의 과정을 거쳐 이루어졌다. 신라(新羅) 때 설총(薛聰)이 방언으로 구경(九經)을 해석한 이후 구결 작업이 여말선초(麗末鮮初)의 학자들에 의하여 추진되었으며, 훈민정음(訓民正音)이 창제된 뒤에는 곧바로 경서의 언해 사업이 국가적으로 이루어져 15세기 말에 교정청언해본(校正廳諺解本)이 완성되었다. 경서(經書) 언해는 처음부터 축자역(逐字譯)에 가까운 직역(直譯)을 채택하였다. 《번역소학(飜譯小學)》이나 《두시언해(杜詩諺解)》와 달리 직역을 택했던 것은 경서를 그만큼 존중해서였을 것이다. 언해의 해석이 직역을 위주하다 보니, 자연 현실 언어와 거리를 갖게 되었다. '不亦'은 '無乃'와 동일한 말로 '아니'를 의미하는데, 《논어언해(論語諺解)》에 '또한 아니겠는가'로 풀이한 것이 대표적인 예라 할 것이다.

백여 년간 수많은 학자가 연구하여 이루어진 경서 언해는 난해한 경서를 이해하는데 좋은 지남(指南)이 되었음은 말할 나위가 없겠다. 특히 관본(官本) 언해가 과거(科擧)에 통용됨으로써 최고의 권위를 갖게 되었다. 모든 해석과 현토가 조선말(朝鮮末)까지 언해를 그대로 따랐던 것이다. 그야말로 일토(一吐) 일석(一釋)이 금과옥조(金科玉條)로 존중되어 수백 년간 경전(經傳) 독해(讀解)의 표준서로 사용된 것이다. 이러한 현상은 자연 번역의 보수성을 가져오게 되었다. 율곡본(栗谷本)이 뒤에 간행되었지만 대부분의 강독에 오직 관본 언해만을 이용하였다.

경전 언해의 지나친 권위(權威)는 경서(經書) 연구에 도리어 장애가 되었으며, 번역의 경직(硬直)된 보수성(保守性)을 초래하였다고 보여진다. 또한 과문학(科文學; 과거급제를 위한 공부)을 위주한 대부분의 선비들은 강경(講經)을 위하여 구결을 익히는 데에만 관심을 가졌고, 언해의 해석에는 소홀했던 것으로 보인다. 글뜻을 제대로 모른다 해도 과거급제에는 크게 문제되지 않았기 때문이었을 것이다. 실제로 과문학(科文學)을 한 분들은 경서를 외기만 할뿐 경의(經義)를 정확히 파악하지 못하는 경우를 본인도 여러 번 경험하였다. 《논어》의 '巧言令色鮮矣仁'을 잘못 해석한 것 역시 이러한 원인으로 생각된다.

또한 정확한 구두(句讀)를 모르게 만들었다. 구결은 되도록 구두에 맞추어 달아야 하는데도 '有朋이 自遠方來로' 현토하여 읽은 관계로 '유붕(有朋)'에 구결을 다는 경우가 없지 않다. 언해에 자주 토씨를 붙여 읽은 관계로 구두에도 자주 점을 찍어 혼란을 초래하는 경우를 종종 보게 된다.

얼마 전 어떤 문중(門中)에서 시골의 모(某) 노선생(老先生)에게 번역과 구두점(句讀點)을 부탁하여 책을 낸 것을 본 일이 있다. 그 예를 하나 들어보겠다.

'公諱晦字明叔安東人'을 '공(公)의 휘(諱)는 회(晦)요 자(字)는 명숙(明

叔)이요 안동인(安東人)이다'라고 번역하고 이에 따라 구두점 역시 '公, 諱, 晦, 字, 明叔, 安東人.'으로 떼어 놓았다. 이것은 '公諱晦, 字明叔, 安東人.'으로 떼어야 하며, 번역 역시 '공(公)은 휘(諱)가 회(晦)이고 자(字)가 명숙(明叔)이며 안동인(安東人)이다'라고 해석하여야만 공(公)이 주어가 될 수 있을 것이다. 또한 '즉(則)' 자나 '이(而)' 자의 아래에도 모두 구두점을 찍어 놓았는데, 이 역시 '즉(則)' 자나 '이(而)' 자의 위에 구두를 떼어야 한다. 이것은 종래 우리나라에서 성독(聲讀)할 때에 편의상 여기에서 쉰 것이요, 구(句)가 끝나는 것은 아님을 알아야 하겠다.

선배(先輩) 동학(同學)들의 비평에 대하여

다음은 선배 동학들의 비평에 대하여 본인의 미흡한 의견을 제시하려 한다.

먼저 이충구 교수의 논문 《경서언해연구(經書諺解研究)》에 밝힌 내용이다.[19]

① 〈양혜왕 상(梁惠王上)〉 4장

爲民父母라/ᄒ야 行政호ᄃᆡ 不免於率獸而食人이면 惡在其爲民父母也리잇고

---

19) 범례: 교본(校本)과 율본[栗本; 율곡 언해본(栗谷諺解本)]의 현토가 다를 경우 먼저 교본을 / 그 다음에 율본을 실었으며 율본에 현토가 없을 경우 ∅로 표시하였으나 본고(本稿)에서는 'ㅣ'는 대부분 삭제하였다. 교본은 교정청언해본(校正廳諺解本)으로, 곧 관본(官本) 언해를 가리킨다.

이(李) 교수는 상하(上下) 문맥을 들어 율본을 따라야 함을 주장하였다. 물론 옳은 주장이라고 생각한다. 다만 옛날 토씨 중에 '이라'는 '하야'와 같이 쓰는 경우가 많다는 사실이다. 《시경》〈소아(小雅) 교언(巧言)〉의 "君子屢盟이라 亂是用長이며 君子信盜라 亂是用暴며" 역시 "君子屢盟하야 亂是用長하며 君子信盜하야 亂是用暴며"로 현토(懸吐)한다 해도 아무 문제가 없을 것이다. 정이천(程伊川)의 〈동잠[動箴, 사물잠(四勿箴)]〉에 '哲人知幾 誠之於思 志士勵行 守之於爲' 역시 학자들 사이에 '哲人知幾하야 誠之於思하고 志士勵行하야 守之於爲하나니'로, 또는 '哲人知幾라 誠之於思하고 志士勵行이라 守之於爲하나니'로 구결을 달고 있음을 밝혀둔다.

② 〈양혜왕 상〉 6장

由水之就下ᄒ리니 沛然을/∅ 誰能禦之리오

이(李) 교수는 성호(星湖) 이익(李瀷)의 《질서(疾書)》에 '由水之就下沛然(爲里尼)' 한 구결을 들고 이것을 따라야 함을 주장하였다. 그러나 패연(沛然)은 형용사인바, 형용사는 대체로 문장의 앞에 놓는다. 중국본에도 대부분 '由水之就下'에서 구두를 떼었음을 상기할 필요가 있다.

③ 〈양혜왕 하(梁惠王下)〉 14장

去ᄒ시고/∅ 之岐山之下ᄒ샤 居焉ᄒ시니

(校孟) 去ᄒ시고 岐山ㅅ 下애 之ᄒ샤 居焉ᄒ시니

(栗孟) 去ᄒ시고 岐山 아래 가 사ᄅ시니

이(李) 교수는 호산(壺山) 박문호(朴文鎬)의 《상설(詳說)》에 '諺解, 以去字獨爲一句, 恐合更商.'을 들고, 다음 장(章)의 '我將去之'와 '邑于岐山之下'를 연관시켜 '去之岐山之下居焉'으로 구결을 달아야 함을 주장하였다. 그러나 '去'는 떠나다의 뜻이요 '가다[之, 往]'의 뜻이 아니므로 다음 장의 '去之'는 거빈(去邠)의 줄임말이요 기산(岐山)의 아래로 가는 것이 아니다. 따라서 '去之'의 '之' 자는 대명사로 보아야 하는데, 뒤에 기산지하(岐山之下)가 있어 중복된다. 그리고 만일 허사(虛辭)로 썼다면 '之' 자보다는 '于'나 '於'를 써야 할 것이다.

④ 〈만장상(萬章上)〉 1장

孟子曰 長息이 問於公明高曰 舜이 往于田∅/은 則吾旣得聞命矣어니와 號泣于旻天과 于父母∅/는 則吾不知也로이다/케이다 公明高曰 是는 非爾所知也라ᄒᆞ니 夫公明高는 以孝子之心이/에 爲不若是恝이라/이라ᄒᆞ니 我竭力耕田ᄒᆞ야 共爲子職而已矣니/로니 父母之不我愛는 於我何哉오ᄒᆞ니라/오ᄒᆞ시니라

(集註) 恝, 無愁之貌.

(小註) 新安陳氏曰: 孟子推公明高之意, 以爲孝子之心, 旣不得乎親, 必不若是之恝然無愁也. 於我何哉? 自責不知己有何罪耳, 非怨父母也.

(孫奭疏) 孟子又言, 夫公明高, 以謂孝子之心, 有不得意於父母, 爲不若此恝恝然而無憂也. 以其有不得父母意, 故有是怨也. 其舜必謂我竭盡其力, 而耕作田業, 以供爲子之事, 以奉養父母, 而父母今反不我愛恤, 誠於我有何罪哉? 故自求責於己, 而號泣怨慕也.

이(李) 교수는 여러 참고 문헌을 위에 열거하고 다음과 같이 결론하였다.

"'夫公明高' 이하는 맹자가 공명고(公明高)의 뜻을 추측해 언명(言明)한 것인데, 그 내용을 교본(校本)은 '於我何哉'까지로 했고 율본(栗本)은 '爲不若是恝'까지로 했다. 그리고 율본은 '我竭力耕田' 이하를 별도의 말로 처리했다.

소주(小註)에 의하면 공명고의 뜻은 '…是恝'까지로 나타난다. 그리고 그 이하의 '於我何哉'는 맹자가 순(舜)의 마음을 추리해 밝힌 것이다. 이것은 소(疏)에 더욱 간명히 나타난다. '夫公明高' 이하는 공명고의 뜻이고 '我竭力耕田' 이하는 순(舜)의 뜻이다."

이에 대해서는 이설(異說)이 있음을 밝혀둔다. 《집주》에 "於我何哉는 自責不知己有何罪耳니 非怨父母也라" 하여, "나에게 무슨 죄가 있어서인가."로 해석하였으나 다산(茶山) 정약용(丁若鏞) 등은 '於我何哉'를 "나와 무슨 상관이 있겠는가."라고 해석하였다. 이는 위의 "효자(孝子)의 마음은 이와 같이 부관심할 수가 없다."고 한 말을 받아 "나는 힘을 다해 밭을 갈아 공손히 자식된 직분을 할 따름이니, 부모께서 나를 사랑하지 않음은 나와 무슨 상관이 있겠는가?"라고 풀이한 것이다. 중국본(中國本)에도 이와 같이 해석한 경우가 있음을 밝혀둔다. 이 경우 관본 언해의 현토가 옳을 것이다.

또한 이(李) 교수는 성호(星湖) 등이 주자와 다른 견해를 제시한 것을 반주자학적(反朱子學的)인 것으로 보았으나 경학(經學)에 있어 이처럼 다른 의견을 제시하는 것은 어떤 당색(黨色)이나 학파(學派)에 관계없이 경의(經義)를 올바로 해석하자는 학자의 순수한 심정에서 기인한 것이라고 본다. 주자의 학설을 맹목적으로 따르지 않은 다산(茶山) 역시 주자의 설을 무조건 반박한 모기령(毛奇齡)을 '왕개미가 큰 나무를 흔드는 격이다.[蚍蜉撼大樹]'라고 강력히 비판한 것에서도 알 수 있다. 그리고 정이천(程伊川)이 《맹자》〈공손추 상(公孫丑上)〉의 '호연지기(浩然之氣)'를 해석하면서 구주(舊註)를 따라 "그 기 됨이 지극히 크고 지극히 강하고 곧으니, 기르고 해침이 없으면 〈이 호연지기가〉 천지의 사이에 꽉 차게 된다.[其爲氣也, 至大至剛以直, 養而無害, 則塞于天地之間.]"로 해석하였고, 다시 《주역》〈곤괘(坤卦) 육이(六二)〉의 "直方大, 不習, 无不利."를 그의 《역전(易傳)》에서 해석하면서 "'直方大'는 《맹자》에 이른바 '至大至剛以直'이다." 하였다. 그러나 주자는 정이천을 그토록 높였으면서도 정이천이 잘못 해석하였음을 말씀하고, "지극히 크고 지극히 강하니, 정직함으로써 기르고 해침이 없으면[至大至剛, 以直養而無害.]"으로 해석하여야 함을 강조하였다.

⑤ 〈고자상(告子上)〉 10장

鄕爲身앤/⊘ 死而不受라가 今爲宮室之美ᄒᆞ야/⊘ 爲之ᄒᆞ며 鄕爲身앤/⊘ 死而不受라가 今爲妻妾之奉ᄒᆞ야/⊘ 爲之ᄒᆞ며 鄕爲身앤/⊘ 死而不受라가 今爲所識窮乏者 得我而爲之ᄒᆞᄂᆞ니 是亦不可以已乎아 此之謂失其本心이니라

(校孟) 鄕에 身을 爲호ᇝ앤 死ᄒᆞ야도 受티 아니ᄒᆞ다가

(栗孟) 鄕에는 身이 死흠을 爲ᄒᆞ야도 받디 아니타가

(集註) 鄕爲身死, 猶不肯受嘑蹴之食. 今乃爲此三者, 而受無禮義之萬鍾, 是豈不可以止乎?…

(小註) 東陽許氏曰: 三鄕爲身, 北山先生作一讀, 言鄕爲辱身失義之故, 尙不受嘑蹴之食, 以救身之死.

(趙岐註) 鄕者不得簞食而食, 則身死尙不受也.

(心經釋義) 身死而不受 身이 死홈을 爲ᄒᆞ야도 受티 아니타가 或云 受티 아니턴거슬

(經書辨疑) 諺解鄕爲身爲句, 非是. 當連身死讀.

(詳說) 按諺讀, 是從河北山意者, 而與集註有違, 恐不可從.

이(李) 교수는 위에 각종 문헌을 열거하고 율곡본을 따라 구결이 없어야 함을 주장하였다.

이 교수의 주장이 거의 정설이라고 보아진다. 중국본(中國本)의 구결도 대부분 율본과 같이 되어 있다. 다만 본인은 '死而不受'를 한 구로 하는 것이 왠지 매력이 있다고 생각되어 역본에 관본 언해를 따랐음을 밝혀둔다. 《집주》의 '鄕爲身死猶不肯受嘑蹴之食' 역시 '鄕爲身엔 死猶不肯受嘑蹴之食'으로 처리하였다. 물론 선입견이 작용하지 않았나 생각한다.

다음은 박헌순(朴憲淳) 씨의 주장이다.

"'합(盍, 어찌아니함)' 자는 거의 대부분의 번역자들이 으레 '어찌……하지 않는가?'로 번역을 한다. 이것은 《논어》나 《맹자》에 나오는 '합(盍)' 자의 주석에 '하불야(何不也)'라고 하였고, 이 '하불(何不)'의 축자

번역을 '어찌……하지 않는가?'로 하기 때문이다. '합(盍)' 자는 '하불(何不)'의 합성으로 이루어진 글자이다. '하불(何不)'을 빨리 읽다 보면 '합(盍)'이 되는데 '불(不)' 자가 완전히 흡수되지 아니하고 '합(盍)' 자 뒤에 다시 '불(不)' 자가 붙어서 '합불(盍不)'로 쓰이기도 한다. 이들은 '어찌……하지 않는가?' 보다는 '어찌……하지 않겠는가?'의 뜻에 더 가깝다. 따라서 약간의 당위적 요구가 포함된 청유형 문장으로 번역하는 것이 바람직하다고 생각한다.

《논어》〈공양장편(公冶長篇)〉25장 "顔淵季路侍, 子曰: 盍各言爾志?(안연과 계로가 공자를 모시고 있었는데, 공자가 말씀하셨다. '어찌 각기 너희들의 뜻을 말하지 않는가?')"

기존의 거의 모든 번역서에는 위와 같이 번역되어 있다. '盍各言爾志'는 '何不'이라는 주석의 축자(逐字) 번역에 맞추다 보면 이렇게 번역할 수밖에 없을 것이다. 그러나 위와 같이 번역을 하면 '너희들이 뜻을 말하지 않고 있는데 그 말하지 않는 이유가 도대체 무엇이냐?'고 따지는 문장이 된다. 이것은 '너희의 뜻을 각자 말해 보지 않겠느냐?' 또는 '자네들의 뜻을 각자 말해 보도록 하게나.' 정도로 옮기는 것이 본래의 뜻에 더 가까운 번역일 것이다."[20]

다만 박헌순 씨도 지적했듯이 주자의 '何不'을 우리말로 적당히 얼버무릴 경우 이에 이의(異議)를 제기하는 분이 없지 않으므로 본인도 이를 고치지 않고 그대로 '어찌~하지 않느냐'로 풀이하였다. 이 외에도 본

---

20) 이 글은《민족문화추진회보(民族文化推進會報)》제22호에 실려 있는 내용이다.

인이 평소 역본과 다르게 강의하는 문장을 하나 소개하겠다.

《논어》〈이인편(里仁篇)〉 18장에 "事父母, 幾諫. 見志不從, 又敬不違, 勞而不怨."이라고 한 것의 주(註)에 인용한 《예기》〈내칙편(內則篇)〉의 '起敬起孝' 역시 '더욱 공경하고 더욱 효도하다'로 풀이하여야 올바른 해석이 될 것이다. 이 내용은 《소학》〈명륜(明倫)〉에도 재인용되었는데, 《소학언해》에는 모두 '敬을 일으키고 孝를 일으키는 것'으로 풀이하였다. 이 때문에 본인도 번역에서는 《소학언해》를 따르고 강의(講義)할 때에는 '더욱 공경하고 더욱 효도하다'로 설명하고 있다. 이러한 문제는 과감히 탈피해야 할 것으로 사료된다.

또한 박헌순 씨는 한문의 대칭 구조를 강조하고 다음과 같이 주장하기도 하였다.

"대칭 구조를 무시한 번역은 경전(經傳) 번역에도 얼마든지 있다. 그 예를 하나만 들어보자.

《논어》〈이인편(里仁篇)〉 13장, "能以禮讓이면 爲國乎에 何有며 不能以禮讓爲國이면 如禮何오[〈나라 다스리기를〉 예와 사양으로써 한다면 나라 다스리는 데에 무슨 어려움이 있겠으며, 예와 사양으로써 나라를 다스리지 못한다면 〈형식적인〉 예가 무슨 소용이랴?]"

윗문장의 '能以禮讓爲國'과 아랫문장의 '不能以禮讓爲國'은 부정어 '不'을 제외하고는 완전히 같은데, 조건을 나타내는 '이면'이라는 토가 붙은 자리는 서로 다르다. 이 글이 병렬 대칭 구조라는 것을 안다면 적어도 아래의 두 가지 방법 가운데 어느 하나로 토를 붙여 번역해야 할 것이다.

가) 能以禮讓이면 爲國乎에 何有며

不能以禮讓이면 爲國에 如禮何오

"예와 사양으로써 할 수 있으면 나라를 다스리는 데에 무슨 어려움이 있겠으며,

예와 사양으로써 하지 못하면 나라를 다스리는 데에 예가 무슨 소용이랴?"

나) 能以禮讓爲國乎아 何有오

不能以禮讓爲國이면 如禮何오

"예와 사양으로써 나라를 다스릴 수 있느냐? 그러면 무슨 어려움이 있으랴?

예와 사양으로써 나라를 다스리지 못한다면 예가 무슨 소용이랴?"

이에 대하여 본인은 다른 의견을 가지고 있다. "能以禮讓爲國乎何有"는 "能以禮讓이면 爲國乎에 何有리오"의 언해 토가 맞는다고 생각된다. 그리고 '여례하(如禮何)'는 '예(禮)가 무슨 소용이랴'로 풀이하기보다는 '예(禮)를 어떻게 행하겠는가'로 설명되어야 할 것이다. 〈팔일편(八佾篇)〉 3장의 "人而不仁, 如禮何? 人而不仁, 如樂何?" 역시 "사람이 인(仁)하지 못하다면 예(禮)를 어떻게 행하며, 사람이 인(仁)하지 못하다면 악(樂)을 어떻게 행하겠는가."로 설명하는 것처럼 해야 할 것이다. 그리하여 "예양(禮讓)으로 나라를 다스린다면 나라를 다스림에 무슨 어려움이 있겠는가. 예양(禮讓)으로 나라를 다스리지 못한다면 형식적인 예(禮)인들 어떻게 행하겠는가?"로 풀이하였으면 한다. 위의 예양(禮讓)은 예의 실제인 겸양(謙讓)을 이르며, 아래의 예(禮)는 형식적인

예로 보아야 할 것이다. 하여튼 위의 문장은 완전한 대칭 구조로 보기는 어렵다고 여겨진다. 호산(壺山)의 해석도 이와 비슷하다.

경서(經書) 중에 외형은 병렬 대칭 구조인데 해석은 그렇지 않은 문장을 하나 들어보겠다.

《논어》〈이인편(里仁篇)〉 5장
"富與貴是人之所欲也, 不以其道得之, 不處也.
貧與賤是人之所惡也, 不以其道得之, 不去也."

주자는 '不以其道得之는 謂不當得而得之'라 하여 '정상적인 방법이 아닌 것으로 얻는 것이다' 하였다. 그러므로 언해에 "富與貴는 是人之所欲이나 不以其道得之어든 不處也하며 貧與賤은 是人之所惡也나 不以其道得之라도 不去也니라"라고 현토하고 "부(富)와 귀(貴)는 사람들이 하고자 하는 것이나 그 정상적인 방법으로 얻지 않으면 처하지 않으며, 빈(貧)과 천(賤)은 사람들이 싫어하는 것이나 그 정상적인 방법으로 얻지 않았다 하더라도 버리지 않아야 한다."라고 해석하였다. 정상적인 방법으로 얻지 않았다는 것은 부귀(富貴)에 있어서는 아첨하거나 부정한 방법으로 부귀해짐을 이르고, 빈천(貧賤)에 있어서는 나태하고 사치하지 않으며 나쁜 짓을 하지 않았는데도 빈천해짐을 이른다.

그러나 위와 같이 병렬된 대칭 구조에서 토를 다르게 다는 것은 문제가 있는 것으로 보여진다. 그리하여 우전(雨田) 선생은 "富與貴는 是人之所欲也나 不以其道어든 得之라도 不處也하며 貧與賤은 是人之所惡也나 不以其道어든 得之라도 不去也니라"로 현토하고, '得之'를 위에서는 부귀를 얻는 것으로 보았으나 아래에서는 '得免'으로 보아 '빈천을 면하는 것'으로 해석하였다. 즉 "부귀는 사람들이 원하는 것이나 정상적인 방법이 아니면 부귀를 얻을 수 있더라도 처하지 않으며, 빈천은 사람들이 싫어하는 것이나 정상적인 방법이 아니면 빈천을 면할 수 있더라도 버리지 않는다."라고 풀이한 것이다.

중국의 학자 양백준(楊伯峻) 역시 아래의 '得之'를 '去之'로 바꾸어 "가난과 천함은 사람들이 싫어하는 것이나 정당한 방법으로 제거하지 않으면 군자는 벗어나지 않는다."라고 해석하였다.[21]

위에서 경서(經書)의 구두(句讀)와 구결의 문제점 및 본인이 직접 번역하면서 겪었던 문제를 대강 살펴보았다. 또한 이충구(李忠九) 교수와 박헌순(朴憲淳) 동학(同學)이 지적한 부분에 대하여 본인의 의견을 제시해 보았다. 어떤 것은 역간(譯刊) 당시 이러한 내용들을 미처 접하지 못하여 수용하지 못하였고, 어떤 것은 판단에 자신이 없어 보류한 것도 없지 않았다. 《경전석사(經傳釋詞)》를 보면 자의(字意)가 하도 여러 갈래여서 다 수용할 수가 없으며, 또한 주자의 《집주》를 위주로 하였기 때문에 이설을 다 밝힐 필요가 없다고 생각되기도 하였다.

얼마전 성균관대학교에서 발간한 《한국경학자료집성(韓國經學資料集成)》을 얻어보니, 우리나라 선현(先賢)들이 연구한 해석서만도 너무

---

21) 楊伯峻 《論語集註》(中華書局) 發大財, 做大官, 這是人人所盼望的, 不用正當的方法去得到它, 君子不接受. 窮困和下賤, 這是人人所厭惡的, 不用正當的方法去拋掉它, 君子不擺脫.
(註): "富與貴" 可以說"得之", "貧與賤" 却不是人人想"得之"的. 這裏也講"不以其道得之", "得之"應該改爲"去之". 譯文只就這一整段的精神加以詮釋, 這裏爲什麼也講"得之", 可能是古人的不經意處, 我們不必再在這上面做文章了.

많아 도저히 다 읽어볼 엄두가 나지 않았다. 그야말로 망양지탄(望洋 之嘆)이 절로 나왔다. 이제는 시간이 허락되는 대로 수정판을 내려 하는바, 이번에는 주석을 많이 달고 이설도 좀 더 수록하는 한편 경문(經文)의 토는 되도록 관본 언해나 율곡 언해를 따라 고치지 않고 통일성을 기하는 데 주력할까 한다. 이는 보수층(保守層)에 굴복해서가 아니요, 함께 성독(聲讀)을 하는 데 보조를 맞출까 해서이다. 그리고 이번에는 횡서(橫書)보다는 종서(縱書)로 조판할까 한다. 시골의 학자들은 상당수 횡서를 싫어하기 때문이며, 또한 토씨로 'ㅣ'를 사용할 경우 횡서에서는 너무 어색해 보이기 때문이다.[22]

끝으로 우리 고전의 이해에 대하여 한 말씀 할까 한다. 우리는 유구한 역사와 전통에 빛나는 민족임을 자랑한다. 그만큼 유구한 역사와 문화 전통이 있는 민족임을 자긍(自矜)하는 말이라 하겠다. 그러나 실정은 그렇지 못하다.

우리 사회에는 언제부턴가 우리 것은 모두 진부(陳腐)하고 봉건적(封建的)이며 비생산적(非生産的)이고 비과학적(非科學的)인 것으로 매도하여, 서구적(西歐的) 사고(思考)와 행동양식(行動樣式)만을 이상시(理想視)하는 사조(思潮)가 유행하였다. 이러한 파행적 문화 현상은 우리의 주체성을 상실하는 결과를 가져오고 말았다. 그 여파로 극심한 물질만능주의(物質萬能主義)와 배금사상(拜金思想)이 팽배하여 모든 국민이 도덕불감증(道德不感症)에 걸려 부정부패가 만연하고, 또한 계속 유입되는 외래문화(外來文化)를 자주적(自主的)이고 주체적(主體的)

---

22) 종서(縱書)로 조판할 계획은 이 글을 발표한 이후에 독자들의 반대 의견이 있어서 그에 따라 결국 실행하지 못하였음을 밝혀둔다.

으로 수용하지 못하는 악순환을 거듭하여 국적(國籍) 없는 민족으로 전락할 위기에 빠지고 말았다.

우리는 조상들이 물려준 수많은 정신문화의 유산을 갖고 있다. 이것을 연구하고 발굴하여 현실에 맞게 응용하지 않으면 안 된다. 그러나 이 문화유산들은 대부분 난해한 한문으로 기록되어 있다. 또한 이러한 기록들은 모두 동양고전(東洋古典) 특히 경서(經書)에 근간을 두고 있기 때문에 경서를 제대로 이해하지 못하면 내용을 정확히 파악할 수 없는 것이다.

우리는 그동안 서구(西歐)의 교육에만 열을 올리고 한글을 전용(專用)한 결과, 국민 대부분이 우리의 고전은 읽어도 뜻을 제대로 파악하지 못하며, 재미가 없어 고작 몇 페이지를 읽는데 불과하게 되었다. 경서나 우리의 고전이 근본적으로 무미건조(無味乾燥)한 것은 아니다. 이것은 우리와 환경이 비슷한 일본인(日本人)들이 고전에 심취해 있는 것만 보아도 알 수 있다. 우리도 하루빨리 우리의 전통적 사상과 얼을 되찾아 뿌리 있는 문화를 보전하고 국적 있는 민족이 되어야 한다.

물론 지금은 우리 전통문화의 중요성을 인식하고 되찾으려는 움직임이 어느 정도 되살아난 것도 사실이다. 그러나 외형적인 것에 너무 집착하는 경향이 없지 않다. 즉 문화재(文化財) 같은 외형적(外形的)으로 보이는 것만 전통문화로 인식한다는 점이다. 탈춤이나 굿 등 예술이나 민속에만 관심을 가질 뿐이다. 우리의 전통문화는 외형적인 것도 중요하지만 사상이나 철학 등 정신문화가 본질임을 망각해서는 안 될 것이다.

동양고전을 사대주의(事大主義)에서 파생된 전근대적인 유교문화(儒敎文化)의 잔재로 돌린다면 우리의 고유문화를 담고 있는 고전은 거의 없다고 보아도 과언이 아닐 것이다. 경서를 위시한 동양고전은 국경이 따로 없다는 사실을 재인식해야 한다. 불경(佛經)이나 기독교의 성경(聖經)을 우리의 것이냐 아니냐를 따지는 것은 무의미한 일이다.

다시 강조하거니와 경서의 번역은 우리 조상들의 사상과 역사를 연구하는데 필수 요건이라 하겠다. 위에서도 말했듯이 동양문화의 모든 것이 여기에서 파생되었기 때문이다. 그러나 이처럼 의미가 깊고 난해한 경서를 어느 한 개인에 의하여 하루 아침에 완벽한 성과를 거두기를 기대하기는 어렵다. 현재 이 분야가 황무지와 다름없는 현실을 감안하면 더욱 그러하다.

이충구 교수는 《경서언해연구(經書諺解硏究)》에서 다음과 같이 주장한 바 있다.

"경서(經書) 구결(口訣)은 매우 신중히 제정된 것인 만큼 그것의 정밀함은 타서(他書)에 비할 바가 아니다. 그러므로 구결의 적부(適否) 문제도 타서에 비해 적을 것으로 보인다. 이 문제는 경문(經文)의 이해에 직결되는 것이므로 낱낱이 지적되고 논의되어야 한다. 구결 검토는 경문(經文)·집주(集註) 및 소주(小註) 등을 번역과의 대조에 의해 문제가 발견되고 보다 적합하게 제시될 수 있다."

이(李) 교수의 주장처럼 보다 신중하게 경서의 구결과 해석이 계속 연구되어야 한다. 이제 비록 사서삼경이 완역되었다 하더라도 본인은 부족한 점이 너무도 많다는 것을 잘 알고 있다. 오늘의 미비점을 더욱 수정하고 보완할 것을 머리 숙여 약속드린다.

5. 기초 한문 교재

한문으로 기록된 전적(典籍)들은 경(經)·사(史)·자(子)·집(集)의 네 가지 계통으로 분류된다. 이 중에 경류(經類)는 대부분 인간의 심성(心性)을 수양하는 내용으로 되어 있으며, 기타 사류(史類)나 자류(子類)·집류(集類) 역시 대부분 도덕(道德)과 윤리(倫理), 권선징악(勸善懲惡)을 강조하는 내용으로 되어 있다. 이는 '문이재도(文以載道)' 즉, '문장은 도덕을 기재하는 기구(도구)'라는 대원칙에서 나온 것으로 보인다. 동양의 역대 문장가들은 글을 지음에 있어서 항상 이 틀을 유지하려고 노력하였다.

물론 재미와 해학을 위주로 한 《금병매(金甁梅)》나 《고금소총(古今笑叢)》 등의 소설류(小說類)가 없지 않으나, 이들 책도 권선징악의 내용으로 되어 있게 마련이다.

이러한 관계로 어린이들을 교육시키기 위한 기초 한문 교재들도 대부분 수신서(修身書)로 짜여 있다. 물론 기초 한문 교재가 무엇이라는 명확한 규정이 없기 때문에 지방과 학파에 따라 약간의 차이는 있다. 따라서 여기서는 우리나라에서 일반적으로 널리 읽혀진 기초 한문 교재를 가지고 이를 지능(지식)개발 위주의 것과 수신 위주의 것으로 분류한 다음, 이 책들의 기본적인 성격을 소개하려 한다.

지능개발 위주의 기초 교재로는 ①《천자문(千字文)》②《학어집(學語集)》③《계몽편(啓蒙篇)》④《추구(推句)》⑤《몽구(蒙求)》⑥《훈몽자회(訓蒙字會)》⑦《통감절요(通鑑節要)》⑧《사략(史略)》등을 들 수 있다. 물론《천자문》에도 수신의 내용이 없는 것은 아니다. 예컨대 '資父事君, 日嚴與敬. 孝當竭力, 忠則盡命.[아버지 섬기는 도를 의뢰하여 군주를 섬기니, 엄함과 공경함이다. 효도는 마땅히 힘을 다하여야 하고 충성은 목숨을 다 바치는 것이다.]'라는 등의 수신(修身)에 관한 내용이 많다. 다만 5~6세 아이들이 한자를 학습하기 위해 배우는 만큼 대체로 문장의 뜻을 가르치지 않는다.《학어집》과《계몽편》,《추구》,《몽구》등에도 수신에 관한 내용이 내포되어 있다.

수신 위주의 기초 교재로는 ①《사자소학(四字小學)》②동몽선습(童蒙先習)》③《격몽요결(擊蒙要訣)》④《명심보감(明心寶鑑)》⑤《소학(小學)》등이 이 범주에 든다고 할 수 있다.

모든 학문은 기초 단계를 충실히 다지는 것이 필요하다. 한문 공부의 기초라고 하면 그 문리를 터득하는 것인데, 문리 터득에 대해 묻는 학생이 있으면 본인은 언제나 입문서(入門書)를 반드시 읽으라고 권유한다. 이제와서《천자문》을 배우라는 것이 아니다.《계몽편》과《동몽선습》,《격몽요결》은 1주일에 2~3시간 정도 열심히 읽으면 거의 욀 정도로 전부 끝마칠 수 있다. 그런데 이것을 따르지 않고《논어》나《맹자》를 우선적으로 배우곤 하니, 이는 자신은 이미 대학원 석박사 과정에 있는데《계몽편》과《동몽선습》을 배우라니 시시해서 배울 수가 없다고 생각해서인가보다.《계몽편》은 동양학 계통의 석박사 과정이라면 하루 또는 이틀이면 충분히 반복해서 읽을 수 있다. 《계몽편》에는 맨처음 '上有天하고 下有地하니'로 시작하는데 "위에는 하늘이 있고 아래에는 땅이 있다."는 뜻이다. 하지만 이와 비슷한 문장이 다른 책에 나오면 잘못 읽기도 한다. 예전에는 국역연수원의 하계특강(夏季特講)과 동계특강(冬季特講)에 《통감절요》와 《고문진보후집》이 교재로 채택되기도 하였는데, 이들 과목은 수강생이 없어 결국 《논어》와 《맹자》로 통일되고 말았다.

  본인이 기초 한문 교재의 중요성을 역설하여 전통문화연구회에서 《사자소학》과 《추구》·《계몽편》·《동몽선습》·《격몽요결》·《명심보감》·《주해 천자문(註解千字文)》 등을 발간해서 초기에는 어린이들의 한자 교육에 크게 공헌하였으나, 영어 교육 등에 밀려 지금은 거의 침체 상태에 있다. 한문 공부의 기초를 다지는 데 필요함은 물론이고, 우리말의 상당한 부분을 차지하는 한자어를 제대로 이해하기 위해서도 그 중요성은 여전하다는 것을 강조하면서 아래에 기초 한문 교재들의 내용을 소개한다.

지능개발 위주의 기초 교재

《천자문》

  이 책은 중국 남조(南朝) 양(梁)나라의 주흥사(周興嗣, 469~537)가 무제(武帝)의 명을 받들어 지었는바, 명필가 왕희지(王羲之)의 필첩(筆帖) 중에서 글자를 골라 사언시(四言詩) 250구(句)로 지었는데, 1,000자 중에 중복해서 쓴 글자가 하나도 없다.

  내용은 맨 처음 '天地玄黃(천지현황)'에서 시작하여 마지막으로 '焉哉

乎也(언재호야)'에서 끝이 난다. 당나라 이후 이 책이 널리 보급되어 많은 서가(書家)들이 서예의 대본으로 삼았으며, 송대 이후에는 그 이용 범위가 실제 생활에까지 확대되어 《천자문》의 글자 순서를 이용해서 문서나 토지 등의 번호를 붙이는 관습이 생기기도 하였다. 이 책이 우리나라에 전래된 시기는 확실치 않으나, 백제 때 왕인(王仁)이 《논어》 10권과 함께 이 책 1권을 일본에 전했다는 기록으로 보아, 이보다 앞선 시기에 들어온 것으로 추측된다.

우리나라에서는 이 책이 오랫동안 한문의 입문서로서 초보자에게 필수 교과서로 이용되어 왔다. 특히 선조(宣祖) 때의 명필 석봉(石峯) 한호(韓濩)가 자신의 필체로 쓴 《석봉천자문(石峰千字文)》은 초학자들의 서예 교본으로 애용되어 왔다.

《학어집》

책 제목인 '학어집(學語集)'은 '말을 배우는 글을 모은 책'이란 뜻으로, 초학(初學) 아동들을 가르치기 위한 교재이다. 조선 후기 1868년(고종 5)에 박재철(朴載哲)이 여러 책 속에서 학문의 중요성에 관한 글들을 뽑아 여기에 해설을 덧붙여서, 어린 학동들이 글의 뜻을 쉽게 이해할 수 있도록 서술한 책이다.

《계몽편》

조선 시대에 초학 아동들을 가르칠 때 이용한 책으로, 지은이와 출간 시기는 밝혀져 있지 않다. 조선 시대에는 서당이나 향교에서 학동에게 글을 가르칠 때, 맨 먼저 《천자문》이나 《유합(類合)》으로 한자를 익히게 하고, 그다음에 교훈적인 내용으로 되어 있는 이《계몽편》이나《동몽선습(童蒙先習)》을 가르쳤다.

내용은 수편(首篇)·천편(天篇)·지편(地篇)·물편(物篇)·인편(人篇) 등으로 구성되어 있다. 각 단락의 장절(章節)이 비교적 짧게 구성되어 있으므로 초학자들이 구두(句讀)와 문의(文義)를 용이하게 해득할 수 있는 장점을 지니고 있다.

《추구》

오언(五言)으로 된 쉽고 아름다운 대구(對句)의 글들을 가려 뽑아 엮은 책이다. 학동들이 초학의 시기부터 오언의 명구(名句)를 익히면서 문학적 정서를 함양하고 사고력을 발달시키는 동시에 시부(詩賦)에 대한 이해와 문장력을 향상할 수 있는 교재라 하겠다. 다만 7언(言)의 한시(漢詩)를 5언으로 맞춘 것도 없지 않다. '三日讀書千載寶, 百年貪物一朝盡.[3일 동안 글을 읽는 것은 천년의 보배요, 백년 동안 재물을 탐함은 하루아침의 티끌이다.]'를 '讀書千載寶, 貪物一朝盡.'으로 축약한 것이 있으며, 율곡이 8세 때에 지은 오언율시(五言律詩)인 〈화석정(花石亭)〉도 전편이 그대로 실려 있다.

《몽구》

당나라 중기(8세기)에 이한(李瀚)이 지은 초학용 교과서이다. 책 이름은《주역(周易)》〈몽괘(蒙卦)〉의 '童蒙求我(동몽구아)'에서 따온 것으로, 애초부터 아동을 가르치기 위해 만든 책이다.

네 글자를 한 구(句)로 삼아 두 구를 대구(對句)의 형식으로 엮었는데, 글 뜻이 간략하면서도 심오하다. 예컨대 겨울밤에 쌓인 눈의 빛으로 글을 읽은 손강(孫康)의 고사와 반딧불의 빛을 모아 책을 읽은 차윤(車胤)의 고사를 가지고 '孫康映雪(손강영설), 車胤聚螢(차윤취형).'과 같은 대구를 만들었다. 그런 다음, 한 구를 걸러 운(韻)을 맞추고, 또 여덟 구마다 운자(韻字)를 바꾸어 음조(音調)를 다양하게 유지해서 기억하기 좋게 구성하였다.

모두 596개 항목으로 이루어져 있으며, 요순(堯舜) 시대부터 남북조(南北朝) 시대까지의 저명한 인물들의 고사가 수록되어 있다. 초학들의 한문 습득은 물론, 중국 역사의 대강을 용이하게 이해하는 데에 매우 유익한 학습서이기도 하다. 다만 글 뜻이 심오하여 《천자문》과 함께 내용과 고사를 파악하기 어려운 단점이 있다.

《훈몽자회》

책 제목인 '훈몽자회(訓蒙字會)'는 문자 그대로 '어린이들을 가르치는 글자 모음'이란 뜻으로, 1527년(중종 22)에 최세진(崔世珍)[23]이 펴낸 한자 학습서이다.

종래에 보급되었던 《천자문》·《유합》 등은 일상생활과 거리가 먼 고

---

23) 최세진(崔世珍, 1473~1542): 자는 공서(公瑞)이고 본관은 괴산(槐山)이다. 당대 중국어·운서(韻書) 연구의 대가였다. 중국어에 능통하여 역과(譯科)에 합격, 중인(中人)으로서 특전을 받아 1503년(연산군 9) 별시문과(別試文科)에 급제하였다. 1527년에 《훈몽자회(訓蒙字會)》를 편찬하여, 한글의 자음(子音)과 모음(母音)의 이름을 정하고 순서와 받침 등을 정리함으로써 한글 보급과 발전에 큰 업적을 남겼다. 중인 출신이었기 때문에 생전에 크게 우대받지 못했지만, 벼슬이 동지중추부사에 이르렀다. 저서는 《사성통해(四聲通解)》, 《이문집람(吏文輯覽)》, 《언해효경(諺解孝經)》 등이 있다.

사(故事)와 추상적인 내용이 많아 어린이들이 익히기에는 부적당하였 으므로, 이를 보충하기 위하여 지은 문자 학습서였다.

총 33개 주제로 분류해서 한자(漢字) 4글자씩 유취(類聚)하여 각 권에 1,120자씩 총 3,360자가 수록되어 있다. 한자마다 한글로 음과 뜻을 달아 초학자들이 이해하기 쉽도록 하였다. 전체를 상·중·하 3권으로 나누었는데, 권마다 수록된 주제는 다음과 같다.

상권(上卷)_천문(天文)·지리(地理)·화품(花品)·초훼(草卉)·수목(樹木)·과실(果實)·화곡(禾穀)·소채(蔬菜)·금조(禽鳥)·수축(獸畜)·인개(鱗介)·곤충(昆蟲)·신체(身體)·천륜(天倫)·유학(儒學)·서식(書式)

중권(中卷)_인류(人類)·궁택(宮宅)·관아(官衙)·기명(器皿)·식찬(食饌)·복식(服飾)·주선(舟船)·거여(車輿)·안구(鞍具)·군장(軍裝)·채색(彩色)·포백(布帛)·금보(金寶)·음악(音樂)·질병(疾病)·상장(喪葬)

하권(下卷)_잡어(雜語)

우리의 생활 주변에서 흔히 볼 수 있는 사물을 표현하는 글자로 채워져 있고 한자마다 한글로 뜻과 음을 써놓았다. 그래서 조선시대 학동들의 국어 교육에 크게 기여하였을 뿐만 아니라 한자의 뜻과 음을 한글로 표기한 것은 고어(古語) 연구에 귀중한 자료가 된다. 그러나 《몽구》와 이 책은 우리나라에서 크게 유행하지는 못하였다.

다산(茶山) 정약용(丁若鏞)은 《천자문》을 오랫동안 가르치는 잘못된 폐습을 지적하고 《몽구》나 《훈몽자회》 등을 가르칠 것을 주장하였다. 그러나 본인의 경험에 의하면 《천자문》을 오랫동안 배워야 하는 아동의 수준이라면 이러한 책들은 훨씬 더 오랫동안 배워야 하므로 다산처럼 총명한 분에게 배우기보다는 좀 지둔(遲鈍)하면서 꾸준히 노력하는 스승에게 배우는 것이 낫다고 본다.

《통감절요》

중국 송나라 휘종(徽宗) 때 강지(江贄)가 사마광(司馬光)의 《자치통감(資治通鑑)》의 대요(大要)를 뽑아서 만든 역사책이다.

《자치통감》은 총 294권 100책에 이르는 거질(巨帙)로 권수(卷數)가 너무 방대하여 열람하는 데 어려움이 있었다. 이에 강지는 50권으로 줄여 이 책을 만들었다. 《통감절요》는 뒤에 주자(朱子)의 정통론을 따라 촉한(蜀漢)을 정통으로 삼고 위(魏)를 비(非) 정통으로 삼아 편찬된 책이어서 주자학을 신봉하던 조선 시대에 많이 읽혔으며, 초학자들의 한문 및 역사 학습 교재로 널리 이용되었다.

《사략》

송말(宋末) 원초(元初)의 학자인 증선지(曾先之)가 중국의 태고(太古)에서부터 원(元)나라까지의 19사(十九史)를 요약해서 만든 사서(史書)로, 《십팔사략(十八史略)》에 《원사(元史)》를 간추려 덧붙인 것이다.

수신(修身) 위주의 기초 교재
《사자소학》

우리 조상들이 어린이들에게 한자를 가르치기 위하여 엮은 기초 한문 교과서이다. 그러면서도 이 책은 인간의 윤리도덕에 입각하여 주자(朱子)의 《소학(小學)》과 기타 경전(經傳) 중에서 어린이가 알기 쉬운 내용들을 뽑아 사자일구(四字一句)로 엮었기 때문에 이를 '사자소학'이라고 명명한 것이다.

책의 편차(編次)는 후대에 수시로 추가하여 약간의 차이가 있으나 오륜(五倫)의 차례를 따라 이루어져 있다. 먼저 부자(父子)·군신(君臣)·부부(夫婦)·형제(兄弟)·사생(師生)·장유(長幼)·붕우(朋友) 간의 도리를 말하였으며, 다음으로 인의예지(仁義禮智)의 본성(本性)과 인간이 지켜야 할 오륜(五倫)·삼강(三綱)·구용(九容)·구사(九思)·사물(四勿) 등을 실어놓았다. 또한 한자의 음과 뜻풀이를 병기하여 이해를 돕게 하였고, 문장이 평이하여 이해하기 쉽다. 《천자문》은 어려운 글자가 계속 나와서 자칫 어린이의 학습 의욕을 잃기 쉬운데, 이 책은 같은 글자가 반복적으로 나오기 때문에 어린이가 학습 의욕을 유지하기에 좋다. 한편으로 시대가 흐르면서 후대 사람들이 내용을 추가하여 중언부언(重言復言)이 없지 않은데 오히려 이러한 점이 반복 학습이 중요한 어린이들에게는 나쁘지 않다고 생각한다.

우리 사회는 그동안 서구문명의 범람으로 말미암아 미풍양속이 사라지고 비도덕적인 범죄가 날로 승가되고 있어 이에 대한 우려의 목소리가 적지 않다. 《사자소학》은 어린이에게 정서를 함양하고 우리 전통문화의 뿌리를 이해시키는 데 큰 보탬이 될 것으로 믿는다. 더욱이 최근 한자의 조기습득이 효과적 교육방법이라는 연구발표도 나오고 있어, 자녀들에 대한 한자 교육의 필요성이 강조되는 추세인데, 이 책은 초급 단계의 한자 학습에 유익한 도구가 될 것으로 생각된다.

《동몽선습》

조선 성종~명종 때의 학자인 소요당(逍遙堂) 박세무(朴世茂)[24]가 지은 것이다. 이 책에 대해서는 입암(立巖) 민제인(閔齊仁)이 지었다는 윤인서(尹仁恕)의 발문(跋文)이 있는가 하면, 모재(慕齋) 김안국(金安國)이 지었다는 설, 야족당(也足堂) 어숙권(魚叔權)이 지었다는 설도 있다. 아마도 소요당 박세무가 편찬 과정에서 평소 교분이 두터웠던 입암 민제인, 모재 김안국과 의견을 교환하고 수정(修正)을 하였던 까닭에 이러한 말들이 유전(流傳)된 것으로 보인다. 특히 윤인서의 발문을 살펴보면, 입암 민제인은 이 책의 편저(編著)에 참여한 것으로 추측된다.

《중종실록(中宗實錄)》 권103 '39년 5월 병인(丙寅)' 조에 다음과 같은 기록이 보인다.

"史臣曰: 世茂……嘗著童蒙先習一書, 刊行于世.
[사신이 말하기를 '세무는……일찍이 《동몽선습》이라는 책을 지어 세상에 간행하였다.' 하였다.]"

---

24) 박세무(朴世茂, 1487~1554): 조선 중종 때의 문신으로, 자는 경번(景蕃), 호는 소요당(逍遙堂)이다. 사관 때 김안로의 미움을 사게 되어 마전군수로 좌천되었으며, 선정을 베풀었다. 승문원 참교, 안변 부사·군자감 정 등을 역임하고 예조 판서에 추증되었다. 글씨를 잘 썼다.

또, 소재(穌齋) 노수신(盧守愼)이 지은 박세무의 묘갈명(墓碣銘)에는 이렇게 기록되어 있다.

"嘗著童蒙先習, 以敎子弟, 遂刊行于世.
[일찍이 《동몽선습》을 지어 자제를 가르치고, 간행하여 세상에 유포시켰다.]"

그 밖에도 영조의 어제서문(御製序文)과 우암(尤菴) 송시열(宋時烈)의 발문(跋文)을 볼 때, 이 《동몽선습》은 소요당 박세무가 주저자(主著者)이고 또 박씨 가문에서 이를 오랫동안 교습해 왔던 것으로 추측된다. 아울러 어숙권은 이 책을 직접 편저한 사람이 아니라 뒤에 구결(口訣)을 달았던 사람이라는 설이 맞을 것으로 생각된다.

책의 내용은, 먼저 서론에 인간이 금수(禽獸)와 다른 점은 오륜(五倫)이 있기 때문임을 밝히고 차례로 오륜의 도리를 소개한 다음 총론을 붙였으며, 말미에 중국과 우리나라의 역사를 약술하고 있다.

《동몽선습》이 간행된 이후로, '다소라도 문자를 아는 자라면 이 책을 읽지 않은 사람이 없다'고 할 만큼 널리 읽혀졌다고 한다. 그리하여 현종 이후에는 이 책이 왕세자의 교육에도 필독서가 되어, 영조는 특히 여기에 어제서문(御製序文)을 붙이기까지 하였다.

《동몽선습》은 우리나라 최초의 어린이 교육을 위한 교과서였다는 점에서 귀중한 가치가 있다 하겠다.

《격몽요결》

　율곡(栗谷) 이이(李珥)[25] 선생이 선조 10년(1577)에 해주(海州) 석담(石潭)에서 강학(講學)하면서 자제들을 가르치기 위하여 지은 것이다. 그 내용을 살펴보면 배우는 자들은 반드시 성현(聖賢)이 되겠다는 의지(意志)를 세워야 한다는 〈입지장(立志章)〉, 나쁜 습관을 버려야 한다는 〈혁구습장(革舊習章)〉, 올바른 몸가짐을 강조한 〈지신장(持身章)〉, 독서하는 방법인 〈독서장(讀書章)〉으로, 배우는 자의 기본 방향을 제시하고 있다. 그 다음으로 인간이 지켜야 할 도리와 예절로서 부모를 섬기는 도리인 〈사친장(事親章)〉, 상례를 논한 〈상제장(喪制章)〉, 제례를 논한 〈제례장(祭禮章)〉, 집안을 다스리는 요령인 〈거가장(居家章)〉, 사람을 대하는 도리인 〈접인장(接人章)〉, 처세의 원칙인 〈처세장(處世章)〉까지 모두 10장(章)으로 이루어져 있다. 그리고 제례(祭禮)의 부연 설명인 〈제의초(祭儀抄)〉가 말미에 붙어 있다.

　율곡은 퇴계(退溪) 이황(李滉)과 함께 우리나라 유학계의 대표 인물이다. 율곡은 49세로 일찍 세상을 떠났음에도 불구하고 많은 저서를 남겼는데, 그 중에도 《성학집요(聖學輯要)》와 《격몽요결》이 가장 널리 알려져 있다. 《격몽요결》은 《소학》·《대학》으로 들어가는 단계의 기본 교양서로 인식되었으며, 특히 기호(畿湖) 지방의 성리학파(性理學派)에서는 이를 필독서로 여겨왔다.

---

25) 이이(李珥, 1536~1584): 조선 중기의 학자이자 정치가로, 자는 숙헌(叔獻), 호는 율곡(栗谷) 또는 석담(石潭), 본관은 덕수(德水), 시호는 문성(文成)이다. 호조·이조·형조·병조의 판서 등을 지냈다. 선조에게 '시무육조(時務六條)'를 바치고, '십만양병설(十萬養兵說)' 등 개혁안을 주장했다. 동인·서인 간의 갈등 해소에 노력하였다. 저서는 《성학집요(聖學輯要)》, 《율곡전서》 등이 있다.

옛날의 한문교재가 대부분 중국에서 지어진 것임에 반하여 《동몽선습》과 《격몽요결》은 우리 선현(先賢)의 저서이고, 내용 또한 충실하여 기초 한문 교재로는 어느 책에 비하여도 손색이 없다 하겠다.

《명심보감》

'마음을 밝히는 거울'이라는 뜻의 책 이름에서 보는 바와 같이 인간의 일상생활에 필요한 격언을 각종 서적에서 발췌하여 만든 책이다.

글이 평이하면서 도덕 교육과 심신 도야에 절실히 필요한 내용으로 되어 있기 때문에 초학자들의 도의(道義) 학습을 위한 교본(敎本)으로 여겨져 왔으며, 최근에는 기초 한문 교재로 널리 이용되고 있다. 다만 저자와 저술 연대가 확실치 않을 뿐만 아니라, 세간에 유행하는 판본들은 내용이 각각 달라 해석상에도 어려움이 많고, 출전(出典)이 분명치 않은 것들이 있어서 교감(校勘)도 쉽지 않다.

이 책은 구한말(舊韓末)에 출판된 대구 인흥사재본(大丘仁興舍齋本)이 유포되면서, 고려 충렬왕 때 예문관 제학(藝文館提學)을 역임한 노당(露堂) 추적(秋適)이 엮은 것이라고 알려졌다. 추적이 시랑국학교수(侍郞國學敎授)로 재임하면서 어린이들을 가르칠 때 쓰기 위하여 《논어》 등의 경서와 제자백가의 저술, 시부(詩賦) 가운데 쉽고 생활의 지침이 되는 내용을 골라 이 책을 엮었다고 한다. 그러나 이 판본에는 율곡(栗谷)이 지었다는 서(序)와 발(跋)이 실려 있는데, 율곡의 서·발 자체에 의문점이 많다. 한 책에 서문과 발문을 함께 쓰는 경우가 거의 없으며, 서문과 발문이 《율곡전서(栗谷全書)》에 들어있지 않을 뿐만 아니라, 율곡이 지은 《격몽요결》 〈독서장(讀書章)〉 등에도 이 책에 대한 언급이 일절 없다. 또한 서문에 나오는 성리설(性理說)도 율곡의 학설과 크게 배치된다.

그 후 청주본(淸州本)이 세상에 알려지면서, 《명심보감》은 명초(明初)에 범입본(范立本)이 지은 것임이 입증되었다. 범입본은 어떠한 인물인지 확실치 않지만, 그가 지은 《치가절요(治家節要)》의 서문에 《명심보감》에 대한 기록이 보이며, 《치가절요》의 내용에 《명심보감》에 보이는 《경행록(景行錄)》 등의 책명이 보이고, 《명심보감》의 내용과 비슷한 글들이 수록되어 있다.

조선 초기에 간행된 청주본이 우리나라에서 출판된 《명심보감》의 가장 오래된 원본(原本)이라 할 것이다. 청주본은 근세의 통행본(通行本)에 비하여 내용이 3배 이상 많다. 이것으로 보아 근세의 통행본은 후대에 다시 발췌 정리된 것임을 알 수 있다. 최근에는 또다시 책의 맨 뒤에 〈증보편(增補篇)〉을 덧붙인 《명심보감》이 유행하고 있다.

요즘 '기초 한문' 하면 곧 《명심보감》을 연상할 정도가 되고 있는데, 이 책은 전적(典籍)으로서의 가치는 별로 없다 하겠으나, 인간의 도덕적 품성 회복이 절실히 필요한 오늘날에는 여기에 담긴 명언들이 마음의 좋은 양식이 되어 줄 것으로 생각된다.

《소학》

'소학'은 소자(小子)의 학문이란 뜻으로, 대인지학(大人之學)을 의미하는 《대학》과 상대하여 쓴 것이다. 《예기(禮記)》 〈왕제(王制)〉에 따르면, 고대(古代)에는 누구나 8세가 되면 각 지방에 개설된 초등 교육 기관인 소학교(小學校)에 들어가 쇄소응대(灑掃應對)의 기본예절과 애친경장

(愛親敬長)의 도리를 의무적으로 학습하였다. 그러나 주대(周代) 이후 이러한 교육 제도가 점차 무너져 제대로 시행되지 않았으며, 이에 대한 기록마저 진 시황(秦始皇)의 분서(焚書)로 끝내 보전되지 못하였다.

주자는 《소학》의 예절 교육은 후일 《대학》의 수신(修身)·제가(齊家)·치국(治國)·평천하(平天下)의 기본이 되는 것임을 역설하였다. 그리하여 고대 소학교의 교육을 재현할 목적으로 제자인 유청지(劉淸之)와 함께 《예기》·《논어》 등 각종 경전(經傳)과 역대사료들을 수집하여 이 책을 편집하였다.

《소학》의 내용은 〈입교(立敎)〉·〈명륜(明倫)〉·〈경신(敬身)〉·〈계고(稽古)〉의 〈내편(內篇)〉과 〈가언(嘉言)〉·〈선행(善行)〉의 〈외편(外篇)〉으로 구성되어 있다.

〈입교〉는 교육의 원칙을 말한 장(章)이고, 〈명륜〉은 부자(父子)·군신(君臣)·부부(夫婦)·장유(長幼)·붕우(朋友)의 윤리를 밝힌 장이며, 〈경신〉은 몸을 공경하는 것을 말한 장으로, 이 세 가지는 결국 《소학》의 기본 강령이라 할 것이다. 〈계고〉는 춘추시대 이전의 사료에서 〈입교〉·〈명륜〉·〈경신〉에 부합되는 실례(實例)를 든 장이며, 〈가언〉은 한대(漢代) 이후 명현(名賢)의 격언(格言)과 명가(名家)의 가훈(家訓)을 모은 장이고, 〈선행〉은 역시 한대 이후 선철(先哲)들의 훌륭한 행실을 모은 장으로, 〈가언〉·〈선행〉 역시 그 하위 주제가 각각 〈입교〉·〈명륜〉·〈경신〉으로 채워져 있다.

송대 이후 주자학이 흥행하면서 《소학》은 유학의 중요 경전으로 인식되었다. 특히 우리나라는 조선조 초기부터 《소학》이 선비의 필독서가 되어 왔다. 조선조 유학의 원조라 할 수 있는 한훤당(寒暄堂) 김굉필(金宏弼)²⁶⁾은 평생 동안 《소학》을 공부하며 '소학동자(小學童子)'로 자처하였다. 그 후, 정암(靜菴) 조광조(趙光祖), 모재(慕齋) 김안국(金安國), 퇴계(退溪) 이황(李滉), 율곡(栗谷) 이이(李珥) 등 수많은 명현들이 한결같이 《소학》을 학문의 기본서로 존신(尊信)하였다. 특히 율곡은 그가 지은 《격몽요결》 〈독서장(讀書章)〉에서 《소학》을 《대학》·《논어》·《맹자》·《중용》과 병렬하여 오서(五書)라 칭하고, 학자가 가장 먼저 읽어야 할 책으로 명기하였다.

---

26) 김굉필(金宏弼, 1454~1504): 조선 전기의 성리학자로, 자는 대유(大猷), 호는 사옹(蓑翁) 또는 한훤당(寒暄堂), 본관은 서흥(瑞興), 시호는 문경(文敬)이다. 김종직(金宗直)의 문하에서 학문을 배우면서 특히 《소학》에 심취하여 '소학동자'라 자칭하였다. 1498년 무오사화가 일어나자 평안도 희천(熙川)에 유배되었는데, 그곳에서 조광조(趙光祖)를 만나 학문을 전수하였다.

6. 한문 공부에 필요한 언해(諺解)와 현토(懸吐)

사서삼경의 언해(諺解)와 현토(懸吐)

우리 선조들은 한문을 정확하게 전수하기 위해 우리 고유의 독창적인 방안으로 구결(口訣), 즉 현토라는 방법을 사용해 왔다. 현토는 구두(句讀)와는 달리 한문 문장의 체언이나 부사, 어미 따위의 뒤나 구 또는 절이 끊어지는 곳에 토씨를 붙이는 것으로, 어느 정도 애벌 번역의 역할도 하였다.

세종대왕이 한글을 창제하기 이전에는 한자의 훈(訓)과 음(音)을 취하여 토씨를 표기하였다. 예컨대 '하고'와 '하야'라는 현토를 할 경우, '爲'의 '하다'라는 훈에서 '하'를 취하고, '古(고)'와 '也(야)'의 음을 취하여 '하고'라는 토씨를 '爲古'로 표기하고, '하야'라는 토씨를 '爲也'라고 표기하였다. '이라'라는 현토를 할 경우, '是'의 '이것'이라는 훈에서 '이'를 취하고 '羅(라)'의 음을 취하여 '是羅'로 표기하였다. '하나니'라는 현토를 할 경우, '飛'의 '날다'라는 훈에서 '나'를 취하고 '尼(니)'의 음을 취하여 '爲飛尼'로 표기하였다. 한편 '이나'라는 현토를 할 경우, '那(나)'의 음을 취하여 '是那'로 표기하기도 하였다. 예에서 보인 바와 같이 토씨 글자의 첫 음은 주로 한자의 훈을 취하고 뒷 음은 주로 한자의 음을 취하였다. 아동용 학습 교재로 쓰이는 《동몽선습(童蒙先習)》은 완전히 이 체재를 따르고 있다. 그러나 후세에는 토씨로 쓰이는 한자를 축약하여 표기하였으니, 예컨대 '爲(하)'를 'ᄼ'로, '也(야)'를 'ㄱ'로, '古(고)'를 'ㅁ'로, '飛(나)'를 'ㅌ'로, '羅(라)'를 'ㅅ'로 표기한 것과 같다.

한글이 창제된 이후 사서삼경과 《예기》와 《소학》 등에 현토와 언해 작업이 대대적으로 진행되었다. 물론 《예기》는 세종조에 처음 만들어져 한글 토씨만 달았는데, 당시 집현전(集賢殿)의 학사(學士)들이 구결을 달았지만 지금 살펴보면 잘못된 부분이 많으며, 중국의 구결과 전혀 다르게 현토한 부분도 없지 않다.

참고로 《예기대문언두(禮記大文諺讀)》와 《동몽선습(童蒙先習)》의 현토 및 본인이 정리한 구결표(口訣表)를 보이면 아래 그림과 같다.

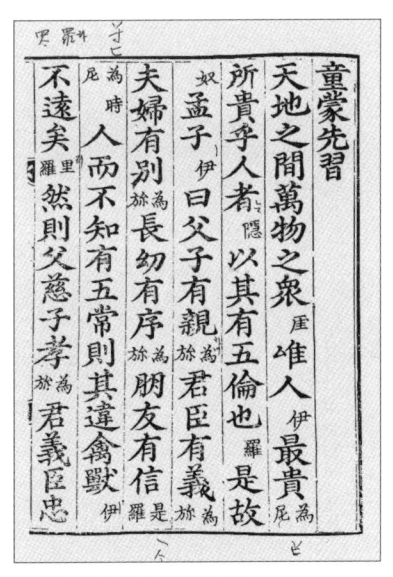

《예기대문언두(禮記大文諺讀)》의 현토   《동몽선습(童蒙先習)》의 현토

구결표(口訣表)

    삼경(三經) 가운데 특히 《서경(書經)》은 채침(蔡沈)의 집전(集傳)을 기본 주석으로 삼아 본문에 현토하였지만 내용이 워낙 난삽하여 표기한 현토 자체를 이해하기 어렵다. 《주역전의(周易傳義)》는 정이천(程伊川)의 《역전(易傳)》과 주자(朱子)의 《본의(本義)》의 해석에 다른 점이 종종 있으나 원문에 단 토씨와 언해의 해석이 대체로 정확하다. 사서의 경문(經文)은 내용이 삼경처럼 어렵지 않은 데다가 여러 차례 수정을 거쳐 관본(官本) 언해가 만들어졌기 때문에 현토나 언해가 대체로 잘 되었다.

    그러나 유가 경전을 제외한 《통감절요(通鑑節要)》 등의 책에는 현토가 되어 있지 않은데, 여기에는 학생들이 문리를 제대로 터득하기 위해서는 애를 태워가며 직접 토를 달아보아야 한다는 의도도 깔려있었다. 이러한 설에 대해서는 신뢰할 만한 연구가 있지는 않지만 본인의 경험상 타당성이 있는 설이라고 본다.

유가 경전 또한 현실적으로 그 언해의 유포(流布)가 제대로 이루어지지 못하여 참고하기 어려웠다. 율곡(栗谷) 선생이 관본 언해에 수정을 가한 사서 언해가 기존의 관본 언해에 비해 훨씬 잘 되어 있지만 율곡 언해의 보급이 원활하지 못해 이 언해를 참고하는 분을 본인은 거의 보지 못하였다. 본인 또한 한문을 공부할 적에 관본 언해가 있는 사서도 제대로 대조해 보지 않았다. 이 역시 문리가 나려면 원문을 보아야 한다는 사고가 작용했던 것으로 사료된다.

한문을 웬만큼 공부한 사람이면 한문 원전에 현토만 정확히 되어 있어도 글의 70~80%를 이해할 수 있다. 이 때문에 옛날 한학자들은 한문 원문의 뜻을 아는가를 테스트하지 않았어도 반드시 표점(標點)이 없는 한적(漢籍)을 학생에게 내놓고 현토하여 읽게 함으로써 문리의 심도를 측량하였다.

언해가 한문 공부에 미친 영향과 이에 따른 부작용

사서삼경의 언해는 한문 공부를 하는데 큰 도움을 준 것이 사실이다. 하지만 세종대왕이 한글을 창제하고서 세월이 많이 지나도록 사서삼경의 언해 수정 작업이 제대로 이루어지지 못하였고,[27] 세종 때 편찬

---

27) 사서삼경의⋯⋯못하였고: 선조대왕(宣祖大王)은 율곡 선생에게 사서 언해를 다시 수정할 것을 당부하였으나 율곡이 갑자기 별세하는 바람에 완성하지 못하였는데, 뒤에 일부를 추가 수정하여 율곡의 사서 언해가 이루어지게 되었다.

된 《예기》의 언해는 《예기대문언두(禮記大文諺讀)》라는 이름으로 지금까지 그대로 전해오고 있다. 이는 임진왜란이나 병자호란 등의 전란과 질병 등으로 국력이 회복되지 못함에 따른 부득이한 일이었다. 물론 더 후대로 와서 영(英)·정조(正祖) 때에 여러 서적을 간행하였던 것을 제외하면 대체로 이러한 흐름을 이어갔는바, 무사안일한 태도와 경서에 함부로 손을 대면 안 된다는 보수적 태도가 그 주된 원인으로 작용했을 것이라 생각한다.

본인의 경험에 의하면 옛날 한학자들은 우리 국어에 밝지 못하기도 하거니와 언해처럼 '가히~써' 라든지 '시러곰' 등의 말을 번역에 그대로 써놓아서 읽기에 편하지 않기도 하고 글 뜻을 애매모호하게 만들기도 하였다. 한편 요즘은 한문 고전의 번역서들이 많이 유행하고 있는데 한문 독해력이 부족한 번역가들이 글 뜻을 잘못 해석한 경우가 종종 보인다.

본인은 한문을 배울 때 《소학》의 〈서제(書題)〉 3절의 한 단락이 이해하기 어려웠던 경험이 있어서 민족문화추진회의 국역연수원 교수로 강의할 적에 종종 이것을 예로 들어 설명하고는 하였다. 따라서 해당 원문(原文)과 집주, 언해의 내용, 그리고 본인의 역문(譯文)을 가지고 이에 대해 좀 더 구체적으로 설명해보겠다.

原文: 今其全書를 雖不可見이나 而雜出於傳記者ㅣ 亦多언마는 讀者ㅣ 往往에 直以古今異宜로 而莫之行하나니 殊不知其無古今之異者ㅣ 固未始不可行也니라

集註(增註): 直은 猶但也오 殊는 猶絶也라

集解: 全書는 謂三代小學敎人之書오 傳記는 謂今所存曲禮內則諸篇也
라 夫自坑焚之後로 載籍이 不全하야 其幸存者를 世人이 直以時
世不同으로 莫之能行하니 蓋絶不知其中에 無古今之異者는 實可
行也라[28]

언해: 이제 그 온 글을 비록 可히 보지 못하나 傳記에 섞여 나오는 것이
또 많건마는 늙으리(읽는이) 잇다감(이따금) 한갓 예와 이제와 마
땅함이 다름으로써 行치 아니하니, 자못 그 예와 이제와 다름이
없는 것이 진실로 비로소 可히 行치 못할 것이 아닌 줄을 알지 못
하나니라

위 글 가운데 끝부분의 "殊不知其無古今之異者는 固未始不可行也
니라"가 특히 어렵다. 옛날 선생님들은 '자못'이 무슨 뜻인지 알지 못하
면서 무턱대고 이것을 맨 먼저 읽었다. 집주에 '殊는 猶絶也라' 한 것도
선생님들이 '殊는 絶과 같다'라고만 알려주어서 본인도 '絶'이 '절대로'
라는 뜻임을 알지 못하였다. 그래서 '殊不知'를 집주의 해석을 참고하더
라도 "절대로 알지 못한다." 또는 "전혀 알지 못한다."로 번역할 수 없었
던 것이다. 다음의 '無古今之異者'는 "옛날과 지금에 마땅함이 다르지
않은 것"으로 옛날과 지금을 통틀어 누구나 행할 수 있는 윤리와 도덕
을 이른다. '固未始'의 '始'는 '비로소'가 아니고 '일찍이'란 뜻이다.

따라서 옛날 선생님들은 모두 의미 파악를 못 한 상태에서 언해를
따라 "자못 그 예와 이제의 다름이 없는 자 진실로 비로소 可히 行치

---

28) 이상의 원문은 대정(大正) 3년(1914)에 출판된 광동서국본(光東書局本)《소
학》을 저본으로 삼아 적었음을 밝힌다. 집주의 원문은 변역하지 않았다.

못할 것이 아닌 줄을 알지 못하나니라"로 반복하여 가르친다. 학생들은 이에 따라 목청을 높여 복창을 하는데 총명한 자들도 그 뜻을 파악하는 것은 고사하고 10여 번은 반복하여야 겨우 따라 할 수 있으니, 총명하지 못한 자들은 더 연습해야 겨우 따라 할 수 있다.

한문은 부정하는 말이 반복해서 나올 경우 직역도 어려울뿐더러 의미 파악도 어렵다. 예컨대 위의 글의 마지막 부분에 대한 언해의 '行치 못할 것이 아닌줄을 알지 못한다'라는 부분이다. 또 하나는 '無有'라는 글자를 "없다"로 번역하지 않고 모든 글자를 다 번역하여 "있음이 없다"라고 하는 경우이다. 어처구니없는 것은 선생님이 언해에 나오는 단어의 뜻을 모르니 쉬운 우리말로 번역하지 못하고, 학생들은 한문은 원래 이렇게 읽는 것으로 생각하고 그 가르침을 따른다는 것이다.

> 본인의 해석: 지금 그(소학의) 온전한 글(책)을 비록 볼 수 없으나 傳記에 뒤섞여 나오는 것이 또한(亦은 '또'가 아님) 많건마는 〈이것을〉 읽는 자들이 왕왕(종종) 한갓(다만) 옛날과 지금에 마땅함이 다르다 하여(다르다는 이유로) 이것[之]을 행하지 않으니, 옛날과 지금에 마땅함이 다르지 않은 것(윤리도덕)은 진실로 일찍이 행할 수 없는 것이 아님을(행할 수 있는 것임을) 전혀 알지 못하기 때문이다.(못해서이다.)

이어서 《중용장구》 제1장 2절의 원문과 이에 대한 관본 언해·율곡 언해, 간재(艮齋) 전우(田愚) 선생이 손수 쓴 《중용언해》의 내용을 소개하고 본인의 소견을 밝혀 보겠다.

원문: 道也者는 不可須臾離也ㅣ니 可離면 非道也ㅣ라 是故로 君子는 戒愼乎其所不睹하며 恐懼乎其所不聞이니라

관본 언해: 道는 可히 須臾도 離치 못할 것이니, 可히 離할 거시면 道ㅣ 아니라 이런 故로 君子는 그 보지 못하는 바에 戒愼하며 그 듣지 못하는 바에 恐懼하나니라

율곡 언해: 道는 可히 須臾도 離치 못할지니, 可히 離할 거시면(離할 것이면) 道ㅣ 아니라 이런 故로 君子는 그 보지 아닌 바의(바에) 戒愼하며 그 듣지 아닌 바의 恐懼하나니라

간재 언해: 道는 可히 須臾도 離치 못할 꺼시니, 可히 離할 꺼시면 道ㅣ 아니라 是故로 君子는 그 不睹하는 바에도 戒愼하며 그 不聞하는 바에도 恐懼하나니라

본인의 해석: 道는 須臾도(잠시도) 떠날 수 없으니 떠날 수 있으면 道가 아니다. 이 때문에(이러한 이유로) 君子는 자기가 보지 않을 때에도 戒愼하며 자기가 듣지 않을 때에도 공경(두려워)하는 것이다.

첫째, 관본 언해의 '그 보지 못하는 바에'와 '그 듣지 못하는 바에'라고 한 것은 '무엇을 보지 못하고 무엇을 듣지 못한다.'는 말인가? 뜻이 전혀 통하지 않는다.

둘째, 율곡 언해의 '그 보지 아닌 바에'와 '그 듣지 아닌 바에'는 관본 언해보다는 훨씬 발전되었음을 알 수 있다.

셋째, 간재 언해는 '그 不睹하는 바에도'와 '그 不聞하는 바에도'라고 해석하여 '바에도'를 추가한 것은 주자의 집주에 십분 부합한다. 그러나 '是故'와 '不睹'와 '不聞'을 원문 그대로 둔 것은 기존의 언해에서 퇴

보한 것이 아닌가 생각한다.

우리 선유(先儒)들의 한문과 국어에 대한 인식

간재는 《중용언해》를 완성하고 〈중용언해의 뒤에 쓰다[題中庸諺解後]〉라는 글을 지었는데, 그 글의 서두가 다음과 같다.

> "중국 사람들은 책을 읽을 적에 구(句)와 두(讀)를 나눌 뿐이고 토(吐; 토씨)와 석(釋; 새김, 해석)이라는 것을 하지 않는데도 뜻을 저절로 분명히 알 수 있으므로 언(言; 말)과 문(文; 글)이 일치하여 글을 쉽게 짓는다. 우리나라는 구(句)에는 구결(口訣)이 있고 글자에는 우리말로 해석한 것(훈)이 있으니 마땅히 글을 읽으면서 뜻을 파악하거나 붓을 잡고 글을 짓는 일이 심히 어렵지 않을 듯하나, 도리어 번거로움으로 작용하여 어려움을 초래한다. 아! 세종조(世宗朝)에 우리 국어를 금하고 한어(漢語)를 익히자는 전교(傳敎)가 세상에 행해지지 못한 것이 애석하다."

한글을 창제하신 세종대왕이 이러한 전교를 내리셨다니 어안이 벙벙하며, 이에 대한 간재의 주장은 지금의 상황에서 보면 도저히 이해할 수 없다. 하지만 이러한 주장은 선유(先儒) 중에도 종종 있었다. 본인의 기억으로는 동시대의 성재(省齋) 유중교(柳重敎)도 이와 비슷한 말씀을 하였고, 실학자인 연암(燕巖) 박지원(朴趾源)은 한글에 관심이 없어 한글을 몰랐으며, 반계(磻溪) 유형원(柳馨遠)도 한어 사용을 주장한 것으로 알고 있다.[29]

우리 선조들은 공자와 맹자를 존숭하고 중화사상(中華思想)을 높이다 보니, 중국의 문화를 동경한 나머지 언어까지도 받아들이자고 주장하신 것으로 보인다. 진정한 중화사상은 윗사람을 높이고 약자를 배려하는 예의바른 행동거지를 이른다. 광활한 영토와 14억 인구를 배경으로 무소불위의 행위를 자행하고 있는 현재의 중국 모습이 중화사상인 것은 절대로 아니다.

옛날 우리나라 사람들은 중국에 사신을 가면 반드시 역관(譯官)을 대동하고 그들에게 사무처리를 맡겼는데, 명(明)나라와 우리나라 역관들이 서로 내통하여 통관비를 흥정하는 사례가 많았다 한다. 그러나 이것을 알면서도 모른체 한 분으로는 오리(梧里) 이원익(李元翼) 정승이 있었다. 오리는 사신의 임무를 마치고 돌아오는 길에 산동(山東)에서 한 중국 학자를 만나 필담(筆談)을 하였는데, 뒤에 의기가 투합하자 붓을 던지고 직접 한어를 유창하게 하였다. 이것을 본 역관들은 자신들의 비행을 오리가 모두 알았음을 깨닫고 "이제 우리는 죽었구나."라고 절망하였는데, 오리는 끝내 그 사실을 말씀하지 않았다고 한다. '대지약우(大智若愚; 큰 지혜는 어리석은 듯함)'라고나 할까. 이러한 분의 큰 기국(器局)은 참으로 진정한 중화사상을 제대로 공부한 데에서 만들어진 것으로, 한어나 한문의 중요성을 강조한 것도 무비판적인 사대주의에서 나온 것이 아니라 사상적으로 높은 성취를 이룬 중화사상을 크게 동경한 데에서 나온 것이라 할 수 있다.

---

29) 유형원과 유중교 두 분에 대한 것은 본인이 이분들의 문집에서 본 것으로 기억하고, 박지원에 대한 것은 청람(靑嵐) 김도련(金都鍊) 선생에게 들은 것으로 기억되나 본인의 착각일 수 있으므로 독자들의 양해를 부탁한다.

본인은 최근에 《중용장구(中庸章句)》를 새롭게 번역한 《부안설 중용(附按設中庸)》에서 율곡과 간재의 언해를 부록으로 붙이고 간재가 쓰신 이 글도 함께 붙였지만 끝까지 읽어 본 분은 별로 없을 것이다.

관본 언해의 권위

관본 언해의 해석이 미진하거나 잘못되었음에도 불구하고 언해의 토와 해석을 고치면 큰일나는 줄로 알고 있는 분들이 의외로 많다. 어떤 분은 본인이 사서를 번역하면서 언해의 토를 약간 고친 데 대해 비난하기도 하였다. 본인은 민족문화추진회 부설 국역연수원의 전주분원이 개설되어 본인이 1·2·3학년을 3년 동안 맡은 적이 있는데, 전주대학교의 한 학생이 가정에서 조부와 부친으로부터 한문을 수학한 경험이 있었다. 이 학생은 본인이 '가히 써'와 '시러곰'을 빼고 가르치는 것에 대해 늘 불평하였다. 세상이 바뀌면 사고도 바뀌어야 하는데 한문을 배운 분들이 이처럼 보수적이니, 경전의 뜻이 제대로 파악되지 않음은 물론이다.

옛날 성균관에 뽑힌 생원·진사와 청강생들은 각 지방에서 스승의 훈도에 따라 사서를 배우다 보니 각양각색으로 현토하였는데, 진일재(眞一齋) 유숭조(柳崇祖)가 성균관의 대사성(大司成)이 되자 현토에 밝았으므로 성균관의 생도들은 모두 그의 현토를 따라 읽었다 한다. 그러나 퇴계 선생은 그의 잘못된 토를 지적하여 시정하셨는데, 그것이 지금의 관본 사서 언해가 되었다 한다. 위의 〈소학서제〉에서 본 바와 같이 한 번 정해진 언해를 바꾸지 못하는 완고한 학자들의 인습은 도리어 원의를 모르게 하는 결과를 초래하였음을 부인하기 어렵지만 사서와 삼경의 언해는 생도들의 토씨를 통일시키는 데 크게 공헌하였다.

옛날에는 현토의 권위가 절대적으로 높아서 사서삼경의 집주는 물론이요 《통감절요》든 《사략》이든 모든 책에 현토하여 읽지 않는 경우가 없었다. 그것도 지금처럼 목독하는 것이 아니라 길게 빼어 음조(音調)에 맞게 소리 내어 천천히 읽었다.

본인이 어렸을 때 원로 한학자로부터 얻어들은 한문 문리의 터득방법은 다독(多讀), 다작(多作)하는 것이요 또한 글 뜻을 이해하면서 많이 읽으라는 충고였다. 그러나 지금은 한문작법(漢文作法)을 하지 않아 글을 지을 줄 모른다. 더구나 한문의 문법과 용례(用例)를 알지 못하고 그것도 음조에 맞게 읽지 못하면서 개량식이라고 우습지도 않은 억지 토를 붙여 읽는다. 성조(聲調; 음조)에 맞추어 읽지 못하다보니, 《논어》의 첫 번째 장의 구(句)를 '有朋 自 遠方 來'로 떼어 읽지 않고 '有朋 自遠 方來'로 떼어 읽는다. 아예 토를 붙이지 못하는 것은 더 말할 것도 없다. 게다가 중국식 표점은 너무 길게 구(句)를 끊어 문장이 분명하지 못한 결점이 있음에도 불구하고 한문에 현토하는 것은 고리타분한 구식이고 중국식 표점에 맞추어 한문을 읽는 것이 새롭고 좋은 방식이라고 수상하고 있다. 구결(口訣)을 붙일 능력이 있으면서 붙이지 않는 사람과 붙일 능력이 아예 없어서 구결을 붙이지 못하는 사람은 천양지간의 차이가 있는데, 중국식 표점에 맞추어 한문을 읽자는 주장은 대체로 후자의 입에서 나온 것이다.

옛날 선생님들은 《맹자》를 처음 배우는 학생들에게 구를 잘못 끊는 예시로 제2장의 집주에 '鴻雁之大者(홍안지대자), 麋鹿之大者(미록지대자)'라고 한 문장을 보여주곤 하였다. 즉 어떤 학생이 처음에는 '鴻雁之

大者요 麋鹿之大者'라고 읽다가 스스로 잘못을 깨닫고 '鴻은 雁之大者요 麋는 鹿之大者'라로 고쳐 읽었다는 이야기였다. 물론 본인도 여러 차례 이 일화를 들어왔고 학생들에게 여러 번 소개하기도 하였다. 그만큼 토씨가 중요하기 때문이다.

한편으로 옛날의 내로라하는 학자들이 꼼꼼히 검토해서 만든 사서 언해나 율곡이 지은 언해가 아무리 권위가 높다 해도 잘못된 부분이 있을 경우 후배 유자(儒者)들이 고치기도 하였다. 몇 가지를 예로 들어보겠다.

《맹자》〈공손추 상(公孫丑上)〉 제2장의 '自反而不縮(자반이불축), 雖褐寬博(수갈관박), 吾不惴焉(오불췌언).'이 그 한 예(例)이다. 두 언해에 모두 '自反而不縮이면 雖褐寬博이라도 吾不惴焉이어니와'로 현토하여 '스스로 돌이켜보아 자신의 행위가 정직하지 못하면 비록 허름한 옷을 입은 미천한 사람이라도 내가 그를 두렵게 할 수 없거니와'로 해석하였다. 이는 집주의 '惴, 恐懼之也.[췌(惴)는 상대방을 두렵게 한다는 뜻이다.]'라는 해석을 따른 것으로 보인다. 그러나 우리나라의 간재는 '이어니와'를 '이리오'로 바꾸었으며, 중국본에도 '내가 그를 두려워하지 않겠느냐'의 뜻으로 해석한 것이 많다. 본인도 간재의 설을 따라 '이어니와'를 '이리오'로 바꾸고 관본 언해와 율곡 언해가 잘못되었다는 각주를 달았다. 그러나 지금 생각하면 이 언해의 토는 주자의 집주에 맞을뿐더러 '이리오'는 문장이 끊기는 반면, '이어니와'는 문장이 연속성이 있다고 사료되어 옛날처럼 한원히여 읽고 있다.

또 이 글 앞부분의 언해에는 '文王을 何可當也시리오'로 되어 있는데, 이 역시 오류로 지적되는 부분이다. 율곡 언해에는 '文王을 何可當也리

오로 되어 있다. 이는 맹자가 '내가 어떻게 문왕을 당할 수 있겠는가?' 로 읽은 것인데, 이 경우 '시'가 잘못 들어간 것이 된다. 또 '문왕이 어찌 여기에 해당되시겠는가?'로 읽기도 하는데, 이 경우 '文王이'가 되어야 한다. 주어가 맹자가 되든 문왕이 되든 어느 한 곳은 잘못된 것이다.

이에 대하여 사계(沙溪) 김장생(金長生)은 《경서변의(經書辨疑)》에서 "'文王何可當'을 언해는 퇴계의 설을 따라 문왕이 은나라를 대적할 수 없다는 뜻으로 해석하였으나, 나의 생각에는 문왕의 덕을 후인들이 당하지 못한다고 한 것으로 여겨지니, 이는 윗글에 '文王不足法'의 물음을 인하여 답하신 것이기 때문이다."[30]라 하였다. 그러나 우암(尤菴) 송시열(宋時烈)은 "본주(本註)에 이것을 해석하지 않았으니, 언해와 《경서변의》 중에 무엇이 옳고 무엇이 잘못인지를 알 수 없다. '然而'의 글자를 가지고 보면 《경서변의》의 설이 마땅할 듯하고 '是以難也'를 가지고 보면 언해의 설이 순한 듯하니, 우선 두 가지로 보는 것이 무방할 것이다."[31]라고 하여 불분명한 의견을 내놓았다. 이와 달리 박문호(朴文鎬)[32]는 "사계의 설은 율곡(栗谷)의 언해와 부합하니 마땅히 따라야 함

---

30) 沙溪曰; 文王何可當, 諺解, 從退溪說, 以文王不能敵殷之意, 釋之. 愚意以爲文王之德, 後人不能當也, 蓋因上文文王不足法之問而答之也.《經書辨疑》
31) 尤菴曰; 本註, 不爲解釋, 未知諺解與辨疑, 孰爲得失也. 以然而字見之, 則辨疑說似當, 以是以難也見之, 則諺解說似順, 姑爲兩下看, 無妨.《宋子大全 卷129 答三錫》
32) 박문호(朴文鎬, 1846~1918): 자는 경모(景謨), 호는 호산(壺山)·풍산노초(楓山老樵), 본관은 영해(寧海)이다. 평생 의리 심성(義理心性)을 연구하는 데 전념하였다. 보은에 풍림정사(楓林精舍)를 지어 주자(朱子), 이이(李珥), 송시열(宋時烈), 한원진(韓元震)을 봉안하여 제향을 올리고, 후학을 양성하였다. 저서로는 《칠서상설(七書詳說)》·《경설(經說)》·《오서차설(五書箚說)》·《맹자수필(孟子隨筆)》·《시경첩자고(詩經疊字考)》·《사례집의(四禮集儀)》·《고정

은 의심할 것이 없다. '是以難也' 한 구는 그 뜻이 대략 그 어려움이 이 와 같은데도 문왕이 능히 하셨으니, 이는 후인이 당할 수 없는 이유라고 말한 것이다. 또 '不足法'과 '何可當'은 위아래의 글이 서로 호응이 되어서 굳이 해석하기를 기다리지 않고도 알 수 있기 때문에 주(註)에서 생략한 것이다."[33]라고 하였다.

요즘 중국에서 표점 작업이 대대적으로 이루어지는 분위기에 편승하여 일부 학자들은 국제화를 위해서는 우리나라에서도 현토할 필요가 없고 표점을 찍어야 한다고 주장한다. 중국 책은 중국 방식대로 표준화하고 있을 뿐인데 한국고전번역원에서 이것을 따르고 있는 것이다.

본인은 오랫동안 한문을 번역한 경험으로 판단하건대 중국식 표점 기호를 우리가 그대로 따르지 않는다 하더라도 한문의 뜻이 크게 달라지는 것은 아니라고 본다. 우리의 문집이나 국고 문헌을 중국식으로 표점을 찍어 국제화하는 것이 일리가 있기는 하나, 우리의 선현이 문법에 맞게 정확하게 글을 읽을 수 있도록 달아놓은 토를 표점으로 완전히 대체하면 번역하는 사람마다 한문 문장의 의미를 다르게 볼 가능성이 크다.

일본 사람들이 정리한 《한문대계(漢文大系)》 등에는 한문 문장을 바르게 읽을 수 있도록 자신들이 사용하는 가나를 표기하였다. 이러한 작업이 9세기경에 시작되었다니 부러울 뿐이다. 지금은 옛날 방식대

인물성고(考亭人物性考)》 등이 있다.
33) 按沙溪說, 與栗谷諺解合, 當從無疑. 是以難也一句, 其意蓋曰其難如此, 而文王能之, 此後人所以不可當也. 且不足法, 何可當, 上下之文, 相爲呼應, 有不待解釋而可曉故, 註略之耳.《孟子集註詳說》

로 한문을 길게 소리내어 읽는 것까지 바라지는 못하더라도 일본처럼 우리도 우리 방식대로 현토하면 된다.

현토를 현대식에 맞게 바꾸어야 한다는 의견이 있지만 이것은 한학자들의 오랜 연구와 충분한 검토 없이는 불가능하다. 또한 관본 언해를 절대 신봉하여 그대로 읽지 않으면 안 되는 것으로 인식하는 분들도 없지 않은데, 본인은 사서의 관토(官吐; 관본 언해의 토)는 많이 순화되어 있어서 그대로 따라도 크게 문제 될 것이 없으나 삼경은 옛날 사투리의 토씨가 남아있어 바꿔야 할 필요성이 다분히 있다고 생각한다.

대표적으로 《주역》에서 예를 들어보면 '乾은 元코 亨코 利코 貞하니라'는 옛 사투리의 토씨가 남아있어서 '乾은 元하고 亨하고 利하고 貞하니라'로 바꾸어야 할 것이다. 《서경》의 '혼들로'와 '이따녀' 같은 토씨도 현대어에 맞는 말로 바꾸어야 할 것이다.

한편 율곡의 언해는 '然', '故' 등에 토씨를 붙이지 않아 중국식 구법(句法)에 상당히 접근되어 있다. 이러한 것을 참고삼아 구두점과 동떨어진 현토도 수정하는 것이 좋을 듯하다. 예컨대 《논어》〈학이(學而)〉 제1장의 '有朋이 自遠方來면'은 중간에 토씨를 붙이지 말고 그대로 한 구로 만들어 "有朋自遠方來면"으 로 읽었으면 한다. 《맹자》의 '不信仁賢則國이 空虛'는 '不信仁賢이면 則國空虛'로 읽어야 하고, 《논어》〈자로(子路)〉 3장 6절의 '事不成則禮樂이 不興하고 禮樂이 不興則刑罰이 不中하고'는 '事不成이면 則禮樂不興하고 禮樂不興이면 則刑罰不中하고'로 바꾸어야 할 것이다.

하지만 옛날 현토는 길게 읊조리다 보니 중간에 토씨를 달아 쉬는 역할도 하였다. 《당음(唐音)》[34]은 길게 창하였는데 '馬上에 逢寒食하니 途中에 屬暮春이라'로 읽었다. 오언(五言)을 그대로 붙여 읽어야 할 터인데, 여기에 '에'의 토를 단 것은 쉼표의 역할이 크다고 생각된다. 심지어는 우리 가요에 '花無는 十日紅이요'라고 한다. 여기에는 '는'이라는 토씨가 붙어서는 안 되는데 다만 음조를 맞추었을 뿐이다.

따라서 앞으로 정부의 주도하에 한문을 옛 방식대로 읽을 수 있는 학자들이 모여 우리의 전통방식을 지키는 방안을 강구하되 경우에 따라 현실에 맞는 현토로 수정하는 작업이 이루어져야 할 것이다.

---

34) 《당음(唐音)》: 원(元)나라 양사홍(楊士弘)이 편찬한 시집으로 모두 15권이다. 별명이 많아 송음(宋音)·원음(元音)·당화(唐話)·당어(唐語)·화어(華語) 등으로도 불리는데, 《마상당음(馬上唐音)》이라고도 한다. 당음의 첫머리가 당의 문신 송지문(宋之問)이 지은 한식시(寒食詩) "마상봉한식(馬上逢寒食)"으로 시작된 데서 연유한 이름이다.

7. 한문 공부를 어떻게 했는가 하는 물음에 대한 대답

　본인이 1977년에 상경하여 곧바로 민족문화추진회 부설 국역연수원에 입학하여 1979년 봄에 졸업하였는데, 1980년부터 국역연수원에서 특강을 하였고 같은 해부터 서울대학교 인문대학 국사학과와 국사교육학과 등에서 한문 지도를 시작하여 15년 이상을 하였다. 뒤이어 성균관대학교와 경희대학교에서 한문 강의를 하였다. 당시 사서(四書)의 집주(集註)는 말할 것도 없고 조선왕조실록도 거의 번역이 되어 있지 않아 국사나 한국철학 등을 전공하는 학생들이 한문 공부를 하지 않으면 논문을 쓸 수 없었다.

　그리하여 학생들로부터 '한문의 문리를 터득하려면 무슨 책을 집중적으로 읽어야 하는가? 선생님은 어떻게 한문 공부를 하였는가?'라는 질문을 자주 받았다. 그러면 시간 관계상 자세히 대답하지는 못하고 우선 《통감절요(通鑑節要)》와 《소학(小學)》, 《고문진보후집(古文眞寶後集)》을 집중적으로 읽으라고 권하였다.

　《통감절요》에는 역사 사실만 기록된 것이 아니고 대화체 문장도 있고, 주로 접속사의 기능을 하는 '而', '乃' 자 등이 '너', 나'라는 뜻으로 쓰인 문장도 있어서, 이것을 모르면 글 뜻을 파악하기 어렵다.

《소학》의 경우 먼저 내편(內篇)에는 교육적인 내용으로 된 〈입교(立敎)〉 편이 있고, 《예기》의 〈곡례(曲禮)〉와 〈내칙(內則)〉에서 소소한 예절을 뽑아놓은 〈명륜(明倫)〉 편이 있으며, 자신의 몸을 닦는 공부가 무엇인지를 설명하는 내용으로 채워진 〈경신(敬身)〉 편이 있고, 선진(先秦) 이전의 훌륭한 분들의 행적이 실려 있는 〈계고(稽古)〉 편이 있다. 그리고 외편(外篇)에는 여러 문집과 사료(史料)에서 한대(漢代) 이후 훌륭한 학자들의 좋은 말씀과 행실들을 발췌해놓은 〈가언(嘉言)〉 편과 〈선행(善行)〉 편이 있다. 책명이 《소학》이기 때문에 시시하게 생각해서 그러한지 모르겠으나, 후배 학생들은 《소학》을 열심히 배우지 않는다. 그래서 후배들은 《소학》을 인용한 글을 번역할 때 잘못 번역하는 경우가 가장 많다.

《고문진보》에는 좋은 문장 백여 편이 수록되어 있는데, 편마다 기(起)·승(承)·전(轉)·결(結)이 모두 갖추어져 있다. 그래서 이 명문들을 많이 읽으면 한문 문장의 구조를 파악하는 힘이 길러져 다른 문장을 읽는 데 큰 도움이 된다.

본인이 한문을 공부한 과정

다음은 본인이 완고하신 선친(先親)인 월산공(月山公)의 지시에 따라 어려서부터 한문을 배운 과정을 소개하려 한다. 이는 한문 공부를 어떻게 했었는지에 대한 대답이 될 것이다.

선친에게 한문을 배운 과정

선친께서는 신학문을 비판하시고 오직 윤리도덕의 기본서인 한학을 배워야 한다고 강조하셨다. 그리하여 본인은 5~6세부터《천자문》을, 뒤이어《동몽선습(童蒙先習)》과《명심보감(明心寶鑑)》을 배웠는데, 《명심보감》의〈성심편 상(省心篇上)〉부터는 복습을 하였다. 즉 내일 배울 글을 미리 해석해 두어야 하는 것이었다. 이때부터 본인은 오늘 배운 글을 다음날 아침에 외고 또 복습을 하여야 했으며, 이것을 제대로 하지 못하면 가차없이 회초리를 맞아야 했다. 다음은 세창서관(世昌書館)에서 발행한《십팔사략(十八史略)》3책(서진(西晉) 초기까지)을 배웠는데, 3책 책머리에 을미년(乙未年) 2월에 '시독(始讀; 처음 배우기 시작)'이라 써 놓은 기록이 있는바, 그때는 본인의 나이 11세였다. 이 책에는 출판사에서 현토된 것이 있어 복습하기가 쉬웠다. 뒤이어《통감절요(通鑑節要)》8책까지 배웠는데, 현토가 되어 있지 않아 복습에 애를 태웠다. 뒤이어《집주소학(集註小學)》상·하를 배우고《맹자》·《대학》·《논어》·《중용》과《시경집전(詩經集傳)》·《서경집전(書經集傳)》을 대충 읽었는데,《시경》과《서경》은 언해를 보고 자훈(字訓)을 찾아가며 겨우 읽었는바, 이것은 17세 때였다.

　이상은 본인이 가정에서 한문을 배운 과정을 대략적으로 적은 것이다. 중언부언이 될 수도 있겠으나 기타 소소한 과정을 알고 싶어 하는 독자도 있을 것 같아서 당시의 공부 과정을 좀 더 구체적으로 얘기해 보겠다.

　본인은 6~7세부터 가정에서 부친에게 한문(《천자문》)을 배우다보니 자연 소문이 나게 되었다. 이때만(1950년도 초) 해도《천자문》을 배우면 동네 노인들이 와서 글읽는 소리를 듣고 칭찬해주곤 하였다. 이에 중학교에 진학하지 못한 아들을 둔 10명의 학부형이 자기 자제들을 가

필자의 선친인 월산공(月山公)

르쳐달라고 간청하여 부친은 갑자기 훈장선생님이 되셨고, 본인은 나이 어린 선학자(先學者)로서 《천자문》과 《동몽선습》, 《명심보감》을 미리 가르쳐주기도 하였다. 한문을 배우는 과정은 대체로 아래와 같았다.

날이 밝기 전에 기상하여 어제 배웠던 글을 낭송하고, 제대로 외우지 못하면 반복하여 읽었다. 그리고 본인이 그날 배울 글을 다시 한 번 예습한다.

날이 밝으면 선생님(부친)에게 책을 가지고 가서 읍(揖)하고 먼저 배울 책을 펴놓고 배송(背誦)을 한다. 배송이란 선생님 앞에 어제 배운 부분을 펼쳐 놓아 선생님이 보시게 하고, 학생은 돌아 앉아 글을 외우는 것을 이른다. 정면으로 선생님을 보게 되면 가슴이 두근거려 제대로 외지 못하기 때문이다. 그때까지만 해도 훈장선생님은 무서운 존재였다.

《소학(小學)》은 원문에 토씨를 붙여 음만 읽고 물러나왔고, 사서(四書)는 집주(集註)는 외우지 않고 경문(經文)과 장하주(章下註)만을 외웠다. 《소학》까지는 전날 배웠던 것을 차례대로 외우면 되어서 배송하는 것이 그리 어렵지 않은데, 사서와 《시경집전(詩經集傳)》, 《서경집전(書經集傳)》은 선생님이 책장을 넘겨 지정해주는 부분을 배송해야 해서 더 어려웠다. 전날 배운 글을 중간에 끊어서 외우게 하면 내용이 헷갈리기 때문이다. 이것이 옛날 과장(科場)에서 실시했던 방법이라고 한다.

아침의 수업시간은 학생당 약 10~15분 정도인데, 어떤 날은 20~30분을 하기도 한다. 《명심보감》이나 《사략(史略)》은 짧고, 《통감절요(通鑑節要)》부터는 배우는 시간이 점차 길어진다.

아침밥을 먹고 나면 학생들이 오기 시작한다. 본인이 가정에서 글을 배울 적에는 날이 어두워지면 전등이 없어 등불을 켜 놓고 글을 읽었는데, 날씨가 춥지 않은 계절의 5~6개월은 밤에 등불을 켜 놓고 배운 글을 외거나 다음날 배울 글을 예습할 수 있었지만 나머지 계절에는 추워서 밤에 공부하는 것이 힘들었다. 사정이 이렇다 보니 겨울에는 공부를 늦게 시작하여 일찍 끝내는 경우가 많았다.

학생이 10명 이상일 경우 한 학생당 수업시간은 15분 정도였는데 초학자(初學者)는 일단 선배들이 담당하여 가르치고, 선생님에게 가서 점검을 하면 된다. 해가 긴 봄과 여름에는 9시 이전에 수업이 끝나면 즉시 배운 책을 펼쳐 놓고 모두 소리내어 글을 읽는다. 그리고 습자(習字) 준비를 한다.

습자 준비는, 벼루를 꺼내놓고 먹을 갈고 붓을 풀어 놓으면 선생님이 그날 배운 글을 체본(體本)으로 써 주시고, 이것을 폐지인 신문지 위에 쓰는데 종이가 귀하여 글자 위에 다시 글자를 써서 까맣게 될 때까지 습자를 계속하였다. 습자 시간은 약 1시간 정도인데, 필기도구를 치우고나면 대개 점심밥을 먹고 20분 정도 휴식을 취한다. 열심히 공부하는 학생은 언제나 틈만 나면 책을 펴 놓고 보지만, 열의가 없는 학생은 공부를 늘 늦게 시작하고 일찍 끝냈다.

점심 시간 후에는 다시 50분 정도 배운 글을 읽고, 20분 정도 휴식을 한 뒤에 습자를 1시간 이상 하고 다시 배운 글을 읽는다. 총명한 학생은 오전에 배운 글을 다 외지만 그렇지 못한 학생은 밤중에도 외워야 한다. 서당에 들어와 일정 기간 공부 경험을 쌓은 학생은 복습뿐만 아니라 다음날 배울 것도 예습해야 한다.

한문은 1:1 수업이어서 한 학생에게 많은 글을 가르칠 수 없으며, 작은 글씨를 잘 쓰면 백지로 책을 만들어 등서(謄書)를 한다. 등서를 한 번 잘 하면 열 번 읽는 효험이 있다 한다. 한문 수업은 국경일·일요일·공휴일이 전혀 없고, 서당과 가까운 곳에 사는 학생은 저녁에도 서당에 와서 일정 시간 글을 읽는데, 이때는 밝지 않은 등불 아래에서 공부해야 해서 주로 배운 글을 외워 반복하여 읽었다. 글공부의 수준은 학생의 송재(誦才; 글 외는 재주)의 여하에 따라 결정된다.

한 책을 다 배우면 2~3일 낭송을 하고, 선생님 앞에서 한 책을 다 외우면 선생님이 다시 몇 군데의 글 뜻을 묻는다. 선생님은 학생의 수준에 따라서 완통(完通)·조통(粗通) 등의 검사결과를 발표하면, 학생들은 물론이요 학부형들은 더더욱 영광스럽게 생각하여 술과 떡을 장만해 책씻이(책거리)를 하였다.

학생들은 사정으로 결석하는 일이 있지 않으면 일과(日課)를 매일 수행하므로 1년에 수업을 받지 못하는 날이 5~6일에 불과하다. 그리고 한 책에만 집중하므로 문리(文理) 터득이 쉽게 이루어진다.

원래 서당은 연령 제한이 없어 학교처럼 학년이 있는 것이 아니고 7~8세 이상 차이가 나는 선배와 후배가 좁은 공간에서 공부하다 보니 후배가 선배에게 까불거나 대드는 일이 종종 있었고, 선배는 이를 참지 못하고 주먹질을 가하기도 하였다. 손버릇이 좋지 못한 학생도 있었다. 또 당시에는 초등학교를 졸업하면 집중력이 있고 공부를 잘하는 학생은 거의 모두 공립학교인 예산중학교에 시험을 보아 입학하고 서당에서 한문을 배우는 학생들은 집안 형편이 어렵거나 학업 성적이 나쁘거나 공부를 싫어하여 타인의 공부까지 방해하는 학생이 상당수였다. 사정이 이렇다 보니 훈장님이 회초리를 들지 않을 수 없었으며 간혹 성품이 너그러워 회초리를 들지 않는 훈장님 밑에서 공부하는 학생들은 방만하여 똑같이 글을 배워도 학업의 성취도가 낮았다.

5·16군사쿠데타가 일어난 1961년에 17세였는데, 이후로 서당 교육은 더 쇠퇴해갔다. 본인이 18세부터 전북 익산의 성덕당(成德堂)에서 공부할 때에도 농번기인 봄·여름·가을에는 수학하는 학생이 거의 없고 농한기인 겨울 3~4개월에 30~40명 정도의 학생이 몰려오다 보니 서당 교육이 제대로 이루어지지 못했으며, 그 후 곡부강당(曲阜講堂)에서도 이러한 실정은 바뀌지 않았다.

18세 이후 한문을 배운 과정

18세 되던 1962년 3월부터는 전북 익산의 성덕당(成德堂)에 가서 월곡(月谷) 황경연(黃璟淵) 선생께 《대학》과 《중용》을 재독(再讀)하다가 20세가 되던 64년 초겨울에 선생이 급서(急逝)하시는 바람에 거의 학업을 중단하였다. 성덕당에서는 초학자들에게 《사자소학(四字小學)》과 《격몽요결(擊蒙要訣)》을 가르치기도 하였다. 그때 본인은 처음으로 《격몽요결》을 보았는데, 내용이 충실하여 성리학의 대강이 나와 있었다. 본인의 생각에는 《소학》을 배우기 전에 반드시 《격몽요결》을 배워야 한다고 느껴진다. 그 후 고향인 예산으로 돌아와 농사를 지으면서 한문을 배우기를 원하는 동네 청소년들에게 2~3년 훈장(訓長) 노릇을 하였는데, 겨울철에는 종종 성덕당에 가서 옛날 학우들과 글을 읽었다.

그러다가 24세가 되던 1968년에 전북 정읍의 면학당(勉學堂)에 가서 처음으로 서암(瑞巖) 김희진(金熙鎭) 선생께 가르침을 청하였다. 다음 해 봄에 약 40일간 면학당에서 율곡(栗谷)의 《성학집요(聖學輯要)》를 읽었으며, 그해 겨울 전북 완주의 제내리(堤內里)에서 서암 선생님을 모시고 몇몇 학우들과 글을 읽었다. 이때는 경제개발과 산업사회가 발전하여 시골에도 한문을 배우는 학생이 없었다. 그래서 다음 해인 1970년 초엽에 부여 은산(恩山)의 곡부강당(曲阜講堂)으로 이거하여 서암 선생을 모시고 주경야독(晝耕夜讀)을 하였지만 직접 농사를 지어야 했던 관계로 글을 거의 읽지 못하였다.

28세 때인 1972년에 결혼을 하고 귀향하여 2~3년 동안 농사를 짓다가 다시 곡부강당에 가서 농사를 지으며 공부를 하였다. 그러다가 서울에 있는 민족문화추진회(民族文化推進會)에서 고전(古典)을 국역(國譯)하고 국역자(國譯者)를 양성하기 위해 국역연수원(國譯硏修院)을 개설했다는 소식을 들었다. 이 소식은 학고재(學古齋) 대표인 우찬규(禹燦奎) 씨를 통해 알았고, 1977년 2월에 전북대학교 김기현(金基鉉) 교수로부터 상경하여 시험을 보라는 연락을 받았다. 그렇게 지원하여 1977년에 국역연수원 제4기로 입학하고 하숙이나 자취를 하며 서울 생활을 이어나갔다. 이를 계기로 신학문을 어느 정도 접하게 되었으며, 1977년 8월부터는 민족문화추진회 국역실(國譯室)에 임시직으로 근무하다가 다음해 정식 직원이 되었다.

　본인은 그때 모친의 거상(居喪) 중이었으므로 흰색 두루마기를 입고 흰색 고무신을 신고 회사에 출근하였으며, 한 달에 두 번 이상 부친이 계신 본가에 다녀왔고 한 번 이상 곡부강당에 가서 서암 선생을 뵙곤 하였다. 지금 돌아보면 당시 그러한 상황 속에서 했던 공부가 다소 진전이 있었다고 생각된다. 또 국역실에 들어가서는 이규경(李圭景)의 《오주연문장전산고(五洲衍文長箋散稿)》를 담당하였는데, 이 책의 내용은 본인이 처음 보는 것이었다. 주로 청나라 고증학자(考證學者)들의 글이 채워져 있었는데, 책이 불완전해서 오탈자(誤脫字)가 많았으나 대조할 만한 책이 없었다. 당시 민족문화추진회는 정부의 보조를 받는 기관으로 재정상태가 열악하여 출장을 가는 직원에게 출장비로 버스 토큰만 지급할 정도였으니, 참고 서적을 충분히 갖추는 것은 더 어려웠기 때문이다. 이 책의 내용은 본인이 공부했던 사서삼경의 성리학(性理學)과 너무도 달라 불평불만을 하지 않을 수 없었다. 그러나 열심히 책을 뒤져가며 맡은 작업을 수행한 덕에 청대 고증학의 개조(開祖)로 평가되는 고염무(顧炎武)의 《원초본일지록(原秒本日知錄)》을 거의 3분의 1 정도 읽을 수 있었다. 이로 인해 본인은 고증학에 대한 견문이 상당히 진전되었으니, 돌이켜보면 《맹자》의 "增益其所不能[자신이 잘하지 못하는 것을 더 보충해줌]"의 기회였으므로 감사한 마음 금할 길 없다. 《원초본일지록》은 총 32권 1,021개 항목에 걸쳐 고염무 자신의 견해와 고증을 밝힌 책인바, 그때 《오주연문장전산고》를 담당하는 기회가 아니었으면 시골 선비인 본인이 어떻게 고증학을 살펴볼 수 있었으랴.

한문은 외워야 한다

〈태극도설(太極圖說)〉 등 성리설(性理說)과 명문장들을 뜻을 속으로 되새기며 외면 문리(文理)를 터득하는 데 큰 도움이 된다. 그런데 요즘 학생들은 글을 외우지 않고 외우려고도 하지 않는 탓에, 번역을 하다가 고사(故事)나 어려운 단어가 나오면 그때마다 인터넷으로 한국고전번역원의 한국문집종합DB나 전통문화연구회의 동양고전종합DB의 자료를 검색하거나 전자판 사고전서(四庫全書)를 검색해서 찾는다. 예전에는 수십 명 이상의 전화번호를 암기하였는데, 핸드폰이 나온 뒤로는 몇 명의 친족 전화번호도 외지 못한다.

그뿐만 아니라 검색 자료에 잘못 입력된 것이 있어도 무비판적으로 수용하기 때문에 잘못된 의미로 번역을 하거나 주석을 달게 된다. 거경(居敬)과 궁리(窮理)를 해석하면서 "거경은 내적 수양방법으로 몸과 마음을 공경하는 것이요, 궁리는 외적 수양방법으로 지식을 쌓아가는 것이다."라는 각주로 풀이한 자료를 본 적이 있다. 궁리는 이치를 궁구하는 것으로 《대학》의 격물(格物)·치지(致知)이고, 내적 수양방법이니 외적 수양방법이니 하는 말은 정주학(程朱學)에서는 없는 단어이다. 잘못된 풀이임에도 그럴듯하게 보여서인지 이 각주를 아무 비판 없이 수용한 번역자들이 있었다. 이 또한 《대학》을 제대로 외우고 있지 못해서 범한 오류라고 할 수 있다.

글을 외는 데에는 송재(誦才)가 특별히 뛰어난 분이 있지만 총명하지 못한 분도 웬만하면 명문장 몇 편은 외울 수 있다. 의지가 있느냐가 문제이다. 예전에 본인이 고전번역교육원 교수로 있으면서 장학생을 선발하여 여름방학과 겨울방학에 20일씩 서원학습을 하면서 매일 아침마다 《논어집주》에 보이는 정이천(程伊川)의 〈사물잠(四勿箴)〉과 〈소학 제사(小學題辭)〉, 기타 짧은 글을 외게 하고 서원학습이 끝나더라도 계속 외라고 주문하였다. 그리고 6개월 후 다음 방학 기간에 다시 외게 하면 외우는 학생이 거의 없었다. 물론 글은 15세 이전에 외워야 뇌리(腦裏)에 남지, 20세가 넘은 뒤에는 잘 외워지지 않는 것도 사실이다.

옛날 서당 교육은 교육 목적에 따라 그 성격이 과거급제를 위주하는 과문학파(科文學派)와 성리설을 중시하는 성리학파(性理學派)로 크게 나뉘었다. 물론 두 학파가 모두 한문을 가르치고 《소학》과 사서를 가르치지만 대체로 학파에 따라 차이가 있다. 아동이 어려서 《천자문》이나 《동몽선습》 등을 배우면 과문학파에서는 《십팔사략(十八史略)》이나 《통감절요(通鑑節要)》 3~4책을 지도하는데, 특히 '《통감절요》를 배워야 문리가 난다' 하여 필독서로 알려졌다. 반면 성리학파에서는 《소학》을 먼저 가르치고 사서를 가르쳤는데, 출세를 위한 과문학파가 80% 이상을 차지하였는바, 과문학파는 학생이 사서에 대해서 깊은 뜻은 몰라도 토(吐)를 붙이고 배운 글을 외기만 하면 그 과정을 통과시켰다. 그런 학생은 이어서 시문(詩文)을 짓는 데 주력하기 때문에 성리설은 거의 모른다. 물론 성리학파에서도 언해(諺解)대로 해석하고 정주학의 성리설을 조리 있게 가르치는 스승은 본인의 경험으로는 그리 많지 않았다.

그리고 과문학파에서는 학생들에게 고문(古文)이라 하여 소동파(蘇東坡)의 〈적벽부(赤壁賦)〉, 왕발(王勃)의 〈등왕각서(滕王閣序)〉, 도연명(陶淵明)의 〈귀거래사(歸去來辭)〉 등을 외게 하였으며, 무더운 여름철에는 《오언당음(五言唐音)》과 《칠언당음(七言唐音)》을 배우고 저녁에는 원두막 같은 곳에서 《당음》과 명문장을 길게 읊조리게 하였다. 《당음》을 읽는 기간은 대체로 한창 더울 때인 5월 단오(端午)부터 7월 칠석(七夕)까지였다. 선친께서도 과문학파에게 배우신 관계로 〈적벽부〉와 〈귀거래사〉,《맹자》첫 번째 장의 원문과 장하주(章下註) 등을 외시고 본인에게도 일러주셨으며, 도(道)를 통한다 하여 〈주역서(周易序)〉도 낭랑하게 읽으셨다. 하지만《당음》등의 한시(漢詩)는 본인의 목청이 좋지 못하다는 이유로 가르쳐주시지 않아 지금도 한시 창(唱)을 못한다. 한편 성리학파에서는 정이천의 〈사물잠〉, 주자의 〈경재잠(敬齋箴)〉·〈소학 제사〉·〈대학장구서(大學章句序)〉·〈중용장구서(中庸章句序)〉, 왕백(王柏)의 〈숙흥야매잠(夙興夜寐箴)〉 등을 외웠다.

본인은 지금도 매일 새벽이면 글을 외지만 정신집중이 되지 않아 뜻을 망각하고 글만 외는 경우가 많다. 글을 많이 읽어 입에 오르게 하는 것을 상구(上口)라 한다. 주자는 독서법(讀書法)에서 먼저 글을 많이 읽어 상구하게 하고 마음을 전일하게 하여 집중하는 것을 강조하였다. ―이에 대해서는 다음 장의 〈우리 선현(先賢)이 주장한 독서법〉에서 좀 더 자세히 설명해 놓았다.―

본인의 자랑 같지만 한문을 공부하는 학생들에게 참고하라는 의미로 자주 외는 글을 아래에 소개하는 바이다.

주렴계(周濂溪)의 〈태극도설(太極圖說)〉, 정이천의 〈사물잠〉과 〈역전서(易傳序)〉, 장횡거(張橫渠)의 〈서명(西銘)〉, 주자의 〈소학서제(小學書題)〉와 〈소학제사(小學題辭)〉, 〈대학장구서(大學章句序)〉부터《대학》경1장(經一章)까지의 원문과 집주, 〈중용장구서(中庸章句序)〉부터《중용》제1장까지의 원문과 집주, 〈시집전서(詩集傳序)〉,《맹자》첫 번째 장의 경문과 장하주(章下註), 채침(蔡沈)의 〈서집전서(書集傳序)〉, 한문

공[韓文公; 한유(韓愈)]의 〈동생행(董生行)〉, 도연명(陶淵明)의 〈귀거래사(歸去來辭)〉와 〈오류선생전(五柳先生傳)〉, 왕발의 〈등왕각서〉, 소동파의 〈전적벽부(前赤壁賦)〉, 《맹자》〈호연장(浩然章)〉의 원문 전체, 《논어》〈태백(泰伯)〉의 내용 중에 증자(曾子)의 〈사불가이불홍의장(士不可以不弘毅章)〉의 원문 전체, 《소학》의 〈가언(嘉言)〉에 보이는 호문정공[胡文定公; 호안국(胡安國)]의 말씀 중에 '人須是一切世味淡薄方好'로 시작하는 문장 전체, 〈가언〉의 제갈무후 계자서(諸葛武侯戒子書), 이태백(李太白)의 〈춘야연도리원서(春夜宴桃李園序)〉, 주렴계의 〈애련설(愛蓮說)〉, 율곡의 〈격몽요결서(擊蒙要訣序)〉와 〈입지장(立志章)〉 전체, 이목은[李牧隱; 이색(李穡)]의 〈관어대부(觀魚臺賦)〉, 전간재[田艮齋; 전우(田愚)]의 〈원각사 자경문(圓覺寺自警文)〉과 〈지설(止說)〉이다.

15년 전에 당시 해동경사연구소의 권오춘(權五春) 이사장과 승용차로 동행하여 안동(安東)의 한국국학진흥원에서 4~5시간 강의를 마치고 서울을 오가면서 2시간 가까이 위의 글들을 왼 기억이 떠오른다. 조금 속도를 내면 거의 다 외웠는데, 그 후로는 기력이 쇠하여 4~5편을 외울 뿐이다.

〈주역서〉는 예전에 자주 외웠으나 3년 전 《주역전의(周易傳義)》를 번역하면서 농암(農巖) 김창협(金昌協)이 비판한 것을 보고 내용이 잘못되었음을 깨달은 이후 한 달에 한두 번 외며, 《천자문》은 예전에는 외우지 않았으나 본인이 처음 한문에 입문(入門)한 것이 이 책이었고 하도 많이 읽은 것을 생각하여 작년부터 한 달에 한 번씩 음을 읽는다. 〈경재잠〉과 〈숙흥야매잠〉은 예전에 반드시 외웠는데 언제부터인가 잊었다.

8. 우리 선현(先賢)이 주장한 독서법

오늘날은 예전처럼 쇄소응대(灑掃應對)부터 시작하여 성현의 도를 배우는 공부를 바라기는 어렵지만, 선인들이 읽었던 책들을 그대로 따르는 것이 그 사상과 사고방식을 이해할 수 있는 길이라고 생각한다. 전통적인 교육 과정은 나름대로 몇 백 년이라는 오랜 시간 동안의 검증을 거친 것인바, 사실상 민족문화추진회 병설 국역연수원(지금의 한국고전번역원 부설 고전번역교육원)의 연수과정도 일정 부분은 이에 바탕을 두고 있다고 할 수 있다.

어떤 목적을 위해서든 한문 공부를 시작해보기로 다짐한 이들은 나름대로 과정을 정해 공부하고 있을 것이다. 그러나 막연히 동양학이나 한문에 대한 관심만 가지고서 대뜸 《주역》이나 《장자(莊子)》[35]의 번역서부터 시작하다가 그만두는 이들이 많아 안타깝다. 학문은 어떤 분야든지 기초와 입문(入門)의 단계가 있는 법인데 아래에 소개한 〈독서

---

35) 《장자(莊子)》: 중국 전국시대의 사상가 장자(莊子; 장주(莊周))의 저서이다. 장자는 제자백가(諸子百家) 중 도가(道家)의 대표자로서 도(道)를 천지만물의 근본 원리라고 보았다. 이는 도는 어떤 대상을 욕구하거나 사유하지 않으며[無爲], 스스로 자기 존재를 성립시키며 절로 움직인다[自然]고 보는 일종의 범신론(汎神論)이다.

의 순서[讀書次第]》[36]라는 글이 한문을 배워 우리 고전을 익히고자 하는 이들에게 하나의 방향을 제시해줄 수 있으리라 여겨진다. 이 글을 통해 조선 시대 학자들의 공부 과정도 알 수 있을 것이다.

〈독서의 순서[讀書次第]〉

옛날에 어린이를 가르치는 사람들은 아이가 말을 할 정도가 되면, 반드시 주흥사(周興嗣)의 《천자문》을 가르쳤다. 그러다가 글자를 붙여서 읽을 정도가 되면, 바로 《사략(史略)》 1권이나 《통감절요(通鑑節要)》 1권을 가르치는데, 많이 읽히는 경우가 〈서한기(西漢紀)〉까지, 더 많이 읽히는 경우는 〈동한기(東漢紀)〉나 〈촉한기(蜀漢紀)〉까지를 읽게 하였다. 그런 다음, 《대학》과 《논어》, 《맹자》와 《중용》, 그리고 《시경》의 〈국풍(國風)〉을 가르치다가 여름이 되면 《당음(唐音)》 가운데서 절구(絶句)를 가르치고, 이어서 《당음》의 장편시(長篇詩)를 가르쳤다. 그러면서 글을 짓게 하여 오언시(五言詩), 칠언시(七言詩)와 산문을 몇 줄 써보게 하였다.

15세가 넘어 관례(冠禮)[37]를 하고 장가들 무렵이 되면, 우둔해서 더

---

36) 〈독서의 순서[讀書次第]〉: 이 작품은 윤기(尹愭, 1741~1826)의 《무명자집(無名子集)》 10책에 실려 있는 글이다. 윤기는 조선 후기의 문신이자 학자로, 자는 경부(敬夫), 호는 무명자(無名子), 본관은 파평(坡平)이다. 1773년(영조 49)에 사마시에 합격하여 성균관에 들어가 20여 년간 학문을 연구하였다. 1792년(정조 16)에 식년문과에 병과로 급제하여 승문원 정자에 보임되고 종부시 주부(宗簿寺主簿), 예조·병조·이조의 낭관으로 있다가 남포 현감(藍浦縣監)·황산찰방(黃山察訪)을 역임하고 다시 중앙에서 《정조실록》의 편찬관을 역임하였으며, 벼슬이 호조 참의에 이르렀다. 저서로 《무명자집》이 있다.
37) 관례(冠禮): 사례(四禮)의 하나인 성년례(成年禮)이다. 15~20세 때 행하는 것

이상 깨닫지 못하는 자는 여기에서 글공부를 그만둔다. 조금 재주가 있는 자는 《사문유취(事文類聚)》[38]를 섭렵하며 과거에 급제한 선배들의 글을 본다. 그래서 시에 운자(韻字)나 달 줄 알고 글줄이나 지을 줄 알면 곧바로 과장(科場)에 들어가 과거볼 것을 생각한다. 이렇게 하여 과거에 급제하면 부형들은 기뻐하여 자랑하고, 그 자신도 할 일을 다 했다고 여긴다.

이 때문에 비록 글공부를 잘한다는 이름이 나서 어린 나이에 급제한 자라 할지라도, 옛사람의 문자를 인용하면서 그것이 어떤 책에서 나왔는지, 본래 무슨 뜻이었는지도 모른다. 또 한 편의 시나 문장을 엮어 지으면서도 그것이 결국 무슨 도리를 담고 있는지 알지 못한다. 글을 썼다 하면 글자를 잘못 써서 가소롭지 않은 것이 없고, 뜻풀이는 어느 곳 할 것 없이 모두 구두를 잘못 붙여 엉터리가 되고 만다.

더구나 심성설(心性說)이나 이기설(理氣說)처럼 아래로 인사(人事)를 배워 위로 천리(天理)를 통달하는 일이야 말해 무엇 하겠는가. 도무지 깜깜하고 엉성하기 짝이 없으니, 한탄스러울 뿐이다.

이제 가르치고 배우는 차례를 정함으로써, 높고 원대한 경지까지 학

으로, 어른이 되었음을 상징하는 의식이다. 남자는 상투를 짜고, 여자는 쪽을 찐다. 관자(冠者)가 《효경》과 《논어》에 능통하고 예의를 대강 알게 된 후에 행하는 것이 보통이다. 옛날 사람들은 이 관례를 혼례(婚禮)보다 더 중요하게 생각하였으며, 미혼이더라도 관례를 마치면 완전한 성인(成人)으로서의 대우를 받았다.

[38] 《사문유취(事文類聚)》: 경사자집(經史子集)에 따라 사실(事實)과 시문(詩文)을 종류별로 모은 책으로, 전집(前集)·후집(後集)·속집(續集)은 송(宋)나라의 축목(祝穆)이, 신집(新集)과 별집(別集) 등은 원(元)나라의 부대용(富大用)이, 그리고 유집(遺集)은 원나라의 축연(祝淵)이 저술하였다.

문을 하는 바탕으로 삼고자 하니, 어떻게 해볼 수 없는 지극히 우둔한 자야 참으로 말할 것이 없겠지만, 학문에 뜻을 둔 자는 이 글을 통해서 선후와 본말의 차례를 알게 되기를 바란다.

어린이가 글을 입에 익히려면 《사략》 첫 권을 배우는 것이 실로 필수적인 과정이지만, 그 가르치는 순서는 다음과 같이 하여야 한다.

먼저 《소학》을 읽어 〈입교(立教)〉, 〈명륜(明倫)〉, 〈경신(敬身)〉의 공부가 학문을 하는 근본이 된다는 것을 알고, 다음으로 《대학》을 읽어 삼강령(三綱領)·팔조목(八條目)[39]의 순서와 구조를 알아야 한다.

다음으로 《논어》를 읽어 성인(공자)께서 말씀하신 내용과 제자들과 문답하여 변론한 것이 모두 지극한 이치임을 알아야 한다. 다음으로 《맹자》를 읽어 인욕(人欲)을 막고 천리(天理)를 보존하는 것, 성인의 도를 지키고 이단(異端)을 물리치는 것, 사단설(四端說)과 양기설(養氣說) 등을 알아야 한다. 다음으로 《중용》을 읽어 성(性)·도(道)·교(教)의 개념과 중화(中和)를 지극히 하는 것이 성인의 최고의 공부라는 것, 그리고 처음에 하나의 이치로 시작하여 중간에 천만 가지 일로 나뉘고 결국 하나의 이치로 귀결되는 묘리를 알아야 한다.

다음으로 《시경》을 읽어 삼대시대(三代時代) 선왕의 교화와 〈국풍(國風)〉, 〈대아(大雅)〉, 〈소아(小雅)〉 시의 정체(正體)와 변체(變體) 및 사람들에게 선(善)한 마음을 감발시키고 악을 징계하게 만드는 기미

---

39) 삼강령(三綱領)·팔조목(八條目): 삼강령은 세 가지 강령으로 명명덕(明明德)·신민(新民)·지어지선(止於至善)이며, 팔조목은 여덟 가지 조목으로 격물(格物)·치지(致知)·성의(誠意)·정심(正心)·수신(修身)·제가(齊家)·치국(治國)·평천하(平天下)를 가리킨다.

를 알아야 한다. 그리고는 《서경》을 읽어서 요순(堯舜) 때부터 전해져 내려온 심법(心法)과 이윤(伊尹)·부열(傅說)·주공(周公)·소공(召公)이 치세(治世)를 보필한 훌륭한 계책임을 알아야 하며, 다음으로 《역경(易經; 주역)》을 읽어서 길흉(吉凶)·회린(悔吝)·진퇴(進退)·존망(存亡)의 도와 《주역》을 지은 복희(伏羲), 문왕(文王), 주공(周公), 공자(孔子) 네 성인과 주석을 단 정자(程子), 주자(朱子) 두 현인이 오묘한 이치를 궁구하여 깊은 뜻을 밝게 천명한 가르침을 알아야 한다.

다음으로 《춘추(春秋)》를 읽어 성인(공자)이 역사에서 쓸 것은 쓰고 삭제할 것은 삭제해 포폄(褒貶)을 가하여 천하의 사(邪)와 정(正)을 정한 것이 후대 백왕(百王)이 법으로 삼아야 할 의리라는 것을 알아야 한다. 이어 《예기》를 읽어 삼백 가지의 경례(經禮)와 삼천 가지의 곡례(曲禮)를 비롯해 선왕과 성인이 남기신 제도와 가르침을 알아야 한다. 이것이 경서를 읽는 차례이다.

《소학》을 읽을 때에는 《효경(孝經)》[40]을 같이 읽고, 사서(四書)를 읽을 때에는 《혹문(或問)》을 같이 읽고, 《주역》을 읽을 때에는 《역학계몽(易學啓蒙)》[41]을 같이 읽고, 《춘추》를 읽을 때에는 《공양전(公羊傳)》·《곡량전(穀梁傳)》·《좌씨전(左氏傳)》 등의 춘추 삼전(三傳)과

---

40) 《효경(孝經)》: 유교 경전의 하나이다. 공자가 제자인 증자(曾子)에게 전한 효도에 관한 논설 내용을 훗날 제자들이 편저(編著)한 것으로, 연대는 미상이다. 효(孝)를 강조한 유교의 기본서로 널리 애독되었으며 특히 조선 시대에는 《효경언해(孝經諺解)》가 간행되어 더 널리 유포되었다.

41) 《역학계몽(易學啓蒙)》: 남송의 성리학자 주자(朱子)의 저서로, 내용이 심오하고 난해하므로 조선에서는 이를 알기 쉽게 풀이한 이황(李滉)의 《역학계몽전의(易學啓蒙傳義)》, 서명응(徐命膺)의 《역학계몽도설(易學啓蒙圖說)》 등의 해설서가 나왔다.

《국어(國語)》[42]를 같이 읽고, 《예기》를 읽을 때에는 《주례(周禮)》,[43] 《의례(儀禮)》,[44] 《가례(家禮)》[45]를 같이 읽어야 한다.

그리고 《공자가어(孔子家語)》[46]와 《근사록(近思錄)》,[47] 《심경(心

---

42) 《국어(國語)》: 주(周)나라 좌구명(左丘明)이 《좌씨전(左氏傳)》을 쓰기 위하여 각국의 역사를 모아 찬술(撰述)한 것으로, 중국 춘추시대 8국의 역사를 나라별로 적은 책이다. 주어(周語) 3권, 노어(魯語) 2권, 제어(齊語) 1권, 진어(晉語) 9권, 정어(鄭語) 1권, 초어(楚語) 2권, 오어(吳語) 1권, 월어(越語) 2권으로 되어 있다. 중국의 고대사 연구에 귀중한 책이다.

43) 《주례(周禮)》: 주대(周代)의 관제를 기록한 책으로, 《주관(周官)》이라고도 하는바, 유교 경전의 하나이다. 유교에서 《의례》·《예기》와 아울러 삼례(三禮)라 칭하고, 가장 기본적인 예를 설명한 것으로 알려져 있다.

44) 《의례(儀禮)》: 중국 고대의 지배자 계급의 관혼상제(冠婚喪祭) 등의 예법을 기록한 책이다. 유교에서 말하는 구경(九經) 또는 십삼경(十三經)의 하나에 속한다. 주대(周代)의 종교적·정치적 의례를 비롯하여 관혼상제 등 사회적 의례까지를 수록하였으나, 당시의 생활양식·풍속 등을 연구하지 않으면 잘 알 수 없는 부분도 있다.

45) 《가례(家禮)》: 주자(朱子)가 유가(儒家)의 예법의장(禮法儀章)에 관하여 서술한 책으로, 《문공가례(文公家禮)》라고도 한다. 우리나라에는 고려 말 주자학과 함께 전래되었다. 사례(四禮)에 관한 이 책은 조선시대에 이르러 주자학이 국가 정교(政敎)의 기본강령으로 확립되면서 그 준행(遵行)이 강요되어, 처음에는 왕가와 조정 중신(重臣)에서부터 사대부(士大夫)의 집안으로, 다시 일반 서민에까지 보편화되기에 이르렀다.

46) 《공자가어(孔子家語)》: 공자의 언행 및 공자와 문인(門人)과의 논의(論議)를 수록한 책으로, 이 속에는 공자의 유문(遺文)과 일화가 섞여 있어 오늘날까지 전한다.

47) 《근사록(近思錄)》: 1175년에 남송의 주자(朱子)와 여조겸(呂祖謙)이 주돈이(周敦頤)·정호(程顥)·정이(程頤)·장재(張載) 등 네 학자의 글에서 학문의 중심문제들과 일상생활에 요긴한 부분들을 뽑아 편집한 책이다. 제목의 '근사'는 《논어》의 "널리 배우고 뜻을 돈독히 하며, 절실하게 묻고 가까이 생각하면, 인(仁)은 이 가운데 있다.(博學而篤志 切問而近思 仁在其中矣)"는 구절에서 따온 것이다.

經)》,[48] 《이정전서(二程全書)》,[49] 《주자대전(朱子大全)》,[50] 《주자어류(朱子語類)》,[51] 《성리대전(性理大全)》[52] 등의 책을 읽어서 이치가 통하는 것을 이해하고 의미를 완전히 꿰뚫으며, 또한 반드시 예전에 배운 것을 되새겨보고 연역(演繹)해보아 참고하여 바로잡아야 한다.

---

48) 《심경(心經)》: 중국 송대(宋代)의 거유(巨儒) 진덕수(眞德秀)가 편찬한 수심서(修心書)로, 정민정(程敏政)이 부주를 달았다. 조선 시대에 이황(李滉)의 《심경부주석의(心經附註釋義)》, 정구(鄭逑)의 《심경발휘(心經發揮)》 등의 해설서가 나왔다.

49) 《이정전서(二程全書)》: 중국 송나라의 성리학자 정호(程顥)와 정이(程頤) 형제의 문집을 모은 책으로 68권이다. 주자(朱子)가 집록, 선별, 편차 작업을 해 두었던 것을 1606년 명나라 학자 서필달(徐必達)이 교정하여 간행하였다. 책 머리에 서필달이 쓴 서문이 있고, 책 끝에 1246년 이습지(李襲之)가 쓴 발문과 1248년 장기(張玘)가 쓴 발문이 있다.

50) 《주자대전(朱子大全)》: 주자가 일생을 두고 저작한 모든 학설을 주로 하고 여러 학자의 질의(質疑)에 대해 회답한 편지들과 시(詩)·기(記)·명(銘)·비문(碑文)·묘지(墓誌) 등 문예에 관한 저작들을 함께 모은 방대한 저작이다. 주자 사후에 그의 문인(門人)들이 편찬한 것으로, 본편 100권은 보존되어 오던 것을 모은 것이고, 별집 11권은 그의 문인 여사로(余思魯)가 모은 것인데, 속집 10권은 누구의 손으로 이루어진 것인지 정확히 알 수 없다. 이것들을 모아 완전히 편찬한 것은 남송 도종(度宗) 함순(咸淳) 원년(1165)이며 저자의 후손 옥(玉)이 교정하여 《주자대전집(朱子大全集)》이라는 이름으로 간행하였다.

51) 《주자어류(朱子語類)》: 주자의 어록을 집대성한 책으로, 정식명칭은 《주자어류대전(朱子語類大全)》인바, 남송의 주자학자 여정덕(黎靖德)이 편찬하였다. 같은 이름의 책이 몇 종류가 있으나 여정덕이 편찬한 책이 가장 많이 알려졌다. 내용은 주자와 문인 사이에 행하여진 문답의 기록을 분류·편찬한 것으로 100명이 넘는 기록을 모았다. 주자의 사상을 아는 데 중요한 문헌이나, 주자의 설과 모순되는 대목도 적지 않다.

52) 《성리대전(性理大全)》: 송나라의 성리학설(性理學說)을 분류 집대성하여 편집한 책으로, 모두 70권이다. 호광(胡廣) 등 42명의 학자가 왕명을 받고 편찬을 시작하여 1415년(영락 13)에 완성하였다. 《사서대전(四書大全)》 36권, 《오경대전(五經大全)》 154권과 함께 《영락삼대전(永樂三大全)》이라고 불린다.

역사서도 반드시 알아야 할 부분이므로, 주자의 《자치통감강목(資治通鑑綱目)》, 사마천(司馬遷)의 《사기(史記)》[53], 반고(班固)의 《한서(漢書)》[54] 등과 이후 역대의 중국 사서(史書)로부터 우리나라 역사서까지 보아야 한다.

문장가에 대해서도 알아두어야 하므로, 《초사(楚辭)》[55]와 《전국책(戰國策)》[56], 《문선(文選)》[57], 이백(李白)[58]과 두보(杜甫)[59]의 시(詩),

---

53) 《사기(史記)》: 중국 전한(前漢)의 사마천(司馬遷)이 상고시대의 황제(黃帝)~한나라 무제 태초년간(BC 104~101)의 중국과 그 주변 민족의 역사를 포괄하여 저술한 기전체(紀傳體)의 통사이다.
54) 《한서(漢書)》: 중국 후한(後漢)시대의 역사가 반고(班固)가 저술한 기전체(紀傳體)의 역사서로, 전한(前漢)시대의 12제기(帝紀)와 8표(表)·10지(志), 70열전(列傳) 등 전 100권으로 이루어졌다. 《전한서(前漢書)》 또는 《서한서(西漢書)》라고도 한다. 《사기(史記)》와 함께 중국 역사학상 대표적인 저작이다. 한 무제에서 끊긴 사마천의 《사기》의 뒤를 이은 정사(正史)로 여겨지므로 '두 번째의 정사(正史)'라 하기도 한다.
55) 《초사(楚辭)》: 전국시대 초(楚)나라의 굴원(屈原)과 그 말류(末流)의 사(辭)를 모은 책, 또는 그 문체의 명칭이다. 16권이며 한(漢)나라 유향(劉向)이 편집하였다.
56) 《전국책(戰國策)》: 중국 전한 시대의 유향(劉向)이 동주(東周)의 후기인 전국시대(戰國時代) 전략가들의 책략을 편집한 책이다. 이를 후대에 보정(補訂)하여 33편으로 정리하였다.
57) 《문선(文選)》: 남북조 시대 양(梁)나라의 소통(蕭統:昭明太子)이 신(秦)·한(漢) 이후 제(齊)·양(梁)의 대표적인 시문을 모아 엮은 책이다.
58) 이백(李白, 701~762): 자는 태백(太白), 호는 청련거사(靑蓮居士)이다. 두보(杜甫)와 함께 '이두(李杜)'로 병칭되는 중국 최고의 시인이며, 시선(詩仙)이라 불린다. 1,100여 편의 작품이 현존한다.
59) 두보(杜甫, 712~770): 자는 자미(子美), 호는 소릉(少陵)이다. 중국 최고의 시인으로서 시성(詩聖)이라 불렸다. 인간의 심리, 자연의 사실 가운데 그 때까지 발견하지 못했던 새로운 감동을 찾아내어 시를 지었다. 장편의 고체시(古體詩)는 사회성이 짙어서 시로 표현된 역사라는 뜻으로 시사(詩史)라 불린다.

《당송팔가문(唐宋八家文)》[60]을 보고 제자백가(諸子百家)[61]의 책들까지 섭렵하여 학문의 범주를 넓혀야 한다.

이단(異端)의 책들은 보지 않는 것이 좋지만 그 학문의 뜻은 제쳐두고 문장만 보아서 문장력을 키우는 방도로 삼는 것은 괜찮다.

공부의 근본을 확립하여 의리를 바로잡고 견문을 넓힌 뒤에 마음으로 구상하여 손으로 글을 써내려 가면 장강대하(長江大河)와 같이 조금도 막힘이 없을 것이니, 한유(韓愈)[62]가 말한 인의(仁義)로운 사람은 그 말이 성대(盛大)하다는 것이 이를 두고 한 말이다.

저 과거급제에 필요한 글공부는 부수적인 일일 뿐이니, 어찌 굳이 심력(心力)을 허비해가며 다른 사람들을 따라할 필요가 있겠는가. 그 정도 글은 잘하려고 애쓰지 않더라도 저절로 잘하게 될 것이다.

공부하는 과정을 정함에 있어서는, 옛날 구양수(歐陽脩)[63]는 글자를

---

60) 《당송팔가문(唐宋八家文)》: 중국 당나라의 저명한 문장가인 한유(韓愈)·유종원(柳宗元), 북송(北宋)의 구양수(歐陽脩)·소순(蘇洵)·소식(蘇軾)·소철(蘇轍)·증공(曾鞏)·왕안석(王安石)의 문장을 모은 책으로, 명(明)나라 때 모곤(茅坤)이 편집하였다.

61) 제자백가(諸子百家): 중국 춘추전국시대(BC 8세기~BC 3세기)에 활약한 학자와 학파의 총칭이다. 제자란 여러 학자라는 뜻이고, 백가란 수많은 학파를 의미한다. 곧 수많은 학파와 학자가 자유롭게 자신의 사상과 학문을 펼쳤던 것을 나타낸다.

62) 한유(韓愈, 768~824): 자는 퇴지(退之), 시호는 문공(文公)으로, 당나라의 문장가 겸 사상가이다. 유종원(柳宗元)과 함께 고문운동을 전개하여 산문의 문체개혁(文體改革)과 시에 있어 지적인 흥미를 정련(精練)된 표현으로 한류(韓柳)로 병칭되었다.

63) 구양수(歐陽脩, 1007~1072): 중국 북송의 정치가 겸 문인으로, 자는 영숙(永叔), 호는 취옹(醉翁), 시호는 문충(文忠)이다. 북송 초기의 미문조(美文調) 시문인 서곤체(西崑體)를 개혁하고, 당나라의 한유(韓愈)를 모범으로 하는

계산해서 하루에 반드시 몇 글자를 공부하는 방법을 만들었고, 정단례(程端禮)는 날짜를 정해 과정을 마치는 방법을 썼지만, 후학들이 그 말대로 따랐다는 말은 듣지 못하였다.

다만 차례를 정해서 공부하는 순서만 잘못되지 않으면 될 것이니, 그 성취하는 시기와 수준의 차이로 말하면 공부하는 당사자의 뜻과 재주에 달려 있을 뿐이다.

아아, 우리의 스승이신 주자께서 독서법에 대해 말씀하기를, "몸을 바르게 하고 서책을 대하여 한 글자 한 글자 상세하게 천천히 읽으면서 자세하고 분명하게 읽어야 한다. 한 글자 한 글자 낭랑한 소리로 읽되, 한 글자도 잘못 읽거나 한 글자도 빠뜨려서는 안 되고 한 글자도 덧붙여 읽어서는 안 되며 한 글자도 순서를 바꾸어 읽어서는 안 되고 억지로 암기하려고 해서도 안 된다. 다만 여러 번 많이 읽어서 자연히 입에 오르게 되면 오래되어도 잊지 않게 된다." 하였고, 또 옛사람이 "책을 읽을 때 천 번을 읽으면 그 뜻이 저절로 드러난다.[讀書千遍義自見]"라고 한 말씀을 인용하였다. 또 말씀하기를, "독서에는 세 가지 집중해야 할 것이 있으니, 마음을 집중하고 눈을 집중하고 입을 집중하여야 한다."[64] 하였다.

또 말씀하기를, "단정하고 엄숙하게 똑바로 앉아서 성현을 마주하고 있는 것처럼 경건히 한다면 마음이 안정되어 의리를 연구하기 쉬울 것

시문을 지었다. 당송팔대가(唐宋八大家)의 한 사람이다. 주요 저서에는 《구양문충공집》 등이 있다.

64) 몸은……한다: 이상에서 인용한 주자의 글은 《주자대전보편(朱子大全補編)》 권2 〈동몽수지(童蒙須知) 독서사문자(讀書寫文字)〉에 보인다.

이다. 많이 볼 욕심을 내고 널리 보기를 힘써서 대충대충 섭렵하여 겨우 눈만 스쳐보고 지나가면서 이미 통달하였다고 생각해서는 안 된다. 조금이라도 의심나는 곳이 있으면 즉시 재차 생각해 보고, 생각해 보아도 통하지 않거든 곧 작은 책자를 준비해 두었다가 날마다 뽑아내어 기록하여 시간이 날 때마다 살펴보고 선배에게 자문해야 한다. 아무런 연고 없이 바깥출입을 하지 말고 잡담을 적게 해야 하니 이는 시간만 낭비할까 염려스러워서이며, 잡서(雜書)를 보지 말아야 하니 이는 정력만 분산시킬까 염려스러워서이다."[65] 하였고, 또 말씀하기를, "독서는 반드시 마음을 비우고 안목을 높게 가지고 뜻을 크게 가져야 한다."[66]고 하였다.

가령 주자의 독서하는 방법을 몰랐다면 그만이지만 그렇지 않다면 이 말씀들이 어찌 독서의 법령이 아니겠는가. 어떤 사람들은 말하기를, "세상에 많고 많은 책들을 어떻게 다 볼 수 있겠는가. 또 사람이 질병이나 사정이 없을 수 없고 집안일을 처리하느라 골몰하기도 하니, 아무리 독서하는 데 온 뜻을 쏟고자 하더라도 할 수가 없다. 그러니 사람들이 하는 대로 따라 요행히 과거에 합격하여 가문을 보존하고 먹고살 계책이나 이루는 게 낫다." 한다.

이는 참으로 자신을 해치고 학문을 포기하여 방탕하고 게으른 자이니, 요순(堯舜)의 도에 함께 들어갈 수 없다. 예로부터 노동을 하며 독서를 병행하였으니, 옛사람 중에는 낮에는 밭을 갈고 밤에만 공부한 분

---

65) 단정하고……염려스러워서이다: 이 내용은 《주자대전》 권39 〈여위응중(與魏應(仲)〉에 보인다.
66) 독서는……한다: 이 내용은 《주자대전》 권48 〈답여자약(答呂子約)〉에 보인다.

도 있었고 경서를 보며 김매는 분도 있었으며 땔감을 지고 다니며 글을 외운 분도 있었고 병중에 독서한 분도 있었고 옥중(獄中)에서 글을 읽은 분도 있었는데, 어찌 평생 사정에 구애되어 책을 읽고 싶어도 할 수 없는 경우만 있겠는가. 단지 공부에 뜻이 없기 때문이다. 그러므로 나는 이렇게 말하는 것이다. 뜻이 가장 중요하고, 재주는 그 다음이라고.

제2부

예를 알아야 한다

1. 예(禮)란 무엇인가

　예(禮)는 근본적으로는 인간의 본성인 인(仁)·의(義)·지(智)·신(信)과 함께 오성(五性)의 하나이며, 인간이 태어난 뒤에는 인간의 감정과 욕망을 절제하여 안정과 질서를 유지해 주는 도구로서, 공경과 겸양, 절도와 예의를 근본으로 한다. 공자는 일찍이 극기복례(克己復禮)가 인(仁)을 행하는 지름길임을 역설하였는데, 이는 사욕을 극복하여 예로 돌아감을 뜻한다. 공자는 또한 아들 리(鯉)에게 "사람이 예를 알지 못하면 세상에 제대로 살 수 없다."고 훈계하였다.

　우리나라는 예로부터 '예의동방(禮儀東方)'으로 일컬어져 왔다. 그러나 요즘은 서구문명의 무분별한 수용으로 우리의 전통예절이 거의 자취를 감추고 말았으며, 자식들의 기(氣)를 꺾지 않으려는 잘못된 사고로 말미암아 아이들을 방임(放任)하여 버릇없게 기르는 탓에 어른에 대한 예의를 모르는 경우가 허다하다.

　예의는 상호간에 지켜야 할 에티켓으로, 문명의 척도(尺度)임을 깊이 인식하여야 한다. 학문을 함에 있어서도 사생(師生) 간에 반드시 예의가 있어야 한다. 공경심과 겸양이 없이는 스승을 섬기고 제자를 지도할 수 없다.

이에 고전을 통하여, 예의 중요성과 원리를 소개하고, 제례(祭禮)의 절차를 살펴봄으로써, 조상을 섬기는 전통을 오늘에 다시 한 번 되새겨보고자 한다.

"거처함에 예가 있으므로 어른과 어린이가 구분되고, 규문(閨門 가정)에 예가 있으므로 집안이 화목해지고, 조정에 예가 있으므로 관직의 위계질서가 확립되고, 사냥함에 예가 있으므로 무예(武藝)가 익혀지고, 군중(軍中)에 예가 있으므로 무공(武功)이 이루어지는 것이다."
(以之居處有禮, 故長幼辨也; 以之閨門有禮, 故三族和也; 以之朝廷有禮, 故官爵序也; 以之田獵有禮, 故戎事閑也; 以之軍旅有禮, 故武功成也.) 《禮記 禮運》

이것은 공자가 인간 사회에 반드시 예가 있어야 함을 역설하신 내용이다. 예는 중국 고대로부터 윤리도덕의 중요한 덕목으로 인식되어 왔다. 공자는 윤리도덕 가운데 특별히 예를 강조하였으며, 예가 없으면 아무리 훌륭한 덕목도 쓸모가 없다는 것을 다음과 같이 설파하였다.

"공손하기만 하고 예가 없으면 수고롭고, 삼가(조심)기만 하고 예가 없으면 두려워하고, 용맹하기만 하고 예가 없으면 난을 일으키고, 정직하기만 하고 예가 없으면 너무 각박하게 된다."
(恭而無禮則勞, 愼而無禮則葸, 勇而無禮則亂, 直而無禮則絞.) 《論語 泰伯》

공자는 또 예가 없이는 천하와 국가를 다스릴 수 없음을 강조하고, 그 이유를 이렇게 설명하였다.

"예는 선왕(先王)이 하늘의 도를 받들어 사람의 마음을 다스린 것이다. 그러므로 예를 잃은 자는 죽고, 예를 얻은 자는 산다. 《시경》에 이르기를, '쥐를 살펴보면 미물인 쥐도 형체를 갖추고 있는데, 사람으로서 예가 없을 수 있겠는가. 사람으로서 예가 없으면 빨리 죽지 않고 무엇 하겠는가.' 하였다. 이 때문에 예는 반드시 하늘에 근본하고 땅을 본받으며 귀신에 진열되고 관혼상제로부터 활쏘기와 말타기, 조회와 빙문(聘問)에 두루 적용된다. 그러므로 성인(聖人)이 예를 온 세상에 보여 주신 것이니, 이 때문에 천하와 국가를 바로잡을 수 있는 것이다."
(夫禮, 先王以承天之道, 以治人之情, 故失之者死, 得之者生. 詩曰 相鼠有體, 人而無禮? 人而無禮, 胡不遄死. 是故, 夫禮必本於天, 效於地, 列於鬼神, 達於喪祭·射御·冠婚·朝聘, 故聖人以禮示之, 故天下國家可得而正也.)《禮記 禮運》

공자는 이어 '예는 사람의 감정과 욕망을 절제하여 서로 다투거나 빼앗지 않고 상호간에 사랑과 겸양으로 화목하게 지낼 수 있는 덕목'임을 역설하였다.

"무엇을 사람의 정(情)이라 하는가? 기뻐하고 노여워함과 슬퍼함과 두려워함과 사랑함과 미워함과 욕망이니, 이 일곱 가지는 배우지 않아도 할 수 있다. 무엇을 사람이 행하여야 할 의리라고 하는가? 부모는 사랑하고 자식은 효도하며, 형은 우애하고 아우는 공경하며, 남편은 의롭고 부인은 순종하며, 어른은 은혜롭고 어린이는 공손하며, 군주는 인자하고 신하는 충성하는 것이니, 이 열 가지는 사람이 반드시 행하여야 할 의리이다. 신의를 강조하고 화목함을 닦는 것을 인간의 이로움이라 이르며, 다투고 빼앗아 서로 죽이는 것을 인간의 앙화(殃禍)라 이른다. 성인이 사람의 일곱 가지 정을 다스리고 열 가지 의리를 닦으며, 신의를 강조하고 화목함을 닦으며, 사랑과 겸양을 숭상하고 다툼과 빼앗음을 제거함에 있어 예가 아니면 어떻게 할 수 있겠는가. 음식의 욕망과 남녀 간의 사랑은 사람들의 큰 욕망이며, 죽음과 빈곤은 사람들이 크게 싫어하는 것이다. 그러므로 욕망과 싫어함, 이 두 가지는 사람 마음의 큰 단서이다. 사람의 마음은 깊이 감춰져 있어 측량할 수 없으며, 좋은 것과 나쁜 것이 마음속에 숨겨져 있어 그 색깔을 볼 수 없다. 이것을 하나하나 연구하여 알려고 한다면 예가 아니고서는 어떻게 할 수 있겠는가."

(何謂人情? 喜怒哀懼愛惡欲, 七者不學而能. 何謂人義? 父慈子孝; 兄良弟弟; 夫義婦聽; 長惠幼順; 君仁臣忠, 十者謂之人義. 講信修睦; 謂之人利; 爭奪相殺, 謂之人患. 故聖人所以治人七情, 修十義. 講信修睦, 尙慈讓, 去爭奪, 舍禮, 何以治之? 飮食男女, 人之大欲存焉; 死亡貧苦, 人之大惡存焉. 故欲惡者, 心之大端也. 人藏其心, 不可測度也. 美惡皆在其心, 不見其色也. 欲一以窮之, 舍禮何以哉.) 《禮記 禮運》

그러면 예란 무엇인가? 주자는, "예는 천리(天理)의 절문(節文)이며 인사(人事)의 의칙(儀則)이다."라고 해석하였다. 즉, 하늘의 이치를 사람의 마음에 알맞게 적용하여 상호간에 예의를 지키고 공경하는 모양을 다하는 것을 말한다. 예에는 반드시 절[拜]을 하거나 읍(揖)을 하는 등의 의식이 따르므로 예의(禮儀)라 하고, 또한 절도에 맞아야 하므로 예절(禮節)이라 하고, 일정한 법칙(룰)이 있어야 하므로 예법(禮法)이라 하며, 사리에 마땅하여야 하므로 의(義)와 병칭하여 예의(禮義)라 하기도 한다. 쉽게 말하면, 예는 인간의 질서라 할 것이다. 인간 사회는 어떤 집단이든 상호간에 반드시 지켜야 할 법도(룰)와 에티켓이 있으니, 이것을 예의라 한다.

2. 예의 근본을 알아야 한다

"예는 혼란이 일어나는 것을 막아 주니, 이는 마치 제방이 홍수를 막아 주는 역할을 하는 것과 같다. 오래된 제방을 쓸모가 없다 하여 버리는 자는 반드시 홍수의 폐해를 입게 되고, 옛날의 예를 쓸모가 없다 하여 버리는 자는 반드시 혼란의 폐해에 빠지고 만다."

공자는,《예기》〈방기(坊記)〉에서 예를 홍수를 막아 주는 제방에 비유하여, 예가 질서를 유지시켜 혼란을 미연에 방지하는 구실을 하는 것이라고 설명하였다.

사람은 음식을 먹거나 의복을 입는 데에도 지켜야 할 예의가 있으며, 남녀 간에 사랑을 나누는 데 있어서도 역시 그러하다. 비록 풍속과 가치관이 다르다 하더라도 그 나름대로의 각각 지키는 에티켓이 있게 마련이다. 그렇지 않고는 질서가 잡히지 않고 혼란에 빠지게 되는 것이다.

예는 시의(時宜)에 맞게 변통하여야 한다

예는 인간이 행하여야 할 규범을 총체적으로 설정해 놓은 것이지만, 중등 이상의 문화인을 대상으로 하였다.《예기》의 '예불하서인(禮不下

庶人)'이란 구절이 이를 잘 말해 주고 있다. 일반 서민들이 예를 완벽하게 행하기는 어렵다는 뜻이다.

  예는 이처럼 사람의 지식 수준이나 재력 여하에 따라 적절히 가감하지 않으면 안 되며, 또한 때와 장소에 따라 정상적으로 행할 수 없는 경우도 있다. 이럴 때에는 예의 본의를 알아서 시의에 맞게 변통하지 않으면 안 된다.

  예는 원래 마음의 사랑인 인(仁)과 사물의 당연한 도리인 의(義)를 행하기 위하여 만들어진 규범이다. 그러므로 인과 의가 예보다 상위 개념임을 알아야 한다.

  옛날에는 남녀유별을 엄격히 지켜 남녀 간에 직접 물건을 주고받지 않는 것을 당연한 예로 인식하였다. 이와 관련하여, 전국시대 제(齊)나라의 변사(辯士)인 순우곤(淳于髡)과 맹자는 다음과 같은 문답을 나누었다.

  "남녀 간에 물건을 직접 주고받지 않는 것이 예입니까?"
  "예이다."
  "형수(兄嫂)나 제수(弟嫂)가 물에 빠지면 손으로 구원하여야 합니까?"
  "형수나 제수가 물에 빠졌을 때에 손으로 구원하지 않는다면 이는 시랑(豺狼; 승냥이)에 불과하다. 남녀 간에 물건을 직접 주고받지 않는 것은 예이고, 형수나 제수가 물에 빠졌을 때에 손으로 구원하는 것은 권도(權道)이다."《孟子 離婁上》

  '권(權)'은 저울질한다는 뜻으로, 권도란 정상적으로 예를 행할 수 없는 상황일 때에 사체(事體)의 경중을 저울질하여 사리에 맞게 대처함을 이른다. 옛날 순(舜)임금은 아버지가 회초리로 때리면 공손히 그 매를 맞았으나, 몽둥이로 때리려 하면 도망하였다 한다.

자식이 부모의 명령을 따르는 것이 원칙이지만 부모가 몹시 노하여 몽둥이로 때릴 경우에는 도망하여, 부모로 하여금 자식을 살상하는 실수를 범하지 않게 하는 것이 진짜 효(孝)인 것이다. 다만 권도는 부득이한 경우에만 사용하여야 한다. 그렇지 않으면 예의 본질을 망각하고 악용할 소지가 있음에 유의하여야 한다.

예는 마음속에서 우러나야 한다

예는 겸양과 공경의 마음이 있어야 한다. 상업적으로 손님을 끌기 위하여 억지로 꾸민 공손함이 아니요, 마음속에서 우러나오는 진실성이 있어야 한다. 이것이 예의 근본이다. 겉치레로 흐르는 허례허식이 되어서는 안 된다. 성실성이 부족하고 허례허식에만 집착하는 것을 '번문욕례(繁文縟禮)'라 한다.

공자 당시는 번문욕례가 성행하는 시대였다. 공자의 제자인 임방(林放)은 사람들이 허례허식에 집착하는 것을 보고, 이는 필시 예의 근본이 아닐 것이라고 생각하여, 스승에게 예의 근본을 물었다. 공자는 그의 질문을 크게 칭찬하고 이렇게 말씀하였다.

"예는 외형적으로 사치하기보다는 차라리 검소하여야 하고, 상례(喪禮)는 의식절차만 잘하기 보다는 차라리 슬퍼하여야 한다."
(禮, 與其奢也, 寧儉; 喪, 與其易也, 寧戚.) 《論語 八佾》

또한, 공자는 예와 악(樂)의 근본을 들어 "예를 말하지만 옥이나 폐백 따위의 예물을 말하겠는가. 악(樂)을 말하지만 종이나 북 따위의 악기를 말하겠는가.(예는 옥이나 폐백 따위의 예물을 말하는 것이 아니고, 악(樂)은 종이나 북 따위의 악기를 말하는 것이 아니다.)" 하여, 예물이나 악기는 어디까지나 외형적인 것에 불과하고, 반드시 공경하는 마음과 화락한 마음이 있어야 참다운 예(禮)·악(樂)이 될 수 있음을 강조하였으며, "사람이 인(仁)하지 않으면 참다운 예·악을 어떻게 행하겠는가?"라고 반문하기도 하였다.

노자(老子)는 일찍이 "예는 충신(忠信)의 마음을 박하게 만들어 혼란의 시초가 된다."고 예를 혹평하였다. 그러나 이 역시 허례허식의 번문욕례를 배척한 것일 뿐이며, 순리적인 질서를 무시한 것은 아니다.

예의는 이처럼 공경하는 마음과 공손한 자세, 감정을 자제할 줄 아는 지혜와 함께 고유문화와 생활습관에 따라 적절히 변통하는 방법이 골고루 구비될 경우에만 아름다운 미덕이 되는 것이다.

예는 전통과 풍습을 중시한다

예는 전통과 풍습을 중시하는 문화적 특징을 간직하고 있다. 이 때문에 한 지역의 전통적인 풍습을 보면, 그 지역 문명의 척도를 알 수 있는 것이다.

중국을 중화(中華), 또는 화하(華夏)라 칭하는바, 이는 예의가 바른 문명국임을 의미한다. 이와 반대로 예의를 모르고 버릇없게 구는 자를 가리켜 '호로(胡虜)자식'이라고 질타한다. 즉, 미개한 오랑캐의 자식이라는 뜻이다. 지금 중국 사람들은 자신들을 중화민족이니 중화사상이니 하면서 우월감에 빠져 주변의 약소국을 무시하여 무례(無禮)하기 일쑤이다. 중국에서 생장했다 하여 중화민족이 되는 것이 아니요 무례하면 호로자식에 불과한 것이다.

우리나라는 오랫동안 '예의동방(禮儀東方)'으로 알려져 왔다. 그러나 요즘 우리 사회에는 우리의 전통예절을 모르는 경우가 허다하며, 또한 예를 거론하면 무조건 까다롭고 귀찮은 것으로 생각하고 허례허식으로 매도하는 경향이 없지 않다.

일부 인사들은 서구문명에 맹목적으로 경도되어 서양의 에티켓은 잘 지키면서도, 우리의 전통예절은 소홀히 하는 경우를 종종 보게 된다. 서양 요리를 먹을 때에는 어느 손으로 어떻게 먹어야 한다는 등의 너스레를 떨지만, 막상 우리의 고유문화와 전통예절에는 문외한인 경우가 허다하다. 참으로 한심스러운 작태가 아닐 수 없다. 국제화도 좋고 세계화도 좋지만 '나는 한국인'이라는 주체의식이 있어야 한다. 그리하여 최소한의 예절을 알고 지키려는 노력을 해야 한다.

하기야 우리의 고유문화와 전통사상이 서구문명에 밀려 설 자리를 잃은 지는 이미 오래이며, 자유민주주의를 내세워 무슨 짓이든 자신이 하고 싶은 대로 해도 괜찮은 것으로 착각하는 부류가 판을 치고 있는 세상이다.

특히 일부 젊은 세대들은 우리 전통 윤리관이나 예절을 반드시 타파하여야 할 낡은 사상으로 비하하기도 한다.

악법(惡法)도 지키는 것이 법의 원리라 한다. 비록 현실에 맞지 않는 부분이 있더라도 최대한 그 원리를 생각하고 지키려는 노력이 있어야 한다. 물론, 남녀칠세부동석(男女七歲不同席)이나 관(冠)·혼(婚)·상

(喪)·제(祭)의 까다로운 예절을 오늘날 그대로 지킬 필요는 없다고 본다. 급변하는 사회 속에 옛날의 예를 모두 따르기는 불가능한 일이고, 또한 농경사회에서 대가족 단위로 생활하던 시대는 이미 지나갔기 때문이다.

민주주의 사고가 팽배하고 서구식 생활습관이 보편화된 오늘날, 젊은이들에게 무조건적인 순종과 전통예절만을 강요할 수는 없다. 아랫사람들도 자신의 권리와 의견을 떳떳하게 주장할 수 있어야 한다. 그러므로 누구나 자신의 의견을 분명하고 조리 있게 내세울 수 있어야겠지만, 거기에 따르는 상하간의 예절은 잃지 말아야 한다. 우리의 전통예절을 소중히 여기고 지키는 마음의 자세가 필요하다는 말이다.

요즘 설이나 추석 등의 명절에 우리의 고유 의상인 한복을 곱게 차려입은 모습을 자주 접하게 된다. 또한 고향의 부모나 어른을 찾아뵙고 공손히 절하는 모습도 자주 보게 된다. 하지만 두루마기를 입지 않고 마고자 차림으로 외출을 한다거나, 절을 한 다음 일어나지 않고 그대로 앉는 실수 등은 범하지 말아야 하겠다.

또한, 젊은이들의 무례함을 나무라기 전에 기성세대들이 예의를 깍듯이 지키는 바른 자세를 보여 주어야 한다. 만원의 지하철이나 버스 속에서 젊은이가 노약자에게 자리를 양보하지 않는다고 심한 말을 하는 노인들을 종종 보게 된다. 참으로 민망스럽기 이를 데 없는 광경이다.

부모가 자식에게 효도를 강요한다거나 늙은이가 젊은이에게 공경을 요구하는 것은 예의에 크게 어긋나는 행위이다. 서로가 질서를 유지하고 이해하며 상대방의 권리와 의견을 존중하면서, 우리 것을 자랑스럽게 여기고 아끼며 지키는 문화민족이 되어야 하는 것이다.

3. 제례(祭禮)

제례(祭禮)의 기본

예(禮)는 일상생활의 기거동작에 관한 것과 특별한 의식에 관한 것으로 크게 나눌 수 있으며, 의식으로는 관(冠)·혼(婚)·상(喪)·제(祭)의 사례(四禮)를 대표로 꼽는다.

옛 사람들은 사례를 사람이 가장 중요시해야 할 의식으로 여겨왔다. 성년의식인 관례(冠禮)와 일생의 배필을 맞이하는 혼례(婚禮)는 산 사람을 위한 것이며, 별세한 사람을 장송(葬送)하는 상례(喪禮)와 조상을 추모하는 제례(祭禮)는 죽은 사람을 위한 것이다.

우리는 일찍이 예절과 의식을 철저히 지키는 국민으로 일컬어져 왔다 그러나 관례는 예전에도 조혼(早婚)으로 말미암아 제대로 행하는 경우가 극히 드물었으며, 지금은 서구문명의 범람으로 우리의 전통적인 혼례와 상례를 찾아보기 매우 어렵게 되었다. 그나마 남아 있는 것이라면, 제례를 꼽을 수 있을 것이다. 하지만, 오늘날에는 사당(祠堂)과 신주(神主)가 없어진 지 이미 오래이며, 제사 중에서도 가장 성대하게 지내던 사시제(四時祭)를 모시지 않고, 4대 이하의 기일(忌日)에 지내는 기제(忌祭) 및 정조(正朝; 설날)와 추석(秋夕)에 올리는 차례(茶禮),

그리고 4대 이상 선조의 묘소에 지내는 세일제(歲一祭)가 있을 뿐이다.

이에 제례에 관한 기본상식과 기제, 세일제에 대한 절차를 알아보기로 한다.

가가례(家家禮)의 잘못된 인식

우리의 제례는 조선조에 들어와 《주자가례(朱子家禮)》[1]를 근간으로 삼았다. 물론, 학파와 지역 간의 풍습에 따라 의식이 약간씩 다르고, 제수(祭需) 역시 어느 지역에서는 금기시하는 것이 다른 지역에서는 사용되기도 한다. 《주자가례》도 그 대강만을 들었을 뿐, 세세한 절차까지는 다루지 않았으므로, 지역의 풍습에 따라 약간의 차이가 있음을 인정하지 않을 수 없다.

그렇다고 해서, 제례의 기본원리와 예절마저 무시할 수는 없는 것임에도, 일부에서는 제례의식이 무원칙하고 무질서하기 이를 데 없으며, 이를 지적하면 상대가 '가가례(家家禮)'란 말로 항변하기 일쑤이다. 가가례란 집집마다 예절이나 의식이 각기 다름을 의미한다.

그러나 이러한 생각은 근본적으로 잘못된 것이다. 학파의 예론(禮論)에 근거한 것도 아니요 또한 특별한 이유가 있어 조상 대대로 내려온 것도 아닌, 그야말로 무원칙한 것을 가지고 가가례라고 주장할 수는 없는 것이다.

가가례란 말은 《주자가례》의 책명에서 연유한 것으로 보인다. 중국

---

1) 《주자가례(朱子家禮)》: 중국 명나라 때에 구준(丘濬)이 가례(家禮)에 관한 주자(朱子)의 학설을 수집하여 만든 책. 주로 관혼상제의 사례(四禮)에 관한 사항을 담았다.

역시 예전에는 관·혼·상·제의 사례(四禮)가 제대로 통일되어 있지 못하였다. 이에 주자는 사마광(司馬光)의 《서의(書儀)》[2] 등을 참고하여 사례의 절차를 정하고 명칭을 '가례'라 하였는데, 이는 천하에 널리 통용되지 못하고 단지 자신의 집에서만 행하는 예란 뜻의 겸사(謙辭)였다. 우리의 전통 예절이 《주자가례》를 근간으로 한 이상, 제례의 원리와 본의를 망각하고 무지(無知)에서 연유한 무질서한 행위를 가가례란 말로 호도하는 일이 없어야 할 것이다.

기제(忌祭)를 모시는 날짜

기(忌)는 '꺼린다'는 뜻으로, 선조가 돌아가신 날을 당하면 마음이 서글퍼져 술을 마시거나 풍악을 울리는 등의 일을 기피한다 하여 붙여진 이름이다. 그러므로 기제는 반드시 별세한 날에 지내야 한다. 요즘 일부에서는 기제의 본뜻을 알지 못하고, 제사를 하루 앞당겨 지내는 실수를 범하는 경우가 많다.

원래 대부분의 제사는 궐명(厥明)에 차려 질명(質明)에 지내는 것으로 되어 있다. 궐명은 날이 밝기 전이며, 질명은 날이 막 밝았을 때를 이른다. 그러나 우리나라 풍습은 궤연(几筵)[3]에서 모시는 대소상(大小祥)을 제외하고는 대부분 이보다 시간을 앞당겨 지내고 있다. 이는 새벽 2시 이후 첫닭이 울고 나면 조상의 영혼이 자유로이 통행할 수 없

---

2) 《서의(書儀)》: 중국 북송(北宋)의 정치가이며 학자인 사마광이 공사(公私)의 서장(書狀) 형식과 예법에 관하여 편찬한 책.
3) 궤연(几筵): 죽은 사람의 영궤(靈几)와 그에 딸린 모든 것을 차려 놓는 곳. 영실(靈室)·영연(靈筵)·영좌(靈座; 영위를 모셔 놓은 자리)를 뜻하기도 하며, 세속에서는 상청(喪廳)이라고도 한다.

다는 속설에 근거한 것으로 보이는데, 대체로 새벽 0시 이후 2시 이전에 제사를 모두 끝마친다. 밤 12시는 다음 날 새벽 0시가 되기 때문에 제사를 다소 일찍 지낸다 하더라도, 별세한 날짜에 지내는 것이어서 아무런 문제가 없다고 보아진다. 물론, 일부에서는 현재의 우리 시간이 30분 정도 앞당겨져 있다 하여, 밤 12시 30분이 지나야 비로소 다음 날이 된다는 주장이 있기도 한다.

그런데 언제부터인가 기제를 초저녁에 모시는 편법이 일부 가정에서 있어 왔다. 일찍 제사를 마침으로써 다음 날 직장 출근에 무리가 없게 하기 위한 수단으로 짐작된다. 하지만, 이럴 경우 잘못하다가는 별세한 날이 아닌, 그 전날에 제사를 올리는 결과를 초래하기 쉽다.

또한, 기제는 별세한 날보다 하루 전에 지내야 하는 것으로 잘못 알고 있는 사람들도 없지 않다. 새벽 0시부터가 다음 날이라는 것을 생각하지 않고, 그저 "오늘 저녁에 제사를 모신다."고만 생각하기 때문에 이러한 실수를 야기시키지 않았나 추측된다. 그러므로 부득이 초저녁에 제사를 모실 경우, 반드시 별세한 날 저녁에 지내야 할 것이다.

또, 한 가지 유의할 점은 아직도 대부분의 가정에서 기일을 음력으로 따져 지낸다는 사실이다. 만일, 음력으로 큰 달인 30일에 별세하였을 경우, 음력은 달의 크고 작음이 일정하지 않으므로, 작은 달이 돌아오면 부득이 그믐을 기준으로 하여 29일에 지내야 한다. 윤달에 별세하였을 경우에도 윤달은 매년 있는 것이 아니므로, 본 달의 그 날짜에 지내어야 함은 물론이다.

기제를 모시는 대수(代數)

　지금 우리는 비록 신주를 모시지 않고 있지만, 전통가정에서는 대부분 고조(高祖)까지 4대 봉사(奉祀)를 하고 있다. 그러나 이는 본래 사대부(士大夫)의 경우이며, 조선 중기까지만 해도 증조(曾祖)까지만 제사를 모셨다. 율곡(栗谷) 선생이 지은 《격몽요결(擊蒙要訣)》의 〈제의초(祭儀抄)〉에도 증조까지만 모시는 것으로 되어 있다. 그러다가 《주자가례》가 성행하면서 점차 확대되어 거의 모두 4대 봉사를 하게 된 것이다.

　하지만, 요즘은 조상 받드는 것을 우상숭배로 보는 종교적 시각과 돌아가신 분이 제사 음식을 어떻게 먹겠느냐는 의심으로 말미암아, 전통 제례가 점차 말살되어 가고 있는 것이 현실이다. 게다가 농경사회가 급속도로 산업사회화함으로써, 각지에 흩어져 있는 자손들이 자주 모이기 어렵다는 구실로 제사를 소홀히 하는 경향이 만연되었다. 따라서 증조 이상의 기제는 지내지 않는 경우가 허다하며, 일부 몰지각한 사람들은 고(考; 돌아가신 아버지)·비(妣; 돌아가신 어머니)의 기일 중 하루만을 골라 지내는 경우도 없지 않다. 또한 봄·가을의 공휴일을 골라 제사하거나 산소에 가서 성묘하는 것으로 제사를 대신하기도 한다.

　제사는 물론 유교(儒敎)에서 비롯되었지만, 우리의 오랜 전통임을 깊이 인식하여야 한다. 비록 4대 봉사를 하지 못한다 하더라도, 부모나 조부모에 대한 기제만은 그 의의를 깊이 인식하고, 제날짜에 되도록 격식에 맞게 정성껏 모셔야 한다.

　4대란 말이 나왔으니, 대수(代數)에 대하여 한 가지 지적할 것이 있다. 일부에서는 기불대수(己不代數)라 하여 자신은 대수에 넣지 않는 것으로 생각하여, 세(世)와 대(代)를 서로 다른 것으로 착각하고 있다. 즉, 대는 자신을 포함하지 않는 반면, 세는 자신까지 포함하여 계산한다는 것이다. 그러나 이는 옳지 않다. 대(代)는 원래 세(世) 자를 써오다가 당나라 때에 태종(太宗)의 이름이 '세민(世民)'이므로 세(世) 자를 휘(諱; 기피)하여 대(代) 자로 통용하게 되었던 것이다.

다만, 우리나라 족보는 1면을 6단으로 나누고 맨 아랫단에는 자손의 이름만을 기록하였다가, 다음 장의 상단에 다시 그의 이름을 쓰고 생졸(生卒)과 이력(履歷)을 자세히 기록하여, 매 면에 5대씩 수록함으로써 대수를 계산하기 편리하게 하였으며, 시조를 1세로 하였다. 따라서 시조로부터 자신에 이르기까지가 26세라면, 시조는 당연히 25대조가 되고, 자신은 25대손이 되는 것이다. 고조(高祖)로부터 자신까지 세어보면 5세가 되는데, 실제로는 고조가 4대조가 된다. 그러나 이는 세와 대가 달라서가 아니요, 뒤에 조(祖)나 손(孫)을 붙였기 때문에 한 대가 줄었음을 알아야 한다. 그러므로 25대조는 바로 25세조이고, 25대손은 바로 25세손인 것이다.

단설(單設)과 합설(合設)

기제는 단설과 합설의 차이가 있다. 단설은 고(考)·비(妣) 중 기일에 해당하는 한 분만을 모시는 것이며, 합설은 고·비 모두를 제사함을 이른다. 즉, 조고(祖考; 조부)의 기일에 조비(祖妣; 조모)를 함께 모시고, 조비의 기일에 역시 조고를 함께 모시는 것이다. 사시제(四時祭)와 차례(茶禮)는 사당에서 고조 이하 모든 선조들에게 함께 제사하나, 기제는 기일에 해당하는 한 분만을 모시는 것이 원칙이다. 그러므로 사당을 모시고 있다 하더라도, 기제는 사당에서 모시지 않고 해당 신주를 정침(正寢; 안방)이나 대청으로 모셔다가 지낸다.

《주자가례》역시 단설을 원칙으로 하였으며, 조선조 인조(仁祖) 때의 성리학자 여헌(旅軒) 장현광(張顯光)[4]도 단설을 주장하고, 고(考)의 기일에 비(妣)를 함께 모시는 것은 그래도 괜찮지만, 비의 기일에 고를 함께 모시는 것은 존비(尊卑)의 예절에 맞지 않는다고 비판하였다. 그러나 생전에 내외분이 함께 하셨으므로, 기일에 내외분을 함께 모시는 것도 무방하다 하여 합설하게 된 것이다.

주자의 스승의 스승이라 할 수 있는 정이천(程伊川) 역시 합설을 주장한 것으로 알려져 있다. 우리나라에서도 자기 가문의 전통에 따라 적절히 선택하면 될 것이다. 다만, 합설할 경우 축문(祝文)에 어느 분의 기일인가를 밝혀야 하며, 제수 역시 메(밥)와 국을 한 그릇 더 준비하고, 술잔과 수저 역시 한 벌을 더 놓아야 함은 물론이다.

---

4) 장현광(張顯光, 1554~1637): 조선시대의 학자. 자는 덕회(德晦). 호는 여헌(旅軒). 여러 차례 관직에 임명되있으나 사양하고 학문 연구에만 전심하였다. 저서에 《여헌문집》, 《역학도설(易學圖說)》, 《여헌성리설(旅軒性理說)》 등이 있다.

4. 기제(忌祭)

제수(祭需)의 준비

제사하기 하루 전에 미리 목욕재계하고 제수를 장만하며, 제기(祭器)를 깨끗이 닦고, 정침(正寢)이나 대청을 청소하여 제청(祭廳)을 설치한다. 또한, 모사(茅沙)를 만들고, 지방(紙榜)과 축문(祝文)을 써놓는다. 별세한 날 저녁에 제사할 경우에는 당일에 준비하여도 된다.

제수의 재료와 품목은 앞에서도 언급된 바와 같이, 지방마다 약간씩 다른 특성이 있다. 그 대강을 들면, 적(炙)과 탕(湯)은 어물과 육류를 각각 한 그릇 이상씩 준비하고, 과류(果類)는 과일과 조과[造果; 약과(藥果)와 산자(橵子) 및 과자로 구분하되, 과일은 대추, 밤에다가 감이나 배 중에서 한 가지를 더하는데, 이를 삼색(三色)이라 한다. 감은 곶감[乾柿]으로 대용하기도 한다.

삼색 과일을 사용하는 것은 특별한 의미가 있어서가 아니요, 이들 과일이 우리나라 전역에서 대부분 많이 생산되고 또한 보관이 용이한 때문인 것으로 생각된다. 삼색 과일 외에 사과, 귤, 유자, 은행, 호도 등도 올리며, 여름철에는 참외, 수박, 포도 따위도 제수가 될 수 있다.

탕은 3내지 5종류를 사용한다. 이에 따라 과일 역시 3, 5, 7, 9의 홀수를 올리는 것이 통례라고 주장하나 오히려 짝수로 올려야 한다는 기록이 있다. 하지만 이 숫자에 얽매여 이미 마련한 제수를 올리지 않을 필요는 없다고 본다.

제품(祭品)은 특별히 정한 것이 없고, 지방의 특산품이나 기호품을 올리는 것이 상례이다. 다만, 과일로는 복숭아와 살구를 쓰지 않는다는 기록이 있으며, 우리나라에서는 잉어를 쓰지 않고, 갈치, 준치, 꽁치, 멸치 등과 같이 어물의 명칭 끝에 '치' 자가 붙는 것을 사용하지 않는다. 또한 일부 지방에서는 비늘이 없는 생선을 사용하지 않기도 한다.

제품은 가정 형편에 맞추어 장만하면 된다. 되도록 정갈하게 만들어 정성이 담겨 있어야 하며, 품목이나 분량을 지나치게 많이 할 필요는 없다.

기제는 원래 사시제와 달라 축제(祝祭)가 아니고, 선조가 별세한 날에 애도의 뜻을 나타내는 행사이므로, 과일도 삼색, 탕도 세 종류만을 장만하면 된다. 그러나 지금은 사시제를 지내지 않고 기제만을 지낼 뿐이니, 각지에 흩어져 사는 친족들이 오랜만에 이날 서로 만나 고인을 추모하는 동시에 가족 간의 화목을 다지는 계기가 될 것이므로, 가정 형편이 크게 곤란하지 않으면 제수를 약간 풍성하게 장만하여 조상에게 올린 다음, 서로 나누어 먹는 것도 좋다고 본다.

또한, 옛날에는 종가(宗家)나 장자의 집에서 모든 제수를 장만하였으나, 지금은 보관이 용이하고 교통이 편리하므로, 제수를 자손들이 분담하는 문제도 고려해 볼 만하다. 제사는 서로 미루지 말고, 각자가 정성을 다하여 모범을 보이는 자세가 필요하다.

제청(祭廳)의 설치

신위(神位)는 정침(正寢; 안방)이나 대청의 북쪽에 남향(南向)으로 설치한다. 여기서의 남향은 동서남북의 방향과는 관계없이 출입문이 있는 쪽을 남쪽으로, 그 반대편을 북쪽으로 보며, 주제자(主祭者)의 오른쪽을 동쪽, 왼쪽을 서쪽으로 삼는다.

신위는 고(考)·비(妣) 합설의 경우 고서비동(考西妣東)을 원칙으로 하여, 주제자의 입장에서 볼 때 왼쪽에 고위(考位)를, 오른쪽에 비위(妣位)를 설치한다. 이는 신도(神道)는 오른쪽을 상(上)으로 하는데, 주제자의 입장에서 보면 왼쪽이 상석(上席)이 되기 때문이다.

차례(茶禮)에 있어서도 맨 왼쪽에 고조고(高祖考), 그 다음에 고조비(高祖妣) 그리고 증조고(曾祖考), 증조비(曾祖妣) 순서로 신위를 배열한다. (다음에 언급되는 동서와 좌우는 독자의 혼란을 방지하기 위하여 모두 주제자를 중심으로 하였음을 밝혀둔다.)

제사상 앞에 향안(香案; 향을 놓는 탁자)을 펴고, 그 위에 향로(香爐)와 향합(香盒)을 놓으며, 향로와 향합 앞에는 모사(茅沙)를 놓는다. 그리고 향안 왼쪽에 축판(祝板; 축문을 올려놓는 판자)을, 오른쪽에 세사에 사용할 술과 퇴주(退酒) 그릇을 놓는다.

모사(茅沙) 만들기

모사는 강신(降神)에 사용하는 물건으로, 띠 풀을 모래 위에 꽂기 때문에 붙여진 이름이다. 보시기 따위의 그릇에 깨끗한 모래를 한 홉 정도 담고, 15cm 길이의 띠 풀을 지름 1~2cm 정도로 묶어 모래 위에 꽂아 놓는다.

띠 풀을 사용하는 이유는 뿌리가 깨끗하고 대나무 뿌리와 비슷하여 마디가 있고 곧게 뻗으므로, 서로 이어가는 부자간의 대수(代數)와 유사함이 있어서라고 한다. 그러나 본인의 견해로는 제사하는 분의 무덤을 상징한 것이 아닌가 여겨진다. 무덤은 모래가 있고, 그 위에 띠 풀이 자라기 때문이다.

강신에는 두 가지 절차가 있다. 즉, 향을 피우는 분향(焚香)과 모사에 술을 따라 붓는 뇌주(酹酒)가 그것이다.

강신은 신이 내려온다는 뜻으로, 옛날 사람들은 사람이 죽으면 혼(魂)은 하늘로 날아가고, 넋[魄]은 육신을 따라 땅 속에 묻혀 있는 것으로 생각하였다. 혼은 양(陽)으로 정신을 말하고, 넋은 음(陰)으로 육신에 붙어 있는 신경계통을 뜻한다.

따라서 향을 피우면 연기가 하늘로 올라가 혼을 불러오고, 모사에 술을 따라 부으면 술기운이 땅 속에 스며들어 넋을 불러오는바, 혼과 넋이 모두 모여야 완벽한 조상의 영혼이 강림하는 것이다.

현재 대부분의 가정에서는 모사를 사용하지 않는데, 뇌주는 강신의 중요한 절차임을 인식하고, 반드시 모사를 만들어 사용하여야 할 것이다. 또한, 초헌(初獻)의 제주(祭酒)에도 사용하므로 하나를 더 준비하도록 한다.

지방(紙榜)과 축문(祝文) 쓰기

제사는 원래 신주를 모시는 것이 원칙이나, 지금은 거의가 신주를 모시지 않고 지방(紙榜)으로 대용한다.

지방의 길이와 크기는 특별한 격식이 없으나, 대략 길이는 21cm에서

30cm(7치 내지 1자), 넓이는 5~6cm로 하며, 위는 귀를 약간 접고, 접은 부분을 때내어 원형 비슷하게 만든다. 이는 천원지방(天圓地方), 곧 하늘은 둥글고, 땅은 네모지게 생겼다는 설에서 유래한 것이라 한다.

축문의 길이는 25cm 이상, 30cm 미만으로 하며, 넓이는 이보다 다소 좁게 한다.

지방과 축문의 서식을 간략히 소개하면, 다음과 같다.

【지방서식(紙榜書式)】(考·妣 합설의 경우)

顯考 學生 府君 神位
현고 학생 부군 신위

顯妣 孺人 全州李氏 神位
현비 유인 전주이씨 신위

학생(學生)은 벼슬이 없을 경우이고, 직함이 있으면 직함을 쓰며, 유인(孺人) 역시 옛날 9품(品) 이하 서인(庶人)의 처(妻)에 대한 칭호이며, 남편의 직함이 높을 경우 그 신분에 따라 숙부인(淑夫人), 정경부인(貞敬夫人) 등의 봉호(封號)를 써 왔다.

그러나 지금은 왕조시대(王朝時代)가 아니므로, 남편이 비록 국무총리(國務總理)를 역임하였다 하더라도, 그 부인을 정경부인으로 칭할 수는 없는 것이다. 그렇다고 유인(孺人)으로 쓰는 것도 문제가 있다. 이 경우 남편만 직함을 쓰고, 부인은 관향(貫鄕)과 성씨(姓氏)만을 쓰는 것이 무방하다고 생각한다. 또한 처(妻)의 경우에는 망실(亡室), 또는 고실(故室) 유인(孺人)이라고 표기한다.

> 【축문서식(祝文書式)】
>
> 維歲次丙子 八月癸丑朔 十五日丁卯 孝子吉童 敢昭告于
> 유세차병자 팔월계축삭 십오일정묘 효자길동 감소고우
> 顯考 學生 府君
> 현고 학생 부군
> 顯妣 孺人 全州李氏 歲序遷易
> 현비 유인 전주이씨 세서천역
> 顯考 諱日復臨 追遠感時 昊天罔極 謹以淸酌庶羞 恭伸奠獻
> 현고 휘일부림 추원감시 호천망극 근이청작서수 공신전헌
> 尙
> 상
> 饗
> 향

병자년 팔월계축삭 십오일 정묘에 효자 길동은 감히 거룩하신 아버지 학생부군과 거룩하신 어머니 유인 전주이씨에게 밝게 아뢰옵니다. 태세(해)의 차례가 바뀌어 아버지의 휘일(諱日; 기일)이 다시 돌아오니, 지난날을 추모하며 시절에 감동되어, 서글픈 마음 하늘처럼 다함이 없습니다. 이에 삼가 맑은 술과 여러 음식을 공손히 진설하여 올리오니, 부디 흠향하소서.

'감소고우(敢昭告于)'를 학파에 따라 '감조곡우'로 읽기도 한다. 이는 소(昭)의 음이 원래 '조'이고, 고(告)는 윗분에게 아뢸 때에는 '곡'으로 읽기 때문이다.

연도와 날짜 및 일진 등의 간지(干支)는 제일(祭日)에 맞추어 쓰고, 조고(祖考) 이상에는 호천망극 대신 '불승영모(不勝永慕; 길이 사모함을 이기지 못함)'로 쓰며, 단설일 경우에는 '세서천역(歲序遷易)' 다음에

곧바로 '휘일부림(諱日復臨)'으로 이어 쓴다.

　지방과 축문은 백지에 모필로 종서(縱書)하되, 정성들여 해서(楷書)로 쓰는 것이 원칙임을 잊지 말아야 한다.

5. 제수의 진설(陳設)과 제사의 절차

제수(祭需)의 진설(陳設)

제수의 진설은 신위(神位)로부터 맨 앞줄은 메(밥; 飯), 술잔(잔; 盞), 국(갱; 羹), 그 다음 줄은 산적류와 어물 및 부침개와 떡·면(麵), 그 다음은 탕류, 그 다음은 채소류, 그 다음은 과류(果類)로, 모두 다섯줄이 된다. 그러나 《예문(禮文)》에는 탕 줄을 생략하여 네 줄로 되어 있다.

제수의 진설에는 몇 가지 기본 상식이 있다. 즉, 어동육서(魚東肉西)라 하여, 어물은 동쪽에 놓고 육류는 서쪽에 놓으며, 조좌습우(燥左濕右)라 하여, 건조한 포나 김 따위는 왼쪽에 놓고 습한 식혜(食醯)나 젓갈 따위는 오른쪽에 놓는다. 또 과일은 왼쪽에, 조과(造果)는 오른쪽에 놓는다. 이는 신위의 입장에서 보면 정반대로 어물은 서쪽, 육류는 동쪽, 건조한 것은 동쪽(오른쪽), 습한 것은 서쪽(왼쪽), 과일은 동쪽, 조과는 서쪽에 있는 것이 되는바, 이렇게 놓는 이유는 동쪽은 양방(陽方)이고 서쪽은 음방(陰方)이며 건조한 것은 양이고 습한 것은 음이기 때문이다.

또, 땅에서 높게 자란 과일은 동쪽, 그보다 낮게 땅에서 생산된 곡물에 인공을 가하여 만든 조과류는 서쪽에 놓는다.

어물(魚物)은 동두서미(東頭西尾)라 하여 머리를 동쪽에, 꼬리를 서쪽에 놓는데, 배가 있는 쪽을 신위를 향해 놓는다. 동두서미의 이유는 확실하지 않으나 일설에 의하면, 중국의 경우 모든 하천이 동쪽으로 흐르므로, 그 방향을 따라 어물의 머리를 동으로 향하게 놓는다고 한다.

과일에 있어서는 지역이나 학파간에 따라 배열순서가 약간 다르기도 한다. 기호지방(畿湖地方)에서는 조동율서(棗東栗西)라 하여 대추를 동쪽에, 밤을 서쪽에 놓는 반면, 일부 지방에서는 홍동백서(紅東白西)를 주장하여 붉은 것을 동쪽에, 흰 것을 서쪽에 놓기도 한다. 그리하여 밤과 배를 왼쪽에, 대추와 감을 오른쪽에 놓는다. 그러나 홍동백서는 속설에 불과할 뿐,《예문》에 보이지 않으므로 굳이 지킬 필요는 없다고 생각한다(이 부분은 필자의 과문(寡聞)한 탓일 수 있으므로 독자들의 양해를 구한다.).

산적은 소의 간(肝)으로 만든 것을 으뜸으로 친다. 이 때문에 적간(炙肝)이라 하여 초헌(初獻)에 올린다. 충청도 지방에서는 굴비와 해의(海衣; 김)를 제수의 필수 품목으로 여기며 굴비를 어물로 치지 않고 채소 줄에 놓는데, 이는 굴비를 젓갈로 보기 때문인 것으로 생각된다. 물론 생조기를 그대로 사용할 경우에는 두 번째 줄의 어류에 놓는다.

제수의 진설은 제상(祭牀)을 설치하고, 먼저 채소와 과일을 진설하였다가 참신(參神)이 끝난 다음 밥과 국, 어물과 육류, 떡과 면, 탕류를 올리며, 산적은 술잔을 올리면서 함께 올린다. 이는 생전에 어른이나 손님을 모시게 되면, 채소와 과일 등을 미리 상에 차려놓고 있다가 어른이 오신 뒤에야 밥과 국, 찌개(탕)와 안주를 따뜻하게 데워 올리는 데에서 연유한 것이다. 그러나 이 역시 모두 올리고서 강신·참신을 하기도 한다.

제사(祭祀)의 절차

제일(祭日)이 되면 신위 앞에 있는 제상(祭牀)에 채소와 과일을 진설하고 신주나 지방을 모신 다음, 강신(降神), 참신(參神), 진찬(進饌), 초헌(初獻), 아헌(亞獻), 종헌(終獻), 유식(侑食), 합문(闔門), 계문(啓門), 진다(進茶), 사신(辭神), 철상(撤牀)의 순서로 제사를 진행한다. 이 순서는 모든 제사가 거의 똑같으며, 사시제에만 수조(受胙), 음복(飮福)의 절차가 더 있을 뿐이다.

사시제는 고조 이하 여러 위(位)를 합제(合祭)하는바, 수조란 진다 후에 위패마다 술잔과 음식을 덜어 축관(祝官)이 축을 읽고 주인(주제자)에게 주면 주인이 이를 받아 맛보는 것을 말한다. 음복은 제사가 끝난 뒤에 제관이 술과 음식을 나누어 먹는 것을 말하는데, 기제는 원래 추도 행사이므로 이러한 절차가 생략되는 것이다.

신주(神主) 모셔오기

원래는 사당(祠堂)에서 해당 신주를 모셔오는데, 지방으로 대용할 경우 지방 틀에 지방을 붙이면 된다.

물론, 주제자(초헌관으로 주인이라고 하기도 한다)가 모시지만, 제사에 참여하는 제관 모두가 경건한 자세로 지켜보되, 제관이 서는 순서는 동쪽을 상으로 하여, 주제자가 맨 오른쪽에 있도록 한다.

강신(降神)_ 주인이 신위 앞으로 나아가 무릎을 꿇은 자세로 향을 세 번 피우고 재배한 뒤, 모사(茅沙)에 술을 세 번 붓고 또 재배한다. 다만 신주를 모시거나 묘제(墓祭)일 경우에는 참신(參神)을 먼저 하고 뒤에 강신을 한다. 이는 신주나 산소를 뵈면 일단 배알하는 예에서 나온 것이다.

참신(參神)_ 참신은 신에게 참알(參謁)한다는 뜻으로 주인 이하 모든 제관이 재배한다. 이때 부녀자들은 사배(四拜)를 한다. 이는 남자는 양(陽)이므로 홀수에 해당하고, 여자는 음(陰)이므로 짝수에 해당하기 때문이다. 원래 남자는 절을 한 번하고 여자는 두 번 하는 것이었으나, 선조를 극진히 존경하여 남자가 두 번 절을 하게 되고, 따라서 여자는 그 배(倍)인 네 번 절을 하는 것이다. 일부에서는 제사에 부녀자를 참여시키지 않는 가정이 있는데, 이는 크게 잘못된 일이다. 제사는 반드시 부부가 함께 모셔야 한다. 그러므로 주인이 초헌을 하고, 주인의 아내인 주부[종부(宗婦)나 장부(長婦)]가 아헌을 하는 것이다. 조상을 받드는 일에 남녀의 차별이 있을 수 있겠는가. 다만 남녀가 뒤섞여 있는 것은 바람직하지 않으므로, 남자들은 오른쪽에, 여자들은 왼쪽에 있도록 하며, 제청이 좁을 경우에는 남자들이 먼저 절을 올린 뒤에 여자들이 절을 올리도록 한다.

진찬(進饌)_ 앞에서 말한 대로 이때 밥과 국, 육류와 어물, 떡과 면(麵), 탕을 차례로 올린다.

초헌(初獻)_ 첫 번째 술을 올린다 하여 초헌이라 하는데, 주인이 신위 앞으로 나아가면 집사자(執事者; 제사를 도와주는 사람) 한 사람이 주전자를 잡고 그 오른쪽에 선다. 주인이 고위(考位)의 잔반

(盞盤; 잔과 잔대)을 받들고 동향(東向)해 서 있다가 집사자가 서향(西向)하여 술을 잔에 따르면 주인이 받들어 원래의 자리에 놓고, 다시 앞서의 방식으로 비위(妣位)에 술잔을 올린다. 그런 다음, 주인이 북향하고 서면, 집사자 두 사람이 고(考), 비(妣)의 잔반을 받들어 주인의 좌우에 선다. 주인이 무릎을 꿇으면, 집사자 역시 무릎을 꿇는다. 주인이 고위의 잔반을 받아 오른손으로 잔을 잡고, 제주용(祭酒用) 모사에 술을 조금 부은 다음, 잔반을 집사자에게 주어 원래의 자리에 놓게 하고. 다시 비위의 잔반을 받아 앞서와 같이 한다. 주인이 몸을 굽히며 조금 물러나면 집사자가 적간을 올리고 메 그릇의 뚜껑을 열어 놓는다. 주인 이하 모든 제관이 꿇어앉으면, 축관(祝官)이 주인 왼편에 꿇어앉아 축문(祝文)을 읽는데, 축관이 따로 없으면 주인이 읽어도 무방하다. 축문 읽기가 끝나면 주인이 재배한 다음, 술잔을 비우고 적간을 거두고 물러난다. 이때 주인이 술잔을 비우지 않고 그대로 물러나면, 다음 헌관(獻官)이 들어와 잔을 비우기도 하며, 초헌 때 올린 적간을 거두지 않고 아헌과 종헌에 그 위에 덧붙여 올리기도 하는데, 이것을 가적(加炙)이라 한다. 술잔을 올렸다가 다시 내려 술을 모사 위에 조금 붓는 것을 제주(祭酒)라 하는데. 이는 옛날 사람들이 음식을 먹게 되면 술이나 밥을 조금 덜어내어 처음으로 음식을 만든 이에게 감사의 뜻을 표하는 의식(고수레)에서 연유한 것이다.

아헌(亞獻)_ 두 번 째로 술을 올린다 하여 아헌이라 하는데, 주부가 올리는 것이 원칙이나 주부가 없으면 제2의 존장자가 올리도록 한다. 적(炙)이 마련되어 있으면 함께 올리고 절을 한 다음, 역시 술잔을 비우고 물러난다. 모든 절차는 초헌과 동일하나, 독축(讀祝)과 제주(祭酒)를 하지 않는다.

종헌(終獻)_ 맨 마지막으로 술을 올린다 하여 붙여진 이름으로, 예(禮)는 세 번을 한도로 삼기 때문이다. 헌관은 아헌관 다음의 존장자나 귀빈이 하는데, 역시 적을 올리고 재배한 뒤 물러난다. 아헌과 마찬가지로 독축(讀祝)과 제주(祭酒)를 하지 않으나, 술잔을 비우지 않고 적을 거두지 않는 것이 특징이다. 이때 유념할 것이 한 가지 있다. 원래 제주는 초헌에만 하는 것이나, 《예서(禮書)》에는 삼헌(三獻)에 모두 행하는 것으로 기록되어 있다. 이 때문에 일부에서는 제주의 원리를 잘 알지 못하고, 유식(侑食)할 때에 첨작(添酌)을 하기 위한 사전 준비로 생각하여, 제주를 초헌에는 행하지 않고 종헌에만 하는데, 이는 《예문》과 크게 위배된다.

유식(侑食)_ 유식은 신이 제수를 더 많이 흠향하도록 권하는 것으로, 주인은 주전자를 잡고 신위 앞으로 나아가 술잔에 술을 부어 가득히 채우는데, 이것을 첨작(添酌)이라 하며. 주부는 숟가락을 메에 꽂고, 젓가락을 잘 갖추어 시접(匙楪; 수저를 놓는 접시) 위에 자루가 주제자의 좌측으로 놓이게 하는데. 이것을 삽시(揷匙)라 한다. 그리고 주인과 주부가 함께 절을 올린다. 주부가 없으면 축관이 대신 삽시를 하나, 절을 올리지는 않는다(주인이 모두 하여도 무방하다). 첨작을 하는 이유는 술을 더 올리고 싶지만, 예는 세 번으로 국한하기 때문에 아쉬운 마음으로 잔을 더 채워드리는 것이다. 세속에서는 아들이 5형제이면 사헌을 하고 막내아들이 첨작을 하기도 하는데, 이 역시 실례이므로 반드시 삼헌으로 그치고, 첨작 역시 주인이 하여야 한다.

합문(闔門)_ 합문은 문을 닫는다는 뜻으로, 방안에서 제사를 모실 경우에는 제관이 모두 나오고 문을 닫으며, 대청이면 주렴(珠簾; 커튼)을 내린다. 이는 신은 조용한 곳을 좋아하므로 조용한 곳에서 많이 흠향하시라는 배려에서이다. 제사는 전등을 켜지 않고 촛불만을 밝히는 것이 원칙이다. 그러므로 처음부터 전등을 끄고 행사하기도 하며, 전등을 켰다가도 이때만은 전등을 끄도록 한다. 촛불일 경우에는 촛불을 내려놓기도 한다. 제관들은 문 밖에서 숨을 죽인 채로 질서정연하게 서 있는데, 합문하는 시간은 일반구식지경(一飯九食之頃; 밥 아홉 숟갈을 뜰 수 있는 시간)이라 하여, 3~5분 가량을 대기한다. 이때 제관들은 경건한 자세로 서 있거나 꿇어앉고 제관들끼리 잡담을 나누어서는 안 된다.

계문(啓門)과 진다(進茶)_ 계문은 문을 여는 것으로, 주인이 세 번 기침소리를 내고 다시 안으로 들어가 있다가 국을 물리고 숭늉을 올린다. 세 번 기침 소리를 내는 것은 선조의 신을 놀라게 하지 않기 위해서이다. 서양의 노크와 같다 할 것이다. 문을 열 때에도 역시 조심스레 열어야 한다. 제사의 모든 의식은 조용함과 공손함을 위주로 한다. 문을 열면 뒤에는 다시 촛불을 올려놓고 전기등을 켜도 된다.

진다는 원래 차를 올리는 것으로 되어 있으나, 우리나라는 차를 잘 들지 않았으므로, 숭늉 또는 냉수로 대용하였다. 그러나 요즘에는 차가 유행되고 있으므로, 차를 올리기도 하며, 세속에서는 메를 세 순갈 정도 떠서 물에 말고 수저를 물에 만 그릇에 놓기도 한다.

사신(辭神)_ 사신은 신에게 하직 인사를 하는 것으로, 먼저 수저를 거두고 메의 뚜껑을 닫은 다음 제관이 모두 절을 올린다. 이때 술잔을 약간 돌려놓기도 한다.

철상(撤牀)_ 철상은 제사상을 거두는 것으로, 제사가 끝나면 지방과 축문을 불에 사르며 제수를 딴 그릇에 옮겨 담고 상을 치운다. 철상도 제사의 한 절차이므로, 정중히 하여야 한다. 이때, 제기(祭器)는 제사에만 사용하는 그릇이므로, 제기에 제수를 그대로 두고 먹는 일이 없도록 주의하여야 한다.

제례(祭禮)의 원리

예는 의식이나 절차보다도 그 원리가 중요하다. 제례 역시 그 근본 취지를 알아야 한다. 이러한 뜻에서 다시 한 번 제사의 절차를 요약해 보기로 한다.

지방을 붙이고 강신(降神)을 하여 조상의 영혼을 맞이한 다음, 제관이 모두 참신(參神)을 하여 인사를 드리며, 초헌(初獻)·아헌(亞獻)·종헌(終獻)·유식(侑食)을 한 다음, 문을 닫아 조용히 음식을 드시게 하고, 식사가 거의 끝나면 국을 올린 뒤 차를 올리며, 조금 후에 사신(辭神)을 하여 하직 인사를 올린다.

이는 평상시 할아버지나 할머니를 모시는 절차와 하등 다를 것이 없다. 제례가 그리 복잡하고 까다로운 것만은 아닌 것이다.

6. 묘제(墓祭)와 차례(茶禮)

묘제(墓祭)의 절차

묘제는 일명 묘사(墓祀)라 하는데, 문자 그대로 조상의 묘소에 올리는 제사이다. 묘제는 원래 《주자가례(朱子家禮)》에 기제(忌祭)를 모시는 4대 이하의 조상에게 3월에 택일하여 한 번 올리는 것으로 되어 있다.

그러나 우리나라에서는 정조(正朝; 설날)·한식(寒食)·단오(端午)·추석(秋夕)의 네 명절에 모두 묘제를 지냈으며, 4대 이상의 선조에게도 음력 10월에 날짜를 정하여 한 차례 묘제를 올려 왔다(일부에서는 봄에 지내기도 한다). 이 때문에 세일제(歲一祭)라 칭한다.

그런데 오늘날에 와서는 4대 이하에게는 대부분 묘제를 지내지 않고, 4대 이상에만 묘제를 모시며, 이를 시제(時祭), 시향(時享), 시사(時祀)라 부르고 있다. 그러나 이 명칭은 온당하지 못한 것으로 생각된다. 시(時)는 사시(四時) 곧 춘·하·추·동의 네 철을 가리키는 말이므로, 시제 역시 사시제(四時祭)의 줄임말이 되기 때문이다.

필자는 '세일제'를 '세제(歲祭)', '세향(歲享)', '세사(歲祀)'로 약칭하면서 '세(歲)'의 음을 '시'로 잘못 읽어 '시제'로 와전된 것이 아닌가 생각한다.

왜냐하면 '설을 쇠는 것'을 과세(過歲)라 하는데, 일부 지방에서는 '시를 쇤다'로 읽는 경우가 있기 때문이다.

묘제 역시 절차는 기제와 크게 다르지 않다. 다만 묘소에서 지내는 것이므로 모사(茅沙)를 만들지 않고, 그대로 술을 땅에 부어 강신(降神)하며 제수를 동시에 진설한다. 또한 참신(參神)을 강신보다 먼저 하고 합문(闔門)·계문(啓門)의 절차가 생략되며, 묘소의 윗편 쪽에 후토신(后土神)에게 제사지낼 곳을 마련하였다가 제사를 올린다. 이것을 산신제(山神祭)라 칭하는데, 일부에서는 후토신에게 먼저 제사를 올리기도 한다.

세일제는 《주자가례》에 없는 제사이므로, 축문(祝文) 역시 일정한 격식이 없어 네 명절에 올리는 4대 이하 묘제의 축문을 가감하여 쓰기도 하며, 우암(尤庵) 송시열(宋時烈)[5]과 도암(陶庵) 이재(李縡)[6]가 새로 지은 축문을 기호지방(畿湖地方)에서 널리 사용하고 있다. 이 두 축문과 후토제 축문을 함께 소개한다.

---

5) 송시열(宋時烈, 1607~1689): 조선 숙종 때의 문신·학자. 자는 영보(英甫). 호는 우암(尤庵). 효종의 장례 때 대왕대비의 복상(服喪) 문제로 남인과 대립하고, 후에는 노론의 영수(領袖)로서 숙종 15년(1689)에 왕세자의 책봉에 반대하다가 사사(賜死)되었다. 저서에 《우암집(尤庵集)》, 《송자대전(宋子大全)》 등이 있다.

6) 이재(李縡, 1680~1746): 조선 영조 때의 문신·학자. 자는 희경(熙卿). 호는 도암(陶庵)·한천(寒泉). 벼슬은 대사헌, 이조 참판을 거쳐 좌참찬에 이르렀다. 신임사화 후 설악산에 숨어 성리학 연구에 전념하였으며, 당시 낙론(洛論)의 대표적인 학자로 꼽힌다. 저서에 《도암집(陶庵集)》과 《사례편람(四禮便覽)》이 있다.

【우암(尤庵)의 축문】

維歲次 云云 十代孫 吉童 敢昭告于
유세차 운운 십대손 길동 감소고우

顯十代祖考 成均進士 府君
현십대조고 성균진사 부군

顯十代祖妣 宜人 全州李氏 歲薦一祭 禮有中制 履玆霜露
현십대조비 의인 전주이씨 세천일제 예유중제 이자상로

彌增感慕 謹用淸酌
미증감모 근용청작

時羞 祗薦歲事 尙
시수 지천세사 상

饗
향

• • •

모년 모월 모일에 십대손 길동은 감히 거룩하신 십대조고 성균진사 부군과 거룩하신 십대조비 의인 전주이씨에게 밝게 아뢰옵니다. 해마다 한 번씩 제사를 올리오니, 예에 알맞은 제도가 있사온데, 이제 서리를 밟자오니 사모하는 마음 더욱 간절하옵니다. 이에 삼가 맑은 술과 여러 음식으로 공손히 세사(歲事; 해마다 올리는 제사)를 올리오니, 부디 흠향하소서.

원문의 '운운(云云)'은 년월일과 이에 따른 간지(干支)로 '유세차(維歲次)' 이후 모두 동일하기 때문에 이렇게 표시한 것이다.

【도암(陶菴)의 축문】

維歲次 云云 十代孫 吉童 敢昭告于
유세차 운운 십대손 길동 감소고우
顯十代祖考 成均進士 府君
현 십대조고 성균진사 부군
顯十代祖妣 宜人 全州李氏 今以草木歸根之時 追惟報本
현 십대조비 의인 전주이씨 금이초목귀근지시 추유보본
禮不敢忘 瞻掃封塋
예불감망 첨소봉영
不勝感慕 謹以淸酌庶羞 尙
불승감모 근이청작서수 상
饗
향

●●●

　모년 모월 모일에 십대손 길동은 감히 거룩하신 십대조고 성균진사 부군과 거룩하신 십대조비 의인 전주이씨에게 밝게 아뢰옵니다. 이제 초목의 정기가 뿌리로 돌아가는 때에 보본(報本; 조상에 대한 보답)을 생각하오니, 예(禮)에 감히 잊을 수가 없사옵니다. 산소를 바라보고 소제함에 감모(感慕)하는 마음 이기지 못하여 삼가 맑은 술과 여러 음식으로 공손히 세사(歲事)를 올리오니, 부디 흠향하소서.

【후토축(后土祝; 산신축)】

維歲次 云云 幼學 洪吉童 敢昭告于
유세차 운운 유학 홍길동 감소고우

土地之神 恭修歲事于 十代祖考 成均進士 府君 十代祖妣
토지지신 공수세사우 십대조고 성균진사 부군 십대조비

宜人 全州李氏之墓
의인 전주이씨지묘

惟時保佑 實賴
유시보우 실뢰

神休 敢以酒饌 敬伸奠獻 尙
신휴 감이주찬 경신전헌 상

饗
향

・・・

　모년 모월 모일에 유학 홍길동은 감히 토지신에게 밝게 아뢰옵니다. 제가 십대조고 성균진사 부군과 십대조비 의인 전주이씨에게 공손히 세사를 올렸사온 바, 때로 보우(保佑)해 주심은 실로 신(神)의 아름다운 도움 때문이옵니다. 이에 감히 술과 음식을 공경히 진설하여 올리오니, 부디 흠향하소서.

　유학(幼學)은 주제자가 벼슬이 없을 때에 쓰는 칭호이며, 묘제의 초헌관과 후토제의 초헌관이 다를 경우에는 '토지지신(土地之神)' 다음에 묘제의 초헌관 성명을 넣는다. 또한, 후토제를 먼저 지내는 경우에는 '토지지신' 다음에 '금위(今爲)'라는 두 글자를 넣기도 한다.

　후토제 역시 강신, 참신, 초헌, 아헌, 종헌, 사신의 순서로 행하는데, 분향(焚香)과 제주(祭酒)의 절차가 생략되며, 숟가락과 젓가락을 놓지 않는다. 한 곳에 여러 위(位)의 산소가 있을 경우, 최고 높은 선조에게 묘제를 지내고 산신제(山神祭)를 한 번만 지내며, 매번 제사하지는 않는다.

차례(茶禮)의 절차

차례(茶禮; 다례)는 제사가 아니고 명절에 조상에게 간략히 술과 음식을 올리는 것이므로, 강신과 참신을 한 뒤에 주인만 술을 한 잔 올리고 축이 없으며, 약 3~5분 정도 기다렸다가 사신을 하고 지방을 불사른다.

7. 조문(弔問)

조문의 올바른 예절

　관(冠)·혼(婚)·상(喪)·제(祭)의 예절을 사례(四禮)라 한다. 예부터 우리 조상들은 이 사례(四禮)에 맞는 형식과 절차가 있었으며, 이를 지키고자 노력해 왔다. 그중에서도 상례는 절차가 복잡하고 까다로워 실례(失禮)를 범하기 십상이다. '상가(喪家)에 조문(弔問) 갔을 적에 어떤 식(式)으로 인사를 해야 할 것인가'가 문제가 된다. 영위(靈位)에 곡(哭)을 하고 절을 해야 하는지, 낯모르는 상주(喪主)에게 인사를 해야 하는 것인지 도통 자신이 없다. 경험이 많은 분을 따라가면 그래도 괜찮지만 혼자서 가게 될 경우 누구나 약간은 당황하게 마련이다.

　조문하는 의식은, 상주가 성복(成服)을 하였을 경우 조객(弔客)이 들어가 영위에 곡하고 재배(再拜)한 다음 나오면 상주가 옆에서 대기하고 있다가 조객에게 절을 하고, 조객 또한 이에 따라 맞절을 하는 것이다. 그런데 조객들이 조문하는 것을 자세히 살펴보면 참으로 각양각색이다. 망자(亡者)의 영위에 절을 하지 않는 분도 있고 상주에게 인사하지 않는 분도 있다. 어떤 것이 옳은지 참으로 갈피를 잡기 어렵다. 《예기(禮記)》〈곡례(曲禮)〉에는 조(弔)와 상(傷)을 구별하여 다음과 같이 밝히고 있다.

> "산 사람을 알면 조(弔)를 하고 죽은 사람을 알면 상(傷)을 한다. 만일 산 사람만 알고 죽은 사람을 모를 경우에는 조만 하고 상은 하지 않으며, 죽은 사람만 알고 산 사람을 모를 경우에는 상만 하고 조는 하지 않는다."
> (知生者弔, 知死者傷; 知生而不知死, 弔而不傷; 知死而不知生, 傷而不弔.)

조(弔)는 상주를 위로하는 것이고, 상(傷)은 죽은 사람을 위하여 애도하는 것이다. 즉 죽은 사람만 알 경우에는 영위에 곡하고 재배만 할 뿐 상주에게 위문하지는 않으며, 산 사람만 알 경우에는 상주에게 위로만 할 뿐 영위에 곡을 하거나 재배하지 않는다는 뜻이다.

옛 분들은 순수하고 질박하였으므로 죽은 사람을 모르는데 애도할 이유가 없으며, 상주를 모르는데 인사를 나누고 위로할 이유가 없다는 의미에서였다. 요즘에도 〈곡례〉의 이 예절을 철저히 지켜 영위에 절하지 않거나 상주에게 인사하지 않는 분들이 종종 있다. 이러한 분들은 자신과 같이 행동하지 않고 망자를 모르면서도 영위에 절을 하거나 상주를 모르면서도 상주에게 위문하는 것을 큰 결례로 여긴다.

그러나 현대 사회는 고향에서 대대로 살아 망자와 상주를 모두 아는 경우가 적고, 고향을 떠나 학교나 직장을 통하여 서로 아는 분들이 많기 때문에 상주만 알거나 망자만 아는 경우가 대부분이다. 직장 동료들과 함께 조문 갔을 경우 평소 망자와 인사한 적이 없다 하여 딴 분들은 모두 영위에 절을 하는데 자신만이 뻣뻣이 서 있으면 참으로 어색하다. 그리고 망자만 안다 하여 영위에만 절하고 나오려 하는데 상주가 옆에서 대기하고 있다가 자신을 향해 절할 경우 상주를 모른다고 하여 절을 받지 않고 그대로 나오는 것 역시 도리가 아니라고 여겨진다.

 조선(朝鮮) 순조(純祖) 때의 대학자로 성균관 좨주와 대사헌 등을 역임한 매산(梅山) 홍직필(洪直弼, 1776~1852)은 이에 대해 다음과 같이 말씀하였다.

 "친척과 세의(世誼)가 있는 사람으로 당연히 서로 인사를 나누고 알아야 할 사이에 미처 상견(相見)하지 못했다면 어찌 얼굴을 알지 못하는 일반인의 준례(準例)를 따라 상주에게 위문하지 않거나 망자의 영위에 애도하지 않을 수 있겠는가. 더구나 조(弔)와 상(傷)은 모두 사람이 죽었을 때에 하는 의식이니, 〈곡례〉의 내용은 서로 알지 못하면 곡하지 말라고 말한 것은 아닐 것이다. 어리석은 나의 생각에는 산 사람만 아는 경우도 마땅히 죽은 사람을 위해 애도해야 하고, 죽은 사람만 아는 경우도 마땅히 산 사람을 위해 위문해야 한다고 여겨진다. 〈곡례〉의 글에 너무 집착하여 마땅히 곡을 해야 할 자리에 곡하지 않는 실수를 범하지 말아야 할 것이다."

(如戚誼世契, 宜相識而未及相見者, 曷可準以不知者之例, 而不傷不弔乎. 況弔傷皆致命之辭, 則非謂不相知則不哭也. 愚意則知生者亦當哭死, 知死者亦當哭生, 恐不可太泥曲禮之文而當哭不哭也.) 《梅山集 卷十六 書》

위의 글을 근거해 볼 때 망자를 모르거나 상주를 모르는 경우에 일반인과 똑같이 행동한다 하더라도 큰 결례가 되지 않는다고 보아진다. 또한 요즘은 망자와 큰 상주를 모두 모르는 경우도 없지 않다. 부하 여직원의 상사(喪事)에도 참여하기 때문이다. 옛날의 격식에 너무 구애하지 말고 자연스럽게 행례하는 것이 무난할 것이다. 그렇다고 낯모르는 부인의 상에 절하는 것은 망발이 아닐 수 없으며, 망자와 절친한 사이가 아니라면 굳이 곡을 할 필요도 없다고 생각한다. 또한 종교의식을 따르는 상가(喪家)가 있어 영위에 곡을 하거나 재배하지 말 것을 강요(?)하는 집안도 없지 않다. 조객이 망자와 절친한 사이로 애도의 뜻을 표하기 위하여 전통 예절을 따라 영위에 곡하는 것을 막는 것도 옳지 않다고 생각한다.

또한 상례(喪禮)에도 남녀를 구별하여 남자 손님은 바깥 상주가 맞고 여자 손님은 안 상주가 맞는 것이 원칙이다. 하지만 직장에 함께 근무하는 여직원들이 남자 손님들과 함께 뒤섞여 조문을 왔을 경우 바깥 상주가 이들을 외면해서도 안 될 것이다.

모든 예절은 상황에 따라 변통하여야 한다. 고례(古禮)에 너무 얽매일 필요도 없지만 자신의 위치나 신분을 망각하고 주견 없이 행동해서도 안 된다. 예절이 만들어진 본의(本意)를 깊이 인식하고 현실에 맞게 적용하여야 할 것이다. 공자(孔子)는 일찍이 예를 따르는 기준을 다음과 같이 밝히신 적이 있다.

"치포관(緇布冠)은 가는 삼베로 만드는 것이 예인데 지금 사람들은 명주를 사용하여 만드니, 이것은 간편하다. 나는 일반 사람들을 따라 명주 베로 만들겠다. 군주에게 당하(堂下)에서 절을 올리는 것이 예인데 지금 사람들은 당상(堂上)에서 절하니, 이것은 거만하다. 나는 비록 일반 사람들과 다르더라도, 당하에서 절하는 원래의 예를 따르겠다."
(麻冕禮也, 今也純, 儉, 吾從衆; 拜下禮也, 今拜乎上, 泰, 雖違衆, 吾從下.)《論語 子罕》

또한, 부의(賻儀)는 상가에서 필요로 하는 물건이나 금전으로 하되 서식에 맞게 정중하게 써서 상주에게 직접 전달하지 말고 호상소(護喪所)에 내야 하는 것이다. 부의의 서식은 일정하지 않으나 일반적으로 피봉의 앞면에 '賻儀'라고 쓰고 뒷면에는 자신의 이름 '○○○ 謹弔(또는 謹呈.)'을 쓴다. 봉투에 돈을 넣을 때는 흰 종이로 싸되, 여기에 금액을 기입하고 피봉의 뒷면과 같이 쓰는 것도 무방하다.

장례(葬禮) 후 조객(弔客)에 대한 인사

요즘 우리들 주변에는 상(喪)을 당하여 장례(葬禮)를 치른 다음 문상 온 조객(弔客)들에게 서신을 띄워 감사의 말씀을 올리는 것이 유행으로 되어 있다. '공사다망(公私多忙)하심에도 불구하고 ○○의 장례에 와주시어 후한 부의(賻儀)와 간곡한 위로 말씀을 주신 데 대하여 감사하다'는 내용이다. 있을 법도 한 일이다.

옛날 상주(喪主)들은 부득이한 경우가 아니면 사람들에게 서신을 전하는 일이 없었다. 조문을 가야 할 사람이 유고(有故)하여 조문을 가지 못할 경우 상주에게 글을 올려 애도의 뜻을 표하고 자신의 사정을 말한 다음 너무 슬퍼하지 말고 식사를 잘하여 건강을 돌보라는 내용이었다. 이것을 조장(弔狀) 또는 위장(慰狀)이라 한다.

그러면 상주가 3개월이 지나 장례를 마치고 졸곡제(卒哭祭)를 지낸 뒤에 답장을 올린다. 즉 자신이 불효하여 부모를 여의게 되었다는 죄책의 말씀과 위문해 주시어 감사하다는 내용이다. 물론 여기에 후한 부의를 주시어 고맙다는 내용은 쓰지 않는다. 그런데 이 또한 반드시 3개월이 지나 답장을 올리는 것이 올바른 예의이다.

고대에는 사람이 죽으면 바로 장례하는 것을 갈장(渴葬)이라 하여 불효로 여겼으므로 최소한 한 달이 지난 뒤에야 장례를 모셨다. 옛날 상례는 크게 네 시기로 구별하였다. 즉 초종(初終)으로, 죽었을 때부터 약 3개월이 지나 장례하는 기간이 첫 번째 시기이다. 장례가 끝나면 초우(初虞)·재우(再虞)·삼우(三虞)를 지내고 뒤이어 졸곡제(卒哭祭)를 지낸다. 졸곡이란 상주가 곡을 마친다는 뜻으로 졸곡 전까지는 상주가 무시로 곡을 하다가 졸곡이 지나면 오직 조석상식(朝夕上食) 때에만 곡을 한다. 그러므로 초종의 예절은 엄격히 말해서 장례로 끝나는 것이 아니고 졸곡에 끝난다고 보아야 할 것이다.

그리고 1년이 지나 소상(小祥)을 맞고, 다시 2년이 지나 대상(大祥)을 지내며, 다시 한 달을 띄워 담제(禫祭)를 지낸다. 물론 대상 때에 상복을 벗지만 담제 전까지는 백의(白衣)를 입어 애도의 뜻을 나타내다가 담제를 지낸 뒤에 완전히 평복으로 갈아입어 평인으로 돌아온다.

그러므로 상주는 졸곡 전까지는 남에게 문자(文字)를 지어 전하지 않는 것이 본래의 예절이다. 그런데 지금은 대부분의 가정에서 3일장을 행하고 있으며 상주 역시 삼우제(三虞祭)가 끝나면 일반인과 똑같이 행동한다. 옛날처럼 상주가 3년 동안 여막(廬幕)에서 거처하는 것이 아니라, 직장에 출근하여 사무를 처리하고 가게에서 일을 한다. 찾아와 주신 조객들에게 일일이 전화할 수도 없고 하니, 짤막한 글로 인사하는 것도 예절에 어긋나지 않는다고 생각한다.

그런데 그다음의 문구(文句)가 문제이다. '일일이 찾아뵙고 인사드리는 것이 도리이오나 경황이 없으므로 우선 지면을 통하여 인사드린다.'는 조항이다. 장례를 치른 지 열흘이 못 되는 상주가 조문객들을 일일이 찾아뵙고 고맙다는 인사를 올리는 것이 도리라니, 어안이 벙벙하다. 이러한 예법과 도리가 어디에서 근거한 것이란 말인가. 이는 전통 예절에 크게 어긋날 뿐만 아니라 실제로 할 수도 없는 일이다. 한가한 시간이 있으면 참으로 찾아뵐 심산인지 묻고 싶다. 예법을 알 만한 분들도 주저 없이 이러한 인사장을 내돌린다. 사회의 지도층 인사들이 너도나도 이것을 따르고 있으니, 문제이다. 참으로 어처구니없는 노릇이다.

인사장을 돌리되 최소한 '도리이오나' 또는 '도리인 줄 아오나' 하는 문구를 뺐으면 한다. '경황 중 이만 줄인다.' 해도 좋을 것이요, '경황 중 일일이 찾아뵙지 못하고 우선 지면으로 감사 말씀 올린다.' 해도 될 것이다.

허식(虛式)과 허례(虛禮)는 올바른 예의가 아니다. 아무리 하찮은 일이라도 도리에 맞아야 하고 격식과 예절이 뒤따라야 한다. 맹자(孟子)는 다음과 같이 말씀한 적이 있다.

"비례(非禮)의 예와 비의(非義)의 의를 대인(大人)은 하지 않는다."
(非禮之禮, 非義之義, 大人不爲.)《孟子 離婁下》

비례의 예란 예의 본의에 어긋나거나 예문(禮文)에 없는 허례를 이르며 비의의 의란 의리에 맞지 않는 의리를 이른다. 그리고 우리 선조들은 또 과공(過恭)은 비례(非禮)라 하였다. 지나치게 공손함은 올바른 예의가 아니라는 뜻이다. 쓸데없는 문구로 말미암아 전통 예절을 모르는 젊은이들이, 상주가 조문객들을 일일이 찾아뵙고 인사 올리는 것이 참다운 예절인 줄로 잘못 인식할까 우려된다.

8. 호칭(呼稱)

친족의 호칭 문제

친족의 호칭 문제만큼 아리송한 것도 드물 것이다. 다산(茶山) 정약용(丁若鏞)은 그가 지은 《아언각비(雅言覺非)》에서 일찍이 삼촌이란 칭호의 모순을 지적한 적이 있다. 즉 우리들은 숙부를 삼촌이라고 칭하고 있으며, 더 나아가 당숙을 오촌이라고 부르기도 한다.

그러나 이는 조카와 숙부, 또는 당질과 당숙 사이의 촌수를 나타낸 말로 조카도 삼촌이라 칭할 수 있고 당질도 오촌이라 칭할 수 있기 때문에 숙부와 당숙만을 칭하는 것은 온당치 못하다는 지적이다. 참으로 일리 있는 주장이다.

선현의 문집 등을 읽다 보면 외구(外舅)와 내구(內舅)라는 칭호가 자주 보인다.

구(舅)는 생(甥)과 대칭되는 칭호로 《이아(爾雅)》에 보면 "나를 구(舅)라 칭하는 자는 곧 생(甥)이다."라고 하였다. 구(舅)는 외숙 또는 장인[妻父]을 일컫는 만큼 생질과 사위 모두 생(甥)이다. 여기에 내외(內外)를 붙여 외숙과 장인을 구별하여 외구는 장인, 내구는 외숙을 가리킨다. 그리고 사위를 외생(外甥)이라 칭한다. 그러나 대부분의 사람들은 글자 그대로 외구(外舅)를 외숙으로 표현하였다가 뒤늦게 장인임을 알고 수정한 경험이 없지 않을 것이다.

《이아(爾雅)》〈석친(釋親)〉에 보면 "어머니의 형제(외숙)를 구(舅) 라 한다.[母之晜弟爲舅]" 하였고 또 "아내의 아버지(장인)를 외구(外舅) 라 하고 아내의 어머니(장모)를 외고(外姑)라 한다.[妻之父爲外舅, 妻之母爲外姑.]"라고 하여 분명히 외구가 장인임을 밝히고 있다. 이희승의 《국어사전》(민중서림)을 보면 '외구(外舅)는 장인을 편지에서 일컫는 말'이라 하였고, '내구(內舅)는 외숙으로 편지 같은데 쓰는 말이다.' 하였다. 그러나 편지뿐만 아니라 모든 기록이 이렇게 표현되어 있음을 알아야 한다.

그런데 한 걸음 더 나아가 내외종(內外從)이 문제가 된다. 내외종은 내종사촌과 외종사촌으로 중표형제(中表兄弟)라고도 칭한다. 중(中)은 내(內)의 뜻이고 표(表)는 외(外)의 뜻이기 때문이다. 그런데 여기의 내와 외가 문제이다. 누구를 내로 보고 누구를 외로 보느냐 하는 점이다. 우리들은 으레 외숙의 자녀를 외종, 고모의 아들이나 딸을 내종, 또는 내종사촌이라 하고 외삼촌의 아들이나 딸을 외종, 또는 표종이라 한다고 기록되어 있다.

그런데 이 역시 모든 기록은 위의 내구, 외구와 연결시켜 고모의 사녀를 외종이라 하고 외숙의 자녀를 내종이라 하여 우리들이 알고 있는 것과는 정반대이다. 즉 우리들은 일반적으로 어머니의 친정은 외가이기 때문에 외숙의 아들은 당연히 외종이 되는 것으로 생각한다. 그러나 고전의 기록은 어머니는 우리 집으로 시집왔기 때문에 내(內)가 되고 고모(딸)는 우리 집에서 시집갔기 때문에 외(外)가 되는 것으로 보는 듯하다. 그도 그럴 것이 딸이 시집가서 낳은 자녀를 외손이라고 칭하지 않는가. 또한 어머니의 형제(외숙)를 내구라 칭하므로 그가 낳은 자녀를 내종이라 칭해야 한다는 주장이다. 이에 순조 때의 학자인 매산(梅山) 홍직필(洪直弼)은 다음과 같이 밝히고 있다.

> "외숙의 아들을 내종이라 하고 고모의 아들을 외종이라 한다. 이는 비단 《이아(爾雅)》에 기재되어 있을 뿐만 아니라 주자(朱子)의 정론(定論)에도 있다. 그런데 요즘 사람들은 외숙의 아들을 외종이라고 부르는 자가 있으니, 이는 외가의 형제라고 인식하여 이렇게 칭하는 것이다. 그러나 어머니의 형제를 내구(內舅)라 칭하니, 그렇다면 내구의 아들이 어찌 내종이 되지 않겠는가. 여자가 출가하면 모두 외(外)가 된다. 그러므로 사위를 외생이라 칭하고 손자를 외손이라 칭한다. 이 뜻을 미루어 본다면 고모의 아들을 외종이라고 칭해야 함을 알게 될 것이다."
> (舅之子曰內從, 姑之子曰外從, 不惟爾雅所載, 亦有朱子定論, 而今人或喚做舅子曰外從者, 認以外家兄弟故云爾. 然母之兄弟, 謂之內舅, 則內舅之子, 豈不爲內從乎. 女子出嫁者, 皆外成也, 故稱婿曰外甥, 孫曰外孫. 推斯義也, 姑子之稱以外, 從可知也.) 《梅山集 卷十六 書》

매산이 말씀한 대로 우리 문헌에는 거의 모두가 이렇게 표시되어 있으므로 고전을 읽는 분들은 유의하지 않으면 안 된다. 그리고 내종과 외종을 문자(기록)로 밝힐 때에는 외숙의 자녀인가 고모의 자녀인가를 좀 더 분명히 밝혀주는 것이 좋다고 생각한다. 우리들의 호칭을 하루

아침에 바꿀 수는 없지만 문자와 구어(口語) 사이에 현격한 차이가 있음을 알고 서로 혼동하지 말아야 할 것이다.

호칭은 관계의 표현

우리 주위에서 백부(伯父)·중부(仲父)·숙부(叔父)만큼 각양각색으로 부르는 경우도 드물 것이다. 옛날 형제의 서열을 말할 때에 3형제일 경우 백(伯)·중(仲)·계(季), 4형제일 경우 백(伯)·중(仲)·숙(叔)·계(季)로 표현하였다. 백은 맏이로 백형은 큰형, 백부는 큰아버지가 된다.

그리고 중(仲)은 둘째이고 숙(叔)은 셋째이며 계(季)는 막내가 된다. 큰 분의 소생인 자녀들은 보통 부친의 아우들을 숙부라 칭하고 순번에 따라 둘째 숙부, 셋째 숙부, 또는 둘째 작은아버지, 셋째 작은아버지, 넷째 작은아버지 이런 순서로 호칭하며, 막내는 막내 작은아버지로 불러 별로 문제될 것이 없다. 하지만 넷째나 다섯째분의 소생인 자녀들은 큰아버지를 제외한 나머지 분들을 어떻게 부르느냐가 문제이다.

어떤 가문에서는 둘째 큰아버지 셋째 큰아버지로 부른다. 이는 백부의 자녀들이 중부 이하에게 일률적으로 '작은아버지'라고 칭하기 때문에 자신의 아버지보다 형인 분들에게도 일률적으로 '큰아버지'라고 부르는 것으로 보인다. 하지만 큰아버지는 백부 한 분밖에 붙일 수가 없는 것이다. 백부는 세부(世父)라고 칭하고 백모 역시 세모(世母)라고 칭한다. 대(종통)를 잇기 때문이다. 큰아버지는 아무에게나 붙일 수 있는 칭호가 아니다.

넷째나 다섯째분의 자제들이 아버지의 셋째 형과 넷째 형을 어떻게 불러야 하는가? 이 경우, 백부와 숙부를 제외한 모든 분들에게 숙부라는 칭호가 붙여진다. 숙(叔)에는 셋째 또는 아우의 뜻이 있으므로 자신의 아버지가 넷째나 다섯째일지라도 셋째부터는 위아래와 관계없이 숙부라 해도 되는 것이다.

혹자는 숙부는 일반적으로 자신의 아버지보다 아랫분을 지칭하기 때문에 숙부란 칭호는 옳지 않다고 주장한다. 하지만 이는 숙부의 뜻을 제대로 알지 못하는 데서 나온 것이다. 아버지의 손아래 숙부 역시 모두 계부라고 칭할 수 있다. 계(季) 역시 말째란 뜻 외에 아우(동생)라는 뜻이 있기 때문이다.

또한 큰아버지를 경상도 지방에서는 한 아버지[大父]의 뜻으로 보아 할아버지를 지칭함을 밝혀둔다. 대부(大父)를 글자 그대로 해석할 경우 큰아버지가 되며 할아버지 역시 한 아버지에서 파생되었다. 대(大)를 옛날에는 모두 '한'으로 풀이하였으며, '한'에서 '할'로 바뀐 것으로 보인다.

옛날 진(晉)나라 때 명사인 완적(阮籍)은 조카(형의 아들)인 완함(阮咸)과 함께 죽림칠현(竹林七賢)에 든 인물이다. 이 때문에 남의 숙부를 완장(阮丈), 남의 조카를 함씨(咸氏)라고 칭한다. 그리고 숙부를 유부(猶父), 조카를 유자(猶子)라고도 칭한다. 숙부를 자기 아버지처럼 공경하고 조카를 자기 아들처럼 사랑한다는 뜻에서이다.

우리 사회는 대가족 제도가 무너지고 핵(核)가족화하면서 수천 년 동안 내려온 친족의 호칭이 큰 혼란을 겪고 있다. 인구 억제 정책으로 가정 대부분에서 두 자녀 이하를 출산하기 때문에 이제는 종형제(사촌 형제)나 재종형제가 있는 경우가 매우 드물게 되었다.

이들이 친족 간의 호칭을 제대로 알 리가 없다. 뿐만 아니라 언제부턴가 친족의 극존칭을 아무에게나 붙여주는 후덕한(?) 언어습관이 유행되었다. 나이 많은 노인에게는 무조건 할아버지·할머니라 칭하고, 나이가 좀 들어 보이는 분에게는 아저씨·아주머니, 자신보다 연하인 경우에는 김 선생·박 선생으로 불러오고 있다.

물론 선생은 스승이나 교육자 등의 높은 분에게도 사용한다. 그리고 이제는 장인·장모에게도 아버지·어머니란 칭호를 아무렇지도 않게 사용한다. 이러한 칭호가 널리 통용되다 보니 자신을 아버지·어머니라고 부르지 않고 예의 바르게 장인·장모라고 부르는 사위에게 원망스런 눈길을 보내는 장인·장모도 있다고 한다.

아버지·어머니, 이 얼마나 높고 귀중한 칭호였던가. 이제는 장인·장모뿐만 아니라 물건을 사러 가게에 가면 무조건 아버님·어머님이라고 부르는 점원(店員)이 태반이다. 애인이나 부부간에는 또 남편을 오빠라고 칭한다. 오누이 사이에 잠자리를 함께하다니 옛날 분들이 들으면 기절초풍할 일이다. 사장님과 회장님이 왜 그리도 많은지. 개나 걸이나 아버님·어머님이니, 제 부모를 잘 모실 리가 없다.

춘추시대 사상가인 묵적(墨翟)은 당시 사람들이 오직 제 부모, 제 처자만을 사랑하여 공공(公共)의 대의(大義)를 망각하는 병폐를 바로잡고자 겸애설(兼愛說)을 부르짖었다. 즉 남의 부모와 남의 처자도 나의 부모와 나의 처자처럼 사랑해야 한다는 것이었다. 이 겸애설은 이기적인 개인주의에 빠져 있던 당시에 큰 호응을 얻었다.

그러나 얼마 후에는 제 부모를 남의 부모처럼 무관심하게 대하는 풍조가 유행하였다 한다. 친족의 호칭은 각기 친족에 따라 알맞게 불러야 한다. 무조건 후덕한 것이 좋은 것은 아니다. 호칭 문제에 좀 더 신중을 기해 주었으면 한다.

제3부

한문 고전 번역의 주변 이야기

1. 〈서명(西銘)〉의 리일분수(理一分殊)에 대하여

　몇 년 전에 신상후(申相厚) 교수의 박사학위논문 《조선조 낙학(洛學)의 미발심론(未發心論)》을 읽어 보니, 정자(程子)가 장횡거(張橫渠)의 〈서명(西銘)〉을 '명리일이분수(明理一而分殊)'라고 한 내용을 설명하면서 "'리가 하나[理一]'임은 체(體)의 관점에서 만물이 동일한 근원을 가짐을 말한 것이다. '직분이 여럿[分殊]'임은 용(用)의 관점에서, 보편적 인(仁)의 구체적 실현에 있어서는 선후 완급(先後緩急)의 차례가 있음을 말한 것이다."라고 하였다. 그리고 '분수(分殊)'의 분(分)을 직분(職分)이라고 해석한 것은 중국 학자 진영첩(陳榮捷)의 견해를 따른 것이라고 주(註)에 부기하였다. 진영첩은 정이천(程伊川)의 리일분수는 일즉다(一卽多)의 형이상학적 관점이 아닌 윤리적 관점에서 발언된 것으로, '기본적인 도덕원칙으로서의 인(仁)은 하나이지만 그것의 구체적 실천에는 구분이 있다.'는 뜻으로 보았다고 하였다. 따라서 이때의 '분(分)'을 평성(平聲)의 의미인 '나누어짐'이 아니라 거성(去聲)의 의미인 '의무, 얻은 직분'이 되며, 리일분수는 리(理)라는 말과 분(分)이라는 말이 서로 상응하며 대구(對句)를 이루는 구조로 되어 있다고 하였다. (陳榮捷, 陳來 譯, 新儒學論集. 「論朱熹與程頤之不同」)

신 교수는 주자(朱子)의 성리설(性理說)을 전공한 분이다. 그런데 본인은 이 글을 읽고 의심이 없을 수 없었다. 본인은 옛날(1963년경) 월곡(月谷) 황경연(黃璟淵) 선생에게 주자의 《서명해(西銘解)》를 배웠으나 이러한 말씀은 듣지 못하였고 그저 '리는 똑같고 분은 다르다'고 인식하였다. 그리하여 '분수'의 분(分)을 '분음분양(分陰分陽)'의 분(나뉨)으로 쉽게 보았다.

사실 서당에서 독서하는 것은 지금처럼 세세히 분석하지 않는다. 더구나 신학문(新學問)처럼 세미나를 하거나 토론을 하지 않으며, 이러한 것이 생소하여 제대로 적응하지 못한다. 그리하여 본인은 '근본은 하나이지만(똑같지만) 실제상(발용상)에 있어서는 온갖 다른 것'이라는 의미의 '일본만수(一本萬殊)'로 보았다. 곧 천(天; 乾)·지(地; 坤)를 부모로 하여 부여한 태극(太極)은 리일(理一)로, 각기 자식으로 태어나 성(性)을 간직한 인(人)·물(物)은 분수(分殊)로 인식하였다.[1] 철학(哲學)에 어두운 본인으로서는 좀 더 생각해 보고 검토하려 하였으나 실행하지 못하였다.

예전에 이에 대한 중국본(中國本) 《성리대전(性理大全)》 권1의 원문(原文)을 보니, 분음분양(分陰分陽)의 분(分)과 분수(分殊)의 분에 표시가 다른 것을 보았다. 이 《성리대전》에는 평성(平聲)과 상성(上聲)·거성(去聲)을 구분하여 평성에는 글자 뒤에 아무런 표시를 하지 않고 상성과 거성에는 글자 위에 ◯표를 하여 구분하였다. 이에 다시 《성리대전》 권1의 〈태극도설(太極圖說)〉 등에 대한 글자의 표기를 보니, 분

---

1) 乾稱父, 坤稱母. 子茲藐然, 乃混然中處. 《古文眞寶後集 卷10 西銘》

수의 '분'에는 역시 글자 위에 ○표가 모두 표기되어 있었다. 분은 평성인 경우에는 나눔으로, 거성인 경우에는 분수, 직분, 신분으로 알고 있었으나 이일분수의 분을 분수(직분)로 읽는 것은 맞지 않는 것으로 생각되었다. 그렇다면 분수(分殊)의 '분'을 어떻게 읽어야 할지 여전히 해결되지 않았다.

그리고 《주역》 〈계사전 상(繫辭傳上)〉 5장의 '顯諸仁, 藏諸用.'의 《본의(本義)》에 '程子曰, 天地無心而化成, 聖人有心而無爲.'에 대해 여기의 무위(無爲)가 무위이치(無爲而治; 작위함이 없이 저절로 다스려짐)인지[2], 무소위이위지[無所爲而爲之; 위한 바(목적한 바)가 없이 하는 것]인지[3] 몰라 최신판 《주역전의역주(周易傳義譯註)》에서도 '목적한 바가 없는 것'으로 해석하였다.

그런데 얼마 전 《논어》 〈이인(里仁)〉에 보이는 공자의 '一以貫之'와 증자(曾子)의 '夫子之道忠恕而已矣'에 대한 집주(集註)와 소주(小註)에 경원보씨(慶源輔氏)가 '皆自然而然, 莫之爲而爲.[모두 자연히 그러한 것이니, 작위함이 없이 그러하다.]'라고 설명한 것을 보고 '有心而無爲'는 마음은 있으나 작위함이 없다는 뜻임을 알게 되었다. 그리고 소주에 실려 있는 주자(朱子)의 말씀에 "부자(夫子)는 일관(一貫; 한 이치가 만사 만물을 꿰뚫는다)을 말씀하였고, 증자는 충서(忠恕)를 말씀하였고, 자사(子思)는 대덕소덕(大德小德; 《중용》의 대덕돈화(大德敦化)·소덕천류[小德川流]를 말씀하였고, 장자(張子)는 리일분수(理一分殊)를 말씀하였으니, 다만 하나일 뿐이다……천지(天地)는 바로 하나의 무심(無

---

2) 無爲而治者, 其舜也與. 《論語 衛靈公》
3) 有所爲而爲之, 利也; 無所爲而爲之, 義也. 《近思錄 卷7 出處11》

心)한 충서(忠恕)이고 성인(聖人)은 바로 하나의 무위(無爲)인 충서이고 학자(學者)는 바로 하나의 힘을 쓰는(작위(作爲)하는) 충서임을 알아야 한다……정자(程子)가 '천지는 마음이 없으나 조화(造化)가 이루어지고 성인은 마음이 있으나 작위함이 없다.' 하였으니, 이 말씀이 지극히 간절하다."4) 하였다. 이 소주를 일찍이 몇 번 본 적이 있는데 깨닫지 못했으니, 부끄러울 뿐이다.

그리고 '理一分殊'에 대하여 논한 것을 주렴계[周濂溪; 주돈이(周敦頤)]의 《주자전서(周子全書)》권12에서 일찍이 본 기억이 나므로 다시 한번 찾아보았다. 여기에 노재(魯齋) 왕백(王柏)은 "주렴계의 '이기(二氣; 陰陽)와 오행(五行)이 만물(萬物)을 화생(化生)함에 오행(五行)은 다르나 이기는 진실한 리(理)이며(리의 발현임) 이기의 근본은 하나(태극)가 되니, 이것은 만 가지가 한 가지가 되고 하나의 실리(實理)가 만 가지로 나뉘어 만(萬)과 일(一)이 각각 바루어지고 소(小)와 대(大)가 정해지는 것이다.'5) 한 것이 바로 리일분수의 종조(宗祖)이다." 하고, "합하여 말하면 통체(統體)인 한 태극이다. 그러므로 '이것은 만 가지가 하나가 되었다.' 하였고, 나누어 말하면 물건마다 한 태극을 간직하였다. 그러므로 '한 가지가 만 가지로 나누어졌다.' 하였으니, 주자(朱子)의 해(解;〈태극도설해(太極圖說解)〉)가 이미 정밀하고 자세하다. 내가 생각하건대……'통체일태극(統體一太極)'이 바로 이른바 리일(理一)

---

4) 夫子言一貫, 曾子言忠恕, 子思言大德小德, 張子言理一分殊, 只是一箇……要知天地是一箇無心底忠恕, 聖人是一箇無爲底忠恕, 學者是一箇著力底忠恕……程子曰, 天地無心而化成, 聖人有心而無爲, 此語極是親切.
5) 二氣五行, 化生萬物, 五殊二實, 二本則一. 是萬爲一, 一實萬分, 萬一各正, 小大有定.《通書 卷2》

이란 것이요, '사사물물이 각각 한 태극을 소유한 것'이 이른바 분수(分殊)란 것이다."⁶⁾ 하였다.

왕백은 남송 말기의 주자학자(朱子學者)로 자가 회지(會之)인데 그가 지은 〈숙흥야매잠(夙興夜寐箴)〉이 유명하여 이 내용이 퇴계(退溪)의 〈성학십도(聖學十圖)〉에도 들어 있다.

주렴계의 〈태극도설〉에 "오행은 하나의 음양이고 음양은 하나의 태극이고 태극은 본래 무극(無極)이니, 오행이 태어남에 그 성(性)을 각각 똑같이 하나씩 간직한다.[五行一陰陽也; 陰陽一太極也; 太極本無極也. 五行之生也, 各一其性.]" 하였는데, 주자는 이에 대한 해(解)에서 "오행은 성질이 다르고 사시(四時)는 기운(봄은 목(木), 여름은 화(火), 가을은 금(金), 겨울은 수[水])이 다르지만 모두 음양에서 벗어나지 않고, 음양은 자리(동·서·남·북의 위치)가 다르고 동정(動靜)은 때가 다르지만 모두 태극에서 떠나지 않는다. 그리고 태극이 된 소이(所以; 이유)에 이르러는 또 애당초 말할 만한 소리와 냄새가 없으니, 이는 성(性)의 본체(本體)가 그러한 것이다. 천하에 어찌 성 밖에 사물이 있겠는가."⁷⁾ 하였다.

이에 대하여 우리나라의 영재(寧齋) 오윤상(吳允常)은 〈태극도해구

---

6) 合而言之, 統體一太極也, 故曰是萬爲一; 分而言之, 物物一太極, 故曰一實萬分, 朱子之解, 固已精詳. 愚竊謂 (二氣交感而萬物生, 物物固各有一太極; 五性感動而萬事出, 事事亦各有一太極.) 統體一太極者, 卽所謂理一也. 事事物物各有一太極者, 卽所謂分殊也.

7) 蓋五行異質, 四時異氣, 而皆不能外乎陰陽; 陰陽異位, 動靜異時, 而皆不能離乎太極. 至於所以爲太極者, 又初無聲臭之可言, 是性之本體然也, 天下豈有性外之物哉.

석(太極圖解句釋)〉에서 "이는 '太極本無極也' 이상의 세 구(五行一陰陽也, 陰陽一太極也, 太極本無極也.)를 해석한 것이니, 이른바 '統體一太極也'란 것이다……" 하였다. 그리고 〈태극도설〉의 '五行之生也, 各一其性.'에 대해 주자는 윗글을 이은 해(解)에서 "그러나 오행이 태어남에 그 기질(氣質)을 따라 품부(稟賦) 받은 바가 똑같지 않으니, 이른바 '각일기성(各一其性)'이란 것이다. 각각 그 성(性)을 똑같이 간직하였다면[各一其性] 혼연(渾然)한 태극의 전체가 각각 한 사물의 가운데에 갖추어져 성(性)이 있지 않은 곳이 없음을 또 볼 수 있다."[8] 하였다. 오윤상은 〈구석(句釋)〉에서 "이는 '五行之生 各一其性'을 해석한 것이니, 이른바 '각기일태극(各其一太極)'이란 것이다." 하였다.

영재의 이 말은 왕백의 '理一은 統體一太極이고 分殊는 各其一太極'이란 말과 일치한다 하겠다.

얼마 전 이 논문(論文)을 다시 읽어 보니, 의문이 여전히 풀리지 않았다. 그리하여 〈태극도설해〉와 이에 대한 주석을 다시 확인하였다.

〈태극도설〉에 "태극이 동(動)하여 양(陽)을 낳아 동이 지극하면 정(靜)하고, 정(靜)하여 음(陰)을 낳아 정이 지극하면 다시 동해서 한번 동하고 한번 정함이 서로 그 뿌리가 되니, 음으로 나뉘고 양으로 나뉨에 양의(兩儀)가 서게 되었다.[太極動而生陽, 動極而靜; 靜而生陰, 靜極復動, 一動一靜, 互爲其根, 分陽分陰, 兩儀立焉.]" 하였는데, 주자의 해(解)에 "'동이 지극하여 정하고 정이 지극하여 다시 동해서 한번 동하고 한번 정함이 서로 그 뿌리가 된다.'는 것은 천명(天命)이 유행(流行)

---

8) 五行之生, 隨其氣質而所稟不同, 所謂各一其性也. 各一其性, 則渾然太極之全體, 無不各具於一物之中, 而性之無所不在, 又可見矣.

하여 그치지 않는 것이요[命之所以流行而不已也], '동하여 양을 낳고 정하여 음을 낳아서 음으로 나뉘고 양으로 나뉨에 양의가 서게 되었다.'는 것은 분(分)이 한 번 정해져 옮기지(바뀌지) 않는 것이다.[分之所以一定而不移也]" 하였다.

오윤상은 이에 대하여 〈구석(句釋)〉에서 "命之所以流行而不已也'는 '一動一靜 互爲其根'을 풀이한 것이요, '分之所以一定而不移也'는 '分陽分陰'을 해석한 것이다." 하였다. 여기의 '분'을 분수 또는 직분으로 보기는 어려울 듯하다.

왜냐하면 '理一分殊'의 분수(分殊)를 직분이 다르다고 해석할 경우 이 말은 오직 인간에게만 해당되기 때문이다. 인간은 부자간에는 아버지의 직분이 있고 자식의 직분이 있으며 군신 간에는 군주의 직분이 있고 신하의 직분이 있지만 금수(禽獸)에는 말할 만한 직분이 없다. 소는 밭을 갈고 말은 수송을 맡고 개는 도둑을 막고 닭은 시간을 알아 알려줄 뿐이며, 지각이 떨어지는 초목(草木)은 말할 것도 없다.

이에 여러 자전(字典)을 보니, 거성(去聲)의 분(分)은 직분 외에도 '몫'이라는 뜻이 더 있었다. 《중문대사전(中文大辭典)》에는 "分, 己之所當得也."라 하였고, 우리나라 최남선(崔南善) 씨의 《신자전(新字典)》에도 '몫'이라고 기록하고 〈곡례(曲禮)〉의 '分毋求多'를 인용하였다. 그렇다면 분수의 분을 '各一其性(인(人)·물(物)이 각기 그 성(性)을 자기 몫으로 하여 동일하게 간직했다.)'으로 보아 자기 몫으로 풀이하는 것이 좋을 듯하였다.

진영첩(陳榮捷)은 '리일분수(理一分殊)'는 윤리적 관점에서 발언된 것이라 하였다. 그러나 리일분수는 형이상학적 관점으로 만사 만물을 포함한 것이라고 보아야 할 것이다. 그리고 '分之所以一定而不移也'의 분(分)을 직분 또는 의무로 볼 경우, 직분은 지위의 이동과 시간의 변천에 의하여 수시로 달라진다. 한 번 정하여 옮길 수 없는 것이 아니다. 하지만 몫은 이와 다르다. 음(陰)으로 나뉘고 양(陽)으로 나뉜 뒤에는 음이 양이 될 수 없고 양이 음이 될 수 없으며, 오행도 마찬가지여서 금(金)은 목(木)이 될 수 없고 목은 금이 될 수 없다. 이것이 '分之所以一定而不移也'라고 생각한다. 이에 대한 선유(先儒)들의 해석을 모아 설명해 보았다. 동학제현(同學諸賢)의 의견을 듣고 싶다.

2. 신상후(申相厚) 박사의 〈논어특강(論語特講)〉 강의 영상을 보고

신 박사(申博士)의 《논어》 강의는 유창한 언변(言辯)에 《대전본(大全本)》의 소주(小註)와 호산(壼山) 박문호(朴文鎬)의 《논어집주상설(論語集註詳說)》까지 인용 설명하여 명강의(名講義)라고 생각되었다. 특히 경문(經文)과 집주(集註)는 물론이요, 소주까지 토(吐)를 붙여 시원시원하게 읽어 내려갔다. 연암(燕巖) 박지원(朴趾源)의 〈양반전(兩班傳)〉에 나오는 "《동래박의(東萊博議)》 외기를 얼음 위에 박 밀듯이 한다.[東萊博議, 誦如冰瓢]"는 표현이 연상될 정도였다.

요즘 일반 학자들은 한문(漢文)에 익숙하지 못하므로 원문(原文)을 읽을 적에 더듬거리며 토는 아예 붙이지 못한다. 그러나 신 박사는 한문에도 상당히 능한 것으로 보였다. 그러나 원의(原義)에 맞지 않는 부분도 간혹 있었으며, 주자(朱子)의 집주(集註)를 비난한 학자들의 설을 지나치게 인용 설명하는 경우도 있었다. 물론 다른 학자들보다는 대체로 훌륭한 편이었지만 말이다.

신 박사는 우선 《논어》의 〈서설(序說)〉을 요약 소개하였는데, 대체로 알기 쉽게 설명하였다. 다음은 신 박사의 강의 내용이다.

《논어》 집주에 대하여 예전에는 포함(包咸)·공안국(孔安國)·마융

(馬融)·정현(鄭玄) 등의 주석서가 있었으나 정현의 주(註)를 제외하고는 모두 일실(佚失)되었다. 삼국시대에 하안(何晏)이 편찬한 《논어집해(論語集解)》에 포함·공안국·마융 등의 주해가 일부 채록되었으며, 《논어집해》를 근간으로 하여 남조(南朝) 양(梁)나라의 황간(皇侃)은 《논어의소(論語義疏)》를, 북송(北宋)의 형병(邢昺)은 《논어주소(論語註疏)》를 엮었는데, 이 하안의 집해와 형병의 주소가 《십삼경주소(十三經注疏)》에 들어갔다. 이후에 주자가 이 집주를 만들게 되었는데, 왜 집주라 하였는가 하면 기존에 있었던 여러 설(說)을 모아서 주(註)를 냈기 때문이었다.[9] 집주는 당시에는 위상이 크게 높거나 한 것이 아니었는데, 명대(明代)에 이 집주를 기본으로 해서 《영락대전(永樂大全)》을 편찬함으로써 주자 주의 위상이 확고해졌다.

특히 우리 조선조에서는 정주학(程朱學)이 국학(國學)이었던 데다가 《영락대전》이 내각본(內閣本), 즉 관본(官本)으로 간행되어 극소수의 학자를 제외하고는 모두 이 주자의 집주에 의거해서 사서(四書)를 읽었다. 그래서 조선조 학자들의 《논어》에 대해 이해하려면 이 집주에 의한 해석을 파악할 필요가 있다.

집주에 대해서는 연구자들의 평가가 크게 갈려, 집주를 비판적으로 보는 학자들은 이 집주가 주자의 이론서, 즉 철학서로는 가치가 있지만 이것이 공자의 원의(原意)를 그대로 드러내는 주석서로는 적합하지 않

---

9) 주자가……때문이었다: 주자는 하안(何晏)과 형병(邢昺)의 설을 몇 번 인용한 바 있지만 황간(皇侃)의 설은 거의 인용하지 않았다. 주자는 상고시대의 제도는 정현의 주를, 자훈(字訓)은 하안과 형병의 설을 일부 수용하였으나, 대체로 당나라의 육덕명(陸德明)과 북송의 오역(吳棫)의 설을 많이 채택하였다. 그리고 경설(經說)은 정자(程子)와 그 문인들의 설을 모아 집주를 완성하였다.

다고 한다. 왜냐하면 공자의 유학과 주자의 성리학은 매우 다르다고 보았기 때문이다. 집주를 비판적으로 볼 필요도 있지만 그럼에도 불구하고 우리가 이 집주에 의거해서 《논어》를 읽으려 하는 이유는, 우리 조선조 선현들의 생각을 파악하려면 이 집주를 읽지 않고는 불가능하기 때문이다.

그리하여 이번에 강독하는 《논어》 특강에서는 이 집주를 위주로 수업을 진행할 예정이라고 밝혔다. 뒤이어 《영락대전》의 편집 과정과 내용, 호산(壺山) 박문호(朴文鎬)의 《논어집주상설(論語集註詳說)》도 자세히 소개하여 문헌학적(文獻學的)으로, 그리고 명·청대(明淸代) 고증학을 따르는 일부 학자들의 비판까지 덧붙여 설명하였다.

그러나 주자의 집주가 그 당시에는 특별한 위상을 갖지 못하다가 《영락대전》에 편입됨으로써 세상에 성행(盛行)하였다는 주장은 사실과 다르다. 주자 생전에 이미 출판업자들을 통해 《사서집주(四書集註)》를 간행해서 민중(閩中; 복건성) 지역에 크게 유포되었으며, 사후에는 주자학이 더욱 크게 성행하여 2~3백 년 동안 거의 모든 학자들이 오직 주자학을 하였다. 그래서 《영락대전》에 주자의 집주가 채택되었으며 주자와 반대되는 학설은 거의 찾아볼 수 없는 것이다. 주자 사후에 서산(西山) 진덕수(眞德秀)는 주자학을 집대성한 학자로 인식되었고, 남송이 망하자 은둔한 김인산(金仁山)과 허백운(許白雲) 역시 주자학에 조예가 깊었으며, 원(元)나라의 태학사(太學士; 대제학) 노재(魯齋) 허형(許衡)은 주자학을 특별히 신봉하였다. 그는 주자의 《소학》을 높여 "나는 《소학》 책을 믿기를 신명(神明)과 같이 여기고 공경하기를 부모와 같이 한다." 하였다. 이러한 영향으로 원나라가 망한 뒤에도 중국은 주자학 일색이었다.

그리하여 명청대의 고증학자들이 주자의 집주를 비판하면서도 정현과 하안이나 형병의 《논어주소》를 빼고는 송(宋)·원(元)·명초(明初) 학자들의 설을 인용하여 증명하지 못한 것이다. 영락제[永樂帝; 성조(成祖)]는 황제인 조카 건문제(建文帝)를 내치고 제위(帝位)를 찬탈한 다음 선비들을 회유하려는 차원에서 《영락대전》을 편찬하였는데, 주자학은 이 대전본(大全本)이 관학(官學)이 되면서 쇠퇴하게 되었다. 그러므로 신 박사의 '주자학이 인정을 받지 못해 침체 일로를 걷다가 주자의 집주가 《영락대전》에 채택됨으로 인해 성행하였다.'는 주장은 근거가 희박하다.

또 공자를 소개하면서 공자가 일찍이 벼슬한 사공(司空)을 '농정(農政) 최고 담당자'라고 하였다. 《서경》〈순전(舜典)〉에는 "백우(伯禹)가 사공이 되었다." 하였고, 제순(帝舜)은 "우(禹)야! 네가 수토를 잘 다스렸다.[汝平水土]"라고 칭찬한 내용이 보인다. 수토(水土)는 물과 흙으로, 당시 9년의 홍수가 있어 우(禹)가 치수 사업(治水事業)을 맡았음을 말한 것이다. 사공은 농정 담당자가 아니고 지금으로 보면 건설을 맡아 백성들의 주택과 도로 등을 담당한 자라 할 것이다. 농정 담당자는 사도(司徒)이거나 그 관속일 것이다. 《서경》〈주고(酒誥)〉에 "기보(祈父)는 왕명을 어기는 자를 쫓아내고 농보(農父)는 만민(萬民)을 순히 하여 보호하고 굉보(宏父)는 경계를 정하여 법을 정하는 자이다.[祈父薄違, 農父若保, 宏父定辟.]"라는 내용이 보이는데, 《서경집전(書經集傳)》에 "기보는 사마(司馬), 농보는 사도, 굉보는 사공이다." 하였다.

〈서설〉 끝부분에 보이는 하안(何晏)의 "魯論語, 二十篇; 齊論語, 別

有問王知道, 凡二十二篇; 其二十篇中章句, 頗多於魯論...."이라는 것에 대해 중국학자 양백준(楊伯峻)은 "서한(西漢) 말년에 안창후(安昌侯)인 장우(張禹)가 먼저 《노논어(魯論語)》를 배우고, 후에 다시 《제논어(齊論語)》를 강습하고서 두 판본을 합하여 하나로 만들었다. 다만 편목(篇目)은 《노논어》를 근거로 삼고 온당한 것을 채택하였는데, 이를 《장후론(張侯論)》이라고 불렀다.……동한(東漢) 말년에 대학자인 정현(鄭玄)은 《장후론》에 의거하고 《제논어》·《고논어(古論語)》를 참조하여 《논어주(論語注)》를 지었다. 잔존해 있는 정현의 《논어주》 중에서 우리는 또 대략 노(魯)·제(齊)·고(古) 세 종류의 《논어(論語)》 판본의 차이를 엿볼 수 있다. 그러나 오늘날 쓰이는 《논어》의 판본은 기본적으로 《장후론》이다." 하였다.

세속에서는 일반적으로 지금에 통행하는 본(本)이 장우(張禹)가 만든 통합본인 것으로 알고 있다. 신 박사의 강의에서도 통합본이라 지칭하였으나 〈문왕(問王)〉과 〈지도(知道)〉의 내용이 없는 것으로 보아 세 본을 모두 취하여 《장후론(張侯論)》을 만들었을 뿐 통합하지는 않은 것으로 보인다.

또 호산 박문호의 《논어집주상설》의 내용을 소개하면서 호산이 자신의 설에는 '안(按)' 자를 모두 붙였다고 하였다. 그러나 실제는 그렇지 않다. 일반 독자들은 《상설》을 접하기 어려우므로 〈학이(學而)〉 1절의 《상설》을 현토하여 끝에 부기하니, 참고하기 바란다.

〈학이(學而)〉 제1장의 집주에 '사람의 본성은 모두 선(善)하나 깨달음에는 선후의 차이가 있으므로 뒤늦게 깨닫는 자들은 반드시 선각자(먼저 깨달은 분)의 하는 바를 본받아야 비로소 선을 밝게 알아 그 처음(본성)을 회복할 수 있다.[人性皆善而覺有先後, 後覺者必效先覺之所爲, 乃可以明善而復其初.]'를 설명하면서 "'先覺之所爲'의 '소위(所爲)'에 대해 '사람의 본성이 선함을 깨닫는다'는 것이다. 인간의 본성은 모두 선(善)하나 자신의 본성이 선함을 깨닫는 데에는 선후의 차이가 있다." 하고, "먼저 깨달은 사람은 '자신의 본성이 모두 선한데 내가 이것을 충분히 발휘하지 못하고 있구나.' 혹은 '나의 기질이나 습관의 영향으로 인해서 본성이 가려져 있구나.' 하는 것을 알게 되고, 본성을 회복하기 위한 여러 가지 공부와 훈련을 할 것이다. 뒤에 깨닫는 자는 이러한 선각자들의 훈련법을 보고서 배우고 분발하여 자신의 기질을 변화하고 습관을 고치는 공부를 해나가야 그 선한 본성을 온전히 회복할 수 있다."라고 하며, 명선(明善)은 지공부(知工夫)이고 복기초(復其初)는 행공부(行工夫)로 이 '명선이복기초(明善而復其初)'는 주자학의 강령이라고 하였다.

본성에는 만선(萬善)의 이치가 모두 구비되어 있지만 '본성의 선함'을 안다고 해서 만사 만물에 있는 이치를 저절로 알게 되는 것은 아니다. 더구나 '先覺之所爲'의 '所爲'는 지(知)와 행(行)을 겸하여 말한 것이요, 지공부에만 해당하는 것은 아니다.

신 박사는 전체의 뜻을 조리 있게 잘 설명하였으며 기질의 변화와 지공부, 행공부 등 성리학의 기본 지식까지도 언급하였다. 신 박사의 말씀처럼 집주의 이 내용은 주자가 공자의 '학이시습지(學而時習之)'란 말씀을 통해서 '명선이복기초'라는 학문의 요점을 밝힌 것으로, 내용이 그리 어려운 것은 아니지만 일반 강사들은 자세히 알지 못할 뿐만 아니라 관심도 갖지 않는다.

본인은 부친에게 사서(四書)를 배웠는데, 시골의 한학자들은 대체로 과문학(科文學)을 한 분이어서 성리학을 잘 모르며, 웬만큼 문리가 나서 토(吐)를 붙이고 음을 외면 원문(原文)을 다시 해석하지 않고 그대로 통과한다. 스승도 이 학생이 내용을 얼마나 알고 있는지 모르며, 학생 역시 자신이 현토를 하고 외웠으니 그 내용을 당연히 아는 것으로 착각한다. 그러다 보니 학문을 지(知)와 행(行)으로 나눌 줄도 몰라, 명선(明善)이 지이고 복기초(復其初)가 행이며 뒤의 박문(博文)이 지에 속하고 약례(約禮)가 행에 속하며, 《서경》〈대우모(大禹謨)〉의 유정(惟精)이 지공부(知工夫)이고 유일(惟一)이 행공부이며, 《중용》의 택선(擇善)이 지공부이고 고집(固執)이 행공부임을 알지 못한다.

또 시골에는 서적이 별로 없어서, 본인은 제자백가(諸子百家)는 말할 것도 없고 삼례(三禮; 《주례》·《의례》·《예기》)와 삼전(三傳; 《춘추좌씨전(春秋左氏傳)》·《춘추공양전(春秋公羊傳)》·《춘추곡량전(春秋穀梁傳)》)과 《자치통감(資治通鑑)》과 《자치통감강목(資治通鑑綱目)》 역시 보지 못하였고, 우리 집에는 겨우 《소학집주(小學集註)》와 《통감절요》 몇 권과 옛날 시집 몇 권이 있을 뿐이었다.

그런데 《통감절요》에는 언제나 《통감》이라고 표기되고 있었으며 시골 선생들도 모두 '통감'이라고 약칭하였다. 이에 대해 청장관(靑莊館) 이덕무(李德懋)는 일찍이 "우리나라 사람들의 무식함은 말할 것이 없다. 《통감절요》를 '통감'이라 표기하고 이것이 《통감》인 줄로 잘못 알고 있으니, 《자치통감》이 있음을 어찌 알겠는가."라고 말씀한 글을 본 적이 있다. 중국에는 《통감절요》가 거의 없어졌다고 한다.

본인도 처음에는 불(不)과 비(非)의 차이를 몰랐다. 즉 불(不)은 동사

위에, 비(非)는 명사 위에 사용한다는 것을 말이다. 불학(不學)은 '배우지 않으면'이며 비학(非學)은 '학문(배움)이 아니면'이다. 학(學) 역시 똑같은 글자이지만 '배우다'와 '배움'의 뜻이 다르다. 또 유(有)와 재(在)의 구분도 제대로 알지 못하였다. 유(有)는 예컨대 '돈이 있으면 죄가 없다[有錢無罪]'라고 할 때처럼 누군가에게 무엇이 있다는 뜻으로 쓴다. 재(在)는 방에 있다는 말을 재실(在室)이라고 쓰는 것과 같이 누구 또는 무엇이 어디에 있다는 뜻으로 쓴다. 간혹 '유재(有在)'라는 단어가 보이는데, 이때의 유(有)는 허자(虛字)이고 재(在)가 '있다'는 뜻을 가진 실자(實字)이다.

그런데 내가 국역연수원에 있을 적에 대학을 졸업하고 국역연수원에 들어온 학생들에게 이것을 물어보면 제대로 대답하는 경우가 별로 없었다. 그도 그럴 것이 이에 대하여 설명해 주시는 선생님을 일찍이 보지 못하였다. 우전(雨田) 신호열(辛鎬烈) 선생과 청명(靑溟) 임창순(任昌淳) 선생도 연수원생들에게는 일절 말씀하지 않았다. 혼자서 터득하는 수밖에 답이 없었다. 한문은 강의만 듣지 말고 자신이 꼭 발표를 해야 한다. 그것도 국어를 따질 줄 알고 잘못을 지적해주는 엄격한 스승 밑에서 배울 필요가 있다.

본인은 18세인 1962년 익산(益山)에 가서 월곡(月谷) 황경연(黃璟淵) 선생께 다시 《대학》을 배웠는데, 〈대학장구 서〉를 펴놓고 '기질지품(氣質之稟)'[10]에 대해 물으셨다. 그러나 본인은 기(氣)와 질(質)을 나눌 줄

---

10) 蓋自天降生民, 則既莫不與之以仁義禮智之性矣. 然其氣質之稟, 或不能齊. 是以不能皆有以知其性之所有而全之也. 一有聰明睿智能盡其性者, 出於其間, 則天必命之, 以爲億兆之君師, 使之治而教之, 以復其性. 〈大學章句序〉

도 몰랐다. 며칠 뒤 "기질에는 청탁(淸濁)과 수박(粹駁)의 차이가 있다." 하시면서 공부는 어떻게 하는 것이냐고 다시 물으셨다. 본인은 무엇을 물으시는 것인지조차 몰랐다.

선생님은 10여 일 뒤에 "기질에는 청탁과 수박의 차이가 있는데 기(氣)는 양(陽)으로 청·탁의 구분이 있어 청한 자는 지(知)를 잘하고 탁한 자는 알지 못하며, 질(質)은 음(陰)으로 수·박의 구분이 있어 수(粹)한 자는 행(行)을 잘하고 박(駁)한 자는 행을 잘하지 못한다. 공부의 목적은 이 탁박(濁駁)한 기질을 변화시켜 도리를 제대로 알고 행하는 데에 있다." 하셨다. 이 말씀을 듣고 찾아보니, 소주(小註)에 이러한 내용이 모두 나와 있었다.

신 박사의 강의에 기질변화와 명선(明善)은 지(知)이고 복기초(復其初)는 행(行)이라는 말을 들으니, 예전에 경험했던 생각이 다시 떠올라 적어보았다. 본인은 여러 번 《논어》를 강의하였지만, 언변도 없을뿐더러 시간적 여유가 없다는 이유로 한 번도 제대로 설명하지 못하였는데, 이 기회에 평소 생각하고 있던 내용을 소개하려 한다.

'學之爲言 效也'를 본인도 "학(學)이란 말은 본받음이다."라고 번역하였다. 그러나 여기의 '언(言)'은 오언(五言)·칠언(七言)과 같이 '자(字)'의 뜻으로 보아, "학(學)이란 글자"로 읽어야 할 것이다. 그리고 《설문해자(說文解字)》에는 "학(學)은 깨달음[覺悟]이다." 하였고, 《백호통(白虎通)》〈벽옹(辟雍)〉에는 "학이란 글자는 깨달음이니, 그 알지 못하는 것을 깨닫는 것이다.[學之爲言, 覺也. 以覺悟所不知也.]" 하였다. 그러나 주자는 《광아(廣雅)》〈석고(釋詁)〉의 "학은 본받음[效]이다." 한 것을 따랐다. 그 이유는 '後覺者, 必效先覺之所爲.'라 하여 뒤에 후각(後覺)

과 선각(先覺)이 나오기 때문이며, 학(學)을 '그 알지 못하는 것을 깨닫는 것'으로 풀이할 경우 지(知)에만 해당되기 때문에 소위(所爲)로 바꾸었는바, 소위(所爲)는 지와 행을 겸한 것으로 보아야 한다.

주자는 "학이란 한 글자는 실로 치지(致知)와 역행(力行)을 겸하여 말한 것이다.[學之一字, 實兼致知力行而言.]" 하였고, 혹자가 "학지위언효야(學之爲言效也)의 '효(效)' 자는 포함한 뜻이 매우 넓습니다." 하고 묻자, "바로 이와 같으니, 박학(博學)·심문(審問)·신사(愼思)·명변(明辨)·독행(篤行)이 모두 학의 일이다."[11] 하였다. 다만 신 박사는 '선각지소위(先覺之所爲)'의 선각자를 '노력하여 아는 것[困而知之]'으로만 국한하여, 생이지지(生而知之)의 성인과 학이지지(學而知之)의 대현(大賢)은 선각자에 포함되지 않는 것으로 오인(誤認)할 수 있었다.

'성(性)에는 인(仁)·의(義)·예(禮)·지(智)의 만선(萬善)이 모두 갖추어져 있으며, 선각자는 생이지지의 성인과 학이지지의 대현과 곤이지지의 현인이 있는데 이러한 성현은 세상에 항상 있는 것이 아니므로 부근에 선각자가 없을 경우 경전(經傳)을 통하여 성현이 말씀한 가르침과 행한 일을 따라서 본받아야 한다.'는 내용을 덧붙였더라면 금상첨화(錦上添花)였을 것이라 생각되었다. 성현을 직접 뵙고 배워서 아는 것을 견이지지(見而知之)라 하고, 뒤늦게 태어나 성현을 직접 뵙지 못하고 경전을 통하여 아는 것을 문이지지(聞而知之)라 한다. 맹자는 맨 마지막 장에서 이렇게 말씀하였다. "요(堯)·순(舜)으로부터 탕왕(湯王)까지가 5백여 년이니, 우왕(禹王)과 고요(皐陶)는 직접 요·순을 뵙고서

---

11) 問: 學之爲言效也, 效字所包甚廣. 曰: 正是如此, 博學·審問·愼思·明辨·篤行, 皆學之事.《論語集註大全》

알았고 탕왕은 들어서 아셨다. 탕왕으로부터 문왕(文王)까지가 5백여 년이니, 이윤(伊尹)과 내주(萊朱)는 직접 탕왕을 뵙고서 알았고 문왕은 들어서 아셨다. 문왕으로부터 공자(孔子)까지가 5백여 년이니, 태공망(太公望)과 산의생(散宜生)은 직접 문왕을 뵙고서 알았고 공자는 들어서 아셨다."[12]

《상설》의 '學字之義甚易知' 아래에 '且以訓法言之[또 훈(訓)하는 방법으로 논하면]'를 옛날에 본인이 '양웅(揚雄)의 《법언(法言)》으로 훈한다.'로 잘못 해석한 적이 있었는데, 신 박사도 '법언'으로 해석하였다. 본인의 잘못된 해석을 따른 것인지는 자세히 알 수 없지만 여하튼 본인의 착오이다. 옛말에 잘못 가르치면 '자오이오인(自誤而誤人)'이라 하였으니, '자신이 잘못 알아 남을 그릇친다.'는 뜻이다. 다시 한번 사과드린다.

또 주자의 '時時習之, 則所學者熟.'에서는 '소학자(所學者)'를 배운 것이라고 해석하였으나, 뒤에 보이는 정자(程子)의 '所學者在我, 故悅.'을 해석하면서는 '배우는 것이 나에게 있으므로 기쁜 것이다.'라고 풀이하였다. 신 박사는 앞에서는 학자(學者)를 배운 자와 배우는 자로 구분하였는바, 여기의 '소학자(所學者)' 역시 '배운 것'이 되어야 할 것이다. 즉 '소학자재아(所學者在我)'는 이미 배운 것을 익혀 뇌리(腦裏)에 남아 있다는 뜻이다. '배우는 것이 나에게 있으면'이란 표현은 뜻이 분명하지 않다. 물론 이처럼 사소한 문제는 강의하다 보면 우연한 실수일 수 있

---

12) 由堯舜至於湯, 五百有餘歲, 若禹·皐陶, 則見而知之; 若湯, 則聞而知之. 由湯至於文王, 五百有餘歲, 若伊尹·萊朱, 則見而知之; 若文王, 則聞而知之. 由文王至於孔子, 五百有餘歲, 若太公望·散宜生, 則見而知之; 若孔子, 則聞而知之. 《孟子 盡心下》

으나 이 내용은 일반인들이 실수하기 쉬운 부분이므로 특별히 강조하는 것이다.

그리고 제3절의 '불역군자(不亦君子)'의 집주에 '군자성덕지명(君子成德之名)'을 해석하면서 《논어》에 나오는 군자는 대부분 성덕군자(成德君子)인데 다만 아래(3장) '군자무본(君子務本)'의 군자는 입덕군자(入德君子)라고 한 《상설》을 소개하였다. 나는 《논어》에 나오는 여러 군자를 떠올려 보았지만 '성덕군자'는 별로 생각나지 않았다. 성인(聖人)을 포함한 성덕군자는 극히 드물다. 혹자가 그 이유를 묻기에 나는 이렇게 대답하였다. 공자는 일찍이 성인과 군자를 구별하여 "성인을 내 얻어 보지 못하거든 군자를 얻어 보면 괜찮다."[13] 하셨다. 평소 사서에 군자가 자주 보이는데 몇 번이나 나왔을까 하면서도 자세히 세어보지 못하였다.

그리하여 이번 기회에 《논어》에 나오는 군자를 대충 세어 보았더니 모두 83곳에 보이는데, 〈향당편(鄕黨篇)〉의 공자를 군자로 대칭한 '君子不以紺緅飾'과 〈계씨편(季氏篇)〉의 '又聞君子之遠其子也'를 빼고는 성인을 포함한 성덕군자는 거의 보이지 않았다. '군자불기(君子不器)'의 집주에 '성덕한 선비는 체가 갖추어지지 않음이 없으므로 용이 두루하지 않음이 없다.[成德之士, 體無不具, 故用無不周.]'라고 하여 성덕군자로 볼 수 있을 듯하지만, 소주(小註)에 주자는 '군자는 재(才)와 덕(德)이 출중한 자이니, 덕은 체이고 재는 용이다. 여기의 군자 또한 성인의 체와 용을 갖추고 있으나 다만 그 체가 성인처럼 크지 못하고 용이 성

---

13) 聖人吾不得而見之矣, 得見君子者斯可矣.《論語 述而》

인처럼 묘하지 못하다.[君子才德出衆, 德, 體也; 才, 用也. 亦具聖人之體用, 但其體不如聖人之大, 用不如聖人之妙也.]' 하여, 여기의 군자 역시 성인을 포함하는 성덕군자가 아니었다.

그리고 덕과 지위를 겸한 것으로는 '君子所貴乎道者三'과 '君子之德風也'와 '後進於禮樂君子也'와 '君子三年不爲禮, 禮必壞.'와 '侍於君子, 有三愆.'과 '君子學道則愛人'과 '君子信而後, 勞其民'의 일곱 곳뿐이었고, 지위로만 말한 것은 '君子尙勇……君子有勇而無義爲亂' 한 곳뿐이었다. 《대학》에는 '군자'가 11번이 보이는데 모두 입덕군자였고, 《중용》에는 28번이 보이는데 성덕군자는 '君子依乎中庸……唯聖者能之'와 '君子篤恭而天下平' 두 곳이었고, '君子而時中'을 넓게 보아 성덕군자라 할 수 있었다. 《논어》에 보이는 군자를 뽑아 뒤에 붙이니, 참고하기 바란다. 다만 한 장에 두 번 이상 나온 것은 하나로 보았으며, 잘못 구분한 것과 누락된 부분도 없지 않을 것이다. 또한 군자를 확대하여 성덕군자로 볼 수 있는 경우도 있을 수 있다.

〈학이〉 제2장의 '孝弟也者, 其爲仁之本與.'에 대하여 "효도와 공경은 그 인(仁)을 행하는 근본일 것이다."라고 해석하고 '효도와 공경은 그 인(仁)의 근본이 될 것이다.'라고 해석하는 이설을 소개하였다. 그리고 인에 대하여 집주에 "인은 사랑하는 원리이고 마음의 덕이다.[仁者, 愛之理, 心之德.]" 한 것을 설명하면서 "인을 해석함에는 인·의·예·지 전체를 포함하여 말하는 전언(專言)과 인·의·예·지를 나누어 말하는 편언(偏言)의 구분이 있다." 하고, 소주에 보이는 주자의 "'仁者愛之理'는 바로 편언한 한 가지 일이란 것이니 이 장과 같은 경우가 이것이요, '심지덕(心之德)'은 바로 전언한 인·의·예·지 네 가지를 포함한다는 것이니, 아래 장에서 말한 인(仁; 巧言令色 鮮矣仁)이 이것이다. 그러므로 합하여 말하면 인은 마음의 덕이요, 나누어 말하면 인은 사랑의 원리이고 의는 마땅하게 하는 원리이고 예는 공경 사양하는 원리이고 지는 옳고 그름을 분별하는 원리이다. 인자애지리(仁者愛之理)는, 리(理)는 바로 뿌리이고 애(愛)는 바로 싹이다."[14] 한 것을 인용 설명하였으며, 다시 《상설》까지 인용하여 부연 설명하였다.

그리고 '심지덕(心之德)'의 덕에 대하여 아래 〈위정편(爲政篇)〉 제1장의 '爲政以德'에 대한 집주의 '덕이란 말은 얻음이니, 도(道)를 행하여 마음에 얻음이 있는 것이다.[德之爲言, 得也, 行道而有得於心也.]' 한 것을 인용하고, 덕에는 사람이 선천적으로 타고난 인·의·예·지의 심지덕이 있고 후천적으로 인·의·예·지의 도를 행하여 얻어지는 것(은덕과 공덕)이 있다고 하였다. 이러한 내용은 일반 강사들에게서는 듣기 어려운 내용이다. 주자의 성리설을 비판하는 분들은 말할 것도 없고 집주를 그대로 받아들이는 분들도 잘 말하지 않는다. 그 이유는 강의 시간을 아껴서일 수도 있지만, 본인의 경험으로는 제대로 알지 못해서일 수도 있다. 위에서도 밝혔듯이 일반인들은 대체로 《대학》의 성의(誠意)와 정심(正心)을 구분하지 못하며, 어떤 분은 성의(誠意)와 정심(正心), 의성(意誠)과 심정(心正)의 해석의 차이도 모르는 분이 있다.

그리고 '孝弟也者 其爲仁之本與(歟)'의 여(與)에 대해 주자는 '여(與)는 의심하는 말이다.[與, 疑辭.]'라고 풀이하였는데, 대부분의 강사들이

---

14) 朱子曰: 仁者愛之理, 是偏言則一事; 心之德, 是專言則包四者, 故合而言之, 則四者心之德而仁爲之主; 分而言之, 則仁是愛之理, 義是宜之理, 禮是恭敬辭讓之理, 智是分別是非之理也. 仁者愛之理, 理是根, 愛是苗.《論語集註大全》

여(與)를 의문사라고 표현하는 바 신 박사는 한문에서 쓰는 의문문(疑問文)이라고 하였다. 본인도 일본의 '한문대계본(漢文大系本)'에 '여(與)는 단정을 주저하는 의문의 조자(助字)이다.'라고 한 것을 따라 의문사로 해석하였으나 뒤에 생각해보니, 아래 10절의 '부자가 이 나라에 이르시어 반드시 그 정사를 들으시니, 이것을 구해서 얻으신 것입니까? 아니면 그 나라의 군주가 스스로 물은 것입니까?(夫子至於是邦也, 必聞其政. 求之與? 抑與之與?)'의 '여(與)'는 의문사이지만, 여기의 여(與)는 의문사가 아니고 겸사로 자신하지 못해 의심하는 말(~일 것이다.) 정도로 해석해야 할 것이다. 그리하여 《언해(諺解)》에도 여기서는 '其爲仁之本與인저'로 현토하고, 10절의 '求之與'와 '抑與之與'의 아래에는 '與아'로 현토한 것이다. 여기서도 집주대로 의문(疑問)의 문(問)을 빼는 것이 좋겠다.

〈학이〉 제3장의 증자(曾子)의 이름을 소개하면서 "이름인 '參'의 음을 '삼'으로 읽어왔으나, '驂'으로 보아 '참'으로 읽는 것이 옳다." 하였다. 이것은 본인도 예전에 이가원(李家源) 씨의 번역본을 보고 '참'으로 읽은 적이 있으나 뒤에 중국 학자의 "'삼' 역시 '참'과 뜻이 같으므로 굳이 음을 '참'으로 읽을 필요가 없다."는 설을 따라 뒤에 원래대로 읽었음을 밝혀둔다.

'오일삼성오신(吾日三省吾身)'에 대하여 신 박사는 〈선진편(先進篇)〉의 '남용삼복백규(南容三復白圭)'를 들면서 세 번으로 보는 것도 일리(一理)가 있는 것으로 설명하였다. (물론 주자의 집주를 우선해야 한다면서) 세 번이라고 하면 아침·점심·저녁의 세 번으로 생각하기 마련이지만 성찰(省察) 공부가 어찌 이 세 차례에 그칠 뿐이겠는가. 집주는 마침 아래에 세 가지 일이 있으므로 세 가지 일로 해석하였지만 삼복백규(三復白圭)의 삼복은 세 번이 아니고 여러 번의 뜻으로 보아야 한다.

《논어회전(論語會箋)》에도 "삼성(三省)은 그 성찰이 한두 번뿐만이 아닌 것이다. 옛사람은 모든 일에 한두 번으로 다할 수 없는 것은 모두 셋[三]으로 개괄하였다. 이는 그 많음을 계산한 말이니, 삼(三)은 허수(虛數)일 뿐이다. 예컨대 《주역》의 '근리시삼배(近利市三倍)'와 《시경》의 '고삼배(賈三倍)'와 《춘추좌전》의 '삼절굉위의(三折肱爲醫)'가 모두 이것이다. 《논어》의 '삼사(三仕)·삼이(三已)·삼출(三黜)·삼성(三省)·삼후(三嗅)·삼사(三思)·삼복(三復)·삼이천하양(三以天下讓)'이 모두 많다는 뜻이다."[15] 하여 '삼복백규' 역시 '많다'의 뜻으로 보았다.

대전본(大全本) 소주에 실린 주자의 설 역시 "남용(南容)의 '삼복백규(三復白圭)'는 하루 아침만 읽은 것이 아니요 이는 바로 날마다 읽어서 이 시(詩)를 완미(玩味)하여 언행을 삼가고자 한 것이다.[南容三復白圭, 不是一旦讀, 此乃是日日讀之, 玩味此詩, 而欲謹於言行也.]"라 하여 단순히 세 번으로 보지 않았다. 근세의 중국 학자 양백준(楊伯峻) 역시 '삼(三)'을 여러 번의 뜻으로 보았다.[16] 양백준은 근세의 학자임에도 불구하고 정다산(丁茶山)보다 주자의 집주를 더 많이 따랐다. 물론 정현 등의 고주(古註)를 따르기도 하였지만 말이다.

전불습호(傳不習乎)에 대하여 신 박사는 '전수하기만 하고 익히지 않

---

15) 三省, 言其省察不翅一再也. 古人凡事之不可以一二盡者, 皆以三槪之, 是計其多之辭, 虛數耳. 如易近利市三倍, 詩如賈三倍, 左傳三折肱爲醫, 是也. 三仕·三已·三黜·三省·三嗅·三思·三復·三以天下讓, 集註唯音三黜三復爲去聲, 而不音其餘, 蓋無義例, 其實音義同也.《論語會箋 卷1》
16) 이 내용은 본인이 譯註한 《附按說《論語集註》》에 이미 밝힌 바 있다.

았는가.' 또는 '익히지 않은 것을 전수하였는가.'라고 설명하였다. 관본(官本) 《논어언해》에는 '전(傳)코 습(習)치 못한가.' 하였고, 율곡(栗谷)의 《논어언해》에는 '전한 것을 습지 못할까.'로 해석하였으므로 대부분의 학자들은 이 두 언해를 따라 '스승이 전수한 것을 자신이 익히지 못하였는가.'로 해석한다. '傳不習乎'를 '익히지 않은 것을 전수한다.'로 해석함은 처음 들어보는 것이었다. 그러나 이 글은 공자의 생전과 사후로 구별할 수밖에 없다. 위에서 설명한 것은 공자가 살아계실 때의 경우이고, 공자가 별세한 뒤라면 '전이불습(傳而不習)'으로 보아 '제자들에게 전수하면서 익히지 않는가.'로 해석해야 할 것이다. 이것이 위의 '爲人謀而不忠乎'와 '與朋友交而不信乎'와도 서로 조응(照應)이 될 것이다.

증자(曾子)의 이 말씀이 공자의 생전으로 보는 것이 정의(正義)라 하더라도 공자 사후에 제자들에게 말씀한 것으로 볼 수도 있기 때문이다. 집주에 우연히 이것을 언급하지 않았을 뿐이다. 성인의 말씀은 상하(上下)에 모두 통한다. '유위이언(有爲而言)'이라고 하여 특별히 누구를 지적해서 말씀한 경우가 아니고는 높은 사람이나 낮은 사람에게 모두 통한다. 특별히 '오상(吾嘗)'이라고 말씀하지 않았다면 시간의 전후(前後)에도 모두 통할 것이다. 본인이 옛날 고려대학교 교육대학원에서 이(李) 모 교수에게 《장자(莊子)》 강의를 들은 적이 있었는데, 이(李) 모 교수는 10년 전에 정리한 원문 노트를 복사해 주셨는바, 오탈자(誤脫字)가 종종 있었으나 이를 수정하지 않고 그대로 강의하였다. 이에 본인은 '전수하면서 익히지 않는다.'라는 증자의 말씀이 여기에 해당한다고 생각하였다.

그리고 집주에 실려 있는 사씨[謝氏; 사량좌(謝良佐)]의 '유독 증자의 학문은 오로지 내면에 힘을 썼다. 그러므로 병폐가 없었으니, 자사와 맹자에게서 보면 알 수 있다.[獨曾子之學, 專用於內, 故傳之無弊, 觀於子思孟子, 可見矣.]'를 해석하면서 정자(程子)와 주자가 도통설(道統說)을 지어내어 "공자는 증자에게, 증자는 자사에게, 자사는 맹자에게 전수했다." 하고, 증자가 공자에게 배운 것은 분명하지만 자사가 증자에게, 맹자가 자사에게 배웠다는 기록은 없다고 하였다. 그리고 사서(四書) 역시 정주(程朱)가 이 도통설과 연관시켜 증자가 《대학》을 짓고 자사가 《중용》을 지었다고 주장했다고 하였다.

신 박사는 《논어》의 〈서설(序說)〉과 《맹자》의 〈서설〉을 자세히 읽어 보지 않았거나 읽었다 하더라도 읽은 것을 잊었나보다. 〈서설〉에 인용한 〈공자세가〉의 끝부분에 "공자가 리(鯉)를 낳으니 자(字)가 백어(伯魚)인데 공자보다 먼저 죽었고, 백어가 급(伋)을 낳으니 자가 자사인데 《중용》을 지었다."[17] 하였다. 《맹자》의 〈서설〉에는 한유(韓愈)의 "요(堯)는 이것(도)을 순(舜)에게, 순은 이것을 우(禹)에게, 우는 이것을 탕(湯)에게, 탕은 이것을 문(文)·무(武)와 주공(周公)에게, 문·무와 주공은 이것을 공자에게, 공자는 이것을 맹자[맹가(孟軻)]에게 전수하였는데, 맹자가 죽음에 그 전함을 얻지 못했다."[18]는 것을 인용하였는바, 당(唐)나라 중기(中期)에 이미 도통설이 있었음을 알 수 있다. 또 한유의 "맹자는 자사를 스승 삼았는데 자사의 학문은 증자에게서 나왔다."[19]

---

17) 孔子生鯉, 字伯魚, 先卒. 伯魚生伋, 字子思, 作中庸.
18) 韓子曰: 堯以是傳之舜, 舜以是傳之禹, 禹以是傳之湯, 湯以是傳之文武周公, 文武周公傳之孔子, 孔子傳之孟軻, 軻之死, 不得其傳焉.
19) 唯孟軻師子思, 而子思之學, 出於曾子. 自孔子沒, 獨孟軻氏之學得其宗, 故求觀聖人之道者, 必自孟子始.

는 것을 인용하였다. 그리고 소주에는 "자사는 증자에게 배웠는데 맹자는 자사의 문인에게 수학하였다."는 주자의 해석이 있다.

〈공자세가〉에는 "맹자가 자사의 문인에게 수업하였다.[受業子思之門人]" 하였으나, 후한(後漢) 때에 《맹자》의 주를 낸 조기(趙岐)와 공부(孔鮒)의 《공총자(孔叢子)》에는 모두 "맹자가 자사에게 직접 수학했다." 하였다. 오직 주자가 《대학》을 경(經) 1장과 전(傳) 10장으로 나누고 "경 1장은 아마도 공자의 말씀을 증자가 기술한 듯하고, 전 10장은 증자의 뜻을 문인이 기록했다."라고 하였을 뿐이다.

신 박사가 정주학에서 처음으로 도통설을 지어내고 사서 역시 도통설과 연관시켜 지어낸 것이라고 주장한 것은, 혹시 정주학에서 공맹의 본의에 맞지 않게 신유학(新儒學; 성리설)을 창조했다고 비판하는 속설(俗說)에 물든 것인지도 모르겠다. 그렇지 않고서야 근거 없는 말을 지어내어 선현을 모독할 수는 없는 것이다.

본인 역시 사서를 배우면서 경문(經文)과 집주를 함께 외웠으며, '사서집주'를 수십 번 강의하였고 다섯 차례나 번역하였지만 지금은 거의 모두 까먹었다. 그래서 '학이시습(學而時習)'이 필요한가보다. 아무리 배우고 외웠다 하더라도 까먹으면 '소학자재아(所學者在我)'가 되지 못한다. 더구나 '사서집주'를 외우지 않고 배운 분들은 경문(經文)도 잊었는데 〈서설〉이나 집주를 잊는 것은 당연할지도 모른다. 다만 사서를 강의하면서 원문을 살펴보지 않고 억측으로 말하는 것은 조심해야 한다고 여겨진다.

다음에는 〈위정(爲政)〉 편을 중심으로 설명하려 한다. 제4장에 공자의 '육십이이순(六十而耳順)'에 대한 집주의 '성입심통(聲入心通; 사람의 말소리가 귀에 들어오면 마음이 통하여 앎)'을 설명하면서, 정다산과 청대(淸代) 학자 초순(焦循), 그리고 일본 학자가 이를 부정했다는 말을 소개하고 그 이유를 장황히 설명하였다. 즉 이순(耳順)은 나이가 들면 자신을 헐뜯는 말을 들어도 마음이 화평한 것으로 맹자의 부동심(不動心)과 같은 경지라고 하고는, 또 정주(程朱)가 말한 '성입심통은 너무 고원한 형이상학적 인간(形而上學的人間)만을 말한 것이어서 일반인은 아무도 도달할 수 없으므로 자포자기하게 만든다.'는 설을 소개하였다.[20] 이것은 남송의 한탁주(韓侂胄)가 여색을 좋아하고 명리(名利)를 따름은 인지상정(人之常情)인데, 이것을 금지한 주자의 학문은 거짓된 학문(僞學)이라고 비판해서 주자는 물론이요 그 제자들까지도 금고시킨 위학지금(僞學之禁)과 비슷한 설이라고 생각되었다.

'성입심통'이란 표현이 과연 그렇게 고차원(高且遠)한 경지여서 중인(中人) 이상이 바랄 수 없는 경지인가? 본인은, 성입심통은 맹자의 지언(知言)과 비슷하다고 생각한다. 성인의 지(知)에 대하여 성입심통보다 더한 표현이 얼마든지 있다. '생이지지(生而知之)', '불사이득(不思而得)', '성무불통(聖無不通)' 또는 '총명예지신무이불살(聰明睿智神武而不殺)'이라든지 '과화존신(過化存神)' 등 성인에 대한 찬미가 무수히 많다.

정다산은 주자의 성입심통(聲立心通)에 대하여 "공자(성인)를 지나치게 신성화(神聖化)하여 보통 사람들은 아예 자포자기하여 성인이 되

---

[20] 신 박사는 이보다 앞서 《대동철학(大同哲學)》(제85집, 2018년 12월)에 발표한 〈주희(朱熹) 철학에서 이순(耳順)의 형이상학적 의의〉라는 논문에서 이순에 대한 주자의 이론을 매우 상세히 논하였는바, 본인이 이 논문을 미처 읽어 보지 못하고 특강의 내용을 비판한 점 양해 바란다.

려는 노력을 포기하게 만들었다."고 비판하였다. 그러면 성인을 신성시하지 않고 중인(中人)으로 격하하여 누구나 공자처럼 된다고 생각하여야 한단 말인가. 성인(聖人)과 신인(神人)은 주자가 처음 말씀한 것이 아니고 바로 맹자가 말씀한 것이다. 호생불해(浩生不害)가 악정자(樂正子)에 대해 물었다. ―악정자는 이름이 극(克)으로 맹자의 문하에서 가장 선(善)을 좋아하는 사람으로 유명하였다.― 이에 맹자는 "악정자는 선인(善人; 선한 사람)이며 신인(信人; 신실한 사람)이다." 하셨다. "어떠한 사람을 선인이라 하고 신인이라 합니까?" 하고 묻자, 맹자는 다음과 같이 대답하셨다. "누구나 좋아할 만한 사람을 선인이라 하고 선을 자기 몸에 소유한 사람을 신인이라 하고 선을 힘써 행하여 몸이 충만한 것을 미인(美人)이라 하고 충실하여 광채가 있는 것을 대인(大人)이라 하고 대인이면서 저절로 변화한 것을 성인(聖人)이라 하고 성스러워 알 수 없는 것을 신인(神人)이라 한다."[21]

이에 대해 집주에는 정자(程子)의 "성스러워 알 수 없다는 것은 성인이 지극히 묘하여 사람들이 측량해 알 수 없는 것이니, 성인의 위에 또한 등급의 신인이 있는 것은 아니다."[22] 하였다. 성신(聖神)과 신성(神聖)은 똑같은 말이다.

성인을 신성화(神聖化)했다는 주장도 말이 안 된다. 공자가 신성하지 않은데 과다 격상하여 신성화했다는 말인가. 성인은 원래 신성한

---

21) 浩生不害問曰: 樂正子何人也? 孟子曰: 善人也; 信人也. 何謂善? 何謂信? 曰: 可欲之謂善; 有諸己之謂信; 充實之謂美; 充實而有光輝之謂大; 大而化之之謂聖; 聖而不可知之之謂神.《孟子 盡心下》
22) 程子曰: 聖不可知, 謂聖之至妙, 人所不能測, 非聖人之上, 又有一等神人也.《孟子集註》

것이다.

　여하튼 본인은 정다산이나 초순 등의 주장은 일고의 가치도 없는 주장이라고 생각한다. 맹자 이후 정주(程朱)가 나오기까지 1400여 년이 걸렸다. 그전에는 성인을 신성시하는 잘못된 주장이 없었을 터인데 어이하여 1400여 년 동안 성현(聖賢)이 나오지 않았으며, 정주를 비판한 그들이 나온 뒤에 조선이든 중국이든 일본이든 성현이 다수 배출되었을 터인데, 왜 지금까지 이리도 적막한가.

　또한 성인지학(聖人之學)은 목표를 높게 설정하는 것이 원칙이다. 《맹자》에 공손추(公孫丑)가 "도(道)는 높고 아름다우나 〈너무 어려워〉 하늘에 오르는 것과 같아 미치지 못할 듯하니, 선생께서는 어찌하여 저 중인(衆人)들로 하여금 바라고 미칠 수 있다고 여겨서 날마다 부지런히 힘쓰게 하지 않으십니까?"라고 묻자, 맹자는 "큰 목수는 졸렬한 공인(工人)을 위하여 먹줄과 먹통을 고치거나 버리지 않으며, 명사수인 예(羿)는 졸렬한 사수(射手)를 위하여 활을 당기는 기준을 바꾸지 않는다."[23] 하셨는데, 이에 대해 주자는 집주에서 "사람을 가르치는 자는 모두 바꿀 수 없는 일정한 법(방식 또는 법칙)이 있어서 스스로 낮추어 배우는 자들의 능하지 못함을 따르지는 않는다."[24]라고 부연 설명하였다. 성현이 말씀한 도리는 일용행사(日用行事)의 천근한 곳에 있지만 그 목표는 높지 않으면 안 되는 것이다.

　맹자는 다시 "군자는 활을 당기기만 하고 발사하지 않아도 〈그 묘

---

23) 公孫丑曰: 道則高矣美矣, 宜若登天然, 似不可及也. 何不使彼爲可幾及而日孳孳也. 孟子曰: 大匠不爲拙工, 改廢繩墨, 羿不爲拙射, 變其彀率.《孟子 盡心上》
24) 言敎人者, 皆有不可易之法, 不容自貶以徇學者之不能也.《孟子 盡心上 集註》

리가〉 약여(躍如)하여 중도(中道)에 서 있으면 능한 자가 따르는 것이다."[25]라고 말씀하였다. 이에 대해 주자는 다시 "약여는 그 묘리가 용약(踊躍)하여 나오는 것과 같은 것이다. 이는 윗글의 활을 당기는 기준을 바꾸지 않음을 말씀함으로 인해 군자가 사람을 가르칠 적에 다만 이것을 배우는 방도만을 전수해 주고 이것을 터득하는 묘리는 말씀해주지 않아 마치 활을 쏘는 자가 활을 당기기만 하고 발사하지는 않는 것과 같다. 그러나 그 말씀해 주지 않은 것(묘리)이 이미 약여하여 눈앞에 나타남과 같은 것이다. 중(中)은 지나치거나 불급(不及)함이 없는 것이니, '중도이립(中道而立)'이라는 것은 어렵지도 않고 쉽지도 않음을 말씀한 것이요, '능자종지(能者從之)'는 배우는 자가 마땅히 힘써야 함을 말씀한 것이다."라고 해석하고, 장하주(章下註)에서는 "이 장은 도에는 정해진 체(體)가 있고 가르침에는 일정한 법칙이 있어서 낮은 것을 높일 수 없고 높은 것을 낮출 수 없으며, 말하여도 능히 드러나게 하지 못하고 침묵하여도 능히 감출 수 없음을 말씀한 것이다."[26] 하였다.

'형이상학적 인간'이니 '고차원'이니 하는 말은 성인의 사람을 가르치는 법칙을 모르고 하는 말로 보인다. 성인은 수준이 낮은 사람에게는 낮게, 수준이 높은 사람에게는 더욱 책망하고 채찍질을 가한다. 명청대(明淸代) 학자들은 정주학에서 경공부(敬工夫)를 너무 강조했다 하

---

25) 君子引而不發, 躍如也, 中道而立, 能者從之.《孟子 盡心上》
26) 躍如, 如踊躍而出也, 因上文彀率, 而言君子教人, 但授以學之法, 而不告以得之之妙, 如射者之引弓而不發矢, 然其所不告者, 已如踊躍而見於前矣. 中者, 無過不及之謂, 中道而立, 言其非難非易; 能者從之, 言學者當自勉也. ○ 此章, 言: 道有定體, 敎有成法, 卑不可抗, 高不可貶, 語不能顯, 黙不能藏.《孟子 盡心上 集註》

여 《예기》 〈곡례(曲禮)〉의 '군자무불경(君子毋不敬)'을 원래의 뜻은 '불경(不敬)하지 말라.'는 간단한 뜻인데, 정주가 이것을 '경(敬)하지 않지 말라.' 곧 모든 일을 공경하라는 말로 변형 과장시켜 모든 공부의 기본으로 둔갑시켰다고 주장하였다.

그러나 《예기》에는 〈곡례〉 이외에도 경(敬)을 말한 것이 무수히 보이고, 《서경》의 〈소고(召誥)〉에도 "왕은 공경을 처소로 삼아야 하니, 덕을 공경하지 않으면 안 됩니다.[王敬作所, 不可不敬德.]"라 하였으며, 《주역》 〈곤괘(坤卦) 문언전(文言傳)〉에 이미 "경(敬)하여(경을 주장하여) 안(마음)을 곧게 하고 의(義)하여(의를 지켜) 밖(몸)을 방정하게 해서 경과 의가 확립됨에 덕이 성대하여 고립되지 않는다."[27]라고 보인다.

학문을 하는 사람은 신념은 있어도 자만(自滿)은 하지 말아야 하고 지향(志向)은 높아도 무기탄(無忌憚)해서는 안 된다. '형이상'은 〈계사전〉에 처음 보이는 말로 '형이상학적'이란 말의 '형이상'은 천리(天理)를 가리키는 것이 아닌지 모르겠다. 그리고 '형이상학적 인간'이란 말은 아마도 일본의 신조어가 아닌가 추측된다.

주렴계(周濂溪)는 일찍이 "성인은 하늘이 되기를 바라고 현인은 성인을 바라고 일반적인 사(士)는 현인을 바란다."[28] 하였다. 이 내용은 《소학》의 〈가언(嘉言)〉에도 실려 있다. 여기의 '하늘' 역시 천리이다. 성인은 이미 인간 최고의 경지에 이르렀음에도 불구하고 '하루 종일 힘쓰고 힘써 그치지 않고 부지런히 노력하여 그만두지 않는다.[終日乾乾不息, 孜孜不輟.]' 하고, 성인은 '내 이미 성인의 경지에 이르렀노라.'고 자

---

27) 敬以直內, 義以方外, 敬義立而德不孤. 《周易 坤卦 文言傳》
28) 聖希天, 賢希聖, 士希賢. 《通書 志學》

만하지 않는다.

《맹자》〈호연장(浩然章)〉 끝부분에 "옛날 자공(子貢)이 공자에게 '부자(夫子)께서는 이미 성인이실 것입니다.' 하자, 공자는 '성인은 내 능하지 못하지만 나는 배우는 것을 싫어하지 않고 가르치는 것을 게을리하지 않노라.' 하셨다. 이에 자공은 '배우기를 싫어하지 않음은 지(智)이고 가르치기를 게을리하지 않음은 인(仁)이니, 인하고 또 지하시니 부자는 이미 성인이십니다.' 하였다."[29]라고 보인다. 또 《논어》〈술이(述而)〉에는 "하늘이 나에게 몇 년의 수명을 빌려주시어 끝내 《주역》을 배운다면 큰 허물이 없을 것이다."[30]라고 하신 공자의 말씀이 보인다. 이 얼마나 겸허하신 자세인가.

'육십이이순(六十而耳順)'은 일반인을 두고 한 말씀이 아니고 전무후무한 대성인인 공자가 자신의 학문이 연세에 따라 진전된 것을 말씀한 것이다. 그런데 신 박사는 '七十而從心所欲不踰矩'의 집주에 "자기 마음의 하고자 하는 바를 따라도 저절로 법도를 넘지 않으셨으니, 편안히 행하여 힘쓰지 않고도 중도(中道)에 맞은 것이다.[隨其心之所欲, 而自不過於法度, 安而行之, 不勉而中也.]"에 대해서는 비판하는 이설을 소개하지 않고 그대로 넘어갔다. 이 역시 고차원의 경지인데 말이다.

냥(明)·청(淸) 시대의 학자와 문인(文人)들은 대부분 조행(操行)이 없이 청루(靑樓)에서 주지육림(酒池肉林)을 즐기고 기생을 끼고 놀았다고 한다. ―도곡(陶谷) 이의현(李宜顯)도 〈운양만록(雲陽漫錄)〉에서

---

29) 昔者, 子貢問於孔子曰: 夫子聖矣乎. 孔子曰: 聖則吾不能, 我學不厭而教不倦也. 子貢曰: 學不厭, 智也; 教不倦, 仁也, 仁且智, 夫子旣聖矣.《孟子 公孫丑上》
30) (加)[假]我數年, (五十)[卒]以學易, 可以無大過矣.《論語 述而》

밝힌바 있다.— 이러한 부류의 인사(人士)를 고원(高遠)하지 않고 실용적인 학자라고 높일 수는 없는 것이다. '형이하학적 인간'은 과연 어떠한 인물을 가리키는가? 다산은 명청대 문인들과 달리 행검(行檢)도 힘쓰신 분이다. 망나니 행위를 자행한 허균(許筠)과는 전혀 다른 분이다. 성인의 경지는 일반인이 따르기 쉽지 않다. 성인은 천도(天道)에 있어 면강(勉强)을 필요로 하지 않는다. 그래서 생이지지(生而知之)라 하고 안이행지(安而行之)라 하고 불면이중(不勉而中)이라 하고 성자천지도야(誠者天之道也)에 비견하는 것이다.

이순(耳順)이 만약 부동심이라면 맹자는 40세에 부동심을 하였고 고자(告子)는 맹자보다 먼저 부동심을 하였으니,[31] 그렇다면 육십이부동심(六十而不動心)한 공자가 가장 낮고 맹자가 그 다음이고 고자가 제일 훌륭한 것이다. 본인도 이제 우리나라의 관례로 81세가 되었다. 본인의 경험에 의하면, 사람은 늙으면 기력이 쇠하여 귀에 거슬리는 말에도 마음이 동요되지 않아서 순(順)하게 들리는 것이 아니라, 오히려 더욱 노여움을 타게 된다. 물론 수양공부가 안된 본인의 마음으로 헤아리는 것이어서 기준할 수는 없지만 말이다.

하지만 본인이 70년대 말에 경기도 여주(驪州) 홍천(興川)에 계신 한학자 전가암[田柯菴; 전원식(田元植)] 선생을 한 달에 한 번 정도 찾아뵙고 글을 배우고 하룻저녁 시침(侍寢)하곤 하였다. 한번은 가암께서 이러한 말씀을 하셨다. "내가 어려서 《소학》의 〈명륜편(明倫篇)〉을 읽으면서 뭐 이렇게까지 할 필요가 있는가라고 의심했었는데 이제 늙어

---

31) 公孫丑問曰: 夫子加齊之卿相, 得行道焉, 雖由此霸王, 不異矣. 如此則動心否乎? 孟子曰: 否! 我四十不動心……是不難, 告子先我不動心.《孟子·公孫丑上》

보니, 그 내용이 참으로 늙은이를 세세히 배려한 것임을 알게 되었네."

사람의 생리적 현상은 별로 다르지 않다고 생각한다. 나의 얕은 소견에는 육십이이순(六十而耳順)을 성입심통(聲入心通)이라고 해석한 주자의 집주를 비판한 다산이나 초순(焦循) 등은 노친을 오랫동안 모셔보지 못했을 것이요, 자신들도 늙기 전에 이러한 주장을 하였을 것이라고 생각한다. 신 박사도 나이가 들어 자신을 되돌아보면 그때에도 이렇게 주장할 수 있을까 하는 의문이 생긴다.

다음으로 제9장의 '내(공자)가 안회(顏回)와 하루 종일 말함에 어기지 않음이 어리석은 사람과 같았는데 물러남에 미쳐 그 사생활을 살펴보니……[吾與回言終日, 不違如愚, 退而省其私……]'를 설명하면서 현토(懸吐)에 대하여 자세히 설명하였다. 신 박사는 관본 언해에 '吾與回로'라고 현토되었으나 자신의 강의 도안에는 '로' 토를 붙이지 않았음을 밝히고, 현토의 중요성을 강조하여 "한문 문리를 습독하고 한문 공부를 함에 있어 현토를 하는 것이 좋으냐 나쁘냐에 대해서는 의견이 분분하다는 것을 알고 있다. 하지만 본인은 현토를 하는 것이 우리 전통의 한문가공법(漢文加工法)이자 번역법이기 때문에 잘 보존해야 한다고 생각할 뿐만 아니라, 지금 우리가 한문을 습득하고 공부함에 있어서 도움을 받을 수 있는 좋은 방법이자 도구라고 생각한다. 그래서 이번 특강에서도 토를 달아서 글을 읽고 있는 것이다. 현토가 이처럼 한문을 공부하는 데 좋은 방법이자 도구라면 '현토를 할 줄 알아야 하는 것이 아닌가?', '현토하는 방법을 알려주어야 하는 것이 아닌가?' 하고 생각하실 것이다."라고 주장하고, 자신이 현토를 습득한 경험담을 소개하였다.

다만 '吾與回'의 아래에 '로' 토를 붙이는 이유를 말하지 않았다. 본인은 어려서 이러한 경우를 읽을 적에 반드시 '내가 回로 더불어'라고 풀이하였다. 관본 언해에도 이렇게 표시되어 있다. 우리 말이 시대에 따라 달라졌기 때문에 이렇게 된 것으로 보인다. 지금처럼 '回와 더불어'로 읽는다면 '로' 토가 붙을 이유가 없는 것이다.

사실 본인도 이러한 생각을 가진 것이 오래되었지만 구변이 없는 이유로 제대로 설파하지 못했는데, 신 박사가 너무도 시원하게 설명하고 경험담까지 알려주었다. 본인은 이 동영상을 몇 번이고 반복하여 다시 보곤 하였다.

그리고 이 기회에 본인의 소견을 한 가지 덧붙이려 한다. 경문(經文)의 '불위여우(不違如愚)'를 관본 언해와 율곡언해에 모두 '不違가 如愚라[어기지 않음이 어리석은 사람과 같았다.]'로 토를 달아놓아 사람들이 모두 그대로 따르고 있다. 이 내용은 집주에도 이연평(李延平)의 '言終日, 不違如愚人而已.'라고 말씀한 것을 인용하였다. 그런데 대부분의 사람이 여기에서는 '어기지 않아 어리석은 사람과 같았다.'라고 해석한다. 강의하시는 분도 둘로 나누어 해석하고는 두 가지가 모두 통한다고 하였다. 그러나 본인은 그동안 《논어》 번역에서 경문과 집주를 통일하여 '어기지 않았다'로 해석하였다. 위에서는 "어기지 않음이 어리석은 사람과 같았다."로 해석하고, 아래에서는 "어기지 않아 어리석은 사람과 같았다."로 해석하는 것은 약간의 모순이 있다고 생각되었기 때문이다.

신 박사는 또 경문의 '吾與回言終日'과 '吾與回言, 終日不違' 두 가지로 해석함을 소개하고 두 가지의 해석은 큰 차이가 없지만 현토는 중요한 문제이므로 집주에 인용한 '종일언(終日言)'을 따르는 것이 원칙이라고 설명하였다. 본인도 이렇게 강의하고 번역하였다. 그러나 이 글은 사실 '吾與回言, 終日不違如愚'로 구(句)를 떼는 것이 문리가 더 순하다고 생각된다. 신 박사의 말씀처럼 이연평이 '言終日'에서 구를 떼었기 때문에 주자도 이를 그대로 따랐을 뿐이다. 이에 대해서는 당나라의 대문호인 유종원(柳宗元)도 〈우계시서(愚溪詩序)〉에서 "영무자가 나라에 도가 없으면 어리석었던 것은 지혜로우면서도 어리석은 체한 자이고, 안자가 종일토록 어기지 않아 어리석은 사람과 같았던 것은 밝으면서 어리석은 체한 자이다."[32]라고 하였고, 다산도 이와 같은 의견을 제시하였는바, 이 역시 《부안설 논어집주》에서 밝힌 바 있다.

한문을 어려서 가정이나 서당에서 전통방식으로 습득하지 않은 분들은 현토하는 것을 버거워하고 난색을 표하기 일쑤이다. 고(故) 청명(靑溟) 임창순(任昌淳) 선생도 토를 달지 않는 것에 동조하셨는데 선생 자신은 어려서 한문 공부를 하시어 현토할 줄을 아셨지만 선생이 운명하시던 '지곡서당' 출신의 제자분들은 대부분 현토를 하지 못한다. 현토할 줄 모르는 일부 학자들은 이에 편승하여 이제는 현토하지 않는 것이 중국의 정통방식이어서 따르지 않으면 안 되는 것으로 착각하여 대세론으로 인식되는 듯하다. 물론 자신들은 '현토할 줄을 알지만 굳이 현토할 필요가 있는가!'라고 말한다. 이제 한국고전번역원 부설 고전교육원에서도 현토하여 가르치는 분이 점점 줄어든다고 한다. 좋은 사고(思考)나 사조(思潮)는 번지기 어려워도 잘못된 사조는 요원(燎原)

---

32) 甯武子邦無道則愚, 智而爲愚者也. 顔子終日不違如愚, 睿而爲愚者也.

의 불길처럼 쉽게 번져 나간다.

　신 박사의 주장처럼 현토는 우리 선조들이 공부해 오신 전통방식의 문화이다. 신라(新羅) 말기 설총(薛聰)이 '방언(方言)으로 구경(九經)을 해석했다.'는 것이 현토의 시초로 알려져 있다. 일본에는 일본식으로 한문을 읽고 있다. 만일 영어를 원어민식으로 반드시 읽어야 한다면 한문 역시 중국식 발음으로 읽어야 할 것이다. 하지만 현재 한자의 중국식 발음은 이미 많이 바뀌었으며 사성(四聲)도 바뀌었다.

　본인의 경험담을 하나 소개하려 한다. 본인이 국역연수원에서 재직할 적에는 청명 선생님을 제외한 모든 선생님이 현토하여 가르쳤다. 뒤에 장학생을 선발하여 여름 방학과 겨울 방학에 20일씩 집중적으로 서원 학습을 하면서 밤낮으로 글을 소리내어 읽고 매일 아침마다 그 전날 배웠던 글을 현토하여 외게 하였는데, 그 중 한 학생이 '지곡서당' 출신이었다. 그는 동학들에게 이 책들은 자신이 모두 일찍이 외웠던 글이라며 현토하여 외게 하는 것을 불평하였다. 원문만 외우면 쉬운데 현토를 해서 외게 하기 때문에 어렵다는 이유였다. 그러나 본인이 그 학생에게 '지곡서당에서 외웠던 책 중에서 어느 부분이든 마음대로 골라 현토하지 말고 예전에 외웠던 대로 외워보라'고 하면 원문 몇 줄도 제대로 외지 못하였다. 그리고 시험 삼아 한 문장을 설명하게 하고 들어보면 설명이 오늘 다르고 다음날 다른 것이 있었다. 학문은 겸손할 줄 알아야 한다. 현토하지 않는 것도 신사고(新思考)라고 생각하는 분들은 본인의 이 글을 보고는 시대에 뒤떨어진 사고라고 비판하겠지만 말이다.

　그리고 신 박사는 집주의 '사(私)'는 연거독처(燕居獨處)하는 때이지

나아가 스승을 뵙고 묻는 때가 아니다.'라는 집주의 해석을 설명하고, 다산의 "'연거독처'는 홀로 가만히 있는 때이니 어떻게 부자(夫子)의 도(道)를 충분히 발명할 수 있느냐?[何足以發]"고 한 설을 먼저 소개하였다. 《논어집주》를 특강하면서 이설(異說)을 먼저 소개하는 것은 주객전도(主客顚倒)라고 생각한다. 주자의 집주의 내용을 발명(發明)한 제가(諸家)의 설을 설명한 다음 이와 다른 의견은 뒤에 소개하고 자신의 견해를 덧붙이는 것이 옳다고 생각한다. 《십상경주소》에 《논어》의 '退而省其私, 亦足以發, 回也不愚.'에 대한 해석은 "안회가 이미 물러갔는데, 그가 사실(私室)에 있을 때와 이삼자(二三子)와 도의(道義)에 대해 설명하는 것을 살펴보니 또한 충분히 대체(大體)를 발명하였으니, 마침내 안회가 어리석지 않다는 것을 알았다.[回旣退還, 而省察其在私室與二三子說釋道義, 亦足以發明大體, 乃知其回也不愚.]" 하였다.

다산은 정현 등의 설을 따라 미발설(未發說)을 부정하였다. 뒤에 나오는 집주의 동정어묵(動靜語默)은 미발(未發)의 상태가 아니고 모두 이발(已發)에 속하지만, 다산의 말씀대로라면 동(動)과 어(語)만 필요하고 정(靜)과 묵(默)에서는 부자(夫子)의 도(道)를 발명할 수 없을 것이다.

신 박사는 또 공(公)과 사(私)를 구분하면서 공직자가 관직에 나아가 복부하고 제자가 스승을 찾아가 뵙는 것만 공이고 그 나머지는 모두 사라고 부연 설명하였다. 공식적으로 말하면 공직자가 공무를 보고 학교에서 공교육을 하는 것 외에는 모두 사이니, 안연(顏淵)이 공자를 찾아가 배우는 것도 역시 사일 것이다. 그러나 공문(孔門)의 입장에서 보면 훌륭한 스승을 찾아가 뵙고 도리를 배우는 것만 공이 아니고 붕우들과 강습하여 부자(夫子)의 도(道)를 발명하는 것 역시 공이라 할 것이다. 여기에서는 혼자 있느냐 사우(師友)와 함께 있느냐에 따라 공과 사가 나누어질 뿐이다. 부자의 도를 붕우들과 강습한다면 한 명이든 두 명이든 모두 공이라고 말할 수 있을 것이다. 이 내용은 《부안설 논어집주》에서도 이미 밝힌 바 있지만, 《부안설》에서는 다산을 최대한 존숭(尊崇)하여 극언(極言)하지 않았으나 여기서는 어쩔 수 없이 자세히 말하는 것이다.

그리고 본인 역시 《논어》를 번역하면서 일본의 '한문대계본'을 보고 여기의 사(私)를 '사생활'이라고 번역하였으나 이 또한 적절한 표현이 아님을 밝혀둔다. '사생활'이란 단어가 근세에 일본에서 만들어진 한자어이고 일반적으로 남녀나 부부간의 은밀한 생활을 지칭하는바, 사사로움, 또는 홀로 해석하면 될 듯하다.

또 신 박사는 집주의 '發, 發明所言之理'를 설명하면서 신안진씨(新安陳氏)의 '발은 발휘(發揮)·발현(發見)의 발이지 언어로 발명하는 것이 아니다.'라는 말을 소개하였다. 이 말은 정다산 등의 설과 정반대이다. 여기에서 다산 등의 설과 신안진씨의 이 설을 비교 분석하여 설명해 주었으면 좋았을 것을 하는 아쉬움이 있었다. 발명이 붕우들과 말로만 강습하는 것이라면 과묵한 안연보다는 언어에 능했던 자공(子貢)이 더 잘했을 것이다.

그리고 '체단이구(體段已具)'를 설명하면서 《맹자》〈호연장(浩然章)〉의 '옛날에 제가 삼가 듣자오니, 자하와 자유·자장은 모두 성인(공자)의 일체(일부)를 소유하였고 염우와 민자건·안연은 전체를 갖추었으나 미약하였다.[昔者竊聞之, 子夏子游子張皆有聖人之一體, 冉牛閔子顔淵具體而微]'라 한 것을 인용 설명하였다. 체단은 《맹자》〈호연장〉의 '其

爲氣也 至大至剛'을 설명한 집주에 '其體段本如是也'라고 보이며, 《주자어류(朱子語類)》에는 제자가 "연평(延平) 이통(李侗)이 '안자(顔子)는 체단이 이미 갖추어졌다.' 하였으니, '체단' 두 글자는 다만 이러한 모양을 말한 것이 아니겠습니까?" 하고 묻자, 주자는 "옳다." 라고 대답하였다. 또 주자의 편지글에도 체단이 보이는데,[33] 《주서차의집보(朱書箚疑輯補)》 권42에는 "체단은 형상을 이른다.[體段, 謂形狀也.]" 하였다.

고인(古人)들은 일체(一體)니 전체(全體)니 하는 말을 자주 사용하였는바, 여기의 '구체(具體)'는 전체 또는 대체(大體)를 갖추었다는 뜻일 것이다. 신 박사도 이렇게 설명하였다. 본인 또한 구체이미를 인용하여 체단을 해석하고 각주(脚註)까지 단 적이 있었음을 밝혀둔다.

그리고 '其聞夫子之言, 默識心融'을 해석하면서 묵식심융(默識心融)은 묵식심통(默識心通)으로 쓰기도 하는데 이것은 위에서 말한 이순(耳順)과 유사한 경지라고 설명하였다. 집주의 '성입심통(聲入心通)'을 너무 고원하여 일반인이 바라고 행하지 못한다고 비판하고는 여기서는 안자가 이순(성입심통)을 하였다고 하니, 공자는 60세가 넘어서야 한 것을 안자는 40세가 되기 전에 행했단 말인가. 성입심통과 묵식심융은 약간의 차이가 있다고 생각한다. 성입심통은 성인(공자)의 지(知)공부가 최고조에 도달한 것으로 해석한 주자의 설이 타당하다고 느껴진다.

또 '坦然由之而無疑'를 해석하면서 부자지도(夫子之道)를 분명히 알고 실천하는 것이라고 부연 설명하였다. 매우 옳은 설명이라고 생각되

---

33) 敬義之說甚善. 然居敬・窮理二者, 不可偏廢. 有所偏廢, 則德孤而無所利矣. 動靜・仁智之體, 對下文樂壽爲仁智之效而言, 猶言其體段如此耳, 非體用之謂也. 《朱子大全 答馮作肅》

었다. 성인이 사람을 관찰하는 방법은 동(動)에서만 가능한 것이 아니요 동정어묵지간(動靜語默之間)의 실천이 모두 해당된다고 생각한다.

아래 〈옹야(雍也)〉 제5장에 "안회(顏回)는 그 마음이 3개월 동안 인(仁)을 떠나지 않고, 그 나머지 사람들은 하루나 한 달에 한 번 인에 이를 뿐이다.[回也, 其心三月不違仁, 其餘則日月至焉而已矣.]"라고 하신 공자의 말씀이 보인다. 인(仁) 역시 동정어묵에 모두 해당될 것이다. 공자의 제자들이 설마 행동상에서 사람을 사랑하지 않고 나쁜 짓을 하여 '일월지언(日月至焉)'이 되었겠는가.

공자께서는 제자들을 관찰하실 적에 외면에 잘 나타나지 않는 존심양성(存心養性)의 여부를 당연히 살피셨을 것이요, 그렇다면 정(靜)과 묵(默)에서 더욱 관찰하셨을 것이다. 후학(後儒)들은 안연이 공자에 비해 '미달일간(未達一間)'이라고 평하였다. 곧 100칸 중에 오직 한 칸을 도달하지 못했다는 것이다. 본인은 이 한 칸이라는 것이 지공부[知工夫; 생지(生知)]의 측면이거나 '미발공부(未發工夫)'일 것이라고 생각한다. 사람들은 공자가 미발을 말씀하지 않았다 하여 본인의 이러한 주장에 엉뚱한 말을 한다고 비난할 것이다. 하지만 공자의 말씀과 사행(事行)이 《논어》 등의 경전에 빠진 부분이 있을 수 있다고 생각한다. 《맹자》를 읽어 보면 다른 기록에 보이지 않는 공자의 말씀이 자주 등장한다.

《사기》 〈공자세가〉의 내용처럼 자사(子思)가 《중용》을 지었다면 '희(喜)·노(怒)·애(哀)·락(樂)의 감정이 아직 발하지 않아 치우치지 않은 것을 중(中)이라 한다.[喜怒哀樂未發之謂中]'와 '중(中)과 화(和)를 지극히 하면 천지가 제자리를 편안히 하고 만물이 길러진다.[致中和, 天地

位焉, 萬物育焉.」는 내용이 공자의 가르침일 수 있다고 본다.

좀 지루하겠지만 공자의 말씀과 사행(事行)이 《맹자》에만 보이는 것을 생각나는 대로 소개하려 한다. 《맹자》〈등문공 상(滕文公上)〉에 맹자는 진상(陳相)과의 논변에서 "진량(陳良)은 초(楚)나라 사람이었다. 주공(周公)과 중니(仲尼; 공자)의 도를 좋아하여 북쪽으로 중국(중원)에 가서 배웠는데, 북방의 학자 중에 아무도 그를 앞서는 이가 없었다."[34]라고 하여 용하변이(用夏變夷)를 실증하셨다. 본인은 이 내용이 여기에만 보이는 것으로 알고 있다.

그리고 뒤이어 "옛날 공자가 별세했을 때에 문인(門人)들이 삼년상을 마치고 짐을 챙겨 집으로 돌아가려 할 적에 들어가 자공에게 읍(揖)하고 서로 향하여 대성통곡해서 모두 목이 쉰 뒤에 돌아갔다. 그런데 자공은 돌아와서 공자의 묘역(墓域)에 집(초막)을 짓고 홀로 3년을 더 산 뒤에 돌아갔다."[35] 하였다. 본인은 이 글을 읽을 때마다 그 당시 제자들의 훌륭한 모습과 자공에 대한 존경심이 우러나오곤 한다. 후유(後儒)들은 이에 대해 공자의 아들인 백어(伯魚)가 일찍 죽고 백어의 아들인 자사(子思)가 어렸으므로 자사가 증자에게 계속 수학하도록 하기 위해 자공이 공자의 묘역에서 4~5년을 머물면서 공씨 집안의 일을 총책임지었을 것으로 추측한다.

자공은 화식(貨殖; 재산 증식)을 하여 공문(孔門)의 제자(諸子) 중

---

34) 陳良, 楚産也. 悅周公仲尼之道, 北學於中國, 北方之學者, 未能或之先也. 《孟子 滕文公上》
35) 昔者, 孔子沒, 三年之外, 門人治任將歸, 入揖於子貢, 相嚮而哭, 皆失聲然後歸. 子貢反, 築室於場, 獨居三年然後歸. 《孟子 滕文公上》

에서 재정적 여유가 있었고 또 재물에 인색하지 않아 스승은 물론이요 동문들의 어려움도 거의 모두 도왔을 것으로 보인다. 그러나 공자는 가난하여 끼니를 자주 굶는 안연을 칭찬하고, 자공의 화식(貨殖)은 비판하셨다.[36] 어디 그뿐인가. 재아(宰我)와 자공은 공문사과(孔門四科)에서 가장 언어를 잘하는 것으로 알려졌다. 그러나 《논어》에 나오는 재아는 언제나 공자의 질책만 받았고 한 번도 칭찬하신 적이 없다. 심지어는 재아가 낮잠을 자자, 공자는 "썩은 나무는 조각할 수 없으니……저 재여(宰予; 재아)를 어찌 책망할 것이 있겠는가."[37]라고 하시어 인신공격적인 말씀까지 하셨다. 그럼에도 재아와 자공은 공자를 극구 칭송하였으니, 공자를 진심으로 따르고 존경한 것이다.

《맹자》〈공손추 상(公孫丑上)〉의 호연장(浩然章) 끝부분에서 맹자는 "재아와 자공과 유약(有若)은 지혜가 충분히 성인(공자)을 알 수 있었으니, 최소한 자기들이 좋아하는 스승에게 아비(阿比; 아첨)함에는 이르지 않았을 것이다.[宰我·子貢·有若, 智足以知聖人, 汙不至阿其所好.]" 하시고, 이들의 말씀을 다음과 같이 소개하였다. "재아는 '나로서 부자(夫子)를 관찰하건대 요(堯)·순(舜)보다 크게 나으시다.' 하였고, 자공은 '그 나라의 예(禮)를 보면 그 군주의 정사를 알고 그 나라의 악(樂)을 들으면 그 군주의 덕을 알 수 있으니, 백세(百世)의 뒤에서 백세의 왕들을 차등해 보건대 이것을 능히 어길 자가 없는데, 생민(生民)이

---

36) 子曰: 賢哉, 回也! 一簞食, 一瓢飮, 在陋巷, 人不堪其憂, 回也不改其樂, 賢哉, 回也!《論語 雍也》
   子曰: 回也, 其庶乎, 屢空. 賜不受命, 而貨殖焉, 億則屢中.《論語 先進》
37) 宰予晝寢, 子曰: 朽木, 不可雕也; 糞土之墻, 不可杇也. 於予與, 何誅!《論語 公冶長》

있은 이래로 부자와 같은 분은 있지 않으셨다.' 하였고, 유약은 '어찌 다만 사람뿐이겠는가. 기린(麒麟)이 달리는 짐승에 있어서와, 봉황(鳳凰)이 나는 새에 있어서와, 태산(泰山)이 낮은 언덕과 개미 둑에 있어서와, 하해(河海)가 길바닥의 근원이 없는 물에 있어서와 똑같으며, 성인이 일반 사람에 있어서도 똑같다. 그 무리에서 솟아나며 그 모은 데에서 빼어나나 생민(生民; 사람)이 있은 이래로 공자보다 성대하신 분은 있지 않으시다.' 하였다."[38]

이 중요한 내용도 맹자가 말씀하시지 않았다면 세상에 전해지지 못했을 것이다. 재여(宰子; 재아)가 낮잠을 자다가 공자의 질책을 받은 내용은 《명심보감》에도 실려 있다. 본인은 《명심보감》을 배우면서 재아에 대한 공자의 질책을 보고 재아를 경시(輕視)하였는데, 《맹자》를 읽고서는 재아를 존숭(尊崇)하게 되었다. 공자께서 그를 심히 질책하시고 한 번도 허여(許與)하지 않으신 것은 기록한 자의 우연한 실수일 수 있고, 또 공자께서 재아에 대한 애정이 그만큼 크셨기 때문일 수 있다는 생각이 든다. 자로(子路) 역시 공문(孔門)의 고제(高弟)였지만 공자께서 그를 칭찬한 내용이 《논어》에는 별로 보이지 않는다.

이에 본인의 경험담을 소개하려 한다. 본인은 학교도 다니지 않아 세상 물정도 모르고 동무들과의 사귐도 그만큼 적었다. 그러다가 18세에 처음으로 전북(全北) 익산(益山)에 가서 월곡(月谷) 황경연(黃璟淵)

---

38) 宰我曰: 以子觀於夫子, 賢於堯舜, 遠矣. 子貢曰: 見其禮而知其政, 聞其樂而知其德. 由百世之後, 等百世之王, 莫之能違也. 自生民以來, 未有夫子也. 有若曰: 豈惟民哉? 麒麟之於走獸, 鳳凰之於飛鳥, 泰山之於丘垤, 河海之於行潦, 類也. 聖人之於民, 亦類也. 出於其類, 拔乎其萃, 自生民以來, 未有盛於孔子也.《孟子 公孫丑上》

선생께 글을 배웠는데, 낯선 타향이다 보니 언어도 풍속도 달랐다. '가수네(가시네)'니, '썩어죽을 놈이니' 하는 말씨가 우스웠다. 또한 집에서 부친에게 사서(四書)와 시(詩)·서(書)를 대강이나마 배웠으므로 한문에는 약간 자신이 있었다. 그러다 보니 종종 동학들의 오해와 질시를 받았고, 또한 그들이 터무니없는 모함을 하여 선생님에게 고자질을 해서 스승의 경계와 주의를 받기도 하였다. 감정에 민감한 본인으로서는 여간 억울한 것이 아니었다.

몇 달 만에 한 번씩 집에 가면 모친과 누님은 무슨 어려움이 없느냐고 물으셨지만 나는 이러한 상황을 한 번도 말하지 않았다. 다만 《맹자》〈고자 하(告子下)〉의 "하늘이 장차 큰 임무를 이 사람에게 내리려 하면 반드시 먼저 그의 마음[심지(心志)]을 괴롭게 하니……이는 그 마음을 분발시키고 성질을 참아 그 능하지 못한 바를 더하려고 해서이다.[天將降大任於是人也, 必先苦其心志……所以動心忍性, 增益其所不能.]"란 말씀을 생각하였고, 선생님의 꾸짖음을 들을 때면 《논어》에 나오는 재아를 떠올리며 슬픈 가슴을 달랬었다.

또한 한문에는 약간의 문리가 있었지만 신학문을 하지 않아 국어에 어두워서 동사(動詞)나 부사(副詞), 대명사(代名詞) 등에 대해서는 하나도 아는 것이 없었다. 서당에서 공부하는 학생은 거의 모두 이러하였다. 그래서 '지(之)'는 무조건 조사(助詞)라고 알았지, 명사(名詞) 밑의 '지(之)'는 완전한 조사이고 동사 밑의 '지(之)'는 지시대명사인 것을 전혀 몰랐고, 치국(治國)과 국치(國治)의 해석이 다른 줄도 몰랐다. 그런데 월곡 선생은 다른 한학자와는 달리 이것을 어느 정도 아셨고, 때로는 "너는 겉넘었다."며 질책도 하셨다.

본인처럼 우둔한 자가 만약 다른 선생님을 만났더라면 고문(古文)이나 한시(漢詩)를 짓는 방법은 익혔겠지만 글 뜻은 제대로 알지 못했을 것이다. 본인은 그 덕분에 오늘날 이 쥐꼬리만한 성취가 있었다고 자신한다. 그 공덕(功德)을 잊지 못해 1년에 한 번씩은 남원(南原)에 계신 선생님 묘소에 가서 성묘(省墓)하고 옛날을 회상하곤 한다. 본인도 성취할 가망이 없는 자에게는 관심을 갖지 않는다. 다만 지금에는 이러한 질책을 좋아하는 자가 없기에 말하지 않을 뿐이다.

　그리고 《맹자》에 보이는 여러 제자의 진솔함과 증자의 허심탄회한 말씀을 읽을 때마다 감동의 눈물을 흘리곤 한다. 후일에 자하(子夏)·자유(子游)·자장(子張)은 나이가 적은 유약(有若)의 말씨와 행동거지가 공자와 유사하다 하여 공자를 섬기던 스승의 예(禮)로 그를 섬기려고 하여 증자에게 강권하자, 증자는 "불가하다. 공자께서는 가을 햇볕으로 쪼이는 것과 같으며 강(江)·한(漢)의 물로 씻는 것과 같아서 깨끗하고 깨끗하여 더할 수가 없으시다."[39]라고 단호하게 거절하였다. 결국 이 제안은 실행되지 않은 것으로 보인다.

　이 글을 읽으면 고인(古人)들의 진솔한 마음과 스승을 존모(尊慕)하는 지극한 정성을 볼 수 있다. 자하·자유·자장은 모두 공문(孔門)의 고제(高弟)이고 선배였는데, 나이가 적은 유약을 스승으로 섬기려 하였다니, 이 일은 사리의 가부(可否)를 떠나 스승에 대한 정성이 얼마나 지극했는지를 느끼게 한다. 우리나라 근세의 예(例)를 보면 스승의 사후에 고제들이 적전(嫡傳)의 자리를 차지하기 위해 동문 간에 암투를

---

39) 他日, 子夏·子張·子游, 以有若似聖人, 欲以所事事之, 彊曾子. 曾子曰: 不可, 江漢以濯之, 秋陽以暴之, 皜皜乎不可尙已.《孟子·滕文公上》

벌인 것이 다반사이며, 자신이 최고라고 하거나 도통(道統)의 연원(淵源)을 이었다고 망자존대(妄自尊大)하는 일이 번번이 일어났다.

증자 역시 공문(孔門)의 후진(後進)이시다. 지금 세상에 증자가 이러한 말씀을 하였다면 유약과 그의 문인들과는 원수지간이 되었을 것이며, 자하와 같은 선배들도 자기들 주장에 반대하는 증자를 매우 못마땅하게 여겼을 것이다. 특기(特記)할 것은 이 내용이 다른 책에는 보이지 않는다는 것이다. 《예기》〈단궁(檀弓)〉에 공자가 별세하시기 며칠 전에 꿈을 꾸고 자공과 나눈 말씀 및 장례 때에 있었던 일이 약간 보일 뿐이다. 이 역시 맹자가 말씀하지 않았다면 이 사실이 영영 세상에 알려지지 못했을 것이다.

수십 년 전에 동양철학을 전공하였다는 김(金) 모 박사는 《논어》의 '曾子曰 吾日三省吾身'을 강의하면서 증자를 형편없는 인물이라고 폄하하였다. 본인은 《맹자》에 보이는 증자의 말씀으로 미루어 볼 때 증자가 공자의 학통(學統; 도통)을, 그리고 맹자가 증자의 학통을 이었다고 믿는다. 《논어》〈이인편(里仁篇)〉에 "공자께서 '삼(參)아! 나의 도(道)는 한 이치[一理]가 만사 만물을 꿰뚫는다.'라고 말씀하시자, 증자가 '예! 옳습니다.[子曰: 參乎! 吾道一以貫之. 曾子曰: 唯.]' 하였다." 한 내용이 보이는데, 후유(後儒)들은 이것을 공자가 증자에게 도통(道統)을 전수해 주신 요지(要旨)로 보고 있다.

그리고 《맹자》〈공손추 상(公孫丑上)〉 호연장(浩然章)에는 맹자가 "옛날에 증자가 자양(子襄)에게 이르시기를 '그대는 용(勇)을 좋아하는가? 내 일찍이 대용(大勇)을 부자(夫子; 공자)에게 들었으니, 스스로 돌이켜보아 자신의 행위가 정직하지 못하다면 비록 허름한 옷을 입은 갈관박(褐寬博)이라도 내 두렵게 하지 못하지만 스스로 돌이켜보아 자신의 행위가 정직하다면 비록 천만 명이 있는 곳이라도 내가 가서 당당하게 상대하겠다.'라고 하셨다."[40]는 말씀을 소개하였다. 이것이 맹자 호연지기(浩然之氣)의 기본이 되었음은 두말할 나위가 없겠다. 왜냐하면 호연지기는 오직 정직(正直; 縮)으로만 기를 수 있기 때문이다. 맹자는 호연지기를 설명하면서 "이 호연지기는 지극히 크고 지극히 강(剛)하니, 정직함으로써 기르고 해침이 없으면 천지의 사이에 충만한다.[其爲氣也, 至大至剛, 以直養而無害, 則塞于天地之間.]" 하셨다.

《맹자》〈서설〉에는 "공자는 오직 인(仁)을 말씀하셨는데 맹자는 인의(仁義)를 말씀했다."는 정자의 설이 인용되어 있다. 인(仁)·의(義)·예(禮)·지(智)라는 네 글자가 《논어》 등에 보이지 않지만, 《중용》 제31장에 "오직 천하에 지극한 성인이어야 능히 총명예지(聰明叡智)하여 충분히 윗자리에 있으면서 아랫사람에게 군림할 수 있으니, 관유온유(寬裕溫柔)가 충분히 포용할 수 있으며, 발강강의(發強剛毅)가 충분히 지킬 수 있으며, 제장중정(齊莊中正)이 충분히 공손할 수 있으며, 문리밀찰(文理密察)이 충분히 분별할 수 있다."[41] 하였다. 이에 대해 주자는 집주에서 '관유온유(寬裕溫柔) 이하의 네 가지는 바로 인·의·예·지의 덕이다.'라고 실명하였다. 그렇다면 인·의·예·지에 대한 개념을 이미 자사(子思)가 말씀하셨는데 맹자는 단지 사단(四端)을 더 발명했을 수도

---

40) 昔者, 曾子謂子襄曰: 子好勇乎? 吾嘗聞大勇於夫子矣, 自反而不縮, 雖褐寬博, 吾不惴焉. 自反而縮, 雖千萬人, 吾往矣.《孟子 公孫丑上》
41) 唯天下至聖, 爲能聰明睿智足以有臨也, 寬裕溫柔足以有容也; 發强剛毅足以有執也; 齊莊中正足以有敬也; 文理密察足以有別也.《中庸章句 31章》

있으며, 이 또한 공자의 사상일 수도 있다.

물론 학문은 '후출자명(後出者明)'이라 하여 세월이 지날수록 후진(後進)의 학설이 더욱 분명한 것도 사실이다. 공자가 미처 발명하지 못한 것을 자사가, 그리고 자사가 못하신 것을 맹자가 발명할 수도 있다. 하지만 그 사상이 그 이전에 이미 배태(胚胎)했을 수도 있는 것이다.

신 박사는 끝으로 '우문지사(愚聞之師)'를 '어리석은 내가 스승에게 들으니'라는 뜻이라면서 그 아래 소주(小註)의 "주자의 스승은……이다."라는 것을 소개하고, "주자는 연평(延平) 이통(李侗)을 만나기 전에 세 명의 스승이 있었다. 모두 부친의 벗들이었는바, 호적계[胡籍溪; 호헌(胡憲)], 유병산[劉屛山; 유자휘(劉子翬), 자(字)는 언충(彦冲)], 유백수[劉白水; 유면지(劉勉之)]였다. 주자는 이분들을 섬겨 학문을 하였는데, 이분들은 유명한 유학자였지만 불교(佛敎)와 도교(道敎)에도 조예가 깊었다. 주자는 이분들에게 영향을 받아 유학에 온전히 헌신하지 못하고 불교와 도교를 출입하던 청년이었다. 그러다가 스물네 살 정도에 처음으로 연평을 뵙고 가르침을 받은 이후에 유학자의 정체성(正體性)을 확립하고 유학에 매진할 수 있었다. 만일 주자가 연평을 만나지 못했다면 우리의 문명사(文明史)가 어떻게 바뀌었을지 알 수 없다. 주자는 세 분을 먼저 사사하였지만 죽을 때까지도 자신의 스승은 오직 이연평(李延平)이라고 말씀했다." 하여, 이연평뿐만 아니라 주자 청년 시절의 세 분 스승에 대해서도 소상하게 알고 있었다. 이것은 배경 지식에도 밝다는 증거였다. 옛날 서당에서 한학을 하신 분들도 이 사실을 제대로 아는 분이 별로 없었다. 그런데 주자학을 전공한 신 박사는 주자의 사승관계(師承關係)에도 그만큼 관심을 가지고 있었다.

그리고 주자가 왜 '우문지사(愚聞之師)'라고 하였는가에 대해서도 "이것은 연평이 저술한 글에는 보이지 않고 주자가 직접 이 말씀을 들었기 때문에 이렇게 표현한 것이다. 《맹자》의 집주에는 주자가 '이씨왈(李氏曰)'이라고 표현했다." 하였다. 역시 명쾌한 설명이었다.

사실 '우문지사'는 아래 〈공야장(公冶長)〉 제18장의 '陳文子有馬千乘'의 집주에도 '愚聞之師, 曰: 當理而無私心則仁矣.'라고 보인다. 유면지(劉勉之)는 주자의 빙장(聘丈)으로《논어집주》에 '유빙군(劉聘君)'이라고 세 번 보이는바, 〈옹야(雍也)〉 제24장 '宰我問曰: 仁者井有仁焉.'의 집주에 처음 보이는데, 그 아래 소주에 "유빙군은 이름이 면지(勉之)이고 자(字)가 치중(致仲)이고 호(號)가 초당(草堂)이니, 건안(建安) 사람으로 문공(文公; 주자)의 부옹(婦翁; 장인)이다."라고 기록되어 있다. 유면지는 배우는 자들이 백수(白水) 선생이라고 칭하였는바, 여기의 빙군(聘君)은 빙사(聘士) 즉 황제가 초빙하였으나 조정에 나아가지 않은 징사(徵士)라는 뜻이다. 그런데 일부 학자들은 주자의 빙장(聘丈; 장인)이기 때문에 빙군이라고 칭한 것으로 잘못 알고 있다. 또《서경집전》을 낸 구봉채씨[九峰蔡氏; 채침(蔡沈)]를 주자의 여서(女壻)로 잘못 알고 있다. 이 사실을 함께 소개하는 바이다.

신 박사는 사람을 관찰하는 법으로 〈위정〉 제10장의 "그 행하는 바와 그 행하는 연유와 그 편안히 여기는 바를 자세히 관찰한다면 사람들이 어떻게 자신을 속이겠는가. 사람들이 어떻게 자신을 속이겠는가.[視其所以, 觀其所由, 察其所安, 人焉廋哉, 人焉廋哉.]"라고 하신 공자의 말씀을 설명하고는 '찰기소안(察其所安)'에 대한 집주의 "안(安)은 즐거워하는 것이다. 행위의 목적(연유)이 비록 선(善)하더라도 마음에 즐거워하는 것이 이 선에 있지 않으면 또한 거짓(허위, 또는 가식)일 뿐이니, 어찌 능히 오래도록 변치 않겠는가.[安, 所樂也. 所由雖善, 而心之所樂者, 不在於是, 則亦僞耳, 豈能久而不變哉.]" 한 것을 설명한 다음, 다산이 앞에서 주자의 성입심통(聲入心通)을 부정한 것은 아마도 이러한 점을 지적하였을 것이라고 하였다. 그 사람의 하는 바와 목적이 선하면 되는데, 여기에 '마음의 즐거워하는 바가 선에 있지 않으면 또한 거짓이다.'라고 한 집주는 너무 고원하다는 것이었다. 이것은 다산 설도 아니요, 신 박사 자신의 주장이었다.

그러나 '찰기소안'에 대한 집주를 비판하기만 하고 공자에 대한 자신의 견해를 말하지 않았다. 사람의 하는 바와 목적(이유)이 선하면 된다고 한다면 '찰기소안'은 왜 있는가? 이것은 주자의 집주가 너무 고원한 것이 아니고 공자가 필요 없는 말씀을 하신 것이 된다. 여기의 안(安)은 안이행지(安而行之)의 안으로 보아야 할 것이다. 예로부터 소인들은 온갖 방법으로 위선을 하여 남을 속이고 이용, 농락하려 하였다. 그러므로 사이비인 향원(鄕原)을 구분하기 어려운 것이다. 그리고 사람이 애오(愛惡)의 정(情)에 끌리다 보면 상대방의 실제를 살피기가 어려워 그 진실한 마음을 실로 알기가 쉽지 않다.

'안(安)'은 몸이 편안하다는 뜻을 제외하고, 주자와 기타 선현들은 모두 마음에 즐거워하고 편안히 여기는 것으로 설명하였다.《논어》〈학이〉15절의 "가난하면서도 즐거워하며 부유하면서도 예를 좋아한다.[貧而樂, 富而好禮.]"는 공자의 말씀에 대해 주자는 집주에서 "즐거워하면 마음이 넓어지고 몸이 펴져서 자기의 가난함을 잊을 것이요, 예를 좋아하면 선(善)에 처하는 것을 편안히 여기고 이치를 따르는 것을 좋아하여 또한 스스로 자기의 부유함을 알지 못할 것이다.[樂則心廣體胖, 而忘其貧; 好禮則安處善, 樂循理, 亦不自知其富矣.]"라고 부연 설명하였다. 여기의 '安處善, 樂循理.'가 '察其所安'에 대한 집주의 '安, 所樂也.'와 서로 부합함은 굳이 말할 필요가 없겠다.

그리고 《서경》〈요전(堯典)〉첫 번째 절에 요 임금의 덕을 칭송하여 "공경하고 밝고 문장(문채)이 드러나고 생각(사려)이 심원하며 편안하고 편안하시다.[欽明文思安安]"라고 보이는데, 주자는 집전에서 "안안(安安)은 억지로 힘쓰는 바가 없는 것이다. 그 덕성(德性)의 아름다움이 모두 자연에서 나와서 억지로 힘쓰는 바가 없는 것이니, 이른바 '성(性)대로 하는 자(성인)'란 것이다.[安安, 無所勉强也, 言其德性之美皆出於自然, 而非勉强, 所謂性之者也.]"라고 풀이하였다. 그리고 《서경》〈익직(益稷)〉2절에 "당신(순 임금)의 그침을 편안히 여기시다.[安汝止.]"라고 한 우(禹)의 말씀이 보이는데, 채침(蔡沈)의 집전에 "지(止)는 마음이 그치는 바이다……안지(安之)라고 말한 것은 도심(道心)의 바름을 순히 따라 인욕(人欲)의 위태로움에 빠지지 아니하여 동(動)하고 정(靜)하고 말하고 행하는 것이 각각 그 합당함을 얻어서 그치면서 그 그칠 곳(지선(至善)이 있는 곳)을 얻지 못함이 없는 것이다.[止者, 心之所止也……安之云者, 順適乎道心之正, 而不陷於人欲之危, 動靜云爲各得其當, 而無有止而不得其止者.]"라고 풀이하였다.

《중용장구》20장 20절에는 "혹은 태어나면서 이것[오달도(五達道)와 삼달덕(三達德) 그리고 이것을 행하는 성실함]을 알고 혹은 배워서 알고 혹은 애써서 이것을 아니, 이것을 앎에 미쳐서는 똑같다. 혹은 편안히 이것을 행하고 혹은 이롭게 여겨서 이것을 행하고 혹은 억지로 힘써서 이것을 행하나니, 그 성공함에 미쳐서는 똑같다.[或生而知之, 或學而知之, 或困而知之, 及其知之, 一也. 或安而行之, 或利而行之, 或勉强而行之, 及其成功, 一也.]"라고 보인다. 그리고 《논어》〈이인(里仁)〉 2장에 "인(仁)하지 못한 자는 오랫동안 곤궁함에 처할 수 없고 장구하게 즐거움에 처할 수 없으니, 인자(仁者)는 인을 편안히 여기고 지혜로운 자는 인을 이롭게 여긴다.[不仁者, 不可以久處約, 不可以長處樂. 仁者安仁; 智者利仁.]"라고 하신 공자의 말씀이 보이는바, '長處理' 역시 '安處善, 樂循理.'와 같은 뜻이라고 생각된다.

한 50년 전에 내가 아는 한 분은 지방 소도시에 살았지만 가정이 여유로워 서울에 있는 대학을 다니면서 동기(同期)와 연애를 하고 졸업 후에 결혼하려 하였으나 시댁에서 상대방의 가문과 직업이 나쁘다는 이유로 완강히 거절하자, 부모와의 인연을 끊고 한 2년 동거하다가 아기가 생겨 그대로 결혼하였다. 그러나 2년 후 결국 헤어지고 말았다. 그때는 시골에서 여자가 대학을 나오는 경우가 극히 드물었고 연애니 이혼이니 하는 단어가 낯설던 시기였다. 7~8년 이상 연애하고 동거하고 결혼까지 하였다면 상대방의 행위와 의도를 익숙히 살폈다고 보아야 할 것이다. 요즘은 혼전(婚前) 동거하다가 마음에 안 들면 그대로 헤어지는 경우가 비일비재하다. 결혼을 했다가도 조금만 마음이 맞지 않으면 헤어지고, 상대방을 헐뜯고 욕한다. 자신은 참으로 잘못이 없단 말인가. 최소한 자신이 상대방을 표면적으로만 안 잘못이 있는 것이다. 본인 역시 믿었던 사람에게 배신을 당한 적이 있다. 상대방의 위선과 교활한 행위를 정확히 아는 것이 결코 쉽지 않다.

제11장의 '온고이지신(溫故而知新)'에 대한 집주에 '배우고서 능히 때

때로(수시로) 옛날에 들은(배운) 것을 익혀서 매번 새로 터득함이 있으면 배운 것이 나에게 있어서 그 응용이 다하지 않는다(끝이 없다).[學能時習舊聞而每有新得, 則所學者在我而其應不窮.]' 한 것을 설명하면서 《예기》의 '의기(義起)'를 들어 설명하였다. '소학자재아(所學者在我)'는 〈학이〉 제1장의 집주에 '이미 배우고서 또 때때로 익히면 배운 것이 익숙해져서 중심(中心)이 기뻐진다.[旣學而又時時習之, 則所學者熟而中心喜悅.]'와 같은 내용이다. '의기'는 이보다 한 차원이 높아서 선왕(先王)이 만든 예(禮)에 없는 것을 후현(後賢)들이 의리(義理)로써 일으키는 것으로, 권도(權道)에 가깝다. 권도는 성인이나 대현(大賢)만이 쓸 수 있는 것이다.

특기할 것은 여기의 '온고이지신(溫故而知新)'과 《중용》의 '온고이지신'을 비교 분석하면서 '君子尊德性而道問學하며'로 현토하여 강(綱)과 목(目)을 구분하지 않고 끝까지 이어가는 것이었다. 공영달(孔穎達)은 이 다섯 구(句)를 똑같이 보고 강과 목으로 나누지 않았으나, 주자는 '尊德性而道問學'은 강으로, 그 나머지는 목으로 설명하였다. 그리하여 언해에도 모두 '尊德性而道問學하니'로 현토한 것이다. 예전에 나는 대학에서 한문학과나 동양철학과에서 성리학을 전공하고 《중용》을 강의하는 분을 만나면 종종 제27장과 제29장의 '君子動而世爲天下道. 行而世爲天下法, 言而世爲天下則.'과 제31장의 '唯天下至聖, 爲能聰明睿知足以有臨也. 寬裕溫柔足以有容也; 發强剛毅足以有執也; 齊莊中正足以有敬也; 文理密察足以有別也.'를 설명하게 하고 강과 목으로 나누는가의 여부를 보아 그분의 실력을 알아보곤 하였다. 그러나 대부분 연결하여 읽으므로 지금은 시험해보지도 않는다. 그뿐만 아니라 그들은 이것을 지적해주면 시인하는 것이 아니라 대의(大義)만 맞으면 됐지, 사소한 현토는 문제 삼을 것이 없다고들 한다.

마지막으로 제15장의 '배우기만 하고 생각하지 않으면 터득하는 것이 없고, 생각하기만 하고 배우지 않으면 위태롭다.[學而不思則罔, 思而不學則殆.]'는 공자의 말씀을 설명하고, 집주에 인용한 정자의 '널리 배우며 자세히 물으며 신중히 생각하며 분명하게 분별하며 독실히 행해야 하니, 이 다섯 가지 중에 그 하나라도 버리면 올바른 학(學)이 아니다.[博學·審問·愼思·明辨·篤行五者, 廢其一, 非學也.]' 한 것을 해석한 다음 이 다섯 가지를 학(學)과 사(思)로 나누었는데, 박학(博學)만 학에 속하고 심문(審問)·신사(愼思)·명변(明辨)은 모두 사(思)에 속하며 독행(篤行)은 또 학에 속한다고 하였다. 학(學)과 문(問)은 불가분(不可分)의 관계여서 배우면 묻게 마련이고 물으면 배우는 것이다.

번지가 농사일을 배울 것을 청함[樊遲請學稼]이 청문가(請問稼)와 어떻게 다르단 말인가. 공자가 태묘(太廟)에 들어가 매사를 물으신 것[42]이 사(思)이고 학(學)이 아니란 말인가. 〈위령공(衛靈公)〉에도 '내 일찍이 종일토록 밥을 먹지 않고 밤새도록 잠을 자지 않고 생각해 보았더니, 유익함이 없었다. 배우는 것만 못하였다.[吾嘗終日不食, 終夜不寢以思, 無益, 不如學也.]'라고 한 공자의 말씀이 보인다. 신 박사도 여기의 '사(思)'는 남에게 묻지도 배우지도 않고 자기 혼자서 생각하고 연구하는 것이라 하였다. '사변(思辨)'이란 말이 자주 보이므로 명변(明辨)은 사에 속한다고 볼 수 있을 것이다. 그러나 명변이라고 하면 이 역시 스

---

42) 孔子入大(太)廟, 每事問, 或曰: 孰謂鄹人之子知禮乎? 入大廟, 每事問. 子聞之, 曰: 是禮也. 《論語 八佾》

승이나 선배 등 유도자(有道者)에게 찾아가 옳고 그름을 분변해야 함을 말한 것이다. 그렇다면 명변도 학과 문에 속한다고 해야 할 것이다. 일반적으로 박학·심문·신사·명변은 지공부에 속하고 독행은 행공부에 속한다. 신 박사도 이것을 강조하였다. 강의 도중 사소한 실수와 하자라고 해서 쉽게 생각하고 그대로 넘겨서는 안 된다. 선현들은 일언일동(一言一動)을 모두 조심하였다. 만일 자신의 설명에 오류가 있었다면 즉시 고치고 청강생들의 양해를 구해야 한다.

《서경》〈여오(旅獒)〉에 "아! 이른 새벽부터 밤늦게까지 혹시라도 부지런하지 않은 일이 없게 하소서. 작은(하찮은) 행실을 조심하지 않으시면 끝내 큰 덕에 누(累)가 되어 아홉 길의 산을 만드는 데 마지막 한 삼태기의 흙을 쏟아붓지 아니하여 공(功)이 망가지는 일이 없게 하소서.[嗚呼! 夙夜罔或不勤, 不矜細行, 終累大德, 爲山九仞, 功虧一簣.]" 하였다.

이는 주(周)나라 성왕(成王)이 서려(西旅)에서 공물로 바친 오(獒)라는 명견(名犬)을 받자, 소공 석(召公奭)이 성왕에게 올린 진언(陳言)이다. 이 내용을 따라 공자께서는 "비유하면 아홉 길의 산을 만드는데 마지막 한 삼태기의 흙을 쏟아붓지 않고서 중지함도 내(자신)가 중지함과 같으며, 비유하면 평지에 비록 한 삼태기의 흙을 쏟아부어 산을 만들려 하나 전진함도 내가 전진해 가는 것과 같다."[43] 하셨다. 학문 역시 조금만 더 공력을 들여 노력하면 소기(所期)의 목적을 달성할 수 있는데도 스스로 포기하고 중지하는 경우도 있으며, 이제 비로소 학문

---

43) 譬如爲山, 未成一簣止, 吾止也; 譬如平地, 雖覆一簣進, 吾往也. 《論語 子罕》

을 시작하여 마치 평평한 땅바닥에 산을 만들려고 한 삼태기의 흙을 쏟아붓더라도 이것은 자신이 전진해 나아가는 것이란 뜻이다. 전자(前者)는 하찮은 행실을 조심하지 않아 끝내 대덕(大德)에 누(累)가 되는 것과 같은 것이다.

 우리 이야기에도 이러한 내용이 있다. 아버지와 자식이 한집에 살면서 각자 짚신을 만들어 팔아먹고 사는데, 시장에 가면 언제나 아버지가 만든 짚신이 값도 더 받고 잘 팔리는 것이었다. 자식이 그 이유를 물었으나 아버지는 '네 스스로 묘리를 터득해야 한다'면서 가르쳐주지 않았다. 자식은 온갖 노력을 하였으나 끝내 따라가지 못하였다. 그러다가 아버지가 늙어 죽게 되자, 자식에게 마지막으로 '털! 털…' 하면서 더 이상 말을 잇지 못하고 죽었다. 자식은 그 이유를 생각해 보니, 아버지가 짚신의 털을 제거하라는 것이었다. 그 아버지는 짚신을 만들고는 반드시 짚신의 표면을 등잔불에 태워 깨끗하게 한 것이었는데, 자식은 늦게야 그 묘리를 터득한 것이었다. 이 이야기는 중요한 기술은 아버지도 자식에게 곧바로 일러주지 않는다는 뜻과 함께 무슨 일이든 끝마무리를 잘해야 하며 묘리를 자득하기가 그만큼 어렵다는 비유로 쓰인다.

 위에서도 말했듯이 후유(後儒)들은 "안자(顔子)가 공자에 비하여 100칸 중에 아직 한 칸을 도달하지 못했다." 하고, 또 "몇 년만 더 살았더라면 며칠(짧은 기간)이 못 되어 공자처럼 화(化)했을 것이다.[不日而化矣]"라고 평하였다. 안자는 자신의 노력한 경험을 이렇게 표현하였다. "학문을 그만두려 하여도 그만둘 수가 없어서 이미 나의 재주를 다하니, 마치 공자의 도(道)가 앞에 우뚝 서 있는 듯하다. 내 비록 이것을 따르려 하나 말미암을 데가 없도다."[44] 하였다. 이로써 보면 안자가 더 살았더라면 단기간에 성인의 경지에 오를 수 있었음을 확인할 수 있다.

하지만 보통 사람의 경우는 이 한 칸을 끝내 극복하지 못한다. 고시(古詩)에 "수면에서 연꽃과의 거리는 채 한 자[尺]가 되지 못하지만, 신령스러운 거북이 한 번 뛰어 연꽃에 오르려면 천 년을 기다려야 하네.[水面距荷未盈尺, 靈龜一蹴待千年.]" 하였다. 옛날 선생님들은 이 시(詩)를 자주 인용하여 학문이 이루어지기 어려움을 비유하곤 하였다. 후학들은 학문이 이미 이루어졌다고 자만하지 말고 끝까지 노력하여 학문을 중도에 포기하는 우(愚)를 범하지 말아야 할 것이다.

신 박사의 《논어》 특강은 나의 경험으로는 보기 드문 명강의였다. 한자(漢字)의 단어에 있어서도 우리말 표현까지 해주었다. 게다가 맨 처음 《논어》를 강의하는 것이라 하였다. 일반적으로 처음하는 강의는 누구든 자신(自信)이 없어 두려움이 앞서기 마련이다. 예전에 본인이 80년도 민족문화추진회 국역실에 있으면서 여름에 실시한 《고문진보 후집》 특강에 담당 강사가 유고(有故)하여 뒷부분을 대신 강의한 적이 있었다. 본인은 국역연수원을 수료하였지만 당시 학제(學制)의 개편으로 사서(四書)와 《고문진보 후집》을 배우지 못하였고 서당에서도 《고문진보 후집》을 배우지 못하였다. 참으로 난감하였던 기억이 생생하다.

일반인들의 사서 강의는 집주를 함부로 비판함은 물론이요, 문장의 해석에도 오류라고 생각되는 부분이 너무 많아 끝까지 듣기가 어려웠는데, 신 박사는 처음으로 《논어》를 강의하였지만 전혀 망설임 없이

---

44) 欲罷不能, 旣竭吾才, 如有所立卓爾, 雖欲從之, 末由也已. 《論語 子罕》

자신만만하게 강설하여 꽤 재미가 있었다. 강의하는 열정과 의욕, 교수하는 방법과 요령, 활력과 언변, 청강생을 배려하는 친절함과 원전(原典) 강해(講解) 실력, 배경 지식 등을 거의 완벽하게 구비하여 흠잡을 데가 없었다.

그런데 왜 이러한 오류가 있는 것일까? 총명한 탓에 의욕이 앞서고 너무 자신하여서일 수도 있다. 그리고 주자의 집주를 비판하여 정주학은 순수한 공맹(孔孟)의 정통학문이 아니고 새로 만들어진 신유학(新儒學)이라고 비판하는 세인(世人)들의 선입견이 작용했을 수도 있다. 특히 도통설 등이 그러하다. 신 박사는 선입견에 휩쓸리지 말고 전거(典據)를 확인하는 노력을 좀 더 갖춘다면 반드시 대성할 것이다.

일부에서는 본인의 이러한 주장을 지나치게 취모멱자(吹毛覓疵)한다고 비판하는 분도 있을 것이다. 하지만 현자책비(賢者責備)의 측면에서 소감을 피력해 보았으며, 이 기회에 본인이 잘못 해석한 부분도 소개하여 경전(經傳)의 뜻이 참으로 어렵다는 사실을 밝히고자 한다. 지면 관계로 강의의 일부만을 평론한 점 독자들의 양해를 바란다. 강의를 하는 분은 자타를 막론하고 자신의 강의가 누구보다도 잘한다고 생각한다. 물론 본인이 지적한 위의 내용 역시 잘못한 부분이 없지 않을 것이다.

추기(追記)

위 논어특강은 지난 2020년 한국고전번역원 부설 고전번역교육원에서 실시한 하계특강(夏季特講)으로, 이때 코로나가 유행하여 비대면으로 75분씩 10회에 걸쳐 강의한 내용이다. 평상시에는 하계방학과 동계

방학 두 기간에 5~60명의 청강생을 모집하여 주 3회 정도 강의하였다. 신상후 박사는 2018년에 박사학위를 취득하고 이화여대 철학과에서 강사로 재직하고 있었는데, 이때 논어를 처음 강의하게 된 것이었다.

신 박사는 본인이 평소 아는 분이므로 관심을 갖고 특강을 들었으며, 특강을 들으면 곧바로 평론을 하였다. 그리하여 특강 내용의 약 50%를 논평하였는데, 대체로 강의를 잘하였으나 원의(原義)에 맞지 않는 부분도 종종 있었으며, 증자(曾子)와 자사(子思), 맹자(孟子)의 학통에 대해서도 청대(淸代) 고증학자(考證學者)들의 설을 지나치게 소개하여 청강생들이 헷갈릴 수도 있었다.

본인은 신 박사의 강의를 총평하면서 "강의하는 열정과 의욕, 교수하는 방법과 요령, 활력과 언변, 청강생들을 배려하는 친절함 등을 거의 완벽하게 구비하여 흠잡을 데가 없다. 이분은 선입견에 휩쓸리지 않고 전거(典據)를 확인하는 노력을 좀 더 갖춘다면 반드시 대성할 것이다."라고 단정했었다.

그 후 신 박사는 그해 가을에 한국학중앙연구원의 교수로 채용되었으며 21년과 22년에 연이어 고전번역교육원에서 《주역전의(周易傳義)》를 정식과목으로 강의하였는데, 비록 《논어집주》 강의가 아니어서 직접적인 비교는 불가능하였지만 장족(長足)의 발전을 하였음을 실감할 수 있었다. 《주역전의》에는 오찬(五贊)과 명서(明筮) 등이 설명하기 어려운 운문(韻文)인데 청강생들이 알아듣기 쉽게 잘 설명하였다.

【호산(壺山)의《논어집주상설》<학이(學而)> 1절(節) 일부】

1. 子曰 學而時習之면 不亦說乎아

  說은 悅同이라 √每章之首에 必加圈者는 恐其與上章相混하여 而別之也요 每篇首章에 不圈者는 無事乎別也일새라 Ⓥ 子는 孔子이니 不姓而止稱子者는 尊而親之之辭니 至與君問答然後에 謹而姓之요 又有非門徒면 則外之而稱姓者라 且[子路][季氏]一篇을 先儒謂之齊論이어늘 而皆稱姓하니 異國之稱謂는 固宜與邦人異矣라 Ⓥ 凡字有二音恐混과 及字不甚顯難曉者는 必著(착)其音于本文之下하니 一則別嫌이요 一則明微니 是亦集註時事也라 詩音尤詳云이라

  學之爲言은 效也라 胡氏曰 某某也는 正訓也요 某猶某也는 無正訓하여 借彼以明此也요 某之爲言某也는 前無訓釋하여 特發此以明其義也요 引經傳文以證者는 此字義不可以常訓通也니 訓釋字義는 欲學者先明逐字文義니라 Ⓥ 訓詁之例에 又有者·曰·爲·謂等하여 其例甚多어늘 胡氏特發此四例하여 以推其他耳라 前無訓釋은 謂爾雅·說文等訓詁之書所無者라 Ⓥ 凡謂字訓者는 指一字之訓也요 其或名物之訓과 名言之訓은 則皆擧二三字하여 成文而訓之하니 人名·地名等訓은 名物之謂也요 如下章註에 犯上作亂等訓은 名言之謂也라 **人性皆善이나** √人字最宜著眼看이니 所以示物不得與於性善也라 **而覺有先後하니** 雲峯胡氏曰 覺有先後는 氣質之性也라 **後覺者必效先覺之所爲라야** 雲峯胡氏曰 爲는 猶學也라 **乃可以明善而復其初也라**

  朱子曰 夫學也者는 以字義言之하면 則己之未知未能에 而效夫知之能之之謂也요 以事理言之하면 則凡未至而求至者를 皆謂之學이니 雖

稼·圃·射·御之微라도 亦曰學하여 配其事而名之라 此獨專之하니 則所謂學은 果何學也오 所以學而至乎聖人之事니 伊川先生所謂儒者之學이 是也라 蓋伊川先生之意曰 今之學者有三하니 曰詞章之學也와 訓詁之學也와 儒者之學也니 欲通道인댄 則舍儒者之學이면 不可라 尹侍講所謂學者는 所以學爲人也니 學而至於聖人도 亦不過盡爲人之道而已라하니 此皆切要之言이라 夫子之所志와 顔子之所好와 子思·孟子之所傳이 盡在此하니라 ○ 又曰 學之一字는 兼致知·力行而言이니라 ○ 新安陳氏曰 明善은 以知言이요 復初는 以行言이니라 ⓥ 雖從事訓詁나 而一以明義理爲主하면 則是乃儒者之學也니 經書程·朱註 是也라 ⓥ 學字之義는 最易知라 是以로 經書註에 未嘗訓學字로되 而於此特訓之라 且以訓法言之하면 學之爲言效也六字已足矣어늘 而又申之以人性以下二十九字는 何也오 蓋明善復性四字는 是朱子爲學之本領이라 故로 諸書之註에 必首明之하니 如大學因明德而言之하고 中庸則因明誠而言之하고 孟子則因反性而益明之하고 小學題辭에도 亦首及之하고 此書之首에 因一學字而明之하시니 蓋此一字 非獨蔽此一書而已라 實足以盡蔽諸書하니 諸書雖千言萬語나 豈有外於學一字哉리오 故로 學之一字는 是此書之綱領이요 而亦諸書之綱領也라 學之道는 何也오 在此書하면 則曰仁이요 在大學·中庸하면 則曰誠이요 在孟子하면 則曰義 是也라 要其歸하면 則皆所以明善復性하여 而免於近禽獸而已니라

習은 鳥數 音朔이니 下同이라 **飛也니** 禮記月令曰 鷹乃學習이라하니라 ○ 厚齋馮氏曰 鳥雛欲離巢而學飛之稱이라 ⓥ 此는 習字之本訓也요 此下에 乃重訓之하여 以歸於此文之本意라 其文勢與上之訓學字同하니 此皆所謂一字之訓詁也라 **學之不已를 如鳥數飛也라** 朱子曰 習

은 是已學了하고 又去重學이니 學習이 只是一件事니라 **說은 喜意也라** √此以上은 訓此一節之字義라 **旣學而又時時習之면** √添旣·又二字及一時字라 **則所學者熟하여** √此四字는 申習之意라 **而中心喜說하여 其心이** √一作進이라 蓋以末節註不已句觀之하면 當從心爲是요 以下文小註住不得語推之하면 又似從進爲長하니 更詳之니라 **自不能已矣리라** √此七字는 申說之意라 ○ 朱子曰 此는 學之始也니 說(열)後에 便自住不得이니라

ⓥ 自旣學至此는 釋此一節之文義 (其)[甚]明白하여 非諺釋可及이니 後幷準此라 凡註法은 每一節에 先訓字義하고 次釋文義하니 此通例也라 又或有一節之中에 分爲數節而訓釋者하고 或字無可訓이면 則止釋其文하고 文無可釋이면 則止訓其字하고 或字與文이 俱無可訓可釋이면 則兩已之하니 隨遇察之하면 可見이라 凡集註釋義之法은 每於本文外에 添一二字語하여 以襯貼本文하여 而意義自明이라 其妙無窮하니 最宜潛玩也라 自學之爲言으로 至此는 字訓與文釋之正意已畢하니 此乃一節之正訓·正釋이라 此下所引程·謝之說은 特其論餘意者耳요 至章下註하여는 又通諸節而論其大旨與餘意耳라 諸書註之訓·釋·論三法을 皆以此推之라 蓋正意·餘意는 賓主自別이어늘 而今世初學이 或有忽略於正意하고 而致力於圈下餘意者하니 是不思已矣니라

程子 √叔子라 ○ 朱子曰 字訓·文義에 諸家之說이 有切當明白者하면 引用호되 而不沒其姓名하니라 **曰 習은 重** 平聲이라 **習也니** √易象傳曰 習坎은 重險也라하니라 ⓥ 重亦不已之意也라 故로 程子亦有以禽習言者하시니라 **時復** 去聲이라 **思繹하여** 南軒張氏曰 紬繹其端緖니라 **浹洽於中이면** 朱子曰 如浸物於水에 透裏皆濕이니라 **則說也니라** 朱子

曰 知上習이니라 ○ 雲峯胡氏曰 習於心이니라

又 √叔子라 曰 學者는 √猶言學之라 將以行之也니 時習之면 則所學者在我라 故로 說이니라 朱子曰 行上習이니라 ○ 雲峯胡氏曰 習於身이니라 ○ **按**程子二說은 皆重在習字上이라

謝氏 大全曰 名良佐요 字顯道니 上蔡人이라 Ⓥ 不言某國者는 皆宋儒也일새라 ○ 朱子曰 謝氏說은 十分에 有九分過處하고 亦有一分恰好處하니라 Ⓥ 謝說雖過나 其有病者는 集註에 自當不取之耳라 曰 時習者는 無時而不習이니 坐如尸는 √尸居神位라 坐時習也요 立如齊는 音齋라 Ⓥ 祭前之齋라 Ⓥ 坐如尸, 立如齊는 出禮記曲禮라 立時習也니라 新安陳氏曰 謝氏亦姑以坐立起例요 非止謂坐立時也라 其言時字도 亦與時時之義異하니 朱子姑采하여 以備一說이니라 ○ **按**謝氏說은 重在時字上이라

※ 壺山의 說에는 √ 또는 Ⓥ를 하고 按에는 **按**으로 표기하였다.
※ 이것을 보면 《詳說》의 細註는 壺山의 說이 상당히 많으며, '按'은 先儒의 說을 논할 적에만 썼음을 알 수 있다. 그리고 細註에 朱子 등의 說을 추가한 것도 있고 學者의 설을 소개하면서 대부분 요점만 刪節하였다. 위 '則所學者在我, 故說' 아래의 細註에 朱子曰 行上習은 壺山이 추가로 인용한 것이며, 細註에는 "雪峰胡氏曰, 時復思繹 則習於心; 將以行之, 則習於身"으로 되어 있는데, '習於身' 세 글자만 취하여 朱子의 '行上習'과 상대하였다.

【《논어》에 보이는 군자의 구별】

1. 學而 1章　　　　人不知而不慍 不亦君子乎
2. 學而 2章　　　　君子務本 本立而道生
3. 學而 8章　　　　君子不重則不威 學則不固
4. 學而 14章　　　君子食無求飽
5. 爲政 12章　　　君子不器
6. 爲政 13章　　　子貢問君子 子曰 先行其言 而後從之
7. 爲政 14章　　　君子周而不比 小人比而不周
8. 八佾 7章　　　　君子無所爭 必也射乎
9. 八佾 24章　　　君子之至於斯也 吾未嘗不得見也
10. 里仁 5章　　　君子去仁 惡乎成名
11. 里仁 10章　　君子之於天下也 無適也 無莫也
12. 里仁 11章　　君子懷德 小人懷土
13. 里仁 16章　　君子喻於義 小人喻於利
14. 里仁 24章　　君子欲訥於言而敏於行
15. 公冶長 2章　　君子哉 若人 魯無君子者 斯焉取斯
16. 公冶長 15章　子産有君子之道四焉
17. 雍也 3章　　　君子周急 不繼富
18. 雍也 11章　　女爲君子儒
19. 雍也 16章　　文質彬彬 然後君子
20. 雍也 24章　　君子可逝也 不可陷也
21. 雍也 25章　　君子博學於文 約之以禮
22. 述而 25章　　聖人吾不得而見之矣 得見君子者 斯可矣
23. 述而 30章　　吾聞君子不黨
24. 述而 32章　　躬行君子 則吾未之有得
25. 述而 36章　　君子坦蕩蕩
26. 泰伯 2章　　　君子篤於親
27. 泰伯 4章　　　君子所貴乎道者三

28. 泰伯 6章	君子人與 君子人也	
29. 子罕 6章	君子多乎哉 不多也	
30. 子罕 13章	君子居之 何陋之有	
31. 鄕黨 6章	君子不以紺緅飾	
32. 先進 1章	後進於禮樂 君子也	
33. 先進 20章	論篤是與 君子者乎	
34. 顔淵 4章	君子不憂不懼	
35. 顔淵 5章	君子何患乎無兄弟也	
36. 顔淵 8章	君子質而已矣	
37. 顔淵 16章	君子成人之美 不成人之惡	
38. 顔淵 19章	君子之德風	
39. 顔淵 24章	君子以文會友 以友輔仁	
40. 子路 3章	君子於其所不知 蓋闕如也	
41. 子路 23章	君子和而不同	
42. 子路 25章	君子易事而難說也	
43. 子路 26章	君子泰而不驕	
44. 憲問 6章	君子哉若人	
45. 憲問 7章	君子而不仁者 有矣夫	
46. 憲問 24章	君子上達	
47. 憲問 28章	君子思不出其位	
48. 憲問 29章	君子恥其言而過其行	
49. 憲問 30章	君子道者三 我無能焉	
50. 憲問 45章	子路問君子	
51. 衛靈公 1章	子路慍見曰 君子亦有窮乎	
52. 衛靈公 17章	君子義以爲質	
53. 衛靈公 19章	君子疾沒世而名不稱焉	
54. 衛靈公 20章	君子求諸己	
55. 衛靈公 21章	君子矜而不爭	
56. 衛靈公 22章	君子不以言擧人	

57. 衛靈公 31章		君子謀道 不謀食
58. 衛靈公 33章		君子不可小知而可大受也
59. 衛靈公 36章		君子貞而不諒
60. 季氏 1章		君子疾夫舍曰欲之
61. 季氏 6章		侍於君子 有三愆
62. 季氏 7章		君子有三戒
63. 季氏 8章		君子有三畏
64. 季氏 10章		君子有九思
65. 季氏 13章		又聞君子之遠其子也
66. 陽貨 4章		君子學道則愛人
67. 陽貨 7章		親於其身 爲不善者 君子不入也
68. 陽貨 21章		君子三年不爲禮 禮必壞
69. 陽貨 23章		君子尙勇乎……君子有勇而無義則爲亂
70. 陽貨 24章		君子亦有惡乎
71. 微子 7章		君子之仕也 行其義也
72. 微子 10章		君子不施其親
73. 子張 3章		君子尊賢而容衆
74. 子張 4章		雖小道 必有可觀者焉 致遠恐泥 是以 君子不爲也
75. 子張 7章		君子學以致其道
76. 子張 9章		君子有三變
77. 子張 10章		君子信而後 勞其民
78. 子張 12章		君子之道 孰先傳焉
79. 子張 20章		君子惡居下流
80. 子張 21章		君子之過也 如日月之食焉
81. 子張 25章		君子一言以爲知
82. 堯曰 2章		君子惠而不費
83. 堯曰 3章		不知命 無以爲君子也

3. 공자(孔子)의 지천명(知天命)에 대한 주자(朱子)의 해석
: 성인(聖人)과 현인(賢人)의 인격은 과연 같은가

천(天), 명(命), 또는 천명(天命)이란 단어에는 두 가지의 뜻이 내포되어 있다. 첫째는 운명이고, 둘째는 천리(天理) 혹은 천도(天道)이다. '운명'의 뜻으로 쓰인 예를 경서에서 살펴보면 다음과 같다. 전국시대(戰國時代) 노 평공(魯平公)이 맹자(孟子)를 만나보려 하였으나 장창(臧倉)이란 자가 맹자를 중상모략하여 결국 만나보지 못하였다. 이에 맹자의 제자인 악정극(樂正克)이 들어와 맹자를 뵙고 이러한 상황을 말씀드리자, 맹자는 "사람의 가고 멈춤은 사람의 힘으로 할 수 있는 것이 아니다. 내가 노나라 임금을 만나지 못함은 하늘[天; 운명]이다."라고 하셨다.

또한 제자 만장(萬章)이 "혹자는 '공자가 〈벼슬을 얻기 위해〉 위(衛)나라에서는 종기를 치료하는 옹저(癰疽)의 집에 머무셨고, 제(齊)나라에 계실 적에는 군주의 총애를 받는 내시(內寺) 척환(瘠環)의 집에 머무셨다.' 하니, 이것이 사실입니까?" 하고 묻자, 맹자는 근거 없는 말임을 밝히시고 "공자가 위나라에 계실 적에는 훌륭한 대부(大夫)인 안수유(顔讎由)의 집에 머무셨는데, 위나라의 권력가인 미자(彌子)의 아내는 자로(子路)의 아내와 자매간이었다. 미자가 자로에게 '공자가 나의 집에 머무시면 위나라의 경(卿)을 얻을 수 있다.'고 말하므로 자로가 이 말을 아뢰자, 공자는 말씀하기를 '명(命)에 있다.' 하셨다. 공자가 벼슬길에 나아가실 적에는 예(禮)로써 하고 물러나실 적에는 의(義)로써 하사, 벼슬을 얻고 얻지 못함에 언제나 '명에 있다' 하셨으니, 공자께서 만일 옹저와 척환을 주인으로 삼으셨다면 이것은 의(義)도 없고 명도 없는 것이다." 하셨다.

그리고 옛날 분들은 왕자(천자)가 되려면 하늘의 명을 받아야 한다고 생각하였다. 그리하여 《시경》〈대아(大雅) 문왕(文王)〉에는 "주(周)나라가 봉지를 받은 것은 오래되었으나 그 명은 새롭다.[周雖舊邦, 其命維新.]" 하였는데, 《대학(大學)》에도 이 시를 재인용하였다. 그리고 천(天)과 명(命)을 함께 말한 것으로는 《논어》〈안연(顔淵)〉에 "죽고 사는 것은 명에 달려 있고 부(富)하고 귀(貴)하게 됨은 하늘에 달려 있다.[死生有命,富貴在天.]"라고 보인다.

《춘추좌전(春秋左傳)》에는 "선(善)한 사람이 선하지 못한 사람을 대신하여 윗사람이 됨은 천명이다." 하였고, 한(漢)나라를 일으킨 고조(高祖) 유방(劉邦)은 "내가 일개 민간인 출신으로 3척(尺)의 검(劍)을 잡고 천하를 차지함은 이것이 천명이 아니겠는가." 하였다.

그리고 천과 명, 천명은 또 다른 뜻인 천리(天理)와 천도(天道)를 가리키는 말로도 자주 쓰인다. 《논어》〈팔일(八佾)〉에 "하늘에 죄를 얻으면 빌 곳이 없다.[獲罪於天, 無所禱也.]"는 공자의 말씀은 천리와 천도를 가리킨 것이다.

천리를 뜻하는 '천명' 하면 가장 먼저 떠오르는 것은 《중용》 첫머리의 '천명지위성(天命之謂性)'일 것이다. 이 내용은 곧 "하늘이 사람에게

리(理)를 명한 것을 성(性)이라 이르고 성을 자연적으로 따르는 것을 도(道)라 한다.[天命之謂性, 率性之謂道.]"는 것이다. 주자는 집주에서 "하늘이 음양과 오행으로써 만물을 화생(化生)함에 기(氣)로써 형체를 이루고 리(理) 또한 부여하였으니, 명령함과 같다. 이에 사람과 물건이 태어날 적에 각기 그 부여받은 리를 얻어 건순(健順)과 오상[五常; 인(仁)·의(義)·예(禮)·지(智)·신(信)]의 덕으로 삼으니, 이것이 이른바 성(性)이란 것이다. 솔(率)은 〈힘을 들이지 않고〉 따름이요 도(道)는 길[路]과 같으니, 물건이 각기 그 성의 자연함을 따르면 날로 쓰는 사물의 사이에 각각 마땅히 행할 길이 있지 않음이 없으니, 이것이 이른바 도라는 것이다."⁴⁵⁾ 하였다.

그리고 대전본(大全本) 소주(小註)에 주자는 "정이천이 말씀하기를 '하늘이 〈사람과 물건에〉 부여한 것을 명이라 하고 물건이 받은 것을 성이라 한다.' 하였으니, 명과 성은 똑같다. 하늘이 만물에 부여한 입장에서 말하면 명이라 이르고, 사람과 물건이 하늘에서 받은 입장에서 말하면 성이라 한다."⁴⁶⁾ 하였다. 그렇다면 공자께서 '지천명(知天命)'이라 하신 천명은 운명이 아니고 천리(天理)의 명일 것이다. 그 이유는 성인은 천리(天理)를 우선시하기 때문이다.

《논어》〈자한(子罕)〉에 "공자는 명을 드물게 말씀했다.[子罕言利與

---

45) 하늘이……것이다: 天以陰陽五行, 化生萬物, 氣以成形而理亦賦焉, 猶命令也. 於是人物之生, 因各得其所賦之理, 以爲健順五常之德, 所謂性也. 率, 循也, 道, 猶路也. 人物各循其性之自然, 則其日用事物之間, 莫不各有當行之路, 是則所謂道也.《中庸章句 集註》
46) 정이천이……한다: 伊川云: 天所賦爲命, 物所受爲性, 理一也. 自天所賦予萬物言之, 謂之命; 以人物所稟受於天言之, 謂之性.《中庸章句 小註》

命與仁]" 하였는데, 집주에 "명의 이치는 정미하다.[命之理微]" 하였고, 소주(小註)에 주자는 "명은 다만 똑같은 명인데, 리(理)로써 말한 것이 있고 기(氣)로써 말한 것이 있다. 하늘이 사람에게 부여한 것은 리이고, 사람이 장수하고 요절하고 곤궁하고 영달함은 기이다. 리는 정미하여 말하기 어려우며, 기수(氣數; 운수)는 또 모든 일을 여기에 맡겨서 인간의 일을 폐지함에 이르러서는 안 된다. 그러므로 드물게 말씀하신 것이다.[命, 只是一箇命, 有以理言者, 有以氣言者, 天地所以賦與人者, 是理也; 人之壽夭窮通者, 是氣也. 理精微而難言; 氣數又不可盡委之而至於廢人事, 故罕言之也.]" 하였다.[47]

몇 년 전 어떤 분은 공자의 '이순(耳順)'에 대해 이렇게 주장하였다.

"공자의 이 회고의 말은 특정한 철학적 견해에 입각하지 않고도 일상적으로 이해할 수 있는 내용이다. '15세에 배움에 뜻을 두고서 정진하여 30세에는 주변의 도움 없이 자립할 수 있었고, 40세에는 외적 상황에 동요됨이 없이 자기 신념대로 행해 나갈 수 있었고, 50세에는 어찌할 수 없는 운명이 있다는 것을 알았고, 60세에는 비방의 말이 귀에 거슬리지 않았고, 70세에는 욕구가 자연스레 적어져 이를 절제할 필요가 없었다.'는 식의 일상적 해석이 가능한 것이다. 그런데 주희(朱熹)는 이와 다르게 자신의 철학적 견해를 토대로 이 장을 해석하였다. 일상적 해석과 주희의 해석이 확연히 달라지는 부분은 '불혹(不惑)'부

---

47) 주자는……하였다: 주자는 리(理; 천리)를 먼저 말씀하고 기(氣; 기수)는 뒤에 말씀하였는데, 본인이 여기에서 운명을 먼저 말한 것은 뒤에 논자(論者)가 '지천명'을 운명으로 해석하였기 때문에 그의 어세(語勢)를 따른 것이다.

터 '종심소욕불유구(從心所欲不踰矩)'의 단계인데, 특히 '이순'의 해석에서 그 차이가 분명하다."

논자(論者)의 말처럼 상당수의 학자들이 이렇게 알고 있다. 그러나 '일상적 해석'이란 무엇을 근거했는지 모르겠다. 본인은 논자가 초입(初入) 부분에서 그냥 지나치며 논변하지 않은 앞부분[지우학(志于學)]에서 '지천명(知天命)'까지 주자의 집주와 소주는 어떻게 해석하였는가를 살펴보고 그 차이점을 밝히려 한다.

① 집주: "옛날에 15세에 대학에 들어갔으니, 여기에서 공자가 말씀한 '배움[學]'은 바로 대학의 도(道)이다. 이에 뜻하면 늘 생각하는 것이 여기에 있어서 이것을 하기를 싫어하지 않을 것이다."

소주에 주자는 "공자는 다만 15~16세 때에 단연코(결단코) 성인(聖人)으로써 뜻을 삼은 것이다." 하였다. 그렇다면 여기의 배움은 성인을 배우는 학문이리라. 공자의 이 말씀은 옛날 15세에 대학에 들어가던 제도를 따라 일반적으로 말씀한 것으로 보인다.

② 집주: "스스로 섬[自立]이 있으면 지킴이 견고하여 뜻함을 굳이 일삼을 것이 없을 것이다."

여기의 자립을 '일상적 해석'에서는 '주변의 도움 없이 자립할 수 있게 되었다.' 하였다. 자립은 경제적 자립인가? 학문적 자립인가? 학문적 자립이라면 남에게 묻지도 배우지도 않는 것인가? 본인은 '립(立)'은 '사람이 두 발을 땅에 굳게 내딛고 꿋꿋이 서 있는 것'이라고 생각한다. 소주에 주자는 "립(立)은 이것을 꽉잡아 안정되어서 세상의 사물이 모두 나를 동요할 수 없는 것이다. '지우학'의 지(志)는 막 그리로 향해 가나 아직 구하여 찾지 못한 것이요, 립(立)에 이를 때에는 다리 아래에 그대로 땅을 밟고 있는 것이니, 아직은 지키는 것이다." 하였다.

③ 불혹에 대한 집주: "사물의 당연한 배[事物之所當然]에 모두 의심하는 바가 없으면 앎이 지극하여 지킴을 굳이 일삼을 것이 없을 것이다."

④ 지천명에 대한 집주: "천명은 바로 천도(원(元)·형(亨)·이(利)·정(貞)의 천도)가 유행하여 물건에 부여한 것이니, 바로 '사물의 당연한 바의 까닭(소이의 연고)[事物所以當然之故]'이다. 이것을 알면 앎(지식)이 그 정밀함을 지극히 하여 불혹은 또 굳이 말할 것이 없을 것이다."

본인은 여기에서 불혹과 지천명을 위주로 주자의 설을 조명하려 한다. 소주에 주자는 "'불혹'은 바로 사물상에 나아가 그 도리가 마땅히 이와 같이 해야 함을 보는(아는) 것이고, '지천명'은 바로 이 사물의 소이연(所以然; 그러한 까닭, 원인)을 아는 것이니, 예컨대 부자간의 친함에는 모름지기 그 친해야 하는 소이를 알아야 하는 것이다.……명(命)은 천도가 온전하여 성(性)이 성이 된 소이와 리(理)가 리가 된 소이이다." 하였다.

본인은 서당(전북 익산)에서 배울 적에, 소학의 가르침은 소당연(所

當然)의 도리를 배우는 것이고, 대학의 가르침은 소이연(所以然)의 연고를 배우는 것이며, 이 두 가지를 합하면 '사물소이당연지고(事物所以當然之故)'라고 알았다. 소학의 '쇄소 응대 진퇴(灑掃應對進退)'의 예절과 '어버이를 사랑하고 어른을 공경하고 스승을 높이고 벗을 친애하는[愛親敬長隆師親友]' 도리는 소당연의 도리인바, 이것을 소학의 삼절(三節)·사도(四道)라 한다. 그리고 대학에서 배우는 격물(格物)·치지(致知) 등의 팔조목(八條目)은 소이연의 연고로, 이것을 깊이 알고 실천하는 공부이다.

율곡(栗谷) 선생은 해주(海州)의 석담(石潭)에서 초학들을 가르치기 위해 《격몽요결(擊蒙要訣)》이란 책을 손수 짓고 쓰셨는데, 〈서문(序文)〉에 "사람이 이 세상에 태어나서 학문이 아니면 사람이 될 수 없으니, 이른바 학문이란 오직 아버지가 되어서는 마땅히 사랑해야 하고 자식이 되어서는 마땅히 효도해야 하고 신하가 되어서는 마땅히 충성해야 하고 부부가 되어서는 마땅히 분별이 있어야 하는 것이다.……"[48] 하였다. 여기에서 마땅히 해야 한다는 것이 소당연의 도리이다. 이 책은 어린이들을 대상으로 하였기 때문에 '소이연의 연고'는 말씀하지 않았다.

그리고 〈대학장구 서(大學章句序)〉에는 소학과 대학의 가르침을 말하고, "이 때문에 〈삼대(三代) 시대의 전성기에는〉 당시의 사람들은 배우지 않은 이가 없었고, 그 배운 자들은 자기 성분(性分)의 고유한 바

---

48) 사람이……것이다: 人生斯世, 非學問, 無以爲人, 所謂學問者, 亦非異常別件物事也. 只是爲父當慈, 爲子當孝, 爲臣當忠, 爲夫婦當別, 爲兄弟當友, 爲少者當敬長, 爲朋友當有信. 《擊蒙要訣 序文》

와 직분(職分)상 마땅히 해야 할 바를 알아서 각각 힘써 그 힘을 다하지 않는 이가 없었다.[是以當世之人無不學, 其學焉者, 無不有以知其性分之所固有, 職分之所當爲, 而各俛焉以盡其力.]" 하였다. '성분의 고유한 바'는 바로 인의예지(仁義禮智)의 본성[天命之性]이고, '직분상 마땅히 해야 할 바'는 부자유친(父子有親) 등 오륜(五倫)의 도리[率性之道]이다.

이는 《중용》 제1장에서 더욱 확인할 수 있다. 경문에 "중(中)은 천하의 대본(大本; 큰 근본)이고, 화(和)는 천하의 달도(達道; 공통으로 행해야 할 도리)이다.[中也者, 天下之大本也; 和也者, 天下之達道也.]" 하였는데, 집주에 "대본(大本)은 하늘이 명하여 준 성(性)이니 천하의 이치가 모두 이로 말미암아 나왔으니 도(道)의 체(體)이고, 달도(達道)는 성(性)을 따름을 이르니 천하와 고금에 함께 행하는 것이니 도의 용(用)이다."[49] 하였다. 태극(太極)과 원형이정(元亨利貞)의 천도(天道)와 인의예지의 인성(人性)이 모두 소이연의 연고이다.

위에서 확인한 바와 같이 주자의 집주에는 '불혹'은 사람이 당연히 해야 할 도리를 알아서 의혹하지 않는 것이요, '지천명'은 격물(格物)·치지(致知)를 하여 소이연의 연고(원인)를 아는 것이다. 논자는 '일상적인 해석'에서 '불혹'을 '외적 상황에 동요됨 없이 자기 신념대로 행해 나갈 수 있다.'고 하였는데, 본인은 이것이 '립(立)'에 해당한다고 사료된다.

대학에서 격물·치지 등의 팔조목(八條目)을 공부한다고 해서 모두 소이연의 연고를 알아 성현이 되는 것은 아니다. 단지 목표를 그렇게

---

49) 대본(大本)은……용(用)이다: 大本者, 天命之性, 天下之理, 皆由此出, 道之體也; 達道者, 循性之謂, 天下古今之所共由, 道之用也. 《中庸章句 1章 集註》

세웠을 뿐이다. 주(周)나라 무왕(武王)은 "나에게 나라를 잘 다스리는 열 명의 신하가 있었다." 하였는데, 공자께서는 《서경》에 보이는 이 말씀을 인용하고 "인재를 얻기 어려움이 진실이 아니겠는가. 당(唐)·우(虞)의 시대만이 주나라 때보다 인물이 많았을 뿐, 그 나머지 하(夏)·상(商)은 모두 주나라에 미치지 못하였다. 그런데도 주나라의 유명한 신하 열 명 중에 부인이 끼어 있었으니, 남자는 아홉 명일 뿐이다."[50] 하셨다.

논자는 뒤이어 이렇게 주장하였다.

"그러나 주희는 공자가 자술(自述)하신 6단계의 과정이 성인에게 어울리는 것이 아니고, 성인이 후학(後學)을 위해 가설(假說)한 것이라고 보았다." 하고, 각주에서 "그렇다고 해서 '생이지지(生而知之)의 성인'과 '곤이지지(困而知之)로부터 성인에 도달한 성인'이 다른 것은 아니다. 이들은 성인에 도달하는 과정은 다르지만 결과적으로는 동일한 인격이 된다. 《중용》에 '혹은 태어나면서 저절로 이것(달도)을 알고 혹은 배워서 이것을 알고 혹은 애를 써서 이것을 아는데, 그 앎에 미쳐서는 똑같다. 혹은 이것을 편안히 행하고 혹은 이롭게 여겨 이것을 행하고 혹은 억지로 힘써 이것을 행하는데, 그 성공에 미쳐서는 똑같다.[或生而知之, 或學而知之, 或困而知之, 及其知之, 一也; 或安而行之, 或利而行之, 或勉强而行之, 及其成功, 一也.]'라고 하였다."

---

50) 무왕(武王)은……뿐이다: 武王曰: 予有亂臣十人. 孔子曰: 才難不其然乎. 唐虞之際, 於斯爲盛, 有婦人焉, 九人而已.《論語 泰伯》

과연 성인과 현인은 차이가 없으며 인격은 같은가? 본인은 특히 이 부분을 분석하여 밝히려 한다. 이 부분 역시 대부분의 학자들이 논자의 주장처럼 알고 있다. 그러나 본인은 여기의 '지지(知之)'와 '행지(行之)'의 '之'에는 겉으로 드러나지 않는 깊은 뜻이 있다고 생각한다. (숨겨 놓은 비밀카드라고나 할까.) 위의 내용을 분석하기 위해서는 《중용》의 이 구절 앞에 보이는 글을 먼저 살펴보아야 한다.

> "천하의 달도(達道)가 다섯인데 이것을 행하는 것은 세 가지이니, 군신간(군신유의)과 부자간(부자유친)과 부부간(부부유별)과 형제간(장유유서)과 붕우간(붕우유신), 이 다섯 가지는 천하의 달도이고, 지(智)·인(仁)·용(勇) 세 가지는 천하의 달덕(達德)이니, 이것을 행하는 것은 한 가지[성(誠)]이다."[51]

그리고서 이것(달도와 달덕, 성실함)을 알고 행한다고 한 것이다.

집주에는 "달도는 천하와 고금에 함께 행하는 길이니, 바로 《서경》에 이른바 오전(五典)이란 것이요, 맹자가 말씀한 부자유친과 군신유의 등이 이것이며, 지(智)는 이것을 아는 것이요 인(仁)은 이것을 행하는 것이요 용(勇)은 이것을 힘쓰는 것이니, 천하와 고금에 함께 얻은 이치이다. '한 가지'란 성실일 뿐이다." 하였다.

이 내용은 《중용》 제1장에 "화(和)는 천하의 달도이다." 하였는데, 집

---

51) 천하의……한 가지이다: 天下之達道五, 所以行之者三, 曰君臣也; 父子也; 夫婦也; 昆弟也; 朋友之交也, 五者天下之達道也. 知仁勇三者, 天下之達德也, 所以行之者, 一也.《中庸章句 20章》

주에 "달도는 천하와 고금에 함께 행하는 것이다."라고 한 것과 일치한다. 달도는 소당연의 도리이다. 생이지지(生而知之)와 학이지지(學而知之), 곤이지지(困而知之)가 이것을 앎에 미쳐서는 똑같고 이것을 행하여 성공함에 미쳐서는 똑같다고 말씀하였지, 언제 어디에 천하의 대본(大本)인 천명지성(天命之性) 곧 인의예지신(仁義禮智信)의 오성(五性)인 소이연의 연고를 알고 행한다고 말씀하였는가. 이것은 성인만이 가능한 것이다.

성인은 언제나 인간의 도리를 말씀할 적에 항상 본(本)과 말(末), 체(體)와 용(用)을 겸하였는데, 왜 여기서는 본과 체인 천명지성을 빼고 말과 용인 솔성지도(率性之道)만을 말씀하였는가. 이에 대해 본인은 내심 대현(大賢) 이하의 중인(衆人)들을 분발시키기 위해, 사람이면 누구나 배워서 할 수 있는 소당연의 도리만을 말씀한 것이라고 생각한다.

《중용》 20장 끝부분에 "남이 한 번에 이것(달도)에 능하거든 나는 백 번을 하여 이것에 능하며, 남이 열 번에 이것에 능하거든 나는 천 번을 하여 이것에 능하다.[人一能之, 己百之; 人十能之, 己千之.]"라고 보인다. 이는 그야말로 애를 써서 배우는 곤이지지(困而知之)를 말한 것이다.

과연 생이지지(生而知之)의 성인과 학이지지(學而知之) 이하의 현인(賢人)의 알고 행함이 똑같은가? 과연 곤이지지하여 성인의 경지에 오른 분이 있는가? 경전에는 성인을 극구 칭찬한 경우도 있고 그렇지 않은 경우도 있다. 성인과 현인의 다른 점을 살펴보기로 하겠다.

《논어》 〈자한(子罕)〉에 "안연(顏淵)이 크게 탄식하기를 '〈공자의 도는〉 우러러볼수록 더욱 높고 뚫을수록 더욱 단단하며 바라봄에 앞에 있더니 갑자기 뒤에 있도다.' 하였다.[顏淵喟然歎曰: 仰之彌高; 鑽之

彌堅, 瞻之在前, 忽焉在後.]"라고 보이는데, 집주에 "우러러볼수록 더욱 높음은 미칠 수 없는 것이요 뚫을수록 더욱 단단함은 들어갈 수 없는 것이요, 앞에 있다가 갑자기 뒤에 있음은 황홀하여 형상할 수 없는 것이니, 이는 안연이 부자(夫子; 공자)의 도(道)가 무궁무진하고 일정한 방소와 형체가 없음을 깊이 알고서 탄식한 것이다."[52] 하였다.

자공(子貢)은 "중니(仲尼; 공자)는 해와 달과 같아 넘을 수 없다."[53] 하였고, 또 "부자(夫子)를 따라갈 수 없음은 하늘에 사다리를 놓고 올라갈 수 없는 것과 같다."[54] 하였다. 공자에 대한 제자들의 이러한 찬사를 그저 자기 스승에 대한 형식적인 과찬이라고 보아서는 안 된다.

다산(茶山) 정약용(丁若鏞)은 공자의 이순(耳順)을 주자가 "타인의 말소리가 귀에 들어오면 마음으로 통달한다.[聲入心通]"고 해석한 것에 대해 "공자를 너무 신성시(神聖視)하여 일반인들은 아예 공자를 따를 엄두를 내지 못하게 만들었다."고 비판하였다. 죄송하지만 다산 어른에게 《맹자》와 《주역》을 제대로 읽어 보셨느냐고 묻고 싶다.

맹자는 백이(伯夷)와 이윤(伊尹), 공자를 차례로 들고 "이 세 분은 모두 옛날의 성인이시다. 내가 능히 행함이 있지는 못하지만 내가 배우기를 원하는 것은 공자이시다."[55]라고 하셨다. 이는 공자의 사지(仕止; 벼슬을 하거나 벼슬을 그만둠)와 구속(久速; 오래 머물거나 빨리 떠나감)

---

52) 우러러볼수록……것이다: 仰彌高, 不可及; 鑽彌堅, 不可入. 在前在後, 恍惚不可爲象. 此顔淵深知夫子之道無窮盡無方體, 而歎之也.《論語 子罕 集註》
53) 중니는……없다: 仲尼, 日月也. 無得而踰焉.《論語 子張》
54) 부자(夫子)를……같다: 夫子之不可及也, 猶天之不可階而升也. (上同)
55) 이……공자이시다: 皆古聖人也. 吾未能有行焉, 乃所願則學孔子也.《孟子 公孫丑上》

이 모두 시중(時中)에 맞았기 때문이었다.

또 〈만장 하(萬章下)〉에서 맹자는 백이·이윤·유하혜(柳下惠)·공자의 행하신 일을 차례로 자세히 들고 "백이는 성인 중에 깨끗한[淸] 분이고 이윤은 성인 중에 천하를 자임(自任)한 분이고 유하혜는 성인 중에 온화한[和] 분이고 공자는 성인 중에 시중(時中)인 분이시다. 공자를 일러 집대성(集大成)이라 하니, 집대성이라는 것은 음악을 연주할 적에 금속성 악기로 소리를 퍼뜨리고 옥[玉; 석경(石磬)]으로 거두는(끝마치는) 것이다. 금속성 악기로 소리를 퍼뜨림은 조리(條理)를 시작하는 것이요 옥으로 거둠은 조리를 끝마치는 것이니, 조리를 시작함은 지(智)의 일이요, 조리를 끝마침은 성(聖)의 일이다.[伯夷, 聖之淸者也; 伊尹, 聖之任者也; 柳下惠, 聖之和者也; 孔子, 聖之時者也. 孔子之謂集大成, 集大成也者, 金聲而玉振之也. 金聲也者, 始條理也; 玉振之也者, 終條理也. 始條理者, 智之事也; 終條理者, 聖之事也.]" 하셨다.

이 글은 내용이 어려우므로 집주의 해석도 길다. 다 소개하지 못하고 그 대강만 소개하며, 이 내용의 결론은 뒤에 다시 소개하겠다.

> 집주: "이는 공자가 백이·이윤·유하혜 세 성인의 일을 모아 한 대성(大聖)이 되신 일을 말씀한 것이다. 이는 풍악을 일으키는 자가 여러 음(音)의 소성(小成)을 모아 한 대성(大成)을 만드는 것과 같으니, 성(成)은 음악이 한 번 끝나는 것이다. '조리'는 맥락(脈絡)이란 말과 같으니, 여러 음(音)을 가리켜 말한 것이다. 지(智)는 앎(지식)이 미치는 것이요, 성(聖)은 덕(德; 덕행)이 성취된 것이다. 〈팔음(八音) 중에〉 만약 홀로 한 음만을 연주하면 그 한 음이 절로(따로)

시작과 끝마침이 되어서 한 소성이 되니, 세 분의 아는 바가 한 가지(淸, 任, 和)에 편벽되어 그 성취한 바가 또한 한 가지에 편벽된 것과 같다.……시작과 끝마침 두 가지 사이에 맥락이 관통되어 구비하지 않은 바가 없으면 여러 소성을 합하여 한 대성을 이루니, 이는 마치 공자의 앎이 다하지 않음이 없어 덕이 온전하지 않음이 없는 것과 같다."[56]

성인을 특별히 강조한 책은 《주역》의 〈계사전(繫辭傳)〉이다. 〈계사전〉의 몇 장만 들겠다.

〈계사전 상〉 4장: "위로는 《주역》을 가지고 천문을 관찰하고 아래로는 《주역》을 가지고 지리를 살핀다. 이 때문에 유(幽; 저승)·명(明; 이승)의 연고를 알며, 시작을 근원하여 알고 끝마침을 맞추어(되돌려) 안다. 이 때문에 사(死)와 생(生)의 이론을 알며, 음(陰)의 정(精)과 양(陽)의 기(氣)가 모이면 물건이 되고 혼(魂)이 육신을 떠나면 변(죽음)이 된다. 이 때문에 귀(鬼)·신(神)의 정상(情狀)을 아는 것이다. 〈성인은〉 천지와 똑같다. 그러므로 어기지 않으니, 지혜가 만물을 두루하고

---

56) 이는……같다: 此言孔子集三聖之事, 而爲一大聖之事, 猶作樂者集衆音之小成而爲一大成也. 成者, 樂之一終, 書所謂簫韶九成是也. 金, 鍾屬, 聲, 宣也, 如聲罪致討之聲; 玉, 磬也, 振, 收也, 如振河海而不洩之振. 始, 始之也; 終, 終之也. 條理, 猶言脈絡, 指衆音而言也. 智者, 知之所及, 聖者, 德之所就也. 蓋樂有八音, 金石絲竹匏土革木. 若獨奏一音, 則其一音自爲始終而爲一小成, 猶三子之所知偏於一而其所就亦偏於一也.……二者之間, 脈絡通貫, 無所不備, 則合衆小成而爲一大成, 猶孔子之知無不盡而德無不全也.《孟子·萬章下 集註》

도(道)가 천하를 구제하기 때문에 지나치지 않으며, 사방으로 행하고 흐르지 아니하여 천리(天理)를 즐거워하고 천명을 알기 때문에 근심하지 않으며, 현재의 위치를 편안히 하며 인(仁)을 돈독히 하기 때문에 능히 사랑하는 것이다.[仰以觀於天文, 俯以察於地理, 是故知幽明之故; 原始反終, 故知生死之說. 精氣爲物, 游魂爲變, 是故知鬼神之情狀. 與天地相似, 故不違; 知周乎萬物而道濟天下, 故不過; 旁行而不流, 樂天知命, 故不憂; 安土, 敦乎仁, 故能愛.]"

이는 모두 성인을 말한 것이다. 본의(本義)에도 "사방으로 행함'은 권도(權道)를 행하는 지혜요, '흐르지 않음'은 정도(正道)를 지키는 인(仁)이다.[旁行者, 行權之知也; 不流者, 守正之仁也.]" 하였다.

5장의 성덕(盛德)·대업(大業) 역시 성인의 일이다. 그리고 11장에는 "하늘이 신묘한 물건(시초)을 내시자 성인이 이것을 법받았으며, 천지가 변화하자 성인이 이것을 본받았으며, 하늘이 상(象)을 드리워 길흉(吉凶)을 나타내자 성인이 이것을 형상하였으며, 황하에서 하도(河圖)가 나오고 낙수(洛水)에서 낙서(洛書)가 나오자 성인이 이것을 법받았다.[天生神物, 聖人則之; 天地變化, 聖人效之; 天垂象, 見吉凶, 聖人象之; 河出圖, 洛出書, 聖人則之.]"라고 하여 구(句)마다 성인을 붙였다.

또 건괘(乾卦) 〈문언전(文言傳)〉에는 "대인(大人)이란 자는 하늘과 땅과 그 덕이 합하며(일치되고 똑같음), 해와 달과 그 밝음이 합하며, 사시(四時)와 그 차례가 합하며, 귀신과 그 길흉이 합한다.[夫大人者, 與天地合其德; 與日月合其明; 與四時合其序; 與鬼神合其吉凶.]"라고 하였다.

염계(濂溪) 주돈이(周敦頤)는 "성인이 중(中; 禮)·정(正; 智)·인(仁)·의(義)로써 정하되 정(靜)을 주장하여 사람의 극[人極]을 세우셨다."라고 하고, 위의 글을 인용한 다음 "군자는 이것을 닦아 길하고 소인은 이것을 어겨 흉하다."[57] 하였다.

그러면 왜 현인은 성인을 따라가지 못하는 것일까? 여기에는 맹자의 분명한 가르침이 있다. 맹자는 〈만장 하〉에서 "시조리(始條理)는 지(智)의 일이요, 종조리(終條理)는 성(聖)의 일이다."라고 말씀하고, 뒤이어 "지(智)를 비유하면 교(巧; 솜씨 또는 타고난 지능과 재질)이고 성(聖)을 비유하면 힘이다. 백보(百步)의 밖에서 활을 쏘는 것과 같으니, 과녁판에 미침은 그대의 힘이지만 과녁에 명중하는 것은 그대의 힘이 아니다.[智, 譬則巧也; 聖, 譬則力也. 由(猶)射於百步之外也. 其至, 爾力也; 其中, 非爾力也.]"라고 하셨다.

집주에 "이는 다시 활쏘기의 소질적인 솜씨[교(巧)]와 힘을 가지고 성(聖)·지(智) 두 글자의 뜻을 발명해서 공자는 교와 힘이 모두 온전하여 성과 지가 겸비하셨고, 백이·이윤·유하혜 세 분은 힘은 충분하지만 교가 부족하였다. 이 때문에 한 가지 일(淸, 任, 和)은 비록 성(聖)의 경지에 이르렀으나 지(智)가 시중(時中)에 미치지 못함을 나타내신 것이다."[58] 하였다.

---

57) 성인이……흉하다: 聖人定之以中正仁義而主靜, 立人極焉. 故聖人與天地合其德, 日月合其明, 四時合其序, 鬼神合其吉凶. 君子修之, 吉; 小人悖之, 凶. 〈太極圖說〉
58) 이는……것이다: 此, 復以射之巧力, 發明聖智二字之義, 見孔子巧力俱全而聖智兼備; 三子則力有餘而巧不足. 是以一節雖至於聖, 而智不足以及乎時中也. 《孟子 萬章下 集註》

사람의 솜씨(지능과 재질)와 힘 또한 선천적으로 타고난다. 하지만 여기에서 맹자가 말씀한 '힘'이란 항우(項羽)처럼 뛰어난 힘이 아니고 건장한 사람이면 누구나 할 수 있는 것이며, 더 나아가 주자가 말씀한 '용(勇)은 이것(달도)을 힘쓰는 것'이라는 뜻의 그칠 줄 모르는 추진력과 노력, 역행(力行)의 힘이라고 생각한다. 예전에 들은 말이 생각난다. 사람의 성공은 대체로 타고난 재질이 30%, 노력이 70%를 차지하는데, 왕희지(王羲之)와 같은 명필과 베토벤과 같은 음악가는 30%의 재질에 70%의 노력을 다한 분이다. 여타 뛰어난 명필과 음악가들은 20% 이상의 재질과 70%에 가까운 노력을 하였어도 몇 %의 차이 때문에 끝내 왕희지와 베토벤을 따라가지 못한다는 것이었다. 일리 있는 말이라고 생각한다. 그렇다면 여기의 지(智)는 선천적으로 타고난 재질이고 힘은 후천적인 노력이라고 생각한다.

천인성명(天人性命)의 이치를 알아 본말과 체용을 구비하고 시중과 권도(權道)를 행하는 것은 오직 성인만이 가능하다.

선현들은 "안자(顔子)가 공자에 비하여 한 칸을 도달하지 못했다." 하였는데, 본인은 "이 한 칸은 아마도 앎(지식)의 분야이거나 미발(未發) 공부일 것"이라고 추측한 바 있다. 바로 이 맹자 말씀에서 근거하였음을 밝혀둔다.

공자는 자공에게 "네가 안회(顔回; 안연)와 누가 나은가?" 하고 물으시자, 자공이 대답하였다. "제가 어찌 감히 안회를 바라겠습니까. 안회는 하나를 들어서 열을 알고 저는 하나를 들어서 둘을 압니다."[59] 하여

---

59) 공자는……압니다: 子謂子貢曰: 女與回也, 孰愈? 對曰: 賜也何敢望回? 回也聞一以知十; 賜也聞一以知二.《論語 公冶長》

여기에서도 아는 것으로 안연과 자신의 우열을 논하였다. 미발공부 역시 억지로 힘써서 되는 일이 아니다.

최고의 경지에 오른 성인이라고 해서 차등이 없는 것은 아니다. 선현들은 무왕(武王)은 우(禹)·탕(湯)에 비해서, 그리고 우·탕은 문왕(文王)과 주공(周公)·요(堯)·순(舜)에 비해서 약간의 차등이 있고, 요·순과 문왕·주공·공자는 크게 다르지 않은 것으로 보았다.

후학들은 공자를 집대성한 성인, 주자(朱子)를 집대성한 현인으로 평하였다. 공자의 문하에서는 안연이 최고의 경지에 오르고 증자(曾子)를 그 다음으로 보았다.

《논어》〈선진(先進)〉에 "고시(高柴)는 어리석고 증삼(曾參)은 노둔하고 전손사[顓孫師; 자장(子張)]는 한쪽(행동거지)에만 잘하고 중유[仲由; 자로(子路)]는 거칠고 속되다.[柴也愚, 參也魯, 師也辟, 由也喭.]"라고 보인다. 이 글을 보면 고시와 증자가 어리석고 노둔한 것으로 알겠지만 이는 공문(孔門)의 유명한 제자 중에서 총명이 다소 뒤떨어진다는 뜻이지, 곤이학지를 말한 것은 아니다.

《맹자》에서 재여(宰子)가 "나로서 부자(공자)를 관찰하건대 요·순보다 크게 나으시다.[以子觀於夫子, 賢於堯舜, 遠矣.]"라고 말하였는데, 집주에 "성인의 경지를 말하면 다르지 않고 사공(事功)은 차이가 있으니, '부자가 요·순보다 낫다'는 것은 사공을 말한 것이다."[60]라고 한 정이천의 말씀이 보인다.

그렇다고 해서 학지(學知) 이하의 현인들이 권도나 시중을 전혀 못

---

60) 성인의……것이다: 程子曰: 語聖則不異, 事功則有異, 夫子賢於堯舜, 語事功也.《孟子 公孫丑上 集註》

하는 것은 아니다. 다만 성인처럼 체용과 본말이 완벽하지 못하여 천문(天文)을 알면 지리(地利)를 모르는 따위라 하겠다. 이론적으로는 현인도 정신력이 감퇴하지 않고 몇 백 년을 산다면 충분히 성인이 될 수 있을 것이다. 그러나 이는 현실적으로 불가능하다.

상황에 적절하게 대응하는 권도(權道)와 기미(幾微)를 미리 아는 것 역시 성인만이 완벽하게 해낼 수 있다.

권도란 무엇인가? 권도는 저울추로 물건을 달 적에 물건의 무게에 맞추어 저울대를 움직여 저울대의 눈금에 딱 맞게 하는 것이다. 이것이 바로 때(시의)에 맞게 하는 시중이다. 《논어》〈자한(子罕)〉에는 "(누구와 더불어) 함께 〈도를〉 배울 수는 있어도 함께 도에 나아갈 수는 없으며, 함께 도에 나아갈 수는 있어도 함께 설 수는 없으며, 함께 설 수는 있어도 함께 사리의 경중을 저울질하여 권도를 행할 수는 없다.[可與共學, 未可與適道; 可與適道, 未可與立; 可與立, 未可與權.]" 하신 공자의 말씀이 보인다.

'가여립(可與立)'에 대해 집주에 "뜻이 독실하고 굳게 잡아 지켜서 변치 않는 것이다.[可與立者, 篤志固執而不變也.]" 하였는데, 이는 지우학장(志于學章)의 '30세에 신념이 확고하게 서고 40세에 의혹하지 않았다.'는 내용과 유사하다 할 것이다.

집주에는 정이천의 "권(權)은 저울의 추이니, 물건을 저울질하여 무게를 다는 것이다. '가여권(可與權)'은 능히 일의 경중을 저울질하여 의(義; 일의 마땅함)에 합하게 하는 것이다."[61]라고 한 말씀과 "때에 맞게

---

61) 권(權)은……것이다: 權, 稱錘也, 所以稱物而知輕重者也. 可與權, 謂能權輕重, 使合義也.《論語 子罕 集註》

조처함의 마땅함을 안 뒤에 더불어 권(權)을 할 수 있다."[62]라고 한 양씨(楊氏)의 말을 인용하였다. 그리고 소주에는 주자의 "모름지기 성인이라야 비로소 더불어 권을 할 수 있으니, 예컨대 안자(顏子)의 어짊으로도 이것을 의논하지 못할 듯하다. 성인(공자)은 '갈아도 얇아지지 않고 검은 물을 들여도 검어지지 않는다.'[63] 하셨는데, 지금 사람들은 조금만 갈면 곧바로 얇아지고 검은 물을 들이면 곧바로 검어지니, 어떻게 다시 권변(權變)을 말하겠는가. 이것은 '걸음마를 배우기 전에 먼저 달리기를 배운다.'는 것이다."[64] 하였다.

권도는 정상적인 상황이 아니어서 정상적인 방도[經常之道]로는 행할 수 없는 변고에 쓰는 것이므로 '권변'이라 한 것이다.

'기미'란 무엇인가? 기미에도 두 가지 뜻이 있다. 첫째로 자신의 마음 속 깊이 숨어있는, 자신만이 알고 남은 미처 알지 못하는 뜻[意; 생각]의 선악(善惡)을 말하고, 둘째로 군주나 국가의 정치가 잘못되어 나라가 멸망하거나 위태로워질 때, 미리 나타나는 조짐을 말한다. 성인은 이러한 조짐을 미리 살펴 그 조정이나 나라를 떠나가는데, 이것을 '선견지명(先見之明)'이라 한다.

《주역》예괘(豫卦) 육이효(六二爻)에 '육이는 지조가 돌처럼 단단하여(확고하여) 하루를 마치지 않고 떠나가니, 정하고 길하다.[六二, 介于石. 不終日, 貞吉.]' 하였는데, 〈계사전 하〉에 공자가 말씀하기를 "기미를

---

62) 때에……있다: 知時措之宜然後, 可與權. (上同)
63) 갈아도……않는다: 磨而不磷, 涅而不緇.《論語 陽貨》
64) 모름지기……것이다: 須是聖人方可與權. 若以顏子之賢, 恐也不敢議此. 磨而不磷; 涅而不緇, 而今人才磨便磷, 才涅便緇, 如何更說權變. 所謂未學行, 先學走也.《論語 子罕 小註》

앎이 그 신묘할진저. 군자가 윗사람과 사귈 적에는 아첨하지 않고 아랫사람과 사귈 적에는 너무 가까이해서 함부로 하지 않으니, 이는 그 기미를 알아서일 것이다. 기미란 동함의 은미함이니, 길흉이 미리 나타나는 것이다. 군자가 기미를 보고 떠나가서 하루가 마치기를 기다리지 않는다. 《주역》에 '지조가 돌과 같아서 하루를 마치기를 기다리지 않으니, 정하고 길하다.' 하였다. 절개가 돌과 같으니, 어찌 하루를 마치겠는가. 결단함을 알 수 있다."[65] 하셨다.

그리하여 공자는 〈태백(泰伯)〉에서 "위태로운 나라에는 들어가지 않고 어지러운 나라에는 살지 않으니, 천하에 도가 있으면 나타나고 도가 없으면 숨는다.[危邦不入, 亂邦不居. 天下有道則見, 無道則隱.]"라고 하신 것이다. 이에 대한 집주에 "군자는 위태로움을 보면 목숨을 바치니, 그렇다면 위태로운 나라에서 벼슬하는 자는 떠나갈 수 있는 의리가 없지만 밖에 있으면 들어가지 않는 것이 가(可)하다. 어지러운 나라는 아직 위태롭지는 않으나 형벌과 기강이 문란하다. 그러므로 그 몸을 깨끗이 하여 떠나가는 것이다."[66] 하였다.

간혹 '서양의 성인들은 모두 살신성인(殺身成仁)을 하였는데, 동양(유가)의 성인들은 왜 죽지 않았느냐?'고 묻는 분이 있으므로 함께 밝히는 바이다.

총명예지(聰明睿智)하여 능히 자기의 성(性)을 다하는 자 역시 성인

---

65) 기미를……있다: 知幾, 其神乎. 君子上交不諂, 下交不瀆, 其知幾乎. 幾者, 動之微, 吉[凶]之先見者也. 君子見幾而作, 不俟終日, 易曰: 介于石. 不終日, 貞吉, 介如石焉, 寧用終日. 斷可識矣.《周易 繫辭傳下》
66) 군자는……것이다: 君子見危授命, 則仕危邦者, 無可去之義, 在外則不入可也. 亂邦, 未危而刑政紀綱紊矣故, 潔其身而去之.《論語 泰伯 集註》

을 가리킨다.[67] 당(唐)나라의 대학자인 한유(韓愈)는 국선생(國先生)과 향선생(鄕先生)을 구분하였고,[68] 맹자는 선사(善士)를 논하면서 일향(一鄕; 한 지방)의 선비와 일국(一國)의 선비와 천하의 선비로 나누셨다.[69] 국선생이란 온나라에서 떠받드는 큰 선생이고, 향선생이란 한 지방에서만 떠받드는 작은 선생이다. 선생과 선비도 이러한 차등이 있는데 생지(生知)의 성인과 학지(學知) 이하의 현인의 인격이 같다고 할 수 있겠는가. 오늘날 시속에서 말하는 인권(人權)이 같을 뿐이다.

이는 다산의 말씀처럼 후학들이 성인을 억지로 신성화(神聖化)하는 것이 아니고, 성인의 도덕이 본래 하도 높아 신성시하지 않을 수 없는 것이다.

---

67) 총명예지(聰明睿智)하여……가리킨다: 〈대학장구서(大學章句序)〉에는 "혹시라도(한 사람이라도) 총명예지하여 능히 자기의 성(性)을 다한 분이 여러 백성들의 사이에 나오면(태어나면) 하늘이 반드시 이 분에게 명해서 억조(億兆) 만백성의 군주와 스승으로 삼아 그로 하여금 백성들을 다스리고 가르쳐서 그들의 성(性)을 회복하게 하였으니, 이는 복희(伏羲)와 신농(神農)과 황제(黃帝)와 요(堯)·순(舜)이 하늘의 뜻을 이어 극(極; 인간의 표준)을 세우신 것이다.[一有聰明睿智能盡其性者出於其間, 則天必命之, 以爲億兆之君師. 使之治而敎之, 以復其性. 此伏羲, 神農, 黃帝, 堯, 舜所以繼天立極.]" 하였다. 〈중용장구서(中庸章句序)〉에는 맨 앞에 "상고시대의 성신(聖神)이 하늘의 뜻을 이어 극을 세웠다.[蓋自上古聖神, 繼天立極.]" 하였고, 《중용》 11장에는 "오직 천하의 지극한 성인이어야 총명예지함이 충분히 군림할 수 있다.[唯天下至聖, 爲能聰明睿知, 足以有臨也.]" 하였다.

68) 당(唐)나라의……구분하였고: 楊侯始冠, 舉於其鄕, 歌鹿鳴而來也. 今之歸……古之所謂鄕先生沒而可祭於社者, 其在斯人歟! 其在斯人歟!《古文眞寶後集 卷3 送楊少尹序》

69) 맹자는……나누셨다: 一鄕之善士, 斯友一鄕之善士; 一國之善士, 斯友一國之善士; 天下之善士, 斯友天下之善士; 以友天下之善士爲未足, 又尙論古之人.《孟子 萬章下》

본인의 이러한 주장은 옛날 선생님들의 입장에서는 '천기누설(天機漏泄)'이라고 경계할 수도 있다. 성현들은 소이연(所以然)을 말씀하였지만 인간의 인의예지 본성이 오륜(달도)의 뿌리가 되었다고 간략히 말씀하였을 뿐, 이것을 자세히 그리고 항상 말씀하지는 않았다. 《논어》 〈자한(子罕)〉에 "공자께서는 이로움과 명과 인을 적게 말씀하셨다.[子, 罕言利與命與仁.]" 하였으며, 자공은 "부자의 문장은 얻어 들을 수 있었지만 부자께서 성(性)과 천도(天道)를 말씀함은 얻어 들을 수 없다.[夫子之文章, 可得而聞也; 夫子之言性與天道, 不可得而聞也.]" 하였다.

이에 대해 집주에 "문장은 덕이 외면에 나타난 것이니, 위의(威儀)와 문사(文辭)가 모두 이것이다. 성(性)은 사람이 받은 천리(天理)이고 천도는 천리 자연의 본체이니, 그 실제는 똑같은 이치이다.……이것을 공자가 드물게 말씀하시어 배우는 자들이 얻어 듣지 못했던 것은, 성인의 문하(門下)에는 가르침이 등급을 뛰어넘지 아니하여 자공이 이때에 처음으로 이것을 얻어 듣고 그 아름다움을 찬미(贊美)한 것이다."[70] 하였다.

'천도는 천리자연의 본체'란 원형이정(元亨利貞)의 천도이고, '성(性)'이란 인의예지의 성이다. 성현의 글은 모두 연관되어 있고 서로 이어져 있다.

공자는 '일이관지(一以貫之; 한 가지 이치가 만사만물을 꿰뚫고 있음)'에 대해 오직 증자(曾子)와 자공에게만 말씀해 주셨는데, 증자는 즉

---

70) 문장은……것이다: 文章, 德之見乎外者, 威儀文辭, 皆是也. 性者, 人所受之天理, 天道者, 天理自然之本體, 其實, 一理也.……夫子罕言之, 而學者有不得聞者. 蓋聖門, 敎不躐等, 子貢至是, 始得聞之, 而歎其美也.《論語 公冶長 集註》

시 '예' 하고 대답하였으나 자공은 그렇게 못하였다. (《논어》를 읽으신 분들도 자공의 이 사실을 모르는 분이 있으리라.) 그러나 공자께서는 두 분에게 아무런 말씀이 없으셨다. 그야말로 '여욕무언(予欲無言)' 그 자체셨다.

만사만물이라고 해서 모든 사물의 이치를 다 아는 것은 아니다. 옛날분들은 나나니벌이 뽕나무벌레를 물어다가 그의 집(구멍)에 놓고 '나를 닮으라'고 축원하면 나나니벌로 변하는 것으로 잘못 알았다.[71] 뻐꾸기의 탁란(托卵)도 몰랐다. 인간의 당연한 도리에 관계되는 것이 아니면 굳이 밝히려 하지 않았다. 《중용》의 '지지(知之)'와 '행지(行之)'에 대해서도 선생님들이 말씀하시는 것을 본인은 듣지 못하였다.

그러나 지금은 과학문명이 발전하여 육안으로 보이지 않는 것은 현미경으로, 배 속에 있는 유아의 성별(性別)도 초음파로 모두 알아내어 유산을 시키기도 한다. 기괴막측한 일인데, 이제는 일상적인 것이 되었다. 앞으로는 AI 기술이 얼마나 발전할지 모르는데, 이에 따라 인간의 도덕성과 윤리가 더욱더 파괴될 것이다.

---

71) 나나니벌이……알았다: 《시경》〈소아(小雅) 소완(小宛)〉에 "뽕나무벌레가 새끼를 낳으면 나나니벌이 업어가도다.[螟蛉有子, 蜾蠃負之.]" 하였는데, 집주에 "명령(螟蛉)은 뽕나무 위의 작은 파란 벌레이고 과라(蜾蠃)는 땡벌(나나니벌)인데 벌과 비슷하나 허리가 가늘다. 이 땅벌이 뽕나무벌레를 업어다가 나무 구멍 속에 넣어두면 7일 만에 변하여 나나니벌의 새끼가 된다." 하였다. 그리고 우리나라에서는 "나나니벌이 나를 닮으라고 축원하듯이 '나나' 소리를 계속 내므로 뽕나무벌레가 나나니벌로 변한 것이다."라고 하는 설도 있다. 그런데 사실은 뽕나무벌레 새끼가 축원 때문에 나나니벌이 된 것이 아니고 나나니벌 새끼가 뽕나무벌레 새끼를 먹고 자란 것을 사람들이 보고는 뽕나무벌레 새끼가 나나니벌로 바뀐 것으로 오해한 것이다.

케케묵은 80 먹은 늙은이가 노망이 들어 헛소리를 하였다. 이해해 주시기 바란다.

끝으로 한 말씀 덧붙이려 한다. 성인의 대지(大智)를 말할 때에는 지자(智者)가 인자(仁者)보다 높지만, 학자를 말할 때에는 인자가 지자보다 높다. 그리하여 《중용》 6장에는 대지인 순(舜)을 첫 번째로 들고, 8장에는 중용을 잘 가려 지킨[仁] 안연을 들고, 10장에는 강함[勇]을 물은 자로(子路)를 든 것이다. 그리고 주자는 이에 입각하여 《중용》의 생지(生知)와 안행(安行)을 지(智)에, 학지(學知)와 이행(利行)을 인(仁)에, 곤지(困知)와 면강행지(勉强行之)를 용(勇)에 소속시켰다.

성인 역시 지(知)·행(行)으로 나누어서 생이지지(生而知之)와 안이행지(安而行之)라 하였으나, 성인은 아는 즉시 행하여 지행이 일치하는 반면, 현인 이하는 반드시 먼저 배워서 안 뒤에 행할 수 있고 알아도 다 행하지 못한다. 그리하여 주자는 "아는 것이 먼저이고 행하는 것이 뒤이다.[知之爲先, 行之爲後.]"라고 하였으며, 지행병진(知行竝臻), 지행일치(知行一致)를 강조한 것이다.

《논어》 맨끝에는 "명을 알지 못하면 군자가 될 수 없다.[不知命, 無以爲君子也.]"라고 하신 공자의 말씀이 보이는데, 집주에 "명을 안다는 것은 명이 있음을 알아 믿는 것이다. 명을 알지 못하면 해(害)를 보면 반드시 피하고 이익을 보면 반드시 따를 것이니, 어찌 군자가 되겠는가.[知命者, 知有命而信之也. 不知命, 則見害必避; 見利必趨, 何以爲君子.]" 하였다. 그리고 소주에 주자는 "여기의 명은 '오십지천명(五十知天命)'과는 같지 않으니, 지천명은 그 이치가 말미암아 옴을 아는 것이요, 여기의 '명을 알지 못한다'는 것은 바로 사생(死生)과 수요(壽夭), 빈부

(貧富)와 귀천(貴賤)의 운명을 아는 것이다. 지금 사람들도 입을 열면 '한번 물을 마시고 한번 음식을 먹는 데에도 본래 정해진 분수가 있다.'고 말하나 소소한 이해(利害)를 만나면 곧바로 삶으로 달려가고 죽음을 피하며 이해를 계산하는 마음이 있다. 옛날분들이 칼과 톱이 앞에 있고 물이 끓는 가마솥이 뒤에 있어도 없는 것처럼 본 것은 다만 도리만을 보고 저 칼과 톱, 끓는 가마솥을 보지 않기 때문이다."[72] 하였다.

혹자가 그 이유를 묻기에, 나는 이렇게 대답하였다.

"우선 〈학이〉의 8절과 14절을 들겠다. 공자께서는 '군자가 후중하지 않으면 위엄이 없으니, 학문도 견고하지 못하다. 충신을 주장하며 자기만 못한 자를 벗삼으려 하지 말고 허물이 있으면 고치기를 꺼리지 말라.[君子不重則不威, 學則不固. 主忠信, 無友不如己者, 過則勿憚改.]' 하셨고, 뒤이어 '군자는 밥을 먹을 적에 배부르기를 구하지 않으며 거처할 적에 편안함을 구하지 않으며, 일에는 민첩하고 말을 삼가며, 도가 있는 사람에게 찾아가 자신의 학문이 옳은가, 옳지 못한가를 바로잡는다면 배움을 좋아한다고 이를 만하다.[君子食無求飽, 居無求安, 敏於事而愼於言, 就有道而正焉, 可謂好學也已.]'라고 하셨다. 8절의 '無'와 '勿'은 금지하는 말로, 성덕군자는 금지하는 말이 필요없으며, 14절의 '도가 있는 분에게 찾아가 자신의 학문이 옳은가 옳지 않은가를 바로잡는 것' 역시 현인 이하의 행위이다."

---

72) 주자는……때문이다 : 朱子曰: 此與五十知天命不同, 知天命, 謂知其理之所自來; 此不知命, 是說死生壽夭貧富貴賤之命. 今人開口, 亦解說一飲一啄自有分定, 及遇小小利害, 便生趨避計較之心; 古人刀鋸在前, 鼎鑊在後, 視之如無者, 只緣見道理, 都不見那刀鋸鼎鑊.

성현의 글을 읽을 적에는 표면만 보지 말고 그 이면에 숨겨져 있는(?) 뜻도 간파하여야 한다. 위에서도 말했지만 《중용》의 내용과 같은 것은 선생님들도 잘 말씀해 주지 않는다. 스스로 터득하는 수 밖에 없다.

본인은 《논어》와 《맹자》 등을 주제로 하여 논문을 쓴 것을 보면 내용을 따지기 전에 우선 반갑다. 《논어》가 무슨 책인지도 모르는 이 판에 '공자의 이순(耳順)'을 논하는 그 자체가 얼마나 귀하고 반가운 일인가. 그리하여 신상후 박사의 《논어》 특강과 이분의 이순, 그리고 불혹과 지천명, 성인과 현인에 대해 본인의 소견을 피력하였다. 다시 한번 독자들의 양해 바란다.

4. 신역(新譯) 《서경집전(書經集傳)》 번역을 마치고

: 해동경사연구소의 번역 역정을 회고함

이 책을 끝으로 신역(新譯) 삼경집전(三經集傳)을 마무리하게 되었다. 삼경 중에서도 《서경(書經)》이 가장 어렵다 할 것이다. 게다가 주자(朱子)가 직접 집전(集傳)을 쓰지 못하고 그 제자인 채침(蔡沈)에 의해 주(註)가 이루어지다 보니 후유(後儒)들이 집전에 대한 오류를 지적한 것도 그만큼 많으며, 경문(經文)의 내용이 난삽하다 보니 주석(註釋) 역시 자연 어렵다. 특히 현토(懸吐)가 잘못된 것이 많으며 후세에 일반적으로 사용하는 구결(口訣)과 달리 '혼들로', '이따녀' 등 다른 경서(經書)에서 볼 수 없는 토씨가 자주 보인다.

《주역(周易)》 첫머리의 '元코 亨코 利코 貞하니라'의 '코'와 '케' 토(吐)는 경상도 사투리에서 파생된 것으로 보이는데, 《주역》의 '코' 토는 '하고'로 바꿨으나, '케'는 본인도 자주 읽었으므로 대부분 그대로 두었다.

채침의 《서경집전》 서문(序文)에 대부분 '先生文公이 命沈으로 作書集傳케하시고 明年에 先生歿하시고 又十年에 始克成編하니'로 현토하여 읽는데, 이는 '命沈作書集傳'으로 붙여 읽어도 된다. 다만 옛날 세창서관(世昌書館)에서 발행한 본(本)에 '先生이 歿커시늘'로 현토가 되어 있어 이것을 따르는 분이 많이 있는데, 이 '커시늘' 토는 검토해볼 점이 있다고 여겨진다. '커시늘'은 '하였으므로' 또는 '하시자'의 뜻으로 보이는데, '선생(주자)이 돌아가셨기 때문에'라고 오해할 소지가 있다. '하시고' 또는 '이러시니'가 적절하다고 여겨진다.

이번 번역본에 새로 바꾼 것이거나 토를 달지 않고 그대로 붙인 것을 몇 가지만 간단히 소개하고, 이어 그동안 해동경사연구소에서 사서삼경을 번역하면서 있었던 일들을 기억나는 대로 서술하겠다.

토를 붙인 경우

1. 〈대우모(大禹謨)〉 6장 "罔違道하여 以干百姓之譽, 罔咈百姓하여 以從己之欲" → "罔違道以干百姓之譽, 罔咈百姓以從己之欲"

2. 〈대우모〉 14장 "天下莫與汝로 爭能하며……天下莫與汝로 爭功" → "天下莫與汝爭能하며……天下莫與汝爭功"

3. 〈태갑 상(太甲上)〉 5장 "無越厥命하여 以自覆" → "無越厥命以自覆"

4. 〈반경 하(盤庚下)〉 5장 "曷震動萬民하여 以遷" → "曷震動萬民以遷"

5. 〈열명 중(說命中)〉 9장 "無啓寵하여 納侮, 無恥過하여 作非" → "無啓寵納侮, 無恥過作非"

6. 〈서백감려(西伯戡黎)〉 5장 "王曰……我生은 不有命이 在天" → "王曰……我生은 不有命在天"

위아래의 현토가 다른 경우

1. 〈태갑 하(太甲下)〉 1장 "惟天은 無親하사 克敬을 惟親하시며 民罔常懷하여 懷于有仁하며 鬼神은 無常享하여 享于克誠하나니"
   ∴ '民' 자 아래에도 '은' 토를 붙이는 것이 좋을 듯하다.

'曰' 자 밑에 '호되' 또는 '하사되'를 삭제한 경우

옛날에는 '曰' 자 밑에 토를 붙였으나 후대에는 거의 토를 붙이지 않는데, 한 곳이 그대로 남아 있으므로 수정하였다.

1. 〈탕서(湯誓)〉 3장 "今汝曰호되" → "今汝曰"

'란' 또는 '으란'을 '은' 또는 '는'으로 바꾼 경우

1. 〈대우모〉 12장 "罪疑란……功疑란……" → "罪疑는……功疑는……"

※ **'하린' 또는 '하리'는 '은' 또는 '는'으로 바꾼 경우**

옛날 언해 가운데 '하린' 또는 '하리' 토가 종종 보이는데, 이는 '하는이(하는사람)'을 반쯤 번역한 것으로 여겨 '은' 또는 '는'으로 바꾸었다.

1. 〈고요모(皐陶謨)〉 4장 "日宣三德하린……日嚴祗敬六德하린" → "日宣三德은……日嚴祗敬六德은"

    ∵ 별례로 《대학장구》 경1장의 "其所厚者薄이요 而其所薄者厚하린 未之有也" 역시 같은 예라 하겠다.

'혼들로' 또는 '혼들', '따녀'는 '이온' 또는 '인댄', '온여'로 바꾼 경우

1. 〈대우모〉 21장 "至誠은 感神이온 矧玆有苗따녀" → "至誠은 感神이온 矧玆有苗온여"
2. 〈중훼지고(仲虺之誥)〉 9장 "愼厥終혼들" → "愼厥終인댄"

예전의 현토는 대체로 '하며'……'하며'로 이어지다가 끝부분에는 '하고'로 끝맺는 경우가 많았으나, '하고'……'하고'로 이어지다가 끝부분에는 '하며'로 통일하였다. 또 '故로'·'是故로'·'是以로' 위에 '니' 토가 붙은 것이 있었으나 '라'로 통일하였다. 그러나 통일되지 못한 부분이 훨씬 더 많으니, 양해 바란다.

중국본 표점(標點)에는 '而後(而后)'와 '然後' 앞에서 표점을 찍고 '而後'와 '然後'를 뒷구(句)로 이었으나, 우리나라 언해에는 '而後'와 '然後'에서 현토하였는바, 이를 대체로 따랐으나 간혹 따르지 않은 것도 있다.

《대학장구》경1장에는 '知止而后에 有定이니 定而后에 能靜하며 靜而后에 能安하며 安而后에 能慮하며 慮而后에 能得이니라'로 이어지고, '物格而后에 知至하며 知至而后에 意誠하며 意誠而后에 心正하며 心正而后에 身修하며 身修而后에 家齊하며 家齊而后에 國治하며 國治而后에 天下平이니라'로 현토 되었는데, 이것을 율곡언해를 따라 모두 '知止而后에 有定하니 定而后에 能靜하고 靜而后에 能安하고 安而后에 能慮하고 慮而后에 能得이니라'로 바꾸었으며, 바로 뒤의 '物格而后에 知至하고 知至而后에 意誠하고 意誠而后에 心正하고 心正而后에 身修하고 身修而后에 家齊하고 家齊而后에 國治하고 國治而后에 天下平이니라'로 바꾸었다.

이는 '하며'로 현토하면 각자 별도의 항목이 되는 반면, '하고'는 연결이 되기 때문이다. 부산에서 서울에 가려면 부산에서 출발한 뒤에 대구에 가고 대구에 간 뒤에 대전에 가고 대전에 간 뒤에 천안에 가고 천안에 간 뒤에 서울에 가게 된다는 어세(語勢)와 같을 것이다. 오륜(五倫)의 조목 중에 '父子有親하며 君臣有義하며 夫婦有別하며 長幼有序하며 朋友有信이니라'의 각자 항목이 되는 것과는 같지 않다.

사서(四書)의 언해 가운데 관본 언해(官本諺解)와 율곡언해(栗谷諺解)가 모두 잘 되어 있는데, 관본 언해는 토를 통해 한문 문장을 반쯤 번역했던 이전의 방식을 따라 주어에 붙이는 주격 조사 '이' 토, 까닭의 의미로 쓰인 '故'에 붙이는 '로' 토, 역접의 의미로 쓰인 '然'에 붙이는 '이나' 토가 되어 있으나, 율곡언해는 대체로 중국본의 표점처럼 이러한 토씨를 없앤 것이 특징이다. 그리고 율곡언해에는 관본 언해의 오류를 고친 곳도 종종 보인다.

사서 언해 가운데에 긴 문장이면서 현토가 잘 되어 있는 것은 《맹자》〈공손추 상(公孫丑上)〉의 불동심장(不動心章) 또는 호연지기장(浩然之氣章)이라고 부르는 제2장을 들 수 있다. 단지 1절의 '動心가 否乎잇가'로 되어 있는데 중국본의 표점에는 '動心否乎아'로 이어져 있으며, '我는 四十이라 不動心호라'로 되어 있는데 이 현토대로면 사람은 누구나 40세가 되면 불동심하는 것으로 오해할 소지가 있으므로 '我는 四十에 不動心호라'로 읽는 것이 옳다고 옛날 서암(瑞巖) 선생에게 배운바 있다.

그리고 7절의 언해에는 관본과 율곡본 모두 '自反而不縮이면 雖褐寬博이라도 吾不惴焉이어니와'로 현토되어 있는바, 간재(艮齋) 전우(田愚) 선생은 '吾不惴焉이리오'로 현토하여 "내가 자신의 행실을 스스로 돌이켜보아 정직하지 못하면 비록 헐렁한 옷을 입은 갈관박(褐寬博)이라도 내가 그를 두려워하지 않겠는가."로 읽었다. 본인은 옛날 서암 선생에게 집주의 '惴 恐懼之也'의 훈(訓)을 근거하여 "언해의 현토가 잘못되지 않은 것으로 보인다."고 말씀드렸더니, 서암 선생은 "학자의 공부가 어찌 남을 두렵게 함을 위주하겠는가."라고 말씀하셨다. 이에 따라 본인이 그동안 다섯 종류의 《맹자집주》 번역에 모두 '이리오'로 현토하고 각주(脚註)까지 달았었다. 그런데 작년부터 이 불동심장을 일주일에 한 번씩 외면서 다시 생각해보니, 아무래도 언해의 토가 맞는 것으로 사료되어 지금은 다시 '이어니와'로 환원(還元)하였다.

주자의 집주에 '慴는 恐懼之也'로 풀이한 것은 깊은 뜻이 있을 것이요, 율곡의 언해 역시 '이어니와'로 되어 있다. 또 '이리오'는 문세를 단절시켜 '이어니와'로 연결시키는 것만 못하다고 사료된다. 물론 위에 '無嚴諸侯'의 嚴과 '畏三軍者'의 畏와 '能無懼'의 懼가 모두 자신이 두려워한다는 뜻이지만, 역으로 '상대방을 두렵게 한다'로 해석해도 될 것이다. 이제 다시 《맹자》를 수정 번역할 기회가 없을 것이기에 여기에서 밝히는 바이다.

그리고 22절을 읽을 때마다 현토의 정확함에 감탄하지 않을 수 없다. 공손추가 "백이(伯夷)와 숙제(叔齊)는 어떻습니까?" 하고 묻자, 맹자는 백이와 이윤(伊尹)과 공자(孔子)에 대한 특징을 말씀하셨는데, 이에 대한 토에 '非其君不事하며 非其民不使하여 治則進하고 亂則退는 伯夷也요 何事非君이며 何使非民이리오하여 治亦進하며 亂亦進은 伊尹也라' 하여 백이에게는 '治則進하고 亂則退'라고 하였고 이윤에게는 '治亦進하며 亂亦進이라' 하여, 위에서는 '하고'의 토를 달고 아래에서는 '하며'로 달아 서로 다른데, 자세히 읽어 보면 위에서는 進과 退가 다르므로 '하고'의 토가 훨씬 더 어울리고, 아래에서는 進과 退가 같으므로 '하며'의 토가 더 어울린다고 생각한다. 물론 두 구(句) 모두 '하고' 또는 '하며'의 토를 달아도 되며 위아래 구를 바꾸어도 뜻이 크게 달라지지 않지만 바꾸어 단 것이 더욱 좋다고 느껴진다.

그리고 끝부분에는 공자의 덕을 찬양한 재아(宰我)·자공(子貢)·유약(有若)의 말씀을 인용하였는데, 앞의 재아와 자공은 공자를 부자(夫

子)라고 칭했으나 맨끝에는 공자라고 직접 칭하였다. 위 세 분 제자의 말씀이 다른 책에 보이지 않으므로 확신할 수 없으나, 필자는 이 역시 맹자가 배려하여 문장을 만든 것으로 생각한다. 만일 세 분 모두 부자라고 칭했거나 공자라고 칭했으면 문장의 맛이 떨어질 것이다.

《맹자》의 문장은 대체로 명쾌하고, 여러 제자들이 기록한 《논어》와 달리 체제가 일관되어 있다. 사마천(司馬遷)의 《사기(史記)》에는 "맹자는 자신의 도가 행해지지 않자, 물러가서 만장(萬章)의 문도(門徒)와 함께 《맹자》 7편을 지었다."라고 보인다. 그러나 만장 등은 학문과 문장의 경지가 그리 높지 못하므로 거의 모두 맹자가 직접 지은 것으로 보인다. 주자도 《맹자》는 맹자가 직접 지으신 것으로 보았다. 물론 집주에 간혹 기록한 자의 실수라고 하였지만 말이다.

예컨대 〈등문공 상〉 4장의 '決汝漢, 排淮泗而注之江'에 대하여 집주에 "여수(汝水)・한수(漢水)・회수(淮水)・사수(泗水)는 모두 물 이름인데, 《서경》의 〈우공(禹貢)〉과 지금의 물길을 근거해 보면 오직 한수만이 장강(長江; 양자강)으로 들어갈 뿐이요 여수와 사수는 회수로 들어가고 회수는 따로 바다로 들어가니, 여기에서 '네 물이 모두 장강으로 들어간다.'고 한 것은 기록한 자의 실수이다." 하였다. 그러나 맹자는 추(鄒)나라 사람으로 북방 출신이어서 남방의 물길에 대해 잘 모르실 수도 있는 것이다.

《맹자》의 문장은 제자(諸子) 중의 으뜸이라 해도 지나치지 않을 것이다. 조사(助詞) 한 글자도 모두 의의(意義)가 있으며, 문장이 매우 평이하다. 하지만 위에서 소개한 호연지기장(불동심장)은 난해한 것으로 알려져 있다. 우리나라의 우암(尤菴) 송시열(宋時烈)은 "《맹자》의 호연장이 읽기 어렵다고 알려져 있지만, 《중용》에 비하면 쉽다."고 말씀한 적이 있다.

공손추가 "敢問夫子惡乎長"이라고 묻자, 맹자는 "我는 知言하며 我는 善養吾浩然之氣"라고 대답하신 이유에 대해 본인도 자세히 몰랐는데, 오랜 뒤에야 맹자의 부동심(不動心)과 고자(告子)의 부동심의 차이가 바로 여기에 있다는 사실을 뒤늦게 깨달았다. 고자는 말에 이해되지 않는 것이 있으면 이것을 알려고 마음속으로 노력하는 것이 아니라 이해되지 않는 말을 그대로 버렸으며, 마음에 불안한 바가 있으면 기운(호연지기)에 도움을 구하지 않고 마음을 강압적으로 제재하여 잊으려 하였다. 이에 반하여 맹자는 남의 말의 옳고 그름을 아셨고 호연지기를 길러 도의에 배합되어 도의를 행함에 호연지기가 도움을 주게 하셨다. 그리하여 지행(知行)과 본말(本末)이 서로 배양(培養)되었던 것이다.

그러므로 주자는 집주에서 "말을 알면 도의를 밝게 알아서 천하의 일에 의심스러운 바가 없고, 호연지기를 기르면 도의에 배합되어서 천하의 일에 두려운 바가 없으니, 이 때문에 큰 임무를 담당하여도 동심(動心)하지 않으신 것이다. 고자의 학문은 이와 정반대였으니, 그의 부동심은 거의 또한 어두워 깨달음이 없고 사나워 돌아보지 않았을 뿐이었다.[蓋惟知言, 則有以明夫道義, 而於天下之事無所疑; 養氣則有以配夫道義, 而無所懼. 此其所以當大任而不動心也. 告子之學, 與此正相反, 其不動心, 殆亦冥然無覺, 悍然不顧而已爾.]"라고 하신 것이다.

그리고 '今夫蹶者趨者'의 궐(蹶)의 음을 뒤에 정다산(丁茶山)이 인용한 《설문해자(說文解字)》의 훈을 따라 蹶을 '궤'로 읽고 위로 뛰어오르는 것으로 해석하였는바, 본인도 최신판 《맹자집주》에서 다산의 설을 따라 '궤'로 읽는 것이 옳다고 하였다. 그러나 뒤에 생각해보니, 蹶를 '궐'로 읽고 넘어지는 것으로 훈하여도 전혀 무리(無理)가 없다고 생각된다.

다음은 《소학(小學)》〈가언(嘉言)〉 언해에 보이는 호문정공(胡文定公)의 '嘗愛諸葛孔明이 當漢末하여 躬耕南陽하여 不求聞達하더니 後來에 雖應劉先主之聘하나 宰割山河하여 三分天下하여 身都將相하여 手握重兵하니 亦何求不得이며 何欲不遂리오마는'을 읽을 때마다 '雖應劉先主之聘하나'는 앞뒤 문맥이 잘 이어지지 않는다고 생각한다. "비록 유선주의 초빙에 응하였으나" 하였으면, 뒤에 '곧바로 벼슬을 버리고 고향으로 돌아갔다.'는 등의 '雖應劉先主之聘하나'와 반대되는 내용이 있어야 하는데, 뒤의 내용은 앞의 문장과 반대되는 내용이 아니라 서로 연결되고 있기 때문이다. 다만 '雖' 자 뒤에는 반드시 '이나' 또는 '이라도' 등의 토씨가 붙어야 하는데, '雖應劉先主之聘하여'로 현토할 경우 '雖' 자의 뜻을 붙일 곳이 없다는 것이 문제이다. 그러나 필자는 뒤의 '何欲不遂리오마는'까지 연결하여 '雖' 자의 뜻이 여기에서 끝났다고 사료된다. '이언마는' 역시 雖 자 뒤에 붙는 '이나' 또는 '이라도'로 대체 가능하다고 여겨진다.

그동안 번역한 책들을 회상해보면 표현이 부족하고 오역한 부분도 많다. 물론 지금까지도 자신이 모르는 곳이 무수히 많을 것이다. 처음 사서·삼경을 번역할 적에는 참고할 만한 책이 별로 없었고 동양고전종합DB 등도 없었으며, 또 찾을 줄도 몰라 아는대로 번역하였다. 그런데 지금 회상해보면 특별히 부끄러워 얼굴이 붉어지는 것은 바로 《예기독본(禮記讀本)》이다. 이 책은 2018년 설을 세고 전통문화연구회에 인사차 갔더니, 이사장이 대뜸 《예기독본》을 금년내로 번역하라고 하였다. 물론 그전에도 이러한 말씀을 하였지만 그저 하는 말씀이라고 생각했었다. 이 책은 원고료를 지불하는 것도 아니요 10% 인세(印稅)를 받는 조건인데, 시중에 팔리지 않을 것이 분명하였을 뿐만 아니라, 금년내로 출판이 완료되어야 한다니 이는 도저히 불가능한 것이었다. 본인은 이미 작업하고 있는 책도 있어 쉽게 마칠 수가 없다고 했더니, 무조건 금년에 내어야 한다는 것이었다. 그야말로 명령조였다. 이사장은 번역을 해본 경험이 없는 분이다. 내가 전통문화연구회에서 번역하는 동안 계약서에는 본인이 갑(甲)으로 되어 있었지만 갑질은 언제나 그쪽이었다. 그 후 직원들이 찾아와서 계약을 하겠다는 것이었다.

 그 당시 전통문화연구회에서는 2004년 《예기집설대전(禮記集說大全)》 1권이 간행되었지만 일체 진척이 없어 《예기독본》을 내려면 완전히 다시 번역하여야 했다. 그리하여 이상아(李霜芽), 연석환(延錫煥) 두 박사에게 함께 번역을 해보자고 간청하였더니, 모두 현재 집필하는 책이 있다며 사양하였다. 어쩔 수 없이 본인이 책임 번역을 맡는 것으로 계약서에 도장을 찍으면서 그 직원에게 금년 내에 출판하는 것은 불가능하다고 말해주었다.

 그 후 7월엔가 직원이 전화를 하여 빨리 원고를 챙기라는 이사장님의 불호령이 내렸다는 것이었고, 찾아와 원고 제출이 늦어질 경우 담당자인 자신이 책임을 져야 한다고 읍소하였다. 이러한 상황을 공동 번역하기로 한 이상아박사에게 전했더니, 이박사는 즉시 자신의 이름을 빼달라는 것이었다. 그러나 이렇게 할 경우 이사장은 계약 위반 운운할 것이 분명해 연박사가 대충 모아 원고를 인도하였다. 그리하여 《예기독본》이 나온 것이다. 지금도 그때의 상황을 떠올려 보면 도저히 이해가 가지 않는다. 그 당시에는 본인이 다시 수정하여 출판하겠다고 다짐했지만 그 후 건강의 악화로 지연되고 있다.

그리고 또다른 한 책은 호산(壺山) 박문호(朴文鎬)의 사서상설(四書詳說)이다. 본인이 2007년도 사단법인 해동경사연구소를 설립하면서 양촌(陽村) 권근(權近)의 《예기천견록(禮記淺見錄)》과 박문호의 칠서상설(七書詳說)을 간행하려고 계획하여 국회로부터 3억원의 예산을 배정 받았으나, 교육부에서는 고전번역원에 예산을 배정하고 번역원에서 보조금을 받아가라는 것이었다. 그러나 한국고전번역원(당시 원장은 박석무) 모실장의 방해로 예산을 받지 못하였다.

그러나 본인은 연구소를 설립한 후 우선 사서상설의 출간을 계획하여 없는 재정을 짜내어 원고를 만들기 시작하고 예산을 얻기 위해 노력하였다. 그러던 중 2019년 고려대학교의 신모 교수가 주체가 되어 정부예산으로 칠서상설을 간행하기로 결정했다는 소식을 접하였다. 이는 같은 신화타워 3층에 있는 시습학사 이충구(李忠九) 박사가 전한 것이었다. 이박사 역시 본인이 이 상설 작업을 하고 있는 사실을 아셨기 때문에 귀뜸해준 것이었다. 나는 그동안 작업해온 원고를 모두 그쪽에 넘겨주고 동참하겠다고 청하였으나, 그 단체의 거절로 참여할 수가 없었다.

그 후 이박사는 그 모임의 첫 번째 사업으로 《논어》 10책이 나왔다며 본인에게 보여주었다. 그리하여 내용을 보니, 원문의 오류를 수정하지 않은 것도 있을 뿐더러 오류도 종종 보였으며, 현토가 되어 있지 않았다. 호산은 상설에서 언해의 잘못을 종종 지적하였는데, 이것이 반영

되지 않았다.

　칠서상설 중에서도 사서상설은 호산이 심혈을 기울여 작업한 것인데, 이대로 둘 수가 없어 출판사와 상의하였더니, 이 책을 발간해도 경제성이 없을 뿐만 아니라 다른 곳에서 《맹자상설》까지 나오면 배포할 곳이 거의 없으니, 금년에 원고가 완전히 마무리되어야 하고 또 출판비를 일부 부담할 것을 요구하였다. 동문인 증평의 평화한약방 연만희(延萬熙) 선생의 출판비 보조를 확약 받고 우리 연구소의 연구원과 신선명, 방회숙, 백광인, 윤은숙, 연석환 박사 등 여러 분이 원고 정리와 교정 작업 등을 해주셨다. 그리하여 《논어상설》 2책, 《맹자상설》 2책, 《대학중용》 1책 등 총 5책으로 그 해에 원고를 끝마쳤다.

　그러나 뒤에 대조해보니, 시일이 촉박한 관계로 교정이 제대로 되지 못한 부분도 있고 본인이 무식하여 잘못 번역한 곳도 많았다. 《논어》 〈팔일(八佾)〉 7장의 '君子無所爭, 必也射乎.'의 소주(小註)는 지금도 내용을 자세히 파악하지 못한다.

　그리고 〈안연〉의 7장 끝 부분 장하주에 정자의 '孔門弟子善問, 直窮到底如此章者, 非子貢不能問, 非聖人不能答也.'라는 내용이 있는데, 이것을 1990년 《논어집주》를 처음 간행할 때부터 '孔門弟子善問하여 直窮到底하니 如此章者는'으로 현토하고 이에 따라 번역하였다. 《논어상설》에는 '善問' 아래에 '此間에 有然字意라'는 호산의 설이 있었으나, 이것이 무슨 뜻인지 몰라 그대로 번역만 하고 원문의 현토를 고치지 않았다. 호산의 소주가 왜 있는지 의심을 하였으나 다시 생각할 시간적 여유가 없을뿐더러 정자의 글뜻을 처음부터 잘못 알고 있었으므로 깊이 생각하지 않았다.

그러나 2024년 10월에 《논어》의 이 부분을 강독하면서 다시 생각해 보니, 이 글은 '孔門弟子善問이나 直窮到底를 如此章者는'으로 읽어야 한다는 것을 깨닫게 되었다. 즉, "공자의 문하 제자가 질문을 잘하였지만 곧바로 다하여 밑바닥까지 이르기를 이 장과 같이 한 것은 자공이 아니면 질문하지 못하고 공자가 아니면 대답하지 못한다."는 내용인 것이다. 이렇게 읽어야 '이 사이에 연(然) 자의 뜻이 있다.'는 상설(詳說)과 맞아 떨어진다. 상설까지 있는데도 몰랐다니 부끄러울 뿐이다.

그리고 20장 5절의 원문 '察言而觀色'에 대하여 집주의 소주(小註)에 보이는 주자의 말씀 가운데 '又曰 察人言 觀人色'이라는 내용이 있는데, 본인은 이것을 '察人은 言觀人色'이라고 잘못 현토하고 오역하였다.

이외에도 《주역전의(周易傳義)》에 오역한 경우를 밝히겠다. 〈건괘 (乾卦) 단전(彖傳)〉의 '保合大和 乃利貞'의 '乃利貞'을 정전(程傳)에서는 "이에 이롭고 貞하다."라고 해석하였으나, 본의(本義)에서는 "이에 貞함이 이롭다."로 잘못 해석하였다. '원형이정(元亨利貞)'에 대한 해석이 정전과 본의가 다른데 이것은 괘사(卦辭)에만 해당하고, 단전과 상전(象傳)에는 모두 '원형이정'을 사덕(四德)으로 해석하였으므로 본의 역시 이를 따라야 한다. 그런데 본의 끝부분의 '以釋利貞之義也'에서는 "貞함이 이롭다"는 뜻으로 해석한 것이다. 신상후(申相厚) 교수는 이 부분을 강의하면서 잘 지적해주었다.

한 번 잘못 해석하면 누군가의 지적을 받지 않고는 예전에 잘못 알았던 것이 다시 나타나는 경우가 많다. 물론 신역 《주역전의》에서는 고쳤지만 말이다.

본인이 《대학장구》를 강의하여 동영상으로 찍은 것을 보니, '明德'을 해석하면서 '人之所得乎天而虛靈不昧'를 "사람이 하늘에서 얻은 바"라고 녹화된 것이 있었다. 이는 아래의 '而' 자에 맞추어 '하늘에서 얻은 것으로서'라고 풀이하여야 할 것이다. 사서(四書) 동영상을 촬영할 적에 감독과 기사 두 분이 촬영 카메라를 가지고 와서 해동경사연구소의 강의실에서 촬영을 했는데, 외부의 소음이 있어서 촬영을 자주 중단하였는바 급박한 나머지 이러한 오류가 발생하였다고 사료된다.

그리고 《논어》〈미자(微子)〉 6장 4절의 '夫子憮然曰 鳥獸는 不可與同群이니 吾非斯人之徒與요 而誰與리오'의 '斯人'을 장저(長沮)와 걸닉(桀溺)으로 잘못 설명하였다. 이는 옛날 잘못 알았던 것이 그대로 튀어나온 것이었다. 이 내용을 다시 한 번 풀이하겠다. 부자(夫子; 공자)가 서글피 말씀하시기를 "새와 짐승과는 함께 무리 지을 수 없으며, 나는 이 사람(이 인간 세상의 사람)의 무리를 함께 하지 않고 누구와 함께 하겠는가." 하셨다. 그런데 집주에 "내가 마땅히 함께 무리 지을 자는 이 사람 뿐이며, 어찌 사람을 끊고 세상을 도피하여 깨끗함으로 살겠는가.[言所當與同群者, 斯人而已, 豈可絶人逃世, 以爲潔哉.]" 한 부분의 '이 사람 뿐'이라는 것을 오해하여 장저와 걸닉으로 본 것이다.

5. 민족문화추진회 시절의 여러 선생에 대한 소감

　본인이 옛날 민족문화추진회 부설 국역연수원에 재학하면서 뵈었던 여러 강사 선생님들의 강의 특징을 생각나는 대로 한번 소개하려 한다. 물론 이것은 청강한 개개인에 따라 느낌이 다를 수 있으며 본인의 억측이 십분 잘못될 수도 있다. 옛날 같으면 학생이 스승을 평가한다는 그 자체가 대불경죄(大不敬罪)에 해당한다. 그러나 지금은 교학(教學) 분위기가 예전과 달라져, 학기말 시험에는 의무적으로 강의를 평가하고 있다. 또 우리 후학들은 작고(作故)하신 선생님들의 교육하신 모습과 일언일동(一言一動)을 거울삼아 강의 방법을 개선할 수도 있을 것이다. 이에 본인이 당시 느꼈던 소감을 피력하려 한다.

　앞의 《논어》 특강을 듣고 쓴 소감에서도 이미 밝힌 바 있지만 훌륭한 강의는 정견(正見)과 지식도 중요하지만 제자들을 가르치겠다는 의욕과 열정, 교수하는 방법과 요령, 힘이 넘쳐나는 활력과 언변, 그리고 제자들을 배려하는 아량과 겸허한 자세가 있어야 한다. 그런데 강의하는 요령과 언변, 체력과 음성은 천부적으로 타고나야 하고 아량과 겸허한 자세 역시 쉽게 극복하기 어렵다. 성현의 학문은 기질변화(氣質變化)를 강조하지만 기질은 쉽게 변화되지 않는다. 우리 말에도 사람은 못 고쳐 쓴다는 표현이 있다. 정명도(程明道)의 춘풍화기(春風和氣)와 정이천(程伊川)의 근엄경건(謹嚴敬虔)한 자세는 모두 훌륭하지만, 기상(氣像)이 달라 제자들이 혼후(渾厚)한 명도(明道)를 더 따랐다는 일화가 전한다. 본인이 재학하던 당시에는 쟁쟁한 원로 한학자가 많이 계셨는데, 지금 생각해 보면 선생님들마다 특징이 있으셨다. (존칭은 대체로 생략함.)

우전(雨田) 신호열(辛鎬烈) 선생은 본인이 입학 당시 추천서를 써 주셨고 2년 동안 《시경》과 《서경》,《예기》를 강의하셨는데, 특히 총명하시어 한번 보시면 잊지 않으셨고 서법(書法)에도 일가견이 있으셨다. 《시경》 강의를 잘하시고 한시(漢詩)를 번역할 때 시어(詩語)를 잘 살리셨으며, 명청대(明淸代)의 고증학(考證學)에도 조예가 있으셨고 바둑에도 국수(國手)로 알려져 계셨다. 하지만 주자학(朱子學)은 좋아하지 않으셨다. 이 말은 죄송하지만 주자의 성리설(性理說)은 잘 모르신다는 뜻이다.

본인의 경험에 의하면 옛날에 한문을 공부하신 분들은 모두 주자의 집주를 읽었지만 성리설을 물어보면 알지 못하는 경우가 없지 않았다. 특별히 관심이 없었기 때문이다. 본인은 어려서 가정에서 부친에게 글을 배웠는데, 부친 역시 과문학(科文學; 과거급제를 위한 공부)을 하시는 분께 배우셨으므로 성리설에는 밝지 못하셨다. 본인은 어느 정도 안다고 자부하였지만, 전라도 익산(益山)에 가서 월곡(月谷) 선생께 《대학》부터 다시 배웠는데 선생께서 성리설을 물으시면 한 가지도 제대로 대답하지 못하였다.

우전께서는 자부심이 강하여 권위주의적이었고 남인(南人)의 당색

(黨色)도 종종 드러내셨다. 본인이 시골에서 배운 월곡 선생과 서암(瑞巖) 김희진(金熙鎭) 선생과는 너무나 대조적이었다. 그리고 음성과 기력이 약하시어 강의실 뒤편에서 청강하는 분들은 강의 소리를 제대로 듣지 못하였다. 뿐만 아니라 성품이 너무 엄하시어 당신이 강의하는 과목이 아니면 제자들이 감히 다른 책의 내용을 묻지 못하였고, 강의하시는 과목이라도 질문하는 내용(수준)이나 태도가 마음에 들지 않으시면 그대로 묵살하는 경우가 많았다. 다재다예(多才多藝)하신 만큼 문교(文驕)도 대단하셨다고 기억된다.

연청(研靑) 오호영(吳虎泳) 선생은 화서[華西; 이항로(李恒老)] 계통의 학자셨는데 당색도 별로 말씀하지 않으셨고 성품도 온순하셨다. 《주역》에 정통하신 것으로 알려져 2년 동안 《주역》과 《춘추좌씨전》을 배웠는데, 당시 명문당(明文堂)에서 간행(刊行)한 《정본주역(正本周易)》을 1년에 완독하려고 하시어 거의 혼자서 열심히 강의하셨으나 교수 방법과 언변은 그리 뛰어나지 못하셨다. 본인은 이때 《주역》을 처음 배웠는데, 〈문언전(文言傳)〉의 '경의립이덕불고(敬義立而德不孤)'와 〈계사전(繫辭傳)〉의 '形而上', '形而下'와 '一陰一陽之謂道', '繼之者善', '成之者性' 등에 대해 자세한 설명을 듣지 못하였다. 오(吳) 선생님은 본인이 입학한 여름 국역실(國譯室)에 본인을 직원으로 천거하셨으므로 우전과 연청 두 분에게는 은혜에 감사하여 자주 찾아뵙곤 하였다.

우인(于人) 조규철(曺圭喆) 선생은 심재[深齋; 조긍섭(曺兢燮)]의 문인으로 고문 작문(古文作文)에 능하셨고 성품이 온화, 겸손하셨으며 재리(財利)에 관심이 없으시어 시골의 한학자를 연상하게 하였으나 우리말 표현에는 서투셨다.

청명(靑溟) 임창순(任昌淳) 선생은 신식 한학자의 대표적 인물로, 금석문(金石文)과 한문 작문(漢文作文), 서법(書法)에도 조예가 있으셨고 우리말 표현에도 능하시어 1년 동안 국역연습(國譯演習)을 맡으셨는데, 언변도 있으셨으나 학생들을 가르치려는 열정은 그리 높지 않으신 것으로 보였다. 우전은 무서워 접근하기 어려웠고 청명은 온화하셨지만 역시 글을 여쭈어보면 "내가 아나…" 하시면서 완곡히 거절하셨다. 물론 두 분 모두 애제자들에게는 열성을 다하셨겠지만 일반인은 접근하기 어려웠다.

용전(龍田) 김철희(金喆熙) 선생은 한문 작문과 초서(草書)에 능하셨으며 겸손하시어 접근하기 쉬웠다. 당색(黨色)을 따지셨고, 주자학(朱子學)에는 비판적이셨으며 언변도 별로였다. 또한 강의하시기 앞서 예습을 해 오지 않아 현토(懸吐)와 해석이 각각 달랐다. 특히 《제자정선(諸子精選)》을 강의하셨는데, 본인은 노장(老莊) 등 제자서(諸子書)에 기본 지식이 없어 애태웠던 기억이 생생하다.

동초(東樵) 이진영(李鎭泳) 선생은 첫해에 《춘추좌씨전》을 강의하셨는데 성품이 호탕하고 의욕과 활력이 있으셨으나 교수 방법과 언변에는 부족하셨던 것으로 생각한다.

삼려(三廬) 이식(李植) 선생은 2학년 때 1년 동안 《주서백선(朱書百選)》을 맡으셨는데 본인은 처음 접하는 글이어서 독해(讀解)하기 어려웠으나 선생은 차분한 성격에 조리 있게 강의해 주셨고, 불필요한 말씀을 일체 하시지 않았다.

청람(靑嵐) 김도련(金都鍊) 선생은 《통감절요(通鑑節要)》를 맡으셨는데 당시 최연소 강사로 성품이 꾸밀줄 모르고 의욕과 활력이 넘치셨다.

고문 작문에도 관심을 가지셨으나 언변에는 능하지 못하셨다. 청람은 당시 민족문화추진회 상임연구원(常任研究員)으로 계시면서 방은[放隱: 성낙훈(成樂薰)] 선생의 뒤를 이어 서울대학교 국사학과(國史學科)에서 한문 강독을 하시다가 국민대학교 교수로 가시면서 그 후임으로 본인을 추천해 주셔서 15년 이상 강독을 계속하였다. 역시 감사드린다.[73)]

연수부(研修部) 2년 과정을 마치고 국역실에 계속 근무하다가 논문 쓰는 방법을 배우기 위해 상임연구부로 들어가 당시 학계(學界)에 명성이 있는 김모(金某), 허모(許某) 두 교수에게 강의를 듣게 되었는데, 이 분들은 한 학기 동안 잡담으로 일관하고 단 한 번도 서책이나 논문을 펴놓고 강독하거나 지도하는 것을 보지 못하였다.

그리고 민족문화추진회 회장을 맡으셨던 벽사(碧史) 이우성(李佑成) 선생은 한문 실력은 물론이요 언변과 논문에 특출하셨다. 강의를 하시든 인사말씀을 하시든 모두 조리가 있어 원고를 읽는 듯하였으며, 논문을 보면 매우 간단 명료하였다. 또한 국한문혼용(國漢文混用)의 비문(碑文)은 표본이 될 정도여서 본인은 예산(禮山)에 있는 수당(修堂) 이남규(李南珪) 의사(義士)의 비문을 몇 번이고 가서 읽어 보았다. 그러나 자존심이 강하셨고 권위주의적이었으며, 남인의 당색이 뚜렷하였다. 본인이 국방부 소속 기관에 있다가 1997년 3월 국역연수원 교수로 임용되자 회장께서는 점심 식사에 초대하여 환영을 해주셨는데, 그 자리에서도 "성(成) 선생은 당색이 어느 쪽이세요?" 하고 물으시는 것이었다. 본인이 "저는 집안이 한미하여 내세울 만한 당색이 없습니다. 다만

---

73) 이 외에도 몇 분이 더 계셨지만 이만 끝마치려 한다. 그리고 한문 실력은 선생님마다 큰 차이가 있었지만 여기서는 밝히지 않겠다.

뒤에 노론계(老論系)인 간재[艮齋; 전우(田愚)]의 사숙(私淑)에게 잠시 배웠습니다." 하였더니, 별로 달갑게 여기지 않는 기색이었다.

사색당파가 조선조를 망친 것은 숨길 수 없는 사실이다. 당인(黨人)들의 주장은 모두 공맹(孔孟)과 정주(程朱)에 뿌리를 두었다. 하지만 지금은 공맹 사상이 매도되어 자기 부인(婦人)은 사찰에 가서 불공(佛供)을 하고 아들과 며느리는 손자·손녀를 데리고 예배당에 가서 십자가 앞에 머리를 숙이고 헌금하는 실정이다. 이 판국에 노론이니 소론이니 남인이니 하는 것이 무슨 의미가 있겠는가. 또 정주(程朱)의 성리학은 그저 고리타분한 공리공담이요, 더 나아가 개화(開化)에 방해가 되었다는 이유로 천참만륙(千斬萬戮)의 대상이 되어 주자학을 비판하는 사람은 개명(開明)한 학자로 추앙받는 경향이 만연하였다. 또 경상도 출신인 박정희(朴正熙) 대통령이 장기 집권하면서 지역발전도 경상도를 위주로 하여 국내 재벌들도 거의 모두 영남(嶺南) 출신이었다. 그러다 보니 동양철학하시는 분들도 퇴계학(退溪學) 일색(一色)으로 편향되어 있다.

소천(少泉) 조순(趙淳) 회장은 벽사(碧史)를 뒤이어 민족문화추진회 회장으로 취임하셨는데 경제학(經濟學)을 하셨음에도 한학에 조예가 깊어 한시(漢詩)와 서법(書法)도 하셨으며, 경제부총리와 민선(民選) 초대 서울시장, 한나라당 총재(總裁) 등 경력이 화려하셨지만 성품이 겸손하고 인품이 높으셨다. 다만 언변은 뛰어나지 못하셨다. '강하고 굳세고 질박하고 어눌함이 인(仁)에 가깝다.[剛毅木訥近於仁]'라는 공자의 말씀이 생각날 정도였다. 회장으로 계시면서 민간단체인 민족문화추진회를 국가기관인 한국고전번역원으로 격상시킴에 큰 공이 있으셨다.

하지만 국회에서 법안이 통과되자, 즉시 신병을 칭탁하고 회장직을 내놓으셨고 자신의 업적을 한 번도 말씀하지 않으셨다. 공자는 《논어》에서 '군자유삼계(君子有三戒)'를 말씀하시면서 '늙음에 이르러는 경계함이 얻음에 있다.[及其老也, 戒之在得.]'라고 하셨다. 퇴임하신 후 봉천동(奉天洞) 댁(宅)에 가보면 늘 독서를 하셨고 경제계의 요직을 장기간 맡으셨음에도 불구하고 오래된 단독주택에 검소하게 사셨다.

그리고 민족문화추진회 이사장을 맡으셨던 두계(斗溪) 이병도(李丙燾) 선생은 원로 사학자(史學者)답게 사학에 밝으심은 물론이요, 한문 작문도 하시어 한문으로 《조선유학사(朝鮮儒學史)》를 쓰셨다. 일찍이 문교부 장관을 지내셨는데도 겸손하셨고 언변도 좋으셨으며, 호학불권(好學不倦)하셨다. 일석(一石) 이희승(李熙昇) 선생과도 동경(同庚; 동갑)으로 평소 친하게 지내셨다.

일석(一石) 선생은 본인이 1982년 단국대학교 동양학연구소에 입사하였을 때 마침 소장으로 계셔서 자주 뵈었는데 언제나 책을 보고 계시었다. 여름철 냉방시설이 안 되어 직원들이 이를 해결하기 위해 이강노(李江魯) 실장을 모시고 찾아가 말씀드렸더니, 일석께서는 "그렇게 더운가? 내 방에 있는 선풍기라도 가져가시오." 하시고는 직원을 시켜 선풍기를 올려보내셨다. 또한 소장님을 위해 학교에서 드리는 자가용 차도 사양하셨다. 두계와 일석 두 어른은 국역연수원의 입학식과 졸업식에 반드시 참여하셨는데, 그야말로 명불허전(名不虛傳)이었다.

본인은 말단 직원이었으므로 두계 선생 댁에는 찾아가 뵙지 못했지만, 일석 선생께는 몇 년 동안 세배(歲拜)를 갔었는데, 선생은 반드시 모든 손님에게 떡국을 끓여 대접하셨고 연말이면 언제나 연구소에 관계되는 인사(人士) 40~50명을 초대하여 갈비를 실컷 먹도록 주선해 주셨다. 선생은 농담도 잘하시어 화기(和氣)가 넘쳐나셨다. "공자도 지팡이를 짚은 노인이 나가야 이에 나가셨다.[杖者出, 斯出矣.]"는 내용을 인용하시어 먼저 자리를 뜨지 못하게 하셨으며, 혹시라도 특별한 일이 있는 분은 미리 가서 조퇴하겠다고 말씀드려야 했다. 본인은 이 두 원로와 소천(少泉) 회장을 모신 것을 평생의 영광으로 생각한다.

동학(同學) 선배 중에는 은산(銀山) 정태현(鄭太鉉) 선배의 강의가 독보적이었다. 원전 실력과 우리말 표현, 카랑카랑한 목소리, 군더더기 없는 명료한 강설(講說)로 유명하였다. 본인은 배우고 싶었지만 정(鄭) 선배는 본인처럼 우둔한 자는 상대해 주지 않았으며, 사서집주의 해석에서도 주자설(朱子說)을 비판하여 취향도 서로 달랐고, 학파(學派)에 대한 편견도 있었다. 국역실에 함께 근무하였는데 한 번은 본인에게 "성 선생은 연원(淵源)이 어떻게 되시오?" 하고 묻기에, "연원이랄게 뭐 있습니까. 전간재(田艮齋)의 사숙(私淑)에게 조금 글을 배웠습니다." 하였더니, 대뜸 "전간재는 글은 잘했지만 소인입니다." 하였다. 하도 황당하여 "제가 군자여야 소인을 알아보는데, 제 자신이 소인이니 누가 군자인지 소인인지 어떻게 알겠습니까." 하고 조소적인 대답을 하였다. 성품도 깐깐하여 서로 격한 논쟁을 벌이기도 하였지만, 뒤에는 함께 국역연수원 교수로 있으면서 서로 존중하여 지금까지도 잘 지내고 있다.

위에서 여러 선생님들의 특징을 간략히 소개하였지만 대체로 장점이 있으면 단점도 있었다. 본인은 여러 선생님의 장점을 거울삼아 최선을 다하려고 하였지만 결국은 이루지 못하였다. 1984년부터 국방부에 있으면서 전쟁기념관(戰爭紀念館)의 회장이신 이재전(李在田) 장군

(중장 출신)을 모셨는데, 연세가 많으심에도 늘 독서를 하셨다. 특히 영문(英文)이나 일문(日文)으로 된 책을 읽기 좋아하셨고 국한문 혼용을 강조하셨다. 대부분 장군들은 권위주의에 빠져 있었지만 이재전 장군은 절대로 그렇지 않으셨다. 예전의 회장은 출근하면 실장들이 미리 나와 대기하다가 오시면 문을 열어드리고 90도로 몸을 굽혀 인사하는 것이 일과였다. 그러나 이재전 회장은 첫날 출근하시어 이러한 모습을 보시고는 "자네들 할 일 하지, 왜 나와 있나? 내일부터는 나오지 말게." 하셨다. 보기 드문 일이었다. 흠이 있다면 자신의 청백함과 호학(好學)을 너무 자랑하는 것이었다. 덕(德)은 누(累)가 될 수도 있다는 것을 실감하였다.

 1982년부터 국방부 전사편찬위원회[戰史編纂委員會; 이름이 여러 번 군사연구소(軍事研究所)로 바뀌었다]에 들어가 병서류(兵書類)를 번역하였는데, 감성해(甘成海) 실장의 인품이 높았다. 한 6년간 그분에게 많은 배려를 받았다.

 끝으로 총론(總論)과 자신에 대한 자평(自評)을 하려 한다. 군자에 대하여 주자는 "재(才)와 덕(德)이 출중한 분이니, 덕은 체(體)이고 재는 용(用)이다."[74] 하였다. 재와 덕을 모두 구비하기가 어려워서 재가 높은 분은 덕이 부족하고 덕이 있는 분은 재가 부족하다. 학자는 지식과 작문(논문)을 최우선으로 하지만 인품이 성실하고 겸허하며 호학하는 자세가 기본일 것이다. 재주와 지식, 지위와 언변 등을 믿어 권위주의적이며 자만하고 편을 가르는 행위는 본받을 바가 못 된다고 생각한

---

74) 君子者, 才德出衆之名, 德者體也, 才者用也.《朱子語類》

다. 공자는 '유교무류(有敎無類)'라고 하셨다. 올바른 가르침을 받으면 그 종류(부류)에 관계가 없다는 뜻이다. 이 말씀은 민족이나 지방, 신분의 계급(양반과 상인)에 영향을 받지 않음을 말씀한 것이다.

공자께서는 "만일 주공(周公)처럼 아름다운 재주가 있더라도 교만하고 인색하다면 그 나머지는 볼 것이 없다."[75] 하셨다. 타인의 선언(善言)이나 질책을 겸허하게 받아들이는 자세가 제일 어려운 것이다. 맹자는 "자로(子路)는 남들이 자신의 허물을 말해주면 기뻐하였다."[76] 하셨는데, 이에 대해 주렴계(周濂溪)는 "옛날에 중유(仲由; 자로의 자)는 자신의 잘못을 듣기를 좋아하여 훌륭한 명성이 무궁하였는데, 지금 사람들은 잘못이 있으면 남들이 타일러주는 것을 좋아하지 않으니, 이는 마치 질병을 보호하고 의원을 꺼리는 것과 같아서 차라리 자기 몸을 죽게 할지언정 깨달음이 없는 것과 같으니, 슬프다."[77] 하였다. 《명심보감》에도 "나의 선(善)을 말하는 자는 바로 나의 적(賊; 해치는 사람)이요, 나의 악(惡)을 말해주는 자는 바로 나의 스승이다."[78] 하였다.

명리(名利)를 탐하지 않고 호학불권(好學不倦)하는 정성이 있어야 진덕수업(進德修業)할 수 있는 것이다. 하지만 인간은 자타(自他)를 막론하고 칭찬을 좋아하고 충고를 싫어하며, 늙으면 더욱 재리를 탐하고 게을러져서 학문을 계속하지 않는다. 공자는 또 "여럿이 모여 하루를 마치면서 말이 의리에 미치지 않고 작은 지혜를 쓰기 좋아하면 곤란을

---

75) 如有周公之才之美, 使驕且吝, 其餘不足觀也已. 《論語 泰伯》
76) 子路, 人告之以有過則喜. 《孟子 公孫丑上》
77) 仲由喜聞過, 令名無窮焉. 今人有過, 不喜人規, 如諱疾而忌醫, 寧滅其身而無悟也, 噫! 《孟子 公孫丑上 集註》, 《小學 嘉言》
78) 道吾善者, 是吾賊; 道吾惡者, 是吾師. 《明心寶鑑 正己篇》

당하게 된다."[79] 하셨다. 본인도 동학들과의 모임이 있지만, 모임에서 학문을 논하고 모르는 것을 묻는 것을 거의 보지 못하였다.

이러한 면에서 서암(瑞巖) 김희진(金熙鎭) 선생님은 특별하신 분이다. 박학(博學)과 문장(文章), 교습방법(敎習方法)도 크게 뛰어나지 않으셨지만, 겸허한 자세와 학불염(學不厭)·교불권(敎不倦)을 실천하셨다. 당색이나 학파를 따지지 않고 지우(智愚)와 현불초(賢不肖)를 가리지 않고 누구든 책만 끼고 찾아오면 절로 흥이 나시어 두 시간이든 세 시간이든 지칠 줄 모르고 강설(講說)하셨다. 그것도 일체 보수를 받지 않으시며 말이다. 보리밥과 쉰밥, 나물국과 소금 한 가지를 제자들과 함께 즐겁게 드시면서 안빈낙도(安貧樂道)하셨다.

잘못을 겸허히 받아들이는 것은 나를 가르친 분 중에서도 별로 보지 못하였으며, 학문을 후세에 남기겠다는 분은 더더욱 없었다.

우전(雨田)은 주자의 집주를 비판하셨지만 이것은 단지 말씀으로만 하셨을 뿐, 한 편의 글도 남기지 않았다. 성리학자인 하서(河西) 김인후(金麟厚) 선생의 문집을 몇 년에 걸쳐 열심히 번역하셨을 뿐이다.

광주(光州)에 계셨던 한학자 송담(松潭) 이백순(李栢淳) 선생은 생계를 위해 번역을 하셨지만, 전혀 소득이 없는 사서오경(四書五經)과 《심경(心經)》, 《근사록(近思錄)》을 원문(原文)만이지만 모두 번역하셨고 《한문대개(漢文大槪)》 등의 저술을 남기셨다.

그리고 서울에서 모신 분으로는 연청(研靑) 선생이 겸손하고 성실하셨다. 보은(報恩)으로 낙향해 계실 적에 손수 밥을 지어 자시며, 너무

---

79) 群居終日, 言不及義, 好行小慧, 難矣哉. 《論語 衛靈公》

지나칠 정도로 의식(衣食) 등의 자봉(自奉)을 검소하게 하셨다. 그리고 민족문화추진회에서 간행하는 《한국문집총간(韓國文集總刊)》의 표점(標點)을 꼼꼼히 교감하셨다. 한번은 찾아가 뵈었는데, 마침 책상 위에 교열하시는 원고(原稿)가 있었다. 본인이 우연히 보다가 잘못 표점된 곳을 발견하고 지적해 드렸더니, 기쁜 얼굴로 "자네 어떻게 그걸 알았나! 내 참~" 하시며 반가워하셨다. 다른 분 같으면 별로 달가워하지 않았을 수도 있는데 말이다. 그 후로는 밤중에도 전화를 하시어 고사(故事) 등을 묻곤 하셨다.

학문의 요점은 상대방의 좋은 점은 배우고 나쁜 점은 고치는 것이다. 공자도 "세 사람이 함께 길을 가면 반드시 나의 스승이 있다.[三人行, 必有我師.]" 하셨다. 본인의 이 회상 역시 자책하는 뜻에서 써보았지만 이 중 한 가지도 제대로 실천하지 못했으니, 부끄러울 뿐이다.

서당에서는 직접 선생님을 모시고 함께 밥을 먹고 잠을 자고 글을 배우기 때문에 선생님의 성품과 일동일정을 자세히 알 수 있지만, 서울에서는 잠시 글만 배우면 떠나가므로 이것이 불가능하다. 우전 선생에 대한 혹평(酷評)이 끝내 죄송스럽지만 그래도 한 10년 동안 자주 모셨고 호오(好惡)의 감정을 쉽게 표현하시어 다른 분에 비해 자세히 알 수 있었기 때문이다. 양해 바란다.

본인은 익산(益山)에서 월곡(月谷) 황 선생님에게는 3년 가까운 동안 겨우 《대학》과 《중용》을 배웠다. 그리고 충남 부여(扶餘) 곡부(曲阜)에서는 농사를 지으며 틈틈이 서암 김 선생님에게 배웠는데 율곡(栗谷)과 간재(艮齋)의 성리설이 주종을 이루었다. 그런데 1977년 상경하여 국역연수원에 재학 중에는 이와 정반대여서 정주(程朱)의 성리설은 들어보지 못하였다. 오직 원문을 강설할 뿐이었다. 일과에 쫓겨 시간적 여유도 없었다.

그리고 2학기부터는 임시직으로 국역실에 근무한 관계로 더더욱 시간이 없었으며, 이 성리설에 뜻이 있는 동학들도 별로 없었다. 다음 해 3월부터는 정식 직원으로 근무하여 번역 원고를 윤문(潤文)하였는데, 마침 연수원에서 수업을 듣던 선생의 원고였다. 성리설과 사서(四書)를 논변한 내용이었는데 오역이라고 생각되는 부분이 있어 어떻게 윤문해야 하는가를 담당 실장에게 물었더니, 자기가 맡은 원고는 책임지고 소신껏 윤문하라는 대답이었다. 그래서 함부로 고쳤는데 뒤에 들으니, 그 선생님은 윤문한 내용을 보시고 "이 사람은 내가 사서도 모른다고 여기는가?" 하셨단다. 강의를 맡은 뒤에도 선생님들처럼 원문만 강의하고 부연 설명하지 못하였다. 내용을 분석할 줄 모르고 분량만 많이 강독하는 것을 힘썼다. 그러다가 사서를 번역하면서 성리설도 약간 언급하였다.

본인은 재성(才誠)과 덕량(德量)이 모두 부족한데다 구변도 없고 성품도 편협할 뿐만 아니라 아집(我執)도 있고 탐욕도 있어 어느 것 하나 자랑할 것이 없다. 강의를 맡고 나서는 《고문진보 후집》은 학제의 개편으로 애당초 배우지 못하였고, 《시경》과 《서경》, 《예기》는 끝까지 배우지 못한 것이 한(恨)이 되어 미련하게 그저 많이 전수(傳授)하려고만 하여 자세히 설명하지 못하였다. 강의는 학생들의 수준에 맞추어야 하는데 그렇게 하지 못하였다. 《고문진보 후집》도 80~90%를 독파하였고, 《주역전의(周易傳義)》도 총목(總目)을 빼고 처음부터 시작하여 〈동인괘(同人卦)〉, 〈대유괘(大有卦)〉까지, 그리고 〈계사전(繫辭傳)〉 이후를 끝마쳤다.

왜 그렇게 미련했는지, 그야말로 《예기》〈학기(學記)〉의 '사일이공배(師逸而功倍; 스승이 편안하면서도 2배의 성과를 이룸)'가 아닌 '사근이공반(師勤而功半; 스승이 수고롭기만 하고 절반의 성과를 얻음)'이 되고 말았다. 게다가 남의 잘못을 지적하기 좋아하여 남들로부터 미움과 오해를 자주 받았는바, 위에서 제선생(諸先生)을 논평한 것도 그 본색이 여실히 드러난 것이리라.

하지만 부친의 강권으로 배운 이 학문을 한 것을 자긍하며, 끝까지 배워보려고 노력하는 마음은 갖고 있노라고 말하고 싶다. 그리고 성품은 사람을 지나치게 믿으려 하고 기대에 미치지 못하면 서운해하였다. 《대학》의 '사유지병(四有之病)'[80]을 떨쳐 버리지 못한 것이다. 회한(悔恨)을 금치 못하며 동학 여러분의 양해를 부탁드린다.

---

80) 사유지병(四有之病): 네 가지 마음의 병통인 사유소(四有所; 분노, 두려움, 좋아함, 근심)를 말하는바, 《대학장구》 전7장의 "이른바 '몸을 닦음이 그 마음을 바룸에 있다.'라는 것은 마음에 분노하는 바를 두면 그 바름을 얻지 못하며, 두려워하는 바를 두면 그 바름을 얻지 못하며, 좋아하는 바를 두면 그 바름을 얻지 못하며, 근심하는 바를 두면 그 바름을 얻지 못한다.[所謂修身, 在正其心者, 心有所忿懥則不得其正, 有所恐懼則不得其正, 有所好樂則不得其正, 有所憂患則不得其正.]"라는 구절에서 온 말이다.

6. 순수한 유학자(儒學者)
　 서암(瑞巖) 김희진(金熙鎭) 선생[81]
　: 일단화기(一團和氣) 춘풍(春風)의 강석(講席)

　서암 김희진 선생은 유건(儒巾)에 도포 차림으로 온종일 무릎 꿇고 앉아 계시면서 농담이나 비루한 말씀은 입 밖에 내지 않으신 그야말로 근엄한 한학자셨다.

　근엄한 한학자라고 하면 사람들은 으레 성품이 엄격하고 무서운 글방 선생임을 연상할 것이다. 하지만 서암 선생은 자신에겐 엄격하셨으나 평생 동안 어느 누구에게도 언성을 높여 질책하지 않으셨고, 좋은 일에도 궂은 일에도 언제나 온화한 얼굴로 웃으며 마주하셨다. 간혹 제자들이 터무니없는 주장을 하고 질문을 할 때에도 "그런 것 아니네."라고 웃어넘기실 따름이었다.

　선생은 재리(財利)와 명예에는 마음을 두지 않으셨다. 배금주의(拜金主義)에 골몰하고 있는 지금의 세상에도 전혀 돈을 모르고 명예에도 관심이 없으셨다.

　또 아는 체도 하지 않으셨다. 간혹 어려운 글을 만나 자신이 없으시면 "나는 모르겠네."라고 하시며 웃으셨다. 대지약우(大智若愚; 크게 지

---

81) 이 글은 전통문화연구회의 회지(會誌)인 《전통문화(傳統文化)》 제44호(2018)에 실었던 원고를 수정 보완한 것이다.

혜로운 사람은 마치 어리석은 사람 같음)라고나 할까, 오직 자신의 몸과 마음을 수양하는 일과 성현(聖賢)의 글을 읽는 소리가 입에서 끊이지 않는 구불절성(口不絕聲)을 실천하는 일에 매진하실 뿐이셨다. 때로 붓대 끝을 높이 잡고 폐지 위에 작은 글씨를 쓰시곤 하셨는데, 그 내용은 모두 사서(四書)와 《율곡전서(栗谷全書)》의 글귀였다.

나는 어려서 부친의 엄격한 가르침을 받아 매일 같이 종아리를 맞으며 한문 공부를 하였었다. 다른 아이들은 모두 학교에 가서 신지식(新知識)을 공부하던 시절이

서암(瑞巖) 김희진(金熙鎭) 선생

었는데, 부친은 늦게 둔 자식인 나와 아우에게 가정에서 한문을 가르치셨던 것이다. 당시 선친께서 회초리를 들어 가르치지 않으셨다면, 아마도 재주 없는 나는 지금의 쥐꼬리만한 성취도 얻지 못하였을 것이다. 그 뒤에 나는 전북 익산에서 월곡(月谷) 황경연(黃璟淵) 선생을 사사하였고, 몇 분의 한학자를 더 모셨다. 그리고 1977년에 서울로 올라와 당시 민족문화추진회의 국역연수원에 들어가서 더 많은 선생을 모시게 되었다.

하지만 그분들 중에서 서암 선생과 같은 분은 일찍이 뵙지 못하였다. 옛날에 명도(明道) 정호(程顥) 선생은 종일토록 단정히 앉아 있어서 진흙으로 만든 소상(塑像)과 같았으며 언제나 온화한 모습이었으므로, 춘풍강장(春風絳帳; 춘풍과 같은 스승의 강학하는 자리)이라 일컬어지고 일단화기(一團和氣; 한 덩어리의 온화한 기운)라 일컬어졌던 바, 나는 감히 선생을 평하여 명도(明道) 선생을 배우신 분이라고 말하고 싶다.

선생은 1919년에 태어나 1999년에 향년 81세로 서거하셨다. 광주(光州) 충효리(忠孝里)가 고향이고, 송강(松江) 정철(鄭澈)의 그 유명한 〈성산별곡(星山別曲)〉에 주인공으로 나오는 서하당(棲霞堂) 김성원(金成遠)이 그 선조이시다. 충효리는 임진왜란에 의병을 일으킨 의병장 김덕령(金德齡) 장군의 유허인 환벽당(環碧堂)이 있는 마을이다. 〈성산별곡〉이 지어진 식영정(息影亭)에서 불과 개울 하나를 건넌 곳이며, 양산보(梁山甫)의 소쇄원(瀟灑園)에서도 가까운 곳이다. 물론 출생지는 이곳에서 멀지 않은 담양의 삼인산 아래이신데, 선생은 고향을 말씀할 적에 충효리라 하셨다.

이런 전통 있는 고장의 명망 있는 가문에서 생장하신 선생은 일찍부터 성현(聖賢)의 학문에 뜻을 두시었는데, 총명이 절륜(絕倫)하여 서평(西坪) 김기상(金基尙)에게 수학하던 14세에 사서삼경(四書三經)을 독파하여 신동(神童)으로 일컬어지셨다. 선생은 별세하실 때까지 사서와 삼경을 토씨 하나 틀리지 않고 강송(講誦)하셨다. 약관 이후로는 율곡의 학문사상과 이기설(理氣說)에 심취하셨고, 또한 간재(艮齋) 전우(田愚) 선생이 율곡과 우암[尤菴; 송시열(宋時烈)]의 적통(嫡統)을 얻으신

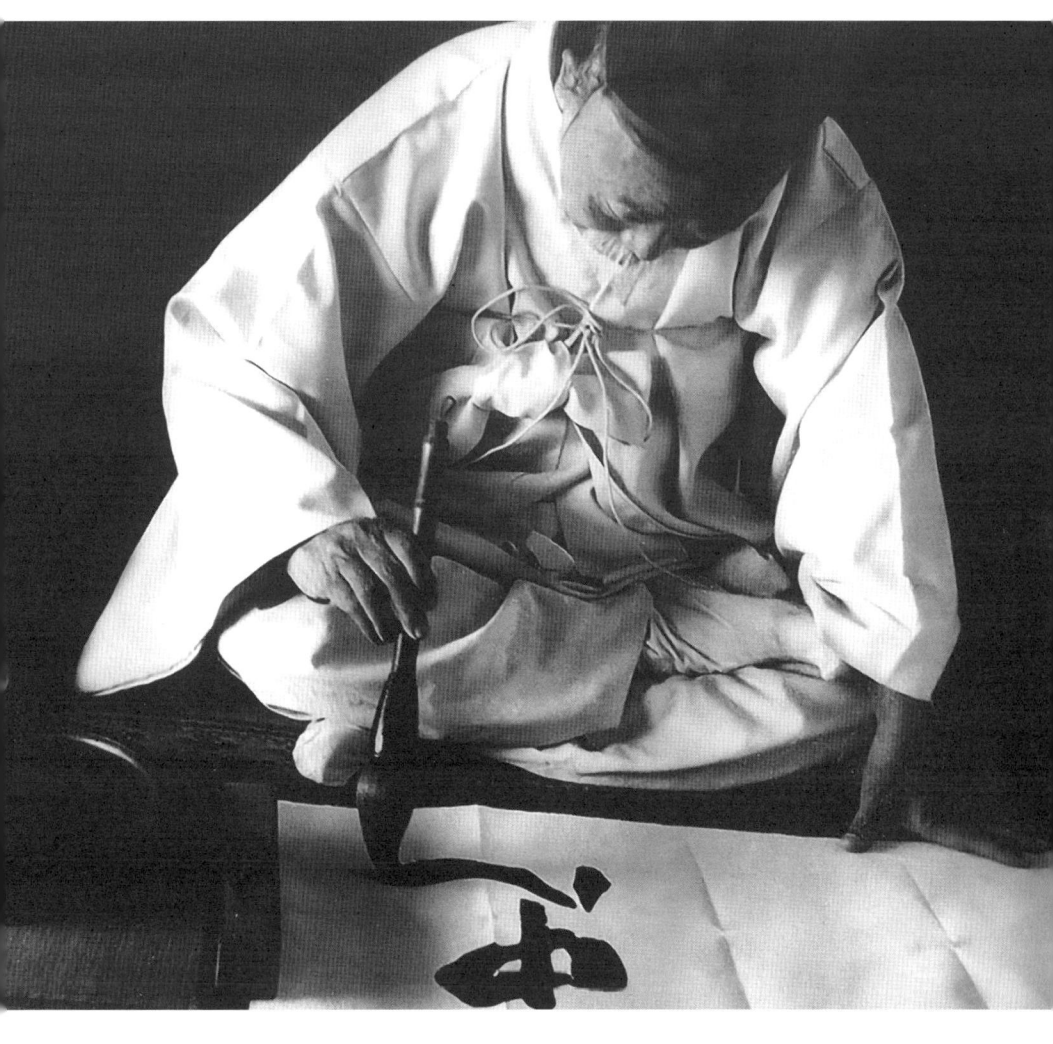

서암(瑞巖) 김희진(金熙鎭) 선생

분이라 하여 깊이 존신(尊信)하셨다. 그리고 간재 문하의 고제(高弟)이신 덕천(悳泉) 성기운(成璣運)과 양재(陽齋) 권순명(權純命)을 사사(師事)하셨다.

선생은 후진 양성에 각별하게 뜻을 두어 고향의 환벽당(環碧堂), 취가정(醉歌亭), 학구당(學求堂)에서 오랫동안 강학(講學)하셨고, 이어서 전북 김제의 장영사(藏英社)와 정읍의 면학당(勉學堂)에서 강학하셨다. 1970년 이후 산업 사회가 급속하게 확산되자 독서(讀書) 종자(種子)가 끊길 것을 우려하여 충남 부여의 곡부강당(曲阜講堂)에서 25년 동안 강학을 지속하셨으며, 말년에 대전의 진잠(鎭岑)에 마련한 송양정사(松陽精舍)에서 4년간 계시다가 일생을 마치셨다.

선생께서 일생 신봉하신 것은 위에서 말했듯이 율곡과 간재의 가르침이었다. 하지만 훌륭한 학자와 명현(名賢)이면 당색(黨色)을 불문하고 모두 높이셨다. 특히 책을 끼고 찾아오는 자가 있으면 지역과 출신을 따지지 않고 한 푼의 학비도 받지 않고서 온종일 열심히 가르쳐 주셨다. 그리하여 다른 서당과 달리 선생의 문하에는 항상 학생들이 모여들었다.

후생들이 선생의 시문을 모아 엮은 《서암유고(瑞巖遺稿)》가 출간되어 전해지는데, 평생 지기(知己)로 허여하신 고(故) 화재(華齋) 이우섭(李雨燮) 옹께서 이 문집에 서문(序文)을 붙이셨다. 이 서문에 선생의 진면목이 잘 드러나 있어 소개해본다.

"김공(金公)은 서재를 열어 문도들을 교수하는 동안 강학하는 장소를 여러 차례 옮겼고, 전후로 문하에서 수학한 자가 천 명을 넘는데, 이들을 가르치신 요점은 한마디로 말하면 '심학성(心學性)'이라 할 것

곡부강당 충남 부여군 은산면 가곡리

곡부강당 일과표

화재(華齋) 이우섭(李雨燮) 선생과 함께 오른쪽에서 두 번째가 필자이고 세 번째가 화재 선생이다.

이다. 공은 평소 석담[石潭; 율곡(栗谷)]과 화도[華島; 간재(艮齋)]를 독실하게 존모하였다. 그러므로 제자들을 가르치실 적에 먼저 사서를 전수하고 《율곡집》과 《간재집》에까지 두루 미쳤다. 입이 닳도록 애써 말씀한 것도 모두 이 뜻이요, 붓을 잡아 글을 쓴 것도 모두 이 뜻이다. 소려채갱(蔬糲菜羹; 거친 밥과 나물국)도 잇기 어려웠으나 걱정하지 않았으며 단갈(短褐; 짧은 베옷)을 입고 폐창(廢窓; 부서진 창문)의 집에 거처하였어도 태연하였다. 가슴속에 깊이 품은 회포가 평탄하여 조금도 간격을 두지 않았기에, 그 모습을 보고 그 의론을 듣는 자들이 모두 기뻐하고 복종하여 문하에 나아가 학업을 청하였다."

선생은 평생 학불염(學不厭; 배우기를 싫어하지 않음)과 교불권(敎不

倦; 가르치기를 게을리하지 않음)을 몸소 실천하셨다. 매일 새벽 3시에 일어나 한동안 정좌(靜坐)를 한 후에 경전을 외시다가, 4시가 넘으면 제자들을 불러 깨워서 일과를 차리게 하셨다. 취침은 대체로 저녁 10시 경이셨다. 노소(老少)와 현우(賢愚)를 막론하고 누구라도 배움을 위해 찾아오기만 하면, 절로 흥이 나서 2시간이건 3시간이건 연달아 강독하여 주시곤 하였다.

선생의 생활 형편은 참으로 고난의 연속이었으나 얼굴에는 항상 즐거운 표정이셨으니, 안빈낙도(安貧樂道)라고 하지 않을 수 없다. 이런 선생의 삶은 영결식 때 제자들이 올린 제문(祭文)을 보아도 알 수 있다.

"선생은 팔십 평생을 오직 성학(聖學)을 전수하는 데에 전념하셨습니다. 추우나 더우나 쉰밥, 선밥을 가리지 않고 저희와 온갖 고생을 함께 하시면서 저희를 가르쳐 주셨습니다. 학구당에서, 환벽당에서, 면학당에서, 곡부에서 그리고 이 송양정사에서 오직 후진 양성에 열(熱)과 성(誠)을 다 바치며 즐겁게 살아오셨습니다. 선생께서 시기하고 자랑하고 원망하고 탐욕하시는 것을 저희들은 일찍이 본 적이 없습니다. 오직 온화함과 겸손함뿐이셨습니다. 지우(智愚)와 현불초(賢不肖)를 막론하고 책을 끼고 찾아오기만 하면 절로 흥이 나시어 밤새도록 함께 글을 읽고 해석해주시곤 하셨습니다. 회인불권(誨人不倦; 사람 가르치기를 게을리하지 않음)의 정성은 팔십 고령에 두 번이나 대수술을 받으신 뒤에도 변함이 없으셨습니다. 병석에 누워서도 매일 학생들의 일과를 차려 주셨으며, 병원에 입원하시고도 학생들의 공부를 늘 염려하셨습니다."

선생의 문하에서 공부하여 성취한 자도 매우 많다. 학계는 물론이고 서예와 고전 번역 등 여러 분야로 진출하여 활동하는 분들이 이루 헤아릴 수 없을 정도이다. 이 가운데 한학자 박정규(朴晶奎), 최천경(崔天慶), 김신호(金信浩), 서예가 박동규(朴東圭) 씨를 비롯하여 이난수(李蘭洙), 홍재곤(洪載坤), 연만희(延萬熙), 김기현(金基鉉), 민경삼(閔慶三), 서대원(徐大源), 유부현(柳富鉉), 이의강(李義康), 김건우(金建佑), 신영주(辛泳周), 이군선(李君善), 이규옥(李圭玉) 씨 등이 있으며 지방에 있는 한학자도 여러 분이다.

 선생은 성현의 학문이 끊기어 인간이 금수화(禽獸化)하는 것을 안타깝게 여기셨다. 그리하여 한 사람이라도 인성(人性)의 본선(本善)과 태극(太極)의 실체를 알아서 윤리 도덕을 실천할 수 있도록 이끌기 위해 평생을 모두 바치셨다. 문장가도 아니요, 박학을 추구한 것도 아니요, 티 없이 맑은 마음을 보존한 천진한 학자이셨던 선생에게서, 나는 조선조 성리학자들의 참모습을 보는 듯하였다. 이 세상에서 다시는 이러한 분을 뵐 수 없을 것이다.

7. 갑진년(2024) 팔순(八旬) 기념
중국 곡부 여행기

5월 15일(수)

　오늘은 음력 4월 초8일로, 중국 산동성 곡부(曲阜)에 모셔져 있는 공부자(孔夫子)의 공묘(孔廟)와 묘소에 참배하고 번역본 《논어집주》 네 종류를 봉정(奉呈)하기 위해 중국 산동성 청도(靑島)로 출발하는 날이다. 나는 원래 불면증에 시달려 왔을 뿐만 아니라 새벽 일찍 출발하기로 약속이 되어 있어서 잠을 제대로 잘 수 없었다. 눈을 떠보니 새벽 2시 30분이었다. 3시 40분에 집식구와 작별하고 연석환(延錫煥) 군의 차를 타고 출발하였다. 수서역에서 김영섭(金永燮) 씨와 만나 동승하고 새벽길을 기분 좋게 달려갔다. 한 시간이 넘게 올림픽대로를 달려 인천국제공항 제2터미널에 도착하였다. 우리가 제일 먼저 도착하였다.

　18일 귀국할 때 비행기가 제1터미널로 밤중에 도착하기로 되어 있어, 연군(延君)은 우리를 내려놓고 그곳으로 주차를 하러 갔다가 왔다. 조금 있으니, 전철근(全哲槿) 씨 등이 차례로 도착하였다.

　일행은 모두 29명이었다.(사진기사 강 감독 포함) 예상외로 많은 인원이었다. 나는 공자님 그리고 안자(顔子)와 증자(曾子), 자사(子思)와 맹자(孟子)님을 속으로 불러 '저희들이 무사히 성지순례(聖地巡禮)를 마치고 돌아오도록 도와주소서' 하고 축원하였다. 다행히 5시 50분경 모두 도착하였다. 우선 반가웠다. 특히 부산의 이광규, 남석하, 최영민 세 분, 그리고 증평의 도곡(道谷) 연만희(延萬熙) 선생과 김건일(金乾鎰) 선생, 해동경사연구소의 구암(九菴) 김성진(金成珍) 이사장 부부가 동행하여 기뻤다.

  내가 중국에 다녀온 것이 어언 5년이 넘었다. 이제 다시는 중국을 관광하지 못할 것이라고 체념했었는데, 해동경사연구소의 양천(陽川) 박희재(朴喜在) 부이사장의 주선으로 팔순을 기념하여 여행을 가게 되었다. 그러나 건강에 자신이 없어 지난 4월 29일 광혜병원에서 지병인 허리협착증 시술을 받았고, 지인통증의원에서 무릎강화주사도 맞았지만 혹시나 나 때문에 성지순례에 차질이 있지나 않을까 하는 우려가 없지 않았다. 수속을 마치고 청도 행 대한항공 비행기에 탑승하였다. 1시간 이상 걸려 청도공항에 무사히 착륙하였다. 예전에도 북경(北京)이나 상해(上海)에서 한국 행 항공기 편이 없어 청도로 와서 몇 시간 동안 맥주 공장과 박물관을 관람한 적이 있다.

  양천이 '寒松선생님 八旬 기념 論語孟子 책 奉獻式'이라는 플래카드를 준비해 와서 우리가 며칠 동안 이용할 리무진 버스 앞에 모여 사진을 찍고는 즉시 버스를 타고 곡부를 향해 출발하였다. 가이드(안내원) 김철(金哲) 씨는 선조가 경상도 사람으로 역사 교사로 있다가 직업을 바꾸었단다. 그래서인지 역사에 대한 지식이 꽤 높았다. 청도의 노산(嶗山)을 설명하면서, 진 시황(秦始皇)이 이곳에 들렀을 때 이 산에 오르느라 피로하였기에 산(山) 자와 로(勞) 자를 합하여 노(嶗)산으로 이름했다고 설명하였다. 예전에 청도에 들렀을 때에는 듣지 못했던 내용이었다. 김철 씨는 노산을 지날 때 '이곳은 춘추시대 제(齊)나라 땅이었다.' 하였고, 문수(汶水)를 지날 때에는 '여기서부터는 노(魯)나라 땅이었다.'고 안내하였다. 나는 이 경로도 처음이었고 이런 설명도 처음 들었다.

얼마 후 몽양(蒙陽)이라는 지명을 알리는 간판이 보였다. 아!《논어》〈계씨(季氏)〉에 염유(冉有)와 자로(子路)가 공자를 뵙고 "계씨가 장차 전유(顓臾) 나라를 공격하는 일이 있을 것입니다."라고 아뢰자, 공자께서 "전유는 옛날에 선왕(先王)이 동몽산(東蒙山)의 제주(祭主)로 삼으셨고 또 우리 노나라 안에 있다. 그는 사직(社稷)의 신하이니, 계씨가 어찌 정벌한단 말인가." 하고 책망하셨는데, 그 후 계씨가 전유를 공격한 기록이 보이지 않으므로 후유(後儒)들은 염유와 자로의 반대로 인하여 실행하지 못한 것으로 추정하였다. 또《서경》〈우공(禹貢)〉의 서주(徐州)에는 "몽산(蒙山)과 우산(羽山)에 곡식을 심을 수 있었다.[蒙羽其藝]"라고 하였다. 그 동몽산의 남쪽이란 뜻의 몽양이 여기에 있었다.

나는 중국에 와서 공자를 위시한 수많은 성인(聖人)과 선현들의 유적을 볼 때마다 가슴이 뭉클해져 번번이 눈물을 흘렸었다. 대장부가 왜 이렇게 눈물이 많은가. 어려서 〈심청전〉을 읽고 심청의 효심에 감동되어 엉엉 우느라 제대로 읽지 못했었다. 지금도 선현들의 문집을 읽다가 애처로운 제문(祭文)을 읽게 되면 언제나 목이 메어 제대로 읽지 못한다. 특히 우리 해동경사연구소가 한국고전번역원의 거점연구소로 지정되어 배당받은 문집을 내가 현토하고 녹음을 해주는데, 제문을 읽다가 울컥하는 소리가 녹음되는 것이 창피해서 녹음을 자주 중단하지만 목 메이는 소리를 감출 수 없었다.

조금 더 가니 계씨(季氏)의 식읍이었던 비현(費縣)이 나왔다. 우리는 비현의 휴게소에서 점심식사를 하였다. 계씨가 민자건(閔子騫)에게 이 비 땅의 읍재(邑宰)를 시키자, 민자건은 그 말을 전하는 사자(使者)에게 당부하기를 "부디 나를 위해 잘 말해주시오. 만일 다시 나를 찾아온다면 나는 이곳을 떠나 제나라의 문수(汶水)가로 가겠소" 하면서 강력히 사양하였다. 효자였던 민자건은 지조도 뛰어나 권력가인 대부의 집안에서 벼슬하지 않아 안연(顔淵)·원사(原思)·증자(曾子) 등과 함께 유명한 인물이다.

존경스러운 민자건의 고사와 관련된 곳에 오니, 의지가 약해 입지(立志)를 제대로 하지 못한 자신이 못내 부끄러웠다. 얼마 후 저 멀리 보이는 산이 이구산(尼丘山)이라는 안내원의 설명이 있었다. 방향은 다르지만 전에도 이구산을 구경한 적이 여러 번 있었다. 산은 그리 높지 않았으나 석산(石山)으로 산세가 기이하여 어느 방향에서든 알기가 쉬웠다.

청도에서 5시간을 넘게 달려 곡부의 공묘(孔廟)에 도착하였다. 묘(廟)는 사당을, 림(林)은 묘소를 가리키는 말로, 공자의 사당을 공묘, 공자의 묘소를 공림(孔林)이라 칭하였다. 안내원은 4시 30분이 지나면 들어가지 못한다며 동유인(同遊人)의 발걸음을 재촉하였다. 나의 발걸음이 제일 느려 서둘러 공묘 안으로 들어갔다. 공묘에 들어가니, 대성전(大成殿)과 대성문(大成門), 대중문(大中門), 금성옥진(金聲玉振), 그리고 태화원기(太和元氣) 등 공부자의 높으신 학덕을 기리는 글들이 우리를 반갑게 맞이하였다. 맹자는 〈이루 상(離婁上)〉에서 백이(伯夷)와 이윤(伊尹), 유하혜(柳下惠)와 공자의 행실을 차례로 들고는 "백이는 성인(聖人)의 청백한 분이고, 이윤은 성인의 자임(自任)한 분이고,

유하혜는 성인의 온화한 분이고, 공자는 성인의 때에 맞게 중(中)을 하신 분이다.[伯夷, 聖之淸者也; 伊尹, 聖之任者也; 柳下惠, 聖之和者也; 孔子, 聖之時者也.]" 하셨다. 이에 대해 장횡거(張橫渠)는 "이른바 성(聖)이란 억지로 힘쓰지 않고 생각하지 않고도 이르는 것이다." 하였고, 공씨(孔氏; 공영달)는 "임(任)은 천하를 구제하는 것을 자신의 책임으로 삼는 것이다." 하였다.

맹자는 뒤이어 "공자를 일러 집대성(集大成)이라 하니, 집대성이라는 것은 음악을 연주할 때 금(金; 금속악기)으로 소리를 퍼뜨리고 옥[석경(石磬)]으로 거두는(끝마치는) 것이다. 금으로 소리를 퍼뜨림은 조리를 시작하는 것이요, 옥으로 거둠은 조리를 끝마치는 것이다.[孔子之謂集大成, 集大成也者, 金聲而玉振之也. 金聲也者, 始條理也; 玉振之也者, 終條理也.]" 하셨다. 조리는 맥락(脈絡)이란 말과 같으니, 여러 음을 가리켜 말씀한 것이다.

이에 대해 집주에 "이는 공자가 세 성인(백이·이윤·유하혜)의 일을 모아 한 대성인(大聖人)이 되신 일을 말씀한 것이니, 풍악을 일으키는 자가 여러 음의 소성(小成)을 모아 한 대성(大成)을 만드는 것과 같다. 성(成)은 음악이 한 번 끝나는 것이다." 하였다. 이로 인해 공자의 사당에는 모두 '대성전(大成殿)'이라고 표기되어 있다. 우리나라의 성균관(成均館)과 향교(鄕校)에도 모두 이렇게 쓰여 있다.

동유인(同遊人) 중에 대중문(大中門)과 태화원기(太和元氣)의 뜻을 묻기에, 나는 "대중(大中)은 대중지정(大中至正)의 줄임말로 중(中)·정(正)은 《주역》의 괘효(卦爻)에서 유래하였다. 중(中)은 2효(爻)와 5효를 가리키고, 정(正)은 양효(陽爻)가 1·3·5의 홀수 자리에 있고 음효(陰

爻)가 2·4·6의 짝수 자리에 있는 것을 이르는데, 중은 중도(中道)를 의미하여 더욱 길함이 된다."라고 설명하였다. 그리고 《맹자집주》에 '세 분은 봄과 여름과 가을과 겨울이 각기 한 철을 맡고, 공자는 태화원기가 사시에 유행하는 것과 같다.[三子猶春夏秋冬之各一其時, 孔子則太和元氣之流行於四時也.]' 한 것을 인용하면서 "태화는 음(陰)과 양(陽)이 모여 화합하는 기운을 이른다."고 설명하였다. 이곳에 너댓 번을 왔건만 공묘는 역시 새로운 느낌이 들었다.

대성전 옆에는 노벽(魯壁)이 있었는데, 노벽은 한(漢)나라 경제(景帝) 때에 노왕(魯王)에 봉해진 공왕(共王)이 공자의 고택을 허물고 궁궐을 크게 지으려 하다가, 벽속에서 고문(古文; 과두문자)으로 기록된 《서경》과 《논어》 등의 죽간(竹簡)이 쏟아져 나온 곳이다. 이 때문에 '공벽(孔壁)'이라고도 불리운다. 이 책들은 이 벽속에 감춰져 있어 진 시황(秦始皇)의 분서(焚書)에 화를 당하지 않았다. 《고문상서(古文尙書)》에 공안국(孔安國)이 전(傳; 해석서)을 지었으나 고문은 독해할 수 있는 자가 별로 없어 그만 일실(佚失)되고 말았다. 그 후 동진(東晉) 때에 매색(梅賾)이 《고문상서》를 찾아내어 현재 《서경》에는 이 《고문상서》가 들어 있으나, 위작(僞作)이라는 논란이 지금까지 계속되고 있다.

원래는 공씨 후손이 거주하는 공부(孔府)도 찾을 계획이었으나 시간적 여유가 없어 겨우 공묘를 뵙고 나와 샹그릴라 호텔로 가서 만찬을 즐겼다. 예전에도 이곳에서 투숙하였는데 시설을 대폭 증축하였는지 더욱 고급스러웠다. 그리고 중국인들도 옛날보다 훨씬 개화(開化)되어 있었다. 90년 초기 처음 북경에 왔을 때에는 질서가 없어 서로 양보하지 않았고 옷을 벗고 일하는 노동자가 상당히 많았으며 교통신호도 지키지 않아 차도(車道)인지 인도(人道)인지 분간할 수 없을 뿐만 아니라, 의복이나 주거환경 역시 열악하였다. 그런데 이제는 경제 대국이 되어서인지 예전과는 확연히 달랐다. 물론 공항의 규모와 질서, 비행기 승무원들의 친절한 서비스와 기내의 청결함은 우리 대한항공에 크게 미치지 못했지만 말이다.

호텔에서 저녁밥을 먹고 710호에 투숙하였다. 저녁에 같은 층의 동유인들과 담소를 나누려 하였으나 다들 피곤해 하고 나 자신도 피곤하여 뜻을 이루지 못하였다. 조금 뒤에 연군과 신선명(申先明) 군이 찾아와 약간의 안마를 받았다. 양천(陽川)은 연군과 함께 옆방에 있었으나 찾지 못하였다.

내가 양천을 만난 것은 노후의 큰 행운이다. 우리 전통문화를 중시하여 제례(祭禮) 등을 철저히 지켰고, 옛 성현을 배우겠다는 의욕이 강하여 내가 강의하는 월·수·금요일의 수업에 빠짐없이 참여할 뿐만 아니라, 모든 일을 주도면밀하게 계획하였다. 금요일에 격주로 호산(壺山)의 《논어집주상설》을 강독하는데, 공자는 말할 것도 없고 안회(顔回), 증삼(曾參) 등 성현의 이름이 나올 때마다 성현의 이름을 휘(諱; 이름을 직접 부르지 않음)하여 모두 '안모(顔某)', '증모(曾某)' 등으로 읽었다. 또 양천은 분기마다 해동경사연구소에 거금을 기부하여 경사(經史)의 번역사업 등에 경제적으로도 큰 도움을 주고 있다.

일이 있어 이번 여행에 함께 오지 못한 춘전(春田) 신범식(申範植) 교수는 약사(藥師)인 부인을 통해 매월 각종 비타민과 건강식품을 보내주는데, 이번에는 소화제, 지사제, 해열제, 감기약, 외상(外傷)에 대비한 10여 종류의 약품을 골고루 준비해 와서 차비까지 보태주었다. 훈곡

(薰谷) 이난수(李蘭洙) 학형(學兄) 역시 찾아와 내환(內患)이 있어 함께 가지 못해 아쉽다면서 여행경비에 보태라고 차비를 주고 가셨다. 나이가 많아지니, 그동안 고마웠던 분과 나를 저버린 분에 대한 애오(愛惡)의 정이 깊어진다. 은혜는 잊지 말아야 하고 서운한 감정은 잊어야 하는데 그렇지 못하니, 평생 공부가 허무하다.

5월 16일(목)

  이날 역시 일찍 일어나 호텔에서 아침 식사를 마치고 모두 도포(道袍)와 유건(儒巾)을 쓰고 출발하였다. 인곡(仁谷) 권오춘(權五春), 난석(蘭石) 이광규(李光圭), 소정(蘇亭) 남석하(南錫夏) 그리고 나는 도포와 유건을 가져왔고 나머지는 모두 난석이 월봉서원(月峰書院)에서 부쳐온 것이었다. 나는 처음에 동유인이 28명이나 되고 이들에게 모두 도포를 입으라고 강요(?)하면 혹시라도 불평하는 분이 있지 않을까 우려되어 양천에게 원하는 분만 입히자고 하였으나 양천의 뜻도 난석의 뜻도 확고하였다. 내가 한복과 도포를 챙겨 입고 나갔더니, 모두들 나와서 도포를 입는 중이었다. 특히 여성분이 5명이었는데[정종미 교수(김성진 이사장 부인), 김규아 교수, 구본희, 방회숙, 오영희] 이분들에게도 모두 한복이 마련되어 있었다. 어찌나 아름다운지 모두가 위의제제(威儀濟濟)한 청금지사(靑衿之士)요 방지원(邦之媛)이었다.

  이상아(李常娥), 윤은숙(尹銀淑) 씨가 함께 오지 못한 것이 특별히 아쉬웠다. 이상아 씨와는 여러 번 중국에 왔었지만, 특히 운남성(雲南省)의 곤명(昆明)에 간 것이 기억에 남는다. 이제는 고인이 된 황해수(黃海守) 씨와 이상아, 최진(崔振), 박상금(朴相今) 씨 등 몇 분과 함께 갔었는데, 지금에도 그때 그분들과 설산(雪山), 호도협(虎跳峽), 여강(麗江), 곤명, 보이(普洱) 등을 관람한 것이 그리 좋았다. 동유인이 소수이다 보니 더욱 정(情)이 든 것 같았으며, 이상아 씨는 한문 실력이 높은 데다가 친화력이 있어 최진·박상금 씨와 함께 《의례(儀禮)》를 번역하였다. 《의례》와 같은 책은 서점에서 거의 판매가 되지 않는데도 공부를 하려는 의욕으로 출혈을 무릅쓰고 4~5년에 걸쳐 거의 완역을 하였다. 우리 모임에도 세 분이 거의 모두 참석해 준다. 이번에도 세 분이 찾아와 특별히 점심을 대접하고 여행경비까지 주고 갔다. 그리고 윤은숙 씨는 제주도에 몇 번 함께 갔었다. 성품이 총명하면서도 원만하고 누구에게나 겸손하여 호감을 갖게 한다. 지금은 건강상 이유로 강독회에 나오지 못한다. 이번에도 찾아와 함께 가지 못해 죄송하다며 차비까지 주었다.

  도포와 유건을 쓴 우리 일행은 호텔에서부터 다른 손님들의 시선을 끌었다. 나는 예전에 중국에 왔을 때 몇 번 한복을 착용하였지만, 일행 모두가 함께 도포를 입기는 이번이 처음이었다. 사실 민족문화추진회(현 한국고전번역원)의 국역연수원에 재직 중에 동료 교수분들은 이러한 것을 싫어하는 듯하여 엄두도 내지 못하였다.

  우리는 공부자의 묘소가 있는 공림(孔林)으로 직행하였다. 다행히 관광객이 많지 않았다. 양천은 전통문화연구회에서 처음 간행했던 《논어집주》와 한국인문고전연구소에서 발간한 《부안설 논어집주》와 《최신판 논어집주》, 그리고 다운샘출판사에서 간행한 호산(壺山) 박문호(朴文鎬)의 《논어집주상설》 2책 등 모두 5책을 직접 구입해 가져와 봉정하면서 《논어》와 《맹자》의 봉헌(奉獻)을 알리는 플래카드를 걸어

공자 묘소 참배

놓고 내가 지은 고유문(告由文)을 인곡(仁谷)이 축관(祝官)으로 읽었으며, 뒤이어 익선회(益善會), 해동경사연구소, 월봉서원, 구인회(求仁會) 그리고 수요반과 금요반을 합하여 모두 5개 팀으로 대표자 한 사람을 정해 화환(花環)을 봉정하고 사배(四拜)하였다. 이 계획 역시 양천이 정하였는데, 연세와 거주지역의 원근(遠近), 수업 연도 등을 고려하여 배정한 것이었다. 원래는 제수를 장만하여 제사를 지내려 하였으나 제수를 구입하기 어려웠고 청결 문제도 있어 《논어집주》를 봉정하는 것으로 바꾸었으며, 마침 화환을 파는 상인이 있어 구매하여 팀 별로 화환을 올리게 되었다.

나는 이곳에 오면 언제나 자공(子貢)의 여묘처(廬墓處)가 눈에 들어온다. 자공이야말로 물심양면(物心兩面)으로 스승을 섬겨 후대에 추앙을 받는 인물이다. 게다가 공자가 별세하자 다른 제자들과 함께 3년간 시묘살이를 하였고, 다른 제자들이 떠나간 뒤에 혼자서 다시 여막(廬幕)을 짓고 3년을 더 머물다가 떠나간 사실이 《맹자》〈등문공 상(滕文公上)〉에 자세히 나와 있다. 이는 공자의 아드님인 백어(伯魚)가 일찍 죽고 그의 아드님인 자사(子思)가 어리므로 자공은 자사가 증자에게 계속 수학하도록 배려한 것이라 한다. 자공은 안자[顏子; 안연(顏淵)] 다음으로 영오(穎悟)하였으며, 공부자를 모시고 자로(子路)·안연 등과 진(陳)·채(蔡)에서 환난(患難)을 만나 고생한 인물이다. 비록 안자·증자처럼 전도(傳道)하지는 못하였으나 자사가 학문을 성취하도록 끝까지 도왔으니, 전도(傳道)의 실제가 있는 것이다.

시간적 여유가 없어 길옆에 있는 자사의 묘소에는 읍(揖)만 하고 왔다. 자사는 공자의 손자로 《중용》을 지어 도통(道統)을 맹자에게 전수한 것으로 알려져 있다. 다만 묘소가 공림(孔林) 안에 있다 보니, 공자의 묘소에만 참배하고 그냥 지나치는 경우가 많다. 그리고 《중용》과 《예기》를 제외하고는 자사의 말씀이 별로 전하지 않는데, 위(衛)나라에 계실 때의 말씀이 《자치통감(資治通鑑)》 1권 등에 다음과 같이 보인다.

위나라 임금이 국가의 계책을 말하는 것이 옳지 않은데도 여러 신하들의 찬동하는 말이 한 입에서 나오는 것처럼 똑같았다. 자사는 위나라 대부(大夫)인 공구의자(公丘懿子)에게 말씀하기를 "내가 위나라를 살펴보건대 이른바 '군주는 군주답지 못하고 신하는 신하답지 못하다.'는 것이다. 군주는 일의 옳고 그름을 살피지 않고 오직 남이 자신을 칭찬하는 것만 좋아하니 우둔함이 이보다 더 심할 수 없고, 신하들은 이치가 있는 곳을 헤아리지 않고 아첨하여 용납되기를 구하니 아첨함이 이보다 더 심할 수 없다. 군주는 우둔하고 신하는 아첨하면서 백성의 위에 있으면 백성들이 따르지 않을 것이니, 이와 같이 하기를 그치지 않는다면 이 나라에 남는 무리가 없을 것이다." 하셨다.

자사는 또 위나라 임금에게 말씀하기를 "임금의 나랏일이 장차 날로 잘못될 것입니다. 군주가 말씀을 하고는 스스로 옳다고 여기면 경(卿)·대부(大夫)가 감히 그 잘못을 바로잡지 못하고, 경·대부가 말을 하고는 스스로 옳다고 여기면 사(士)·서인(庶人)이 감히 그 잘못을 바로잡지 못합니다. 군주와 신하가 이미 스스로 현명하다고 하면 아랫사람들이 똑같은 소리로 현명하다고 칭찬하니, 현명하다고 칭찬하면 윗사람의 뜻에 순하여 복이 있고, 잘못을 바로잡으려 하면 뜻에 거슬려서 화(禍)가 있습니다. 이와 같다면 선(善)이 어디로부터 생겨나겠습니까. 《시경》에 이르기를 '모두 내가 성인(聖人)이라고 하니, 누가 까마귀의 암수를 알겠는가.' 하였으니, 또한 임금님의 군신간과 같습니다." 하셨다.

또 맹자와 문답한 내용이 다음과 같이 보인다.

"추(鄒)나라 사람 맹자가 위(魏)나라 혜왕(惠王)을 뵙자, 왕이 말씀하기를 '노인께서 천 리 길을 멀다고 여기지 않고 오셨으니, 또한 우리나라를 이롭게 함이 있겠습니까?'라고 하자, 맹자는 말씀하기를 '임금께서는 하필 이로움(이익)을 말씀하십니까? 인의(仁義)가 있을 뿐입니다.' 하셨다.

처음에 맹자가 자사를 사사(師事)할 적에 '백성을 기르는 방도는 무엇을 먼저 해야 합니까?' 하고 묻자, 자사는 '먼저 백성을 이롭게 해주어야 한다.'고 대답하였다. 맹자가 '군자가 백성을 유도하는 것은 또한 인의일 뿐이니 하필 이로움입니까?' 하고 묻자, 자사는 다음과 같이 대답하셨다. '인의는 진실로 백성을 이롭게 하는 것이다. 윗사람이 인(仁)하지 못하면 아랫사람이 그 처소(살 곳)를 얻지 못하고, 윗사람이 의(義)롭지 못하면 아랫사람이 속이기를 좋아하니, 이는 이롭지 못함이 큰 것이다. 그러므로 《주역》에 이르기를 「리(利)는 의(義)의 화(和)함이다.」 하였고, 또 이르기를 「씀을 이롭게 하고 몸을 편안히 하여 덕을 높인다.[利用安身以崇德也.]」 하였으니, 이는 모두 이로움의 큰 것이다.'"

위의 내용은 《맹자》의 첫 편 〈양혜왕 상〉에도 그대로 보인다. 위나라는 바로 양나라이다. 이에 대하여 사마온공[司馬溫公; 사마광(司馬光)]은 다음과 같이 평하였다.

"자사와 맹자의 말씀이 똑같다. 오직 인자(仁者)라야 인의의 이로움을 알 수 있으니, 인하지 못한 자는 이것을 알지 못한다. 그러므로 맹자가 양왕(梁王)에게 대답하실 적에 다만 인의만 말씀하고 이로움을 언급하지 않은 것이니, 이는 함께 말씀한 사람이 달랐기 때문이다."

우리는 잠시 후 주공(周公)의 사당에 이르러 공경히 예를 행하였다. 이곳을 구경한 것 역시 처음이었다. 주공은 공자께서도 그토록 연모하신 분으로, 원성(元聖)이라 칭하였다. 공자께서는 노년에 스스로 한탄하시기를 "심하구나, 나의 노쇠함이여! 오래되었구나, 내가 꿈에서 주공을 뵙지 못한 지가…….[甚矣, 吾衰也! 久矣, 吾不復夢見周公.]"라고 하셨다.

주공은 또 다재다예(多才多藝)한 성인이시다. 신흥국가인 주(周)나라의 예악(禮樂)과 문물(文物)을 모두 제정하였다. 특별히 《의례(儀禮)》와 《주례(周禮)》를 지었는데 《주례》는 주나라의 관직 제도를 기록한 책으로, 우리 조선조에서 사용한 육조(六曹) 역시 여기에서 유래하였다. 공자는 "만일 주공처럼 아름다운 재주가 있더라도 가령 교만하고 또 인색하다면 그 나머지는 볼 것이 없다.[如有周公之才之美, 使驕且吝, 其餘不足觀也已.]"라고 하셨다. 나는 약간 복통 기운이 있어 오랫동안 구경하지 못하고 그대로 물러 나왔다.

얼마 뒤에 이어서 복성공(復聖公) 안자(顔子)의 사당에 가서 읍(揖)을 하였다. 사당 입구에는 '누항정(陋巷井)'이라고 새겨진 비석과 우물이 있었다. 누항은 누추한 시골 마을이란 뜻으로, 공자는 안빈낙도(安貧樂道)하는 안연을 두고 "어질도다. 안회(顔回)여! 한 대그릇의 밥과 한 표주박의 음료로 누추한 마을에 사는 것을 다른 사람들은 그 근심을 감내하지 못하는데, 안회는 그 즐거움을 변치 않으니, 어질도다. 안회여![賢哉! 回也. 一簞食, 一瓢飮, 在陋巷, 人不堪其憂, 回也不改其樂, 賢哉! 回也.]"라고 칭찬하신 내용이 《논어》〈옹야(雍也)〉에 보인다. 그리고 안연이 일찍 죽자 공자께서 지나치게 애통해 하며 통곡하신 일이 〈선진(先進)〉에 보인다.

안자는 공문(孔門)의 여러 제자 중에 가장 어질고 호학(好學)한 것으로 알려져 있다. 《논어》〈옹야〉에 보면, 노나라 애공(哀公)이 공자에게 "제자 중에 누가 가장 호학합니까?" 하고 묻자, 공자는 "제자 중에 안회라는 자가 가장 호학해서 노여움을 다른 사람에게 옮기지 않고 잘못을 두 번 다시 저지르지 않았는데 불행히 수명이 짧아 죽었으니, 지금은 없습니다.[有顔回者好學, 不遷怒, 不貳過, 不幸短命死矣. 今也則亡.]"라고 대답하셨다. 여기에서 말한 학(學)은 지식을 위주한 학문이 아니고 행실을 위주한 것이다. 남이 잘못이 있을 적에 그 노여워하는 것은(노여움을) 그에게서 그치고 다른 사람에게 옮겨서는 안 된다. 그리고 자신의 행위가 잘못임을 알았으면 즉시 고치고 되풀이하지 말아야 한다. 그런데 안자께서 이렇게 하신 것이다.

《주역》〈계사전〉에는 공자가 그를 칭찬하신 말씀이 보인다. "안씨(顏氏)의 아들은 아마도 도(道)에 가까울 것이다. 불선(不善)이 있으면 일찍이 알지 못한 적이 없고, 알면 일찍이 다시 행한 적이 없다. 《주역》〈복괘(復卦) 초구(初九)〉에 '멀리 가지 않고 돌아와 뉘우침에 이르지 않으니 크게 선(善)하고 길(吉)하다.' 하셨다.[顏氏之子, 其殆庶幾乎. 有不善, 未嘗不知; 知之, 未嘗復行也. 易曰, 不遠復, 无祗悔, 元吉.]" 공자께서 안회라고 그의 이름을 직접 부르지 않고 '안씨의 아들'이라고 하신 것 역시 그를 칭찬하신 것이다.

점심 식사 후 공자의 부친인 숙량흘(叔梁紇)과 모친인 안씨(顏氏)의 묘소가 있는 양공림(梁公林)으로 향하였으나 공사 중이어서 볼 수가 없었다. 다시 곡부 시내로 돌아와서 피로를 풀기 위해 1시간 가량 발 마사지를 받았다. 우리 일행은 다시 이구산(尼丘山)의 성경(聖境) 지구로 직행하였다. 이구산은 이산(尼山)으로 표기하였는바, 아마도 예전부터 구(丘)는 공자의 이름이므로 구(丘)를 휘(諱)하여 이산으로 읽는 듯하였다. 공자가 탄생하신 굴이 이구산 밑에 있다 하여 찾아갔으나 공자가 이 굴에서 태어났다는 전설은 제동야인(齊東野人)의 근거 없는 말이라고 생각되었다.

우리는 황금빛 찬란한 공부자의 동상 앞으로 갔다. 73미터에 이르는 웅장한 공부자의 상(像)에 이르니, 또다시 눈물이 나왔다. 윤리 도덕이 땅에 떨어진 이때 의연(毅然)히 서 계신 모습이 더욱 존경스러웠다. 공자의 기념관이라 할 수 있는 대 학당(大學堂)에 들어가니 큰 궁전을 연상하게 할 뿐만 아니라 10여 층의 높이에 절로 감탄이 나왔다.

그리고 《대학》과 《논어》의 경문(經文)을 모두 해서(楷書)로 써서 판각하여 걸어놓았는데 필체도 좋아서 더욱 마음에 들었다. 특히 《대학》의 "대학에서 사람을 가르치는 방도는 명덕을 밝힘에 있으며, 구습(舊習)에 오염된 백성들을 새롭게 만듦에 있으며, 지선(至善)에 그침에 있다.[大學之道, 在明明德, 在新民, 在止於至善.]"라는 글이 번자체(繁字體)로 쓰여져 있었다. 간자체(簡字體)는 어쩐지 경박하다는 느낌이 드는데, 해서의 번자체이고 또 친민(親民)이 아니고 정주학(程朱學)에서 주장하는 '신민(新民)'으로 표기된 점이 감명 깊었다.

《대학》의 원본은 '在親民'으로 되어 있으며 후한(後漢)의 정현(鄭玄) 이하로 모두 '백성을 친애한다.[親民]'로 해석하였는데, 정이천(程伊川)이 처음으로 '친(親)은 마땅히 신(新)이 되어야 한다.'고 말씀하였고 편차(篇次)도 개정하였으며, 주자(朱子)는 편차를 삼강령(三綱領), 팔조목(八條目)의 순서에 맞추어 재구성하였고 격물치지장(格物致知章)이 빠져 있다 하여 보망장(補亡章)을 지어 보충하였다.

그러나 명말청초(明末淸初)에 이르러 고증학자(考證學者)들은, 공자는 《논어》에서 '성(性)은 서로 비슷하나 습관에 따라 서로 멀어진다(크게 달라진다).[性相近也, 習相遠也.]'라고 하셨는데, 정주학에서 '성은 바로 이(理)이다.[性卽理]'라고 하여 새로운 성리설을 창조하고 이에 맞추어 《대학》의 글을 함부로 고치고 편차를 바꾸어 놓았다고 비판하고는 다시 정현(鄭玄)의 설을 따랐다. 그리하여 중국에서는 지금까지 대체로 정주학을 무시하고, 경학(經學)이라 하면 정현의 설을 거의 모두 신봉한다.

고증학자들은 대체로 '효(孝)·제(弟)·자(慈)는 명덕(明德)이다.' 하고,

《맹자》의 "인륜이 위에서 밝아지면 백성들이 아래에서 친해진다.[人倫明於上, 小民親於下.]"를 근거로 친민(親民)이 맞다고 하였다. 그들의 설을 따른다면 '明明德而民親; 효제자의 명덕을 밝히면 백성들이 친애한다'로 글을 바꾸어야 할 것이다.

정현은 후한(後漢) 말기 사람으로 공자와의 시간차가 500년이 넘는데다가, 그동안 진 시황(秦始皇)의 분서갱유(焚書坑儒)가 있었고 글자체도 과두문자(蝌蚪文字)에서 진예(秦隷)와 한예(漢隷)로 바뀌어 고문(古文; 과두문자)을 제대로 독파하는 자가 적었다. 또한 초(楚)·한(漢) 전쟁으로 경전(經傳)에 대한 관심이 없다가, 200년이 훨씬 지난 한나라 경제(景帝) 때에 흩어져 있던 원전(原典)을 겨우 수집하였다. 그리고 또 다시 300년 뒤에 정현이 태어났으니, 정현의 설이라고 해서 모두 옳지는 않을 것이다. 고대의 제도 등에 대한 정현의 해설은 주자도 칭찬하고 그대로 따랐다. 그러나 천인성명(天人性命)에 대한 해설은 일관성이 없는 것이 사실이다.

자사(子思)는 《중용》에서 "하늘이 이치를 명해준 것을 성이라 하고 성을 따름을 도라 한다.[天命之謂性, 率性之謂道.]"라 하여 성(性)을 높였고, 공자와의 거리가 100년이 채 못 되는 기간에 맹자는 다시 성선설(性善說)을 부르짖어 성의 선(善)함을 말씀하면서 말씀마다 반드시 요(堯)·순(舜)을 들어[道性善, 言必稱堯舜.] 실증하였으며, 다시 사단(四端)을 밝히신 것으로 알려져 있다.

그러나 성선설의 사고는 자사와 맹자가 창조한 것이 아니고 공자의 가르침 속에 내포되어 있는 것을 자사와 맹자가 더욱 발전시킨 것으로 보아야 할 것이다. 물론 《주역》〈계사전 상〉에는 '천하지리득(天下之理

得)'이라 하였고, '계지자선(繼之者善)'과 '성성존존(成性存存)'이란 내용이 보이지만 고증학자들은 〈계사전〉 자체가 공자의 말씀을 가탁한 위작으로 보아 믿지 않는다. 그렇다고 성이 선하냐 악하냐 하는 중대한 문제를 자사와 맹자가 처음으로 만들어 내지는 않았을 것이다. 단지 본연(本然)의 성(性)이 자사와 맹자 이전의 경전에 보이지 않을 뿐이다.

주자는 〈중용장구 서〉에서 "자사가 요·순 이래로 서로 전수한 뜻을 미루어 근본하고 평소 부사(父師)에게 들은 말씀을 바탕으로 하여 번갈아 대조하고 연역하여 이《중용》책을 지어서 후세의 배우는 자들을 깨우치셨다.[推本堯舜以來相傳之意, 質以平日所聞父師之言, 更互演繹, 作爲此書, 以詔後之學者.]" 하였다. 그리고 정자는 "이 편(중용)은 바로 공자 문하에서 전수한 심법이니, 자사가 그 오래되면 잘못될까 염려하셨다. 그러므로 이것을 책에 써서 맹자에게 주셨다.[此篇, 乃孔門傳授心法, 子思恐其久而差也, 故筆之於書, 以授孟子.]" 하였다.

이 대 학당(大學堂)에서 공자의 유교를 체험학습하기 위해 수천 명의 청소년(학생)들이《논어》를 펴 놓고 필기(筆記)하는 모습이 신기하기도 하고 부럽기도 하였다. 안내원의 설명에 의하면 현재 중국에서는 시진핑(習近平) 주석이 유교의 문화와 사상을 통치 이념으로 삼아 공자와 그 제자들의 유적지를 모두 보수하고 있다고 한다. 그 일환으로 공자의 동상과 대 학당을 건립하였으며, 공자가 73세에 별세한 것을 상기하여 동상의 높이가 73미터라는 것이었다.

유심론(唯心論)을 배척하고 유물사상(唯物思想)만을 강조하는 공산주의 국가에서 공자의 유교 사상을 높이고 통치 이념에 적용한다 한들 형식적임에 불과할 것이다. 옛 선현들이 그토록 높였던 중화사상(中

華思想)은 중국의 한족(漢族)을 가리켜 말씀한 것이 아니고 오직 도덕과 예의의 사상을 가리켜 말씀한 것이며, 중화사상과 대칭되는 이로(夷虜)의 풍속은 무례하고 부도덕한 행위를 지탄한 것이다. 그런데 지금 중국은 넓은 강토와 14억에 달하는 인적 자원을 믿고 주변 약소국을 침공하고 온갖 만행(蠻行)을 저지르고 있다. 《논어》 몇 구(句)를 학습한다 하여 그들의 나쁜 버릇이 고쳐질 리는 없다.

하지만 우리나라는 서구(西歐)의 물질만능주의가 팽배하여 젊은이들은 《논어》라는 책이 있는 것조차도 모르는 현실을 돌아볼 때에 영어와 과학문명에만 치중하지 말고 동양고전과 퇴계(退溪)나 율곡(栗谷) 등 선현들의 글을 읽고 훌륭한 정신문화를 배웠으면 하는 마음 간절하였다.

대 학당에서 저녁을 먹고 야외에서 펼쳐지는 무료 공연(公演)을 관람하였다. 1만 명 이상이 모인 것으로 보였는데, 청소년들의 체험학습이나 공연에 이처럼 많은 관람객이 모여든다는 것이 놀라웠다. 드론 등 최신 IT기술과 연계시켜 '论语(論語)'라는 큰 화면이 나오고 공자가 제자들과 함께 철환천하(轍環天下)하시는 모습을 그린 화려하고 신기한 영상을 볼 수 있었다. 밤늦게 공연이 끝나 다시 어제 투숙했던 샹그릴라 호텔에 오니, 모두들 지쳐 있어 그대로 잠을 청하였다.

5월 17일(금)

오늘은 맹림(孟林)에 가기로 한 날이었다. 아침에 일찍 나왔다가 구영(具英) 선생과 함께 호텔의 후원(後苑)을 거닐게 되었다. 구선생은 서울대 치대(齒大) 학장을 역임하신 분으로 대구(大邱) 출신이신데, 우리의 전통 문화에도 깊은 관심이 있으셨다. 《시경》 강독에 참여한 지는 얼마 되지 않았지만 이번에 함께 중국 여행을 오게 되어 반가운 마음 그지없었다.

아침 식사를 마치고 오늘은 제남(濟南)의 태안읍(泰安邑)에서 유숙하기로 되어 있어 짐을 모두 챙겨 버스에 실었다. 역시 모두들 도포와 유건을 착용하였다. 아침에 보니 다들 건강한 모습으로 위용(偉容)이 어제보다도 더 좋았다.

우선 안자(顔子)의 묘소가 있는 동안림(東顔林)으로 갔으나 역시 공사 중이어서 들어가지 못하고 문 앞에서 양천(陽川)이 마련해 온 '논어 맹자 봉헌식'이라는 플래카드를 걸어놓고 사진을 찍고 왔다. 가는 길에 자동차 내비게이션 이용이 원활하지 않아 버스가 좁은 길목에서 길을 헤매다가 되돌아 나오는 경우가 많았다.

우리는 맹림(孟林)으로 갔다. 가는 길에 있는 맹모림(孟母林)을 먼저 봉심하였다. 이곳에 올 때마다 '맹모삼천지교(孟母三遷之敎)'를 연상하여 맹자의 어머니이신 장씨(仉氏) 부인을 생각하게 된다. 맹묘(孟廟)에 '맹모단기처(孟母斷機處)'라는 비석이 있는데, '맹모가 베를 짜던 베틀의 실을 자른 곳'이라는 뜻이다. 《열녀전(列女傳)》에 다음과 같은 내용이 보인다. 맹자가 어렸을 때 학당에서 공부하다가 공부를 그만둘 속셈으로 집으로 돌아왔다. 맹모가 "너의 학문이 얼마나 성취되었느냐?" 물으니, 맹자는 "예전과 똑같습니다." 하였다. 이에 맹모는 칼로 짜던 베틀의 실을 자르며 "네가 학문을 포기하는 것은, 내가 이 베틀의 실을 잘라버리는 것과 같다." 하였다. 이에 맹자는 크게 두려워하고 분발하여 밤낮으로 공부하였으며 자사(子思)를 스승 삼아 끝내 대학자가 되었다.

학문은 단절하면 안 된다. 예전의 경험을 소개하겠다. 성균관이나 향교의 전교(典校)들 중에 초하루나 보름에 분향이나 하고 유림이라 행세하는 분들이 종종 있었다. 사찰의 승려는 불경을 외고 기독교 예배당의 목사와 신도들은 으레 손에 성경책을 들고 다니면서 복음 몇 장이니 하며 설교를 하면 신도들은 열심히 따라 읽는다. 그런데 성균관의 임원이나 향교의 전교들은 1년 내내 《논어》 한 줄을 읽지 않는 분이 있다고 한다.

그리고 성균관장이나 유도회 회장의 임기가 차면 편을 갈라 싸움질을 하고 자기의 뜻이 이루어지지 않으면 또 소송을 한다. 또 관장 밑에는 17개 시·도의 부관장을 두고 부관장 자리를 돈을 주고 산다는 것이었다. 신종 매관매직이라 할 것이다. 학문은 하지 않고 유림 행세만 하는 분들이 많아질 경우 유교의 위상이 낮아지면 낮아지지 높아지지는 않을 것이다. 우리 모두 반성하여야 한다.

맹자는 공자처럼 생이지지(生而知之)하신 분이 아니고 학이지지(學而知之)하신 분이시다. 만일 맹모의 삼천지교가 없었더라면 맹자는 공동묘지에서 매장하는 인부가 되었거나 장사꾼이 되었을 것이다. 맹모에게 다시 한번 고개 숙여 경의를 표하였다.

맹자의 묘소에는 내가 두 번 참배한 경험이 있다. 그런데 또한 새로웠다. 역시 플래카드를 걸어놓고는 전통문화연구회에서 처음 발간한 《맹자집주》와 한국인문고전연구소에서 발간한 《부안설 맹자집주》와 《최신판 맹자집주》, 그리고 다운샘출판사에서 간행한 박호산의 《맹자집주상설》 2책 등 모두 다섯 책을 봉정하고 소정(蘇亭)이 축관으로 고유문을 읽었다. 이내 날씨가 더워져 섭씨 30도가 넘었는데 안내원이 오

맹자 묘소 참배

늘은 35도에 이를 것이라고 하였다. 이곳에는 화환을 파는 상인이 없었으므로 팀별로 나와서 절만 하였다.

묘소 앞에 둘러앉아 공자와 맹자에게 올린 고유문을 내가 설명하였다. 날씨가 너무 더워 맹림에서 나와 버스 안에서 유건과 도포를 벗고 간편복으로 갈아입었다. 도곡(道谷)이 출발하는 날부터 돌아오는 날까지 매일 공진단(拱辰丹)을 주시어 복용하였는데, 그 효험인지 피로는 하였으나 건강에 큰 무리는 없었다.

맹자는 성선설(性善說)을 주장하고 성(性)에는 인·의·예·지가 있으며, 여기에서 나온 마음을 사단(四端)이라 하였다. 특히 민본(民本)주의를 제창하여 전국시대 제후왕들의 가렴주구(苛斂誅求)와 폭정(暴政)을 비판하였다. 이에 후유(後儒)들은 《맹자》의 사상을 '천리를 보존하고 인욕을 막았다.[存天理, 遏人欲.]'로 요약하였다. 또한 호연지기(浩然之氣)를 기르신 것으로 유명하다.

공자의 춘추시대와는 시간 차이가 100년 미만이었지만 전국시대가 되니 세상은 더욱 나빠져 도덕과 인의(仁義)를 부정하고 오직 이익만을 추구하였다. 이에 맹자는 인의의 왕도(王道) 정치를 제창하고 공리(功利)를 앞세우는 패도(霸道) 정치를 내치셨다. 그러함에도 제자인 공손추(公孫丑)와 만장(萬章) 등은 그리 현명하지 못하였다. 이때 양주(楊朱)와 묵적(墨翟) 등의 이단이 성행하였는데, 맹자는 명철한 이론과 달변으로 이들의 잘못을 배척하였다. 그 결과 양주·묵적의 학설은 거의 종식되었다. 그야말로 고군분투한 것이었다.

전한(前漢) 때에 지어진 《사기》에는 맹자를 순경(荀卿)과 함께 제자(諸子)의 열전에 포함시켰다. 그러다가 후한(後漢)의 조기(趙岐)가 《맹자》의 주를 내면서 맹자의 위상이 높아졌으나 역시 제자에 머물러 있었다. 그 후 당(唐)나라의 대문호이며 학자인 한유(韓愈)가 맹자를 크게 추존하면서 세상에 널리 알려지게 되었다.

한유는 맹자가 요(堯)·순(舜) 이래 주공과 공자의 도통(道統)을 이어받았음을 밝히고 "맹자는 자사를 스승으로 섬기셨는데, 자사의 학문은 증자에게서 나왔으니, 공자가 별세한 뒤로 오직 맹자의 전함이 그 종통(宗統)을 얻었다. 이 때문에 성인(공자)의 도를 살펴보려는 자는 반드시 맹자로부터 시작하여야 한다." 하였고, 또 "그때 만약 맹자가 없었다면 우리는 모두 오랑캐가 되었을 것이다. 그러므로 나는 일찍이 맹씨를 추존하여 그 공로가 우(禹) 임금 아래에 있지 않다고 하는 것이다." 하였다.

그 후 송대(宋代)에 와서 공(孔)·맹(孟)으로 병칭되어 공자 다음의 스승이란 뜻으로 아성(亞聖)으로 존칭하였고 《맹자》가 《논어》와 함께 논·맹으로 병칭되었으며, 공자와 안자·증자·자사·맹자를 오성(五聖)으로 추존하였다. 또한 공자를 여러 번 추존하여 '대성지성문성왕(大成至聖文宣王)'으로 추봉(追封)하고 안자 이하 네 분을 공(公)으로 추봉하였다. 《맹자》의 내용을 살펴보면 《논어》보다도 더 완벽하고 공자의 명언일사(名言逸事)가 실려 있어 이를 통해 세상에 알려진 것이 많다.

오후에 종성공(宗聖公) 증자(曾子)의 사당과 묘소가 있는 남무성(南武城)으로 출발하였다. 무성(武城)은 공자의 제자 자유(子游)가 읍재를 지냈던 고을이다. 자유가 이 고을의 백성들을 시서(詩書)와 예악(禮樂)으로 가르쳐 현악기를 타고 시를 노래하는 현가지성(絃歌之聲)이 온 고을에 퍼지고 있었다. 공자께서 이곳에 가셨다가 예악으로 백성을 다스리는 제자의 모습을 보시고 빙그레 웃으시며 "닭을 잡는데 어이하여 소 잡는 칼을 쓰는가.[割鷄, 焉用牛刀.]"라고 농담을 하시자, 자유는 정색을 하고 "예전에 제가 선생님께 듣자오니 '군자(정치가)가 도를 배우면 인민(人民)을 사랑하고 소인(백성)이 도를 배우면 부리기 쉽다.'라고 하셨습니다." 하고 대답하였다. 공자께서는 "제자들아! 언(偃)의 말이 옳으니, 내가 조금 전에 한 말은 농담이었다."라고 하신 내용이 《논어》〈양화(陽貨)〉에 보인다. 공자께서 얼마나 흐뭇해 하셨을까 상상하고도 남는다. 언(偃)은 자유의 이름이다.

또 〈옹야(雍也)〉에는 자유가 무성의 읍재가 되자 공자께서 그에게 "너는 그 고을에서 인재를 얻었는가?" 하고 물으시니, 자유가 대답하기를 "담대 멸명(澹臺滅明)이라는 자가 있으니, 다닐 적에 지름길로 가지 않으며 공적(公的)인 일이 아니면 저의 집무실에 한 번도 오지 않았습니다." 하였다.

이에 대해 주자는 집주에서 "지름길로 가지 않았으면 행동을 반드시 바르게 하여 작은 이익을 보거나 속히 하려는 마음이 없었음을 알 수 있고, 사사로이 읍재를 만나보지 않았으면 반드시 스스로 지조를 지킴이 있어서 자기 몸을 굽혀 남을 따르는 사사로움이 없음을 알 수 있다." 하였다. 담대 멸명 역시 공자의 제자가 되어 72명의 현자(賢者)에 참여되었다.

후유(後儒)들은 이에 대해 무성은 백성들의 성품이 과격하고 사나워 문(文)이 없으므로 지명을 무성이라고 이름하였는데, 자유가 예악으로 가르친 덕분에 백성들이 현악기를 타고 시를 노래하는 아름다운 풍습이 있게 되었다고 평하였다. 그리고 《맹자》에는 증자가 무성에 사신 일이 보인다.

남무성(南武城)은 맹림에서 상당히 멀었다. 1시간 30분을 넘게 달려 남무성 부근에 이르니, 산들이 모두 석산(石山)이어서 무용(武勇)의 기상이 있었다. 원나라 때 증자를 성국 종성공(郕國宗聖公)으로 봉하고 안자는 연국 복성공(兗國復聖公)으로 봉하였는데, 주자의 〈중용장구 서〉에는 "그 당시 공자를 뵙고 도(道)를 안 분 중에 오직 안씨(顔氏)와 증씨의 전함이 그 종통(宗統)을 얻었다." 하였고, 〈대학장구 서〉에는 "3천의 문도(門徒)가 공자의 말씀을 듣지 못한 자가 없었건만 증자의 전함이 홀로 그 종통을 얻어 《대학》의 전의(傳義)를 지으셨다." 하였다. 이에 종성(宗聖)이란 봉호가 붙여진 것이며, 안자는 극기복례(克己復禮)의 복(復)을 취하여 봉호로 삼은 것이다.

극기복례는 자기의 사사로움을 이겨내어 예(禮)로 돌아간다는 뜻으로, 곧 인욕(人欲)을 버리고 천리(天理)를 회복함을 이른다. 16일에 봉심한 복성공의 사당에는 극기복례(克己復禮)라는 글(표제어)이 자주 보였다. 이는 《논어》〈안연(顏淵)〉에 "안연이 인(仁)을 행하는 방법을 묻자, 공자는 '자기의 사사로움(사욕)을 이겨내어 예로 돌아가는 것이 인을 하는 것이다. 단 하루라도 사사로움(사욕)을 이겨 예로 돌아가면 천하 사람들이 인자(仁者)임을 허여(인정)할 것이다. 인을 하는 것은 자기에게 달려 있으니, 남에게 달려 있겠는가.'라고 대답하셨다. 안연이 극기복례의 조목을 묻자, 공자는 '예(禮)가 아니면 보지 말며 예가 아니면 듣지 말며 예가 아니면 말하지 말며 예가 아니면 동하지 마는 것이다.' 하셨다. 이에 안연은 '제가 비록 불민(不敏)하오나 이 말씀에 종사하겠습니다.' 하였다.[顏淵問仁, 子曰, 克己復禮爲仁, 一日克己復禮, 天下歸仁焉. 爲仁由己, 而由人乎哉? 顏淵曰, 請問其目, 子曰, 非禮勿視, 非禮勿聽, 非禮勿言, 非禮勿動. 顏淵曰, 回雖不敏, 請事斯語矣.]"라고 보인다. 이로 인해 '극기복례'는 안자의 학문을 대표하는 말로 쓰여지게 되었다.

종성공묘(宗聖公廟)에서 증림(曾林)까지는 약간 거리가 멀었으므로 (약 600m) 양천이 주선하여 봉고차 주인에게 부탁해서 나와 인곡(仁谷), 김희곤, 김영섭 네 분이 봉고차를 타고 먼저 도착하였으며 일행이 걸어서 곧바로 따라왔다. 한편 종성공의 사당에는 '도전일관(道傳一貫)'이란 표제어가 크게 보였다. 일관의 도를 전했다는 뜻으로 일관은 일이관지(一以貫之)의 줄임말인바, 증자의 학문을 대표하는 말이다. 공자는 특별히 증자의 이름을 불러 "삼(參)아! 나의 도는 한 가지 이치가 만사만물을 꿰뚫고 있다.[參乎! 吾道一以貫之.]"라고 하시자, 증자는 즉시 "예! 옳습니다.[唯]" 하고 대답하였다.

이 내용은 공자가 자공에게도 똑같이 말씀하였으나 자공은 증자처럼 "예! 옳습니다."라고 대답하지 못하였다. 공자는 일찍이 "증삼(曾參)은 노둔하다." 하셨는데, 이에 대해 정이천(程伊川)은 "증자의 학문은 성실과 독실(篤實) 뿐이었다. 성인(공자)의 문하에 총명하고 재주 있고 언변이 좋은 자들이 많았지만 끝내 공자의 도를 전한 분은 바로 질박하고 노둔한 사람이었다. 그러므로 학문은 성실함을 귀하게 여기는 것이다." 하였다.

증자는 효행으로도 유명하다. 공자는 증자에게 이르시기를 "자식의 신체와 모발과 피부는 부모에게서 받았으니, 감히 훼손하지 않는 것이 효의 시작이요, 몸을 세우고 도를 행하여 이름을 후세에 드날려 부모를 현양(顯揚)하는 것이 효의 종말이다.[身體髮膚, 受之父母, 不敢毀傷, 孝之始也; 立身行道, 揚名於後世, 以顯父母, 孝之終也.]" 하셨는바, 이 내용은 《효경(孝經)》에 자세히 보인다. 우리들은 입신양명(立身揚名)하면 으레 출세하여 고관대작을 지내거나 유명한 사람이 되어 부귀공명을 누리는 것으로 생각한다. 그러나 도의(道義)에 벗어난 출세와 부귀공명은 도리어 부모에게 치욕을 끼칠 뿐이다.

《효경》은 문자 그대로 효행에 관한 것을 공자께서 증자에게 특별히 말씀한 것으로 내용은 그리 많지 않으나 한 경(經)으로 인식되어 13경(經)의 하나가 되었으며, 이 내용은 《소학》에도 실려 있다.

또한 증자는 효에 대해 다음과 같이 말씀하였다. "자식의 몸은 부모가 남겨주신 것이니, 부모께서 남겨주신 몸을 운용하면서 감히 공경하지 않을 수 있겠는가. 거처함에 장엄하지 않는 것이 효가 아니며, 군주를 섬김에 충성하지 않는 것이 효가 아니며, 관직에 있으면서 공경하지 않는 것이 효가 아니며, 붕우간에 신실(信實)하지 않는 것이 효가 아니며, 전투에 용감하지 않는 것이 효가 아니다. 이 다섯 가지를 제대로 이루지 못하면 재앙이 그 어버이에게 미치니, 감히 공경하지 않겠는가.[身也者, 父母之遺體也. 行父母之遺體, 敢不敬乎? 居處不莊, 非孝也; 事君不忠, 非孝也; 涖官不敬, 非孝也; 朋友不信, 非孝也; 戰陳無勇, 非孝也. 五者不遂, 災及其親, 敢不敬乎?]"

사람들은 효는 단지 부모를 잘 봉양하고 자신의 몸을 잘 보전하여 부모의 마음을 기쁘게 하는 것이라고 생각할 것이다. 그러나 증자는 '군주를 섬기면서 불충한 것도 효가 아니며, 싸움터에 나가 용전분투하지 않는 것도 효가 아니다.'라고 하셨다.

증자의 아버지는 증점(曾點)으로 재주가 높고 뜻이 고원(高遠)하여 광사(狂士)로 알려져 있었는바, 자(字)가 자석(子晳)인데 증석(曾晳)으로 불리었다. 안회(顔回)의 자가 자연(子淵)인데 안연(顔淵)으로 불리는 것과 같다 하겠다. 증자는 어려서는 재주가 그리 높지 못했던 듯하다.

부자(父子)분이 함께 공자를 사사하였는바, 한 번은 증석이 증자로 하여금 오이밭을 김매게 하였는데, 증자는 풀 대신 오이를 뽑아버리고 말았다. 이에 화가 난 증석은 몽둥이를 들어 아들을 때렸는데, 증자는 이것을 피하지 않고 그대로 맞다가 쓰러지고 말았다. 이 소식은 자연 공자에게 알려졌다. 증자는 오랜 기간 치료를 하고서 스승을 찾아갔으나, 공자는 화를 내시고 만나주지 않다가 얼마 후 이렇게 말씀하셨다. "작은 몽둥이는 맞고 큰 몽둥이는 피해야 한다." 이것이 공자의 시중(時中)이시다. 자식이 부모의 명을 순종하는 것만이 효가 아닌 것이다.

그리고 증자는 별세할 즈음 병석에 누워 문하의 제자들을 불러 "이불을 헤쳐 나의 발을 보고 나의 손을 보라. (어디 상처가 있느냐?) 《시경》에 이르기를 '두려워하고 조심하여 깊은 못에 임한 듯이 하고 살얼음을 밟는 듯이 한다.' 하였으니, 나는 지금 이후에야 몸을 손상할까 하는 우려에서 벗어나게 되었다. 제자들아![曾子有疾, 召門弟子曰: 啓予足, 啓予手. 詩云: 戰戰兢兢, 如臨深淵, 如履薄冰, 而今而後, 吾知免夫. 小子!]" 하였다.

《맹자》〈이루 상〉에는 또 다음과 같은 내용이 보인다. "증자가 부친인 증석을 봉양하실 적에 밥상에 반드시 술과 고기를 올리셨는데 장차 밥상을 치울 때면 증자는 반드시 '이 음식을 주실 분이 있습니까?' 하고 물었으며, 증석이 남은 것이 있느냐고 물으면 반드시 '있습니다!'라고 대답하였다. 그러다가 증석이 별세하고 증자의 아들 증원(曾元)이 증자를 봉양하게 되었는데, 역시 반드시 술과 고기를 올렸다. 그러나 밥상을 치울 때에 증원은 '남은 음식을 주실 곳이 있습니까?' 하고 묻지 않았으며, 증자가 '남은 것이 있느냐?'고 물으시면 무조건 '없습니다.' 하고 대답하였으니, 이는 증원이 술과 고기를 장차 다시 부친에게 올리려고 해서였다. 이것은 이른바 '어버이의 입과 몸만 봉양한다'는 것이니, 증자와 같이 어버이의 마음을 헤아려야 어버이의 뜻을 봉양했다고 이를 만하다."

옛날에는 생활이 어려워 조반석죽(朝飯夕粥)이었다. 즉 아침에는 밥을 먹고 저녁에는 죽을 먹는다는 뜻이다. 아침에는 밥을 먹어야 힘이 있어 일을 할 수 있고 저녁에는 죽을 먹어도 그대로 잠을 자면 되기 때문이다. 내가 어렸을 때만 해도 웬만한 집 아이들은 점심을 챙겨 먹을 수가 없어 점심때가 되면 고구마와 옥수수, 감자 등으로 끼니를 때우고 이마저도 없을 경우에는 밥 먹는 자리를 피해 산으로 올라가곤 하는 자가 상당수였다. 지금 같으면 자신이 먹다 남은 술과 고기를 남에게 줄 수도 없으며 설령 준다 해도 받아먹을 사람도 없을 것이다.

물론 위에서 말한 것은 먹다가 남은 음식을 남에게 준다는 것이 아니고 남겨두었던 술이나 고기를 말한 것일 수도 있다. 하지만 지금 같으면 이것도 탐탁하게 여기지 않을 것이다. 내가 어려서는 밥을 한 그릇을 다 먹지 않고 남겨 놓아 다른 사람이 먹도록 배려하였다.

증자는 집안이 가난하였으나 어버이의 봉양을 위해 밥상에 언제나 술과 고기를 장만하였다니, 그 효성을 알 수 있다. 증원은 증자처럼 부친의 뜻을 받들어 봉양하지는 못했으나 그 역시 효성이 대단하였음을 알 수 있다. 이후로 효에는 반드시 '양구체(養口體)'와 '양지(養志)로 나누고 어버이의 뜻을 잘 받들어야만 진정한 효로 인식하게 되었다.

이러한 이유로 공자의 문하에서 증자는 민자건, 자로(子路)와 함께 세 효자로 유명하다. 자로는 집이 가난하여 백 리 먼 곳에서 쌀을 져다가 부모를 봉양하였다는 '백리부미(百里負米)'의 고사가 유명하다. 자로는 뒤에 초(楚)나라에서 벼슬하여 부귀를 누리게 되자, 스승(공자)에게 눈물을 흘리며 지금은 부귀하나 부모가 별세하여 봉양할 수 없는 괴로운 심정을 아뢰었다. 이에 공자는 "집이 가난하여 콩과 냉수만 올려도 부모의 마음을 기쁘게 하면 이것이 효도이니, 너무 슬퍼하지 말라." 하셨다.

단종(端宗) 복위(復位) 사건에 연루되어 멸문지화(滅門之禍)를 당한 사육신(死六臣)의 고사를 회상해 보았다. 박팽년(朴彭年) 선생이 처형될 때의 일이다. 부친과 형제, 자식들이 모두 혹독한 고문을 당하고 죽기 직전이었는데, 박팽년의 부친인 박중림(朴仲林)도 그 자리에 있었다. 박팽년은 아버지를 보고 너무 가슴이 아파 "이충상효(以忠傷孝)를 하게 되었습니다." 하고 사죄하였다. 곧 '군주에게 충성하느라 부모에게 효를 손상한다'는 뜻이었다. 그러나 그 부친은 태연히 아들에게 "군주를 섬김에 충성하지 않는 것도 효가 아니다." 하고 도리어 아들을 위로하였다. 이는 '네가 옛 군주에게 충성하기 위해 우리 가문이 멸망하는 것도 효도이다.'라는 것이었다. 그 아버지에 그 아들이라 하지 않을 수 없다. 성삼문(成三問) 선생의 부친 성승(成勝) 장군도 세 아들과 함께 처형되었다.

얼마 전 어느 교수 부부가 딸의 출세를 위해 부정 입학을 시켰다가 그 딸이 학력 취소가 되고 그 부모도 재판을 받게 되자, 그를 지지하는 일부의 국회의원들은 검찰을 향해 멸문지화를 내렸다고 비판하였다. 멸문지화가 무슨 뜻인지도 모르고 함부로 내뱉는 그 국회의원이 비참하게 보였다. 인간이 가장 비참한 것은 높은 지위에 있으면서 자신의 잘못이나 무식함을 모르는 그 자체라고 생각한다.

유교에서는 부부가 만나 봉제사(奉祭祀)하고 접빈객(接賓客)하는 것을 중시하였다. 지녀를 생산하여 대를 이어가며, 살아있는 부모는 말할 것도 없고 돌아가신 부모에게도 효심을 다해 제사하는 것이었다. 그리하여 씨를 전하는 것을 중요시하였다. 이 때문에 반역을 일으키거나 역적질을 하여 멸문지화를 당하여도 부인과 딸자식은 죽이지 않고 공사천(公私賤)의 계집종으로 적몰(籍沒)하였다. 한 가문이 멸문지화를 당한다는 것이 얼마나 가혹한 것이었는지를 알아야 한다. 그런데도 사육신의 부모와 형제들은 하나같이 자식의 행위를 후회하지 않고 인간으로서 그리고 신하로서 지켜야 할 충성에 모든 것을 바쳤던 것이다.

우리나라의 독립을 위해 일본의 이등박문(伊藤博文)이나 백천(白川) 대장을 죽이고 일본 경찰에 붙잡혀 순국(殉國)한 안중근(安重根) 의사(義士)와 윤봉길(尹奉吉) 의사도 그 부모와 자식이 직접적인 화를 입지는 않았다. 지금 우리들은 사육신 대열에서 이탈한 분들의 행위를 비판하지만 우리 자신은 도저히 행할 수 없는 일이었다. 그 멸문지화를 당하면서 오직 의리만을 중시한 그분들의 정신과 신념을 모독해서는 안 된다고 느껴진다.

증자의 묘소에 봉심(奉審)하고 나오니 봉고차가 이미 떠나고 없었다. 양천이 작은 경운기를 끌고 온 어느 농부에게 노인(나)을 태워줄 것을 부탁하였더니 기꺼이 승낙하였고, 또 돈을 주려고 하였으나 사양하였단다. 그러나 좌석이 1인용이어서 어쩔 수 없이 나 혼자만 타고 왔다. 양천을 위시한 몇 분들은 농부의 넉넉한 마음씨를 가리켜 역시 증자의 교화가 아직 남아있다고 하였으나, 나는 내심 증자의 영향도 있겠지만 자유(子游)의 예악교민(禮樂敎民)이 더욱 떠올랐다.

남무성에서 숙소가 있는 태안읍(泰安邑)까지는 170공리(公里; 킬로미터)여서 두 시간 이상 걸린다고 하였다. 그러나 고속도로를 이용했는데도 3시간이 넘게 걸려 밤이 깊은 시각에 태안의 개원명도호텔[開元名都大酒店]에 도착하여 저녁을 먹고 투숙하였다.

5월 18일(토)

오늘은 태산(泰山)을 등반하고 제남(濟南)의 민자건(閔子騫) 묘소에 참배하고 귀국하는 날이다. 우선 태산에 오르기 위해 케이블카를 타는 도화원삭도(桃花源索道)에 도착하여 보니, 예전에 왔던 곳이 아니었다. 케이블카에서 내려서도 상당히 높은 계단을 올라가야 했기에 나는 연군과 중간에서 쉬었는데, 시원한 바람이 불어와 옷깃을 날려 '풍표표이취의(風飄飄以吹衣; 바람이 크게 불어와 옷자락을 날린다.)'라는 도연명(陶淵明)의 〈귀거래사(歸去來辭)〉 글귀가 떠올랐다.

세 시간이 지나 모두 모였으므로 함께 태안에서 점심을 먹었는데, 그 자리에서 안내원 김철 씨에게 《부안설 논어집주》를 기증하였고, 시종 우리와 동행한 진(臻)여행사 대표 김광호(金光鎬) 씨에게는 《부안설 맹자집주》를 기증하였다. 우리는 식사 후 제남(濟南)으로 갔다. 저녁 7시에 제남에서 출발하는 항공기를 타고 귀국하기로 되어 있었.

곧바로 민자건의 사당과 묘소를 참배하였다. 사당과 묘소는 한 구역에 있었다. 제남은 예전에도 몇 번 왔었지만 민자건의 사당과 묘소 참배는 이번이 처음이었다. 예전에는 강태공(姜太公)의 사당과 순(舜) 임금의 유적지인 역산(歷山) 등을 보았다. 사실 공묘(孔廟)와 공림(孔林), 맹림(孟林)은 몇 번 와 보았지만 복성공묘(復聖公廟)와 동안림(東顏林), 주공의 사당, 종성공묘(宗聖公廟)와 묘소, 민자건의 묘소, 그리고 이구산 능은 이번이 처음이었다. 물론 이구산의 공부자 상(孔夫子像)과 대 학당(大學堂) 등은 건립된 지가 겨우 7~8년이었다.

나는 얼마 전 《논어집주상설》 수업을 할 적에 〈선진(先進)〉에 나오는 민자건의 일화를 금요반 학우들과 함께 읽은 적이 있었으므로 버스 안에서 일행에게 민자건의 계모가 그를 학대한 고사를 약간 부연 설명하였다.

민자건의 계모가 자기의 친아들은 따뜻한 솜을 넣은 옷을 입히고 전처 아들인 민자건에게는 따뜻하지 않은 갈대꽃 솜을 넣은 옷을 입혔다. 하루는 민자건이 아버지를 따라 수레를 끌고 들판으로 나갔는데 날씨가 너무도 추웠다. 민자건이 추위를 견디지 못해 벌벌 떨고 있자, 그의 아버지는 자식이 엄살을 부리는 것으로 생각하여 아들을 때리려고 옷을 잡았다가 옷에 솜이 없는 것을 발견하였다. 집에 돌아와 후처 소생의 두 아들의 옷은 따뜻한 솜인 것을 확인하고는 크게 노하여 후처를 내쫓으려 하였다. 그러자 민자건은 울부짖으며 "어머니가 계시면 (쫓겨나지 않으시면) 이 아들 한 사람만 춥지만 어머니가 안 계시면 저희 3형제가 모두 풍상(風霜)을 겪게 됩니다."라고 간청하여 아버지는 결국 후처를 내치지 않았다. 이에 그의 계모 역시 감동하여 민자건을 자기 소생처럼 사랑하였으며, 그의 부모 형제들은 모두 민자건의 효성과 우애를 칭찬해 마지 않았다. 이에 공자께서 "효성스럽도다. 민자건이여! 사람들은 그의 부모와 형제가 그를 칭찬하는 말에 대해 딴말을 하지 않는구나.[孝哉! 閔子騫, 人不間於其父母昆弟之言.]"라고 칭찬하셨다.

 그러나 막상 묘소에 가 보니, 사당 안에 민자건 등 역대 효자들의 효행(孝行)을 그림으로 그려 놓고 설명하였는데, 그동안 알고 있던 것과 달리 민자건의 아버지가 말채찍으로 민자건을 때리자 그만 옷이 터져 갈대꽃 솜이 든 것을 알게 되었다는 것이었다. 본인이 평소 자세히 알지 못한 것에 대한 자괴심이 일었다.

 묘소 부근에 가 보니 길거리마다 '민자건로(閔子騫路)'라고 표기되어 있었다. 그리고 이번 여행에서 공자가 출생했던 산둥성(山東省) 지역에는 곳곳마다 유풍(儒風)이란 표지가 자주 보였으며, 태산 인근에는 번 자체로 쓴 태산유풍(泰山儒風)이란 표지어가 널려 있었다. 심지어는 선물로 파는 가공 대추에도 유향연 밀조(儒鄕緣蜜棗)라고 쓰여 있었다.

민자건의 사당과 묘소에 참배하니 그동안 부모에게 불효한 자신이 후회스러워 이분들의 효성에 대한 감회가 깊었으므로 특별히 이것을 다소 장황하게 설명하였고 효의 진정한 의의(意義)에 대해서도 논해 보았다.

저녁 7시 비행기를 타기 위해 저녁밥도 거른 채 수속을 마치고 중국의 동북(東北) 항공기에 탑승하였다. 2시간 만인 10시에 인천공항에 도착하였다.(우리나라는 중국보다 1시간 빠르다.) 이번 여행에 특기할 점은 동유인들이 술을 마시지 않은 것이었다. 그동안 나는 동학들과 중국에 가면 거의 매일 술을 마셨고 (물론 본인은 술을 마시지 못했지만) 귀국할 때에는 술을 사 가지고 왔다. 그런데 이번에는 여행사에서 제공하는 노주노교(瀘州老窖)라는 술 한 병을 마셨을 뿐이었다.

나는 기내(機內)에 있으면서 온갖 상념과 감회가 떠올랐다. 그 중 하나가 양천(陽川)에 대한 고마움이었다. 고대(高大) 법대(法大)를 나와 회사에 근무하고 지금은 회사를 운영하고 있지만 선현(先賢)에 대한 존모심(尊慕心)이 극진하여 재작년 봄에는 파주(坡州)에 가서 율곡(栗谷)을 모신 자운서원(紫雲書院)과 묘소, 그리고 우계(牛溪) 성혼(成渾) 선생의 묘소와 가묘(家廟), 우계기념관을 구경하였으며, 양천이 손수 떡과 술, 포와 과일·산적 등을 장만하여 묘소에 가서 내가 제문(祭文)을 지어 올렸는바, 그의 아우와 나의 큰아들인 원규(元圭) 그리고 한국학중앙연구원에 있는 신상후(申相厚) 교수와 그의 제자 4명과 함께 봉심하고 왔다.

양천은 또한 내가 수정증보판을 내는 《신역주역전의(新譯周易傳

율곡 묘소에 참배하는 필자

義)》와 《신역시경집전(新譯詩經集傳)》을 자진해서 몇 번이고 교정해 주었으며, 현재 작업하고 있는 《신역서경집전(新譯書經集傳)》도 계속해서 교정해 주고 있다. 뿐만 아니라 내가 월요일에는 《시경집전》을, 수요일에는 우리 선현의 문집을, 그리고 금요일에는 격주로 《논어집주상설》을 강독하는데 거의 빠짐없이 강의를 듣는다. 고마우면서도 일찍 만나지 못한 것이 아쉬울 뿐이다.

그리고 작년 봄에는 김성진(金成珍) 이사장 등 8명과 함께 남양주의 도곡(陶谷)에 가서 도곡 이의현(李宜顯)과 그의 부친이신 이세백(李世白)의 산소에 참배하고, 뒤이어 덕소(德沼)에 있는 안동김씨(安東金氏) 선영에 가서 선원(仙源) 김상용(金尙容)과 청음(淸陰) 김상헌(金尙憲) 형제분을 비롯한 제현(諸賢)의 산소, 그리고 농암(農巖) 김창협(金昌

協) 선생의 산소에 전(奠)을 올리고 제문을 지어 올렸으며, 오는 길에 양주조씨(楊州趙氏)의 중시조인 조말생(趙末生)의 묘소에 참배하였다. 이곳은 원래 선원과 청음 등을 모신 석실서원(石室書院)의 자리였으나 고종(高宗)의 홍릉(洪陵)을 만들면서 조말생의 묘소를 이곳으로 옮긴 것이었다. 지대가 높고 산세(山勢)가 에워싸고 있으며, 한강(漢江)이 환하게 보였다. 그리고 청풍김씨(淸風金氏)의 선영인 평구리(平邱里)에 들러 김육(金堉)과 그의 아들 김좌명(金佐明)의 묘소에도 참배하였다.

다만 이번에는 타국(他國)이어서 제수를 장만하기 어려워 역서(譯書)를 올리고 공부자의 묘소에 화환 5개를 장만하여 올렸다. 화환을 올리는 것은 신식이지만 공부자의 영령(英靈)께서는 우리 후학들의 정성을 굽어살피셨을 것이다. 그리고 그동안 두 차례에 걸쳐 공림과 맹림, 공문(孔門) 제자들의 묘소까지 거의 모두 참배하고 온 양천의 경험에 힘입어 이번에 3박 4일의 짧은 기간에도 두루 탐방하고 봉심할 수 있었다. 기간이 짧아 옛 위(衛)나라에 있는 자로(子路)와 자공(子貢)의 묘소는 참배하지 못했지만, 이번의 곡부(曲阜) 방문 여행은 참으로 뜻깊고 값진 것이었다. 게다가 날씨까지 쾌청하였다.

《논어》〈선진〉을 읽어 보면 자로와 증석(曾晳), 염유(冉有)와 공서화(公西華)가 공자를 모시고 있었는데, 공자께서 "너희들의 지원(志願)을 기탄없이 말해보라."라고 하시자, 자로 등은 각기 자신의 포부와 뜻을 말하였는데 모두 정치에 관심이 있었다.

연치순으로 보면 증석이 자로 다음이었으나 그는 비파를 조용히 타고 있었으므로 맨끝에 공자께서 "점(點; 증석의 이름)아! 너는 어떠하냐?" 하고 물으시자, 증석은 '땅'하고 비파를 내려놓고 일어나서 "저는

저 몇 사람의 뜻과는 다릅니다." 하였다. 공자께서 "나쁠 것이 있겠느냐. 각각 자기 뜻을 말한 것이다." 하시자, 증점은 "늦봄에 봄옷이 이미 이루어지면 관(冠)을 쓴 어른 5~6명과 동자 6~7명과 함께 교외로 나가 기수(沂水)의 온천에서 목욕하고 무우(舞雩)에서 바람 쐬고서 시(詩) 읊으며 돌아오겠습니다." 하였다. 이에 공자는 크게 감탄하시고 "나는 점(點)을 허여한다." 하셨다.

이에 대해 주자는 《집주》에서 "증점의 학문은 인욕(人欲)이 깨끗이 사라진 곳에 천리(天理)가 유행하여 곳에 따라 충만해서 조금도 흠궐(欠闕)이 없었다."고 칭찬하였다. 우리들의 학문과 자질로 언감생심(焉敢生心) 공부자와 제자(諸子)분들을 바라겠는가. 하지만 우리가 공자와 그 제자분들의 유적을 여행한 정취(情趣)는 비슷한 점이 있다고 생각되므로 여기에 한번 소개하였다.

이번 여행에는 나 말고도 고령자 몇 분이 계셨으며, 인곡은 대상포진 증세까지 있었으나 모두 건강하게 귀국하니, 천만다행이었다. 나를 따라 연군이 태산(泰山)의 정상에 오르지 못한 것이 아쉬웠지만 맹자께서도 '무포기기(無暴其氣)'라 하셨다. 무리해서는 안 된다는 뜻이다. 수하물을 찾고 주차장에 가서 차를 가져와 15일 새벽처럼 세 사람이 올림픽대로를 달려오니, 한밤중이어서 야경(夜景)이 화려하였고 한강(漢江)의 강바람이 유쾌하였다. 집에 도착해 보니 다음날 새벽 한 시가 넘었다. 아침에는 도곡(道谷), 인곡(仁谷), 구암(九菴) 이사장, 양천(陽川), 난석(蘭石), 소정(蘇亭)과 서로 통화를 하였는데 모두 무사히 잘 귀가하였다고 하였다.

그동안 중국을 여러 번 방문하였지만, 후기(後記)를 남기지 않아 서운하였기에 생각나는대로 적어보았다. 19년 전인 2005년 6월 23일 나의 갑년(甲年) 기념으로 내자(內子)와 큰딸 남선, 둘째아들 준규(峻圭), 그리고 창봉(滄峰) 박동규(朴東圭) 학형과 그의 제자모임인 이문서회(以文書會) 회원, 그리고 학민문화사(學民文化社)의 홍재곤(洪載坤) 사장과 함께 성도(成都)에 가서 도강언(都江堰)과 두보초당(杜甫草堂)을 구경하고 하룻밤을 유숙한 뒤에 노자(老子)를 모신 청양궁(靑羊宮), 무후사(武侯祠)를 차례로 관람하였다. 무후사는 제갈공명(諸葛孔明)의 봉호가 무후(武侯)이므로 이렇게 칭한 것인데, 소열제(昭烈帝) 유비(劉備)의 혜릉(惠陵)도 함께 있었다.

다음날 민강(岷江)을 따라 오다가 낙산대불(樂山大佛)을 구경하였는데, 머리 높이만 14.7미터이고 발등 하나에 사람 6~7명이 앉을 수 있으니, 그 웅장함에 감탄이 절로 나왔다. 그리고 아미천하수(峨眉天下秀)라는 아미산을 케이블카를 타고 해발 3000미터의 금정산(金頂山) 정상에 올랐다. 다음날 대족석각(大足石刻)의 크고 작은 조각품을 구경하고 중경(重慶)으로 이동하여 대한민국 임시정부 청사에 들러 김구(金九) 선생 등 독립투사 분들에게 묵념을 하여 경의를 표하였다.

저녁에 신주호라는 크루즈 유람선에 승선하여 삼협(三峽)을 내려오면서 백제성(白帝城)에 들러 소열제(昭烈帝)가 오(吳)나라 육손(陸遜)에게 패하고 별세하기 직전 제갈공명에게 아들인 후주(後主) 유선(劉禪)을 부탁한 곳인 탁고대(託孤臺)를 보고 역시 눈물을 흘렸다. 탁고(託孤)의 고(孤)는 제왕이 별세하고 즉위한 상주를 그 연도에 부르는 호칭이다. 소열제는 별세하기 직전 눈물을 흘리며 제갈공명에게 "그대의 제주가 위(魏)나라의 조비(曹丕)보다 10배(倍)나 높으니, 태자 유선

중국 곡부 여행 참석자와 함께

이 보필할 만하거든 보필하고 그렇지 못하거든 그대가 직접 황제가 되어 나와 그대의 뜻을 이루어주기 바라오." 하였다.

이에 제갈공명 역시 눈물을 흘리며 "신(臣)의 재주가 부족하오나 몸과 마음을 다 바쳐 태자를 보필하겠습니다." 하고 이를 수락하였다. 그 후 제갈공명은 한(漢)나라를 찬탈한 위나라를 멸망하여 한나라의 국통(國統)을 잇고 백성을 구제하기로 한 약속을 지키기 위해 여섯 번 기산(祁山)으로 출병하여 위나라를 공격하였으나, 끝내 뜻을 이루지 못하고 군중(軍中)에서 54세의 나이로 세상을 떠났다.

그 후 장완(蔣琬)과 비위(費褘)의 명신(名臣)이 차례로 죽자, 후주(後主)인 유선은 끝내 환관(宦官)인 황호(黃皓)를 신임하여 국정을 내팽개치고 향락에 빠져 있다가 끝내 위나라에게 멸망당하였다. 소열제와 제갈공명은 지하에서 어떻게 눈을 감았을까.

제갈공명이 첫 번째 출병할 적에 올린 〈전출사표(前出師表)〉와 뒤에 다시 출병하면서 올린 〈후출사표(後出師表)〉의 내용이 하도 간절하여 독자들의 눈물을 자아내게 하는데, 두 작품 모두 《고문진보후집》에 실려 있다.

나는 선상에서 며칠을 묵었는데 마침 여기에서 환갑날을 맞았다. 이것을 어떤 분이 말했는지 크루즈 담당자분이 생일파티를 열어주어 외국에서 즐겁게 생일 축하를 받았다. 서왕모(西王母)의 고사가 있는 무산(巫山), 신농계(神農溪) 등을 구경하고 삼협(三峽)댐을 거쳐 6월 30일에 의창(義昌)에서 하선(下船)하여 상해(上海)를 통해 인천공항으로 귀국하였다. 7박 8일간의 긴 여정을 보낸 것이 꿈만 같은데 내년이면 만 20년이 된다. 그때의 여행 역시 좋았으므로 여기에 부기(附記)하는 바이다.

(2024년 5월 25일)

곡부 여행 팀별 명단

익선회	延萬熙, 全哲槿, 金乾鎰, 朴喜在, 金炯奭, 申先明
해동경사연구소	成百曉, 權五春, 金成珍, 鄭鍾美, 金南德, 延錫煥
월봉서원	南錫夏, 李光圭, 崔永玟, 李載倫, 金奎娥
구인회	李在遠, 金永燮, 朴鍾熙, 具英
수요반·금요반	金熙坤, 韓奉璣, 金載旭, 方淮淑, 吳英姬, 具本姬, 金熙榮